10일 만에 끝내는

해커스
토익 스피킹
스타트

KB100693

200%
활용법

  무료

말하기 연습 프로그램 이용 방법

해커스인강(HackersIngang.com) 접속 ▶ 페이지 상단의 **[토스/오픽]** 클릭 ▶
상단의 **[MP3/자료 → 토익스피킹 → 말하기 연습 프로그램]** 클릭 ▶
본 교재의 **[말하기 연습 프로그램]** 이용하기

  무료

온라인 실전모의고사 응시권 (2회) 이용 방법

해커스인강(HackersIngang.com) 접속 ▶ 페이지 상단의 **[토스/오픽]** 클릭 ▶
상단의 **[MP3/자료 → 토익스피킹 → 실전모의고사 프로그램]** 클릭 ▶
본 교재의 **[실전모의고사 프로그램]** 이용하기

  무료

핵심표현 MP3 이용 방법

해커스인강(HackersIngang.com) 접속 ▶ 페이지 상단의 **[토스/오픽]** 클릭 ▶
상단의 **[MP3/자료 → 토익스피킹 → 무료 MP3/자료]** 클릭 ▶
본 교재의 **[핵심표현 MP3]** 클릭하여 이용하기

  무료

교재 MP3 이용 방법

해커스인강(HackersIngang.com) 접속 ▶
페이지 상단의 **[토스/오픽]** 클릭 ▶
상단의 **[MP3/자료 → 토익스피킹 → 문제풀이 MP3]** 클릭하여 이용하기

• QR코드로
[교재 MP3]
바로 가기

스피킹+취업스펙 단기 완성!

외국어인강 1위
해커스 토익스피킹/오픽

실제 수강생들의 **고득점 달성 비법**

토스 세이임 선생님
강의 수강 후
만점 달성!
박*인 수강생

토스 세이임 선생님과 함께 만점 달성!
다양한 주제에 대해 자기만의 주장과 근거를 미리 생각해 놓으라는 선생님의 팁이
실전에서 도움이 되었습니다. 선생님께서 제공해 주신 템플릿도 너무 명확해서 빠르게
흡수하고 체화하여 시험을 응시할 수 있었습니다.

오픽 클라라 선생님
강의 수강 후
AL 달성
한*비 수강생

첫 시험, 2주 준비해서 AL받았어요!
공부를 어떻게 해야 할지부터 시험장에서 어떤 전략을 써야 하는지까지 세세하게
준비해갈 수 있었습니다. 특히 롤플레이 부분이 어려웠는데, 롤플레이에서 써먹을 수
있는 팁들이 도움이 됐어요.

해커스 토익스피킹 / 오픽 교재

11년 연속 토익스피킹
베스트셀러 1위

11년 연속 오픽
베스트셀러 1위

[11년 연속 토익스피킹 베스트셀러 1위][해커스어학연구소] 교보문고 종합 베스트셀러 TOEIC/TOEFL 분야 토익스피킹 기준
(2011~2021 연간 베스트셀러, 스피킹 스타트 9회/스피킹 2회)
[11년 연속 오픽 베스트셀러 1위][해커스]알라딘 외국어 베스트셀러 OPIc/인터뷰 영어 분야(2013~2023 역대베스트 기준, Start Intermediate 2회/Advanced 9회)
[외국어인강 1위] 헤럴드 선정 2018 대학생 선호브랜드 대상 '대학생이 선정한 외국어인강' 부문 1위
[토익스피킹 전 교재 베스트셀러] 교보문고 외국어 베스트셀러 토익 Speaking 분야(2022.10.13. 기준)
[오픽 전 교재 베스트셀러] 교보문고 외국어 베스트셀러 수험영어 OPIc 분야(2023.08.24. 온라인 주간 베스트 기준)

토스·오픽
고득점 비법 확인
+수강신청 하러 가기!

해커스영어 **Hackers.co.kr**
해커스인강 **HackersIngang.com**

10일 만에 끝내는

해커스
토익 스피킹
스타트

해커스 어학연구소

무료 토익·토스·오픽·지텔프 자료 제공

Hackers.co.kr

막막하기만 한 토익스피킹,
어떻게 준비하면 좋을까요?

토익스피킹, 참 어렵습니다.
10초도 힘든데 30초 넘게 영어로 말을 이어가야 하고,
시간은 가는데 머리 속엔 단어들만 빙빙 맴돕니다.
아니, 단어라도 떠오르면 다행이게요?
무슨 말을 해야 할지조차 모르겠습니다.

그런 토익스피킹이 쉬워졌습니다.
최신 경향을 완벽 반영한 문제로 연습하고,
시험에서 바로 쓸 수 있는 표현과
어떤 주제든 할말이 샘솟는 **답변 아이디어/템플릿**,
그리고 **말하기 연습 프로그램**과 **실전모의고사**까지

<10일 만에 끝내는 해커스 토익스피킹 스타트>는
말하기 시험이 두려운 여러분께
가장 효과적인 학습 방법과 전략을 제시하여
단기간에 목표 등급을 달성할 수 있도록 하였습니다.

"이미 수많은 사람들이 안전하게 지나간 길
가장 확실한 길
가장 빠른 길로 가면 돼요."

토익스피킹 시험,
해커스가 여러분과 함께 합니다.

목차

토익스피킹 초보를 위한 목표 등급 달성 비법 6 | [해커스 토익스피킹 스타트]로 토익스피킹 한 번에 끝내자! 8

말하기 실력 UP! "말하기 연습 프로그램" 12 | 실전 감각 UP! "실전모의고사 프로그램" 14

토익스피킹 알아보기 & 시험 당일 Tips 16 | 맞춤형 학습 플랜 20 | 성향별 학습 방법 24

미국식 발음과 영국식 발음에 대하여 26

알면서도 틀리는 스피킹 포인트 20 29

Q 1-2
지문 읽기

기초 쌓기

1 자음/모음 및 단어
　정확하게 발음하기　56

2 의미와 의도 살려
　문장 읽기　60

스텝별 전략 익히기

STEP 1 발음, 강세, 억양
　　　파악하며 읽어보기　64

STEP 2 파악한 내용
　　　바탕으로 읽기　65

유형별 공략하기

1 광고/소개　72

2 공지/자동 응답 메시지/ 보도　74

Review Test　80

Q 3-4
사진 묘사하기

기초 쌓기

1 사진 묘사에 사용되는
　표현 익히기　88

2 장소, 사람, 사물, 느낌
　및 의견 표현 익히기　92

스텝별 전략 익히기

STEP 1 사진 관찰하며
　　　표현 떠올리기　96

STEP 2 떠올린 표현을 템플릿에
　　　넣어 말하기　98

유형별 공략하기

1 사람이 중심인 사진　106

2 배경이나 사물이
　중심인 사진　110

Review Test　116

Q 5-7
질문에 답하기

기초 쌓기

1 의문사별 응답 익히기　124

2 질문 응답에 자주
　사용되는 표현 익히기　128

3 빈출 토픽별 응답
　표현 익히기　132

스텝별 전략 익히기

STEP 1 토픽 파악하고 질문 및
　　　답변 예상하기　136

STEP 2 질문 파악하고
　　　답변하기　137

유형별 공략하기

1 생활 관련 토픽　146

2 제품/서비스 관련 토픽　151

Review Test　160

말하기 연습 프로그램

해커스인강(HackersIngang.com) > [토스/오픽] >
[MP3/자료 → 토익스피킹 → 말하기 연습 프로그램]
에서 교재 인증 후 다운로드

 온라인 실전모의고사 프로그램(2회분)

해커스인강(HackersIngang.com) > [토스/오픽] >
[MP3/자료 → 토익스피킹 → 실전모의고사 프로그램]
에서 교재 인증 후 다운로드

Q 8-10
표 보고 질문에 답하기

기초 쌓기
1 질문 내용 정확히 파악하기   168
2 숫자 읽는 방법 익히기   170
3 답변에 자주 사용되는
   표현 익히기   174

스텝별 전략 익히기
STEP 1 표 내용 파악하기   178
STEP 2 질문 파악 후 표에서
       정보 찾아 답변하기   179

유형별 공략하기
1 일정표   190
2 이력서   192
3 예약표   194

Review Test   204

Q 11
의견 제시하기

기초 쌓기
1 답변에 자주 사용되는
   표현 익히기   212
2 주제별로 자주 사용되는
   표현 익히기   216

스텝별 전략 익히기
STEP 1 질문 파악하기   220
STEP 2 의견 정하고 이유와
       근거 떠올리기   221
STEP 3 의견, 이유, 근거를
       템플릿에 넣어
       답변하기   222

유형별 공략하기
1 찬성/반대를 묻는 질문   230
2 선택 사항을 묻는 질문   233
3 장·단점을 묻는 질문   236

Review Test   242

Actual Test

Actual Test 1   246
Actual Test 2   254
Actual Test 3   262
Actual Test 4 [온라인]
Actual Test 5 [온라인]

[부록] 토익스피킹
      핵심 표현 암기장   271

[책 속의 책] 모범답변·해석·해설

토익스피킹 초보를 위한 목표 등급 달성 비법

비법 1   기초부터 실전까지 "체계적인 학습"으로 토익스피킹 10일 완성!

초보에게는 어렵고 막막하기만 한 토익스피킹,

하지만 교재에서 제시하는 체계적인 학습 단계에 따라 각 문제 유형에 필요한 기초 학습 내용과 전략을 익힌 후, 세부 유형 학습에서 제공하는 답변 아이디어와 표현을 토대로 실전 문제에 적용하는 연습을 통해 단기간에 목표 등급 획득이 가능합니다.

기초 쌓기 → 전략 익히기 → 세부 유형 학습 → 실전 테스트

비법 2   어떤 문제가 나와도 제대로 된 "답변 템플릿"만 있으면 답변이 술술!

문제별로 답변 방식이 정해져 있는 토익스피킹,

그렇기 때문에 제대로 된 답변 템플릿과 이를 적용한 모범답변으로 자신만의 답변을 만들어 내는 연습을 하는 것이 중요합니다. 해커스의 노하우가 집약된 문제별 답변 템플릿과 모범답변으로 간단하고도 효과적으로 자신의 답변을 논리적이고 명쾌하게 만들 수 있습니다.

답변 템플릿   +   템플릿 완벽 적용 모범답변

비법 3 시험장에서 바로 쓸 수 있는 "아이디어 및 표현"

예상치 못한 문제가 나오면 당황할 수밖에 없는 토익스피킹,

교재에 수록된 다양한 답변 아이디어와 표현, 그리고 추가 학습 자료로, 예상치 못한 문제가 출제되어도 당황하지 않고 시험장에서 바로 활용할 수 있습니다.

기초 쌓기
답변 아이디어&표현

토익스피킹 핵심 표현

비법 4 "완벽한 실전 대비"로 실전도 문제 없다!

초보에게는 더욱 어렵게 느껴지는 실전 스피킹,

최신 경향을 완벽 반영한 Actual Test로 출제 경향을 파악하여 보다 철저하게 실전에 대비할 수 있습니다. 또한, 온라인 실전모의고사로 실제 시험과 동일한 환경에서 문제를 풀어봄으로써 실전 감각을 키우는 것은 물론, 효과적으로 목표 점수를 달성할 수 있습니다.

Actual Test 3회분 (Actual Test 1-3)

무료 온라인 실전모의고사 프로그램
(Actual Test 4-5)

[해커스 토익스피킹 스타트]로
토익스피킹 한 번에 끝내자!

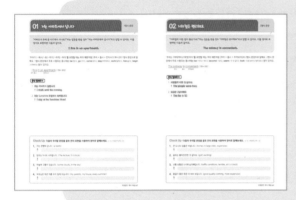

더 정확한 문장을 말하는 방법
"알면서도 틀리는 스피킹 포인트 20"

오류 없는 자연스러운 문장을 말할 수 있도록, 문법과 예문을 학습하고 Check up을 통해 학습한 내용을 점검하세요.

한눈에 파악하는 문제 유형 정보
"알아보기"

세부 유형, 학습 방법, 시험 진행 순서를 숙지하여 학습할 내용을 전체적으로 파악해 두세요.

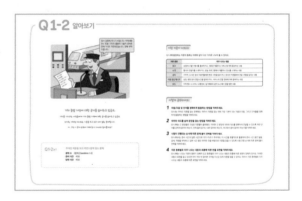

효과적인 기초 실력 향상
"기초 쌓기"

본격적인 학습 전에 발음이나 기초 표현 등 해당 문제 유형에 꼭 필요한 내용을 학습한 후, Check up을 통해 부족한 부분을 확인하고 복습하세요.

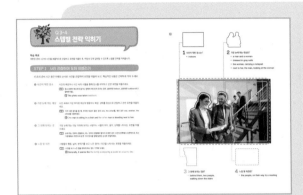

문제 유형별 필수 전략
"스텝별 전략 익히기"

실전에 바로 적용할 수 있는 스텝별 전략과 답변 템플릿을 예제와 함께 익혀 짜임새 있는 답변을 완성하세요.

체계적인 실전 대비
"유형별 공략하기"

빅데이터 분석을 통해 추출한 세부 유형별 답변 아이디어 및 표현 학습을 통해 체계적으로 실전에 대비하세요.

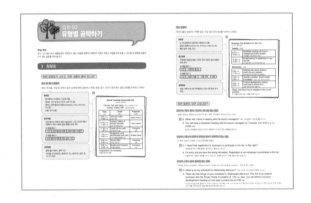

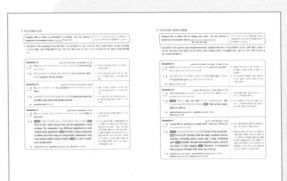

쉽게 외워 시험에 쓸 수 있는
"모범답변 · 해석 · 해설"

활용도 높은 표현과 구문을 사용한 모범답변을 해석, 해설과 함께 학습하여 실전에서 바로 활용하세요.

[해커스 토익스피킹 스타트]로 토익스피킹 한 번에 끝내자!

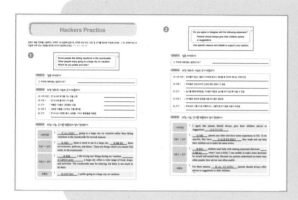

학습 내용 점검을 통한 실전 대비
"Hackers Practice & Test"

학습한 전략을 문제 풀이에 적용하는 Hackers Practice와 실전 형태의 문제를 연습할 수 있는 Hackers Test로 문제를 풀며 실전에 대비하세요.

문제 유형 학습의 완벽한 마무리
"Review Test"

각 문제 유형 학습을 마친 후, 실전 형태의 Review Test로 학습을 마무리하고, 셀프 체크리스트를 통해 부족한 부분을 확인하여 복습하세요.

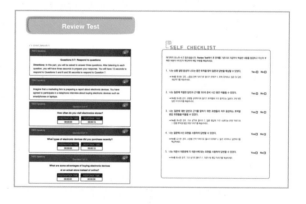

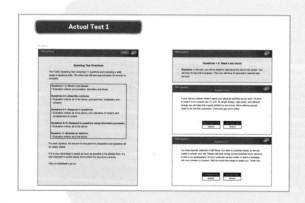

최신 출제 경향으로 실전 감각 극대화
"Actual Test"

최신 출제 경향이 완벽 반영된 Actual Test로 실전 감각을 극대화할 수 있도록 실제 시험 시간에 맞추어 문제를 풀어 보세요.

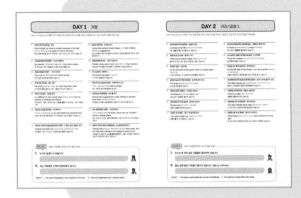

시험에 바로 사용하는 핵심 표현
"토익스피킹 핵심 표현 암기장"

주제별로 분류한 핵심 표현을 예문과 함께 음성을
듣고 따라 말하며 익히고, Quiz를 통해 학습한 내용
을 확인하세요.

핵심 표현 암기장 MP3 다운로드 경로
해커스인강(HackersIngang.com) → [토스/오픽] → [MP3/
자료 → 토익스피킹.→ 무료 MP3/자료] → [핵심표현 MP3]

원어민 음성과 함께하는 발음 훈련
"말하기 연습 프로그램"

교재의 핵심 표현을 원어민 음성을 들으며 직접
따라 말해보고, 원어민 음성과 비교하면서 나의 발음·
억양·강세를 개선해보세요.

말하기 연습 프로그램 다운로드 경로
해커스인강(HackersIngang.com) → [토스/오픽] →
[MP3/자료 → 토익스피킹 → 말하기 연습 프로그램]

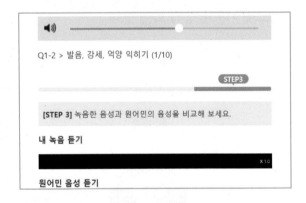

Q1-2 > 발음, 강세, 억양 익히기 (1/10)

STEP3

[STEP 3] 녹음한 음성과 원어민의 음성을 비교해 보세요.

내 녹음 듣기

×1.0

원어민 음성 듣기

실전모의고사 > Actual Test 4 > 지문 읽기(Q1-2) (1 / 11)

PREPARATION TIME   00 : 45

This is John Greer with the six o'clock weather update. The
National Weather Bureau has just announced that a severe
blizzard will hit the city early tomorrow morning. Residents
should expect heavy snow, high winds, and icy road
conditions. Motorists are advised to drive carefully and avoid
routes that have not been cleared by municipal workers.
Parents should also note that all public schools will likely be

시험 전 최종 마무리를 위한
"실전모의고사 프로그램"

2회분의 실전모의고사를 실전과 동일하게 컴퓨터로
풀어보며 나의 실력을 마지막으로 점검하고 실전
감각을 높여보세요.

실전모의고사 프로그램 다운로드 경로
해커스인강(HackersIngang.com) → [토스/오픽] →
[MP3/자료 → 토익스피킹 → 실전모의고사 프로그램]

말하기 실력 UP! "말하기 연습 프로그램"

말하기 연습 프로그램이란?

교재에 수록된 토익스피킹 핵심 표현들을 완벽히 복습하여 실제 시험에서 쓸 수 있도록 해커스 어학연구소에서 자체 제작한 프로그램입니다. 각 문제 유형 학습을 마친 후, 본 프로그램으로 꾸준히 연습하면, 발음, 억양, 강세를 교정하고 자신의 말하기 실력을 향상시킬 수 있습니다.

프로그램 실행 방법

해커스인강 사이트(HackersIngang.com)에 접속하여 로그인하기 ➡ 페이지 상단의 [토스/오픽] 클릭 ➡ 상단의 [MP3/자료 → 토익스피킹 → 말하기 연습 프로그램] 클릭 ➡ [말하기 연습 프로그램 다운로드] 클릭 후 다운로드

프로그램 이용 방법 및 화면 안내

1. 프로그램 활용법 화면

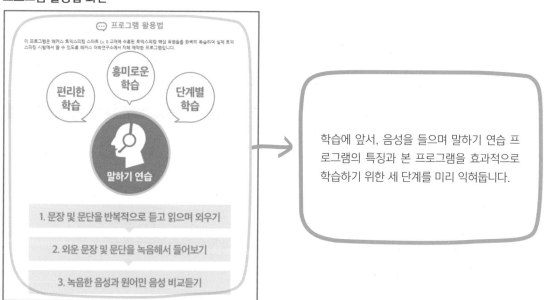

학습에 앞서, 음성을 들으며 말하기 연습 프로그램의 특징과 본 프로그램을 효과적으로 학습하기 위한 세 단계를 미리 익혀둡니다.

2. 듣고 따라 말하기 화면

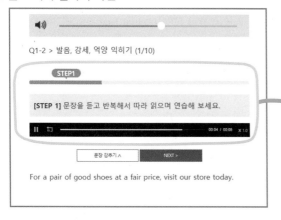

원어민의 음성을 듣고 따라 말하는 연습을 합니다. 외워서 말할 수 있을 때까지 반복해서 듣고, 완벽히 외웠다면 문장 감추기 버튼을 이용하여 스크립트를 가리고 말해봅니다.

3. 외운 문장 녹음해서 들어보기 화면

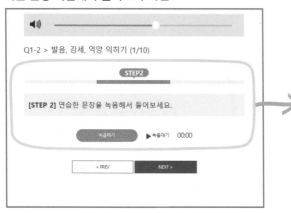

반복 학습을 통해 외운 문장을 직접 녹음하여 들어봅니다. 녹음된 음성을 들어보며 잘못된 부분이 있는 경우, 수정하여 다시 녹음합니다.

4. 원어민 음성과 비교하며 들어보기 화면

녹음한 음성을 원어민의 음성과 비교하여 들어봅니다. 원어민의 발음을 들으며 자신의 발음과 억양에서 개선이 필요한 부분을 찾고, 그 부분을 반복해서 연습합니다.

실전 감각 UP! "실전모의고사 프로그램"

실전모의고사 프로그램이란?

실제 토익스피킹 시험과 동일한 컴퓨터 환경에서 문제를 풀 수 있는 Actual Test 2회분(Actual Test 4-5)과 그에 대한 모범답변, 해석, 해설을 음성과 함께 제공합니다. 교재 학습을 모두 마친 후, 실제 시험을 치르는 기분으로 본 프로그램의 문제를 풀어보고, 자신의 답변을 모범답변과 비교하여 최종 실력 점검 및 실전 대비가 가능합니다.

프로그램 실행 방법

해커스인강 사이트(HackersIngang.com)에 접속하여 로그인하기 ➜ 페이지 상단의 [토스/오픽] 클릭 ➜ 상단의 [MP3/자료 → 토익스피킹 → 실전모의고사 프로그램] 클릭 ➜ [실전모의고사 프로그램 다운로드] 클릭 후 다운로드

프로그램 이용 방법 및 화면 안내

1. 프로그램 활용법 화면

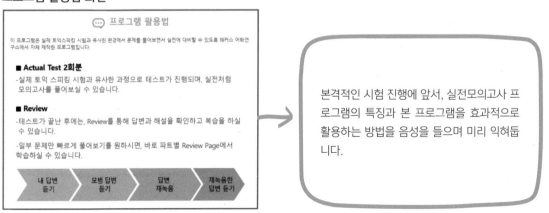

본격적인 시험 진행에 앞서, 실전모의고사 프로그램의 특징과 본 프로그램을 효과적으로 활용하는 방법을 음성을 들으며 미리 익혀둡니다.

2. 듣기 음량 테스트 및 녹음 테스트 화면

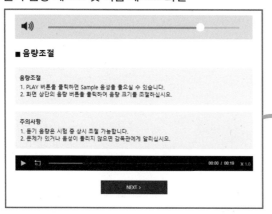

시험에 들어가기 앞서, 헤드폰의 음량을 조절합니다. 듣기 음량 테스트를 마치면 녹음 테스트 화면이 제시되며, 화면의 지시에 따라 녹음을 진행합니다.

3. 시험 진행 화면

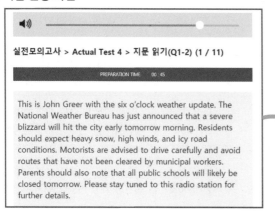

실제 시험을 친다는 생각으로, 화면에 제시되는 디렉션을 따라 모든 문제를 풀어봅니다.

4. 복습 화면

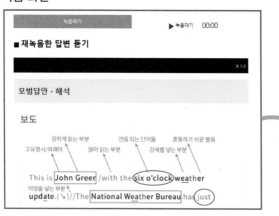

자신의 답변과 모범답변의 음성을 비교하여 들어보고, 오른쪽의 모범답변과 해설을 학습합니다. 그 후, 다시 한 번 자신의 답변을 녹음해 봅니다.

토익스피킹 알아보기 & 시험 당일 Tips

토익스피킹 시험은?

미국 ETS에서 개발하고 한국 토익 위원회가 주관하는 국제 공인 시험으로 회사나 학교, 그리고 일상 생활과 관련된 주제에 대한 말하기 능력을 측정하는 시험입니다. 컴퓨터로 시험을 치르는 **CBT(Computer-Based Test)** 방식으로 진행됩니다. 토익스피킹 시험은 총 11문항으로 구성되어 있으며, 오리엔테이션을 제외하고 약 20분 정도가 소요됩니다. 토익스피킹 웹사이트 (www.toeicswt.co.kr)에서 인터넷으로만 접수할 수 있으며, 접수 일정 및 시험에 관한 정보도 확인할 수 있습니다.

토익스피킹 시험은 어떻게 구성되어 있나요?

번호 \ 내용	문제 유형	답변 준비 시간	답변 시간	평가 기준*
Q1-2	Read a text aloud 지문 읽기	각 45초	각 45초	발음, 억양 및 강세
Q3-4	Describe a picture 사진 묘사하기	각 45초	각 30초	발음, 억양 및 강세, 문법, 어휘, 일관성
Q5-7	Respond to questions 질문에 답하기	각 3초	Q5-6: 15초 Q7: 30초	발음, 억양 및 강세, 문법, 어휘, 일관성, 내용 연결성, 내용 완성도
Q8-10	Respond to questions using information provided 표 보고 질문에 답하기	표 읽기: 45초 답변 준비: 각 3초	Q8-9: 15초 Q10: 30초	발음, 억양 및 강세, 문법, 어휘, 일관성, 내용 연결성, 내용 완성도
Q11	Express an opinion 의견 제시하기	45초	60초	발음, 억양 및 강세, 문법, 어휘, 일관성, 내용 연결성, 내용 완성도

* 전체적으로, 말하기의 내용이 이해하기 쉬운지, 질문에 제대로 답하는지, 의견을 적절하게 제시하고 전개할 수 있는지를 평가합니다.

토익스피킹 시험의 점수별 등급은 어떻게 되나요?

2022년 6월 4일 시험부터 **OPIc**과 같이 말하기 능숙도에 대한 공식 언어능력 기준인 **ACTFL** 등급으로 평가됩니다.

토익스피킹 등급	토익스피킹 점수
Advanced High	200
Advanced Mid	180~190
Advanced Low	160~170
Intermediate High	140~150
Intermediate Mid	110~130
Intermediate Low	90~100
Novice High	60~80
Novice Mid / Low	0~50

* Intermediate Mid의 경우 Intermediate Mid1 < Intermediate Mid2 < Intermediate Mid3로 세분화하여 제공합니다.

토익스피킹 시험 당일 Tips

시험센터로 출발 전	· 토익스피킹 웹사이트(www.toeicswt.co.kr)의 <시험센터 안내> 메뉴에서 **시험센터의 약도**를 확인하세요. · **입실 시작 시간에서 10분이 지나면 입실이 금지**되므로 도착 시간을 엄수하세요. · 시험 당일 신분증이 없으면 응시할 수 없으므로, 반드시 ETS에서 요구하는 신분증(주민등록증, 운전면허증, 공무원증 등)을 지참해야 합니다. ETS에서 인정하는 신분증 종류는 토익스피킹 웹사이트에서 확인 가능합니다. · 노트테이킹에 필요한 메모지와 필기구는 센터에서 제공하므로, **필기구는 준비하지 않아도 돼요.**
시험 대기 시간	· 오리엔테이션 시간에 OMR 카드를 작성하므로, 고사장 입구에서 본인의 **수험 번호를 정확하게 확인**하세요. · 시험 대기실에서 교재의 **토익스피킹 핵심 표현 암기장**을 소리 내어 읽으며 긴장을 푸세요. · 신분 확인용 **사진 촬영** 시, 모자나 헤드셋을 착용하지 말고, 사진 안에 **자신의 머리와 어깨가 나오는지**를 확인하세요. · 듣기 음량 테스트 시간 동안 **헤드폰의 음량**을 적절히 조절해 두세요. · 녹음 테스트 시간 동안 **마이크가 올바르게 작동하는지** 확인하세요.
시험 진행 시간	· 다른 사람의 목소리가 들리더라도 **자신의 페이스를 유지하며 답변**하세요. · 문제별로 정해진 **답변 시간을 가능한 한 채워서** 말하세요. · 한 문제의 답변 시간이 끝나면 바로 다음 문제가 시작되므로, 답변이 끝난 후에는 **바로 다음 문제를 준비**하세요. · 시험 도중 말문이 막히는 경우 **침묵을 유지하지 말고** Let me see(어디 보자), you know(있잖아) 등의 표현을 사용하며 생각할 시간을 버세요.

토익스피킹 화면 구성 및 시험 진행 방식

듣기 음량 테스트 화면

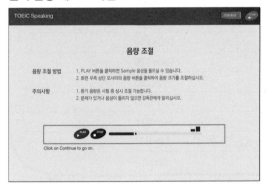

로그인 화면에서 본인의 생년월일과 수험 번호를 입력하고 나서, 헤드셋을 착용하고 성우의 음성을 실제로 들어보면서 듣기 음량을 조절할 수 있는 화면이 제시됩니다.

녹음 테스트 화면

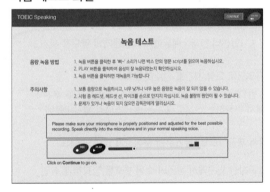

화면에 제시된 영어 문장을 읽으며 녹음을 진행한 뒤, 녹음 내용을 들어보며 마이크가 올바르게 작동하는지 확인할 수 있는 화면이 제시됩니다.

설문 조사 화면

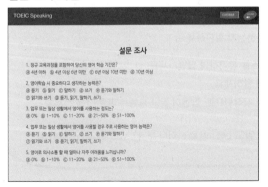

간단한 설문 조사에 응답하게 되는 화면입니다. 본인의 직업이나 영어 학습 기간, 시험 응시 목적 등의 기본적인 질문이 제시됩니다.

토익스피킹 전체 디렉션 화면

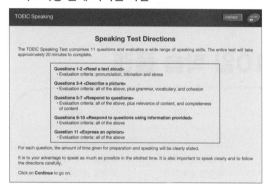

토익스피킹 시험에 대한 전반적인 설명이 주어지는 화면입니다. 디렉션 화면을 확인하고 화면 우측 상단의 Continue 버튼을 클릭하면 오리엔테이션이 종료되고 시험이 시작됩니다.

문제 유형 디렉션 화면

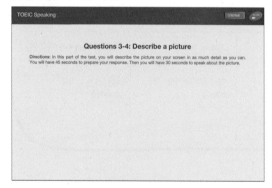

해당 문제 유형의 디렉션이 음성과 함께 화면에 제시됩니다.

문제 화면

디렉션이 끝나면 실제 문제가 나오고, 준비 시간과 답변 시간이 주어집니다.

맞춤형 학습 플랜

" 토익스피킹 시험을 처음 응시하는데,
목표 등급을 받고싶어요. "

한 번에 목표 등급 획득을 위한 10일 학습 플랜

1일	2일	3일	4일	5일
미국식/영국식 발음 스피킹 포인트 1–20	Q1-2 기초 쌓기 스텝별 전략 익히기 유형별 공략하기 Review Test 및 복습	Q3-4 기초 쌓기 스텝별 전략 익히기 유형별 공략하기 Review Test 및 복습	Q5-7 기초 쌓기 스텝별 전략 익히기 유형별 공략하기 Review Test 및 복습	Q8-10 기초 쌓기 스텝별 전략 익히기 유형별 공략하기 Review Test 및 복습
핵심 표현 암기장 DAY 1	핵심 표현 암기장 DAY 2	핵심 표현 암기장 DAY 3	핵심 표현 암기장 DAY 4	핵심 표현 암기장 DAY 5
6일	**7일**	**8일**	**9일**	**10일**
Q11 기초 쌓기 스텝별 전략 익히기 유형별 공략하기 Review Test 및 복습	Actual Test 1 Actual Test 1 복습	Actual Test 2 Actual Test 2 복습	Actual Test 3 Actual Test 3 복습	Actual Test 4-5 (온라인) Actual Test 4-5 복습
핵심 표현 암기장 DAY 6	핵심 표현 암기장 DAY 7	핵심 표현 암기장 DAY 8	핵심 표현 암기장 DAY 9	핵심 표현 암기장 DAY 10

이렇게 학습하세요!

1. 기본기와 문제 유형을 6일 동안 학습하고, 남은 4일 동안 Actual Test를 풀어보는 방식으로 학습합니다.

2. 1일 차에는 "미국식 발음과 영국식 발음에 대하여"와 "알면서도 틀리는 스피킹 포인트 20"을 학습합니다.

3. 2일 차부터는 하루에 문제 유형을 하나씩 학습합니다. 기초 쌓기, 스텝별 전략 익히기, 유형별 공략하기를 학습한 후 Review Test를 풀고 복습합니다.

4. 매일 학습이 끝나면 "토익스피킹 핵심 표현 암기장"을 학습합니다.

5. 각 문제 유형 학습이 끝나면 "말하기 연습 프로그램"으로 교재에 수록된 표현을 실제로 말해보고 원어민의 음성과 비교해보며 학습합니다.

6. 모든 문제 유형 학습이 끝나면 Actual Test를 풀어보며 자신의 실력을 점검해봅니다.

7. 학원 강의나 동영상 강의 수강과 병행하면 더 효과적으로 학습할 수 있습니다.

> " 이전에 토익스피킹 시험을 응시한 적이 있는데,
> 아깝게 목표 등급을 못 받았어요. "

체계적인 문제 유형별 집중 학습으로 약점 극복을 위한 **10일 학습 플랜**

1일	2일	3일	4일	5일
Q1-2 유형별 공략하기 Review Test 및 복습 핵심 표현 암기장 DAY 1	Q3-4 유형별 공략하기 Review Test 및 복습 핵심 표현 암기장 DAY 2	Q5-7 유형별 공략하기 Review Test 및 복습 핵심 표현 암기장 DAY 3	Q8-10 유형별 공략하기 Review Test 및 복습 핵심 표현 암기장 DAY 4	Q11 유형별 공략하기 Review Test 및 복습 핵심 표현 암기장 DAY 5
6일	**7일**	**8일**	**9일**	**10일**
Actual Test 1 Actual Test 1 복습 핵심 표현 암기장 DAY 6	Actual Test 2 Actual Test 2 복습 핵심 표현 암기장 DAY 7	Actual Test 3 Actual Test 3 복습 핵심 표현 암기장 DAY 8	Actual Test 4 (온라인) Actual Test 4 복습 핵심 표현 암기장 DAY 9	Actual Test 5 (온라인) Actual Test 5 복습 핵심 표현 암기장 DAY 10

이렇게 학습하세요!

1. 문제 유형을 5일 동안 학습하고, 남은 5일 동안 Actual Test를 풀어보는 방식으로 학습합니다.
2. 1일 차부터 하루에 문제 유형을 하나씩 학습합니다. 유형별 공략하기를 학습한 후 Review Test를 풀고 복습합니다.
3. 매일 학습이 끝나면 "토익스피킹 핵심 표현 암기장"을 학습합니다.
4. 모든 문제 유형 학습이 끝나면 Actual Test를 풀어보며 자신의 실력을 점검해봅니다.
5. 개별 학습을 하거나 스터디 학습과 병행하면 더 효과적으로 학습할 수 있습니다.

" 당장 다음 주에 시험을 봐야 하는데, 시간이 부족해요!
어떻게 하면 빨리 공부할 수 있을까요? "

한 번에 목표 등급 획득을 위한 **5일 학습 플랜**

1일	2일	3일	4일	5일
스피킹 포인트 1~20 Q1-2 유형별 공략하기 Review Test 핵심 표현 암기장 DAY 1-2	Q3-4 유형별 공략하기 Review Test Q5-7 유형별 공략하기 Review Test 핵심 표현 암기장 DAY 3-4	Q8-10 유형별 공략하기 Review Test Q11 유형별 공략하기 Review Test 핵심 표현 암기장 DAY 5-6	Actual Test 1-3 Actual Test 1-3 복습 핵심 표현 암기장 DAY 7-8	Actual Test 4-5 (온라인) Actual Test 4-5 복습 핵심 표현 암기장 DAY 9-10

이렇게 학습하세요!

1. 문제 유형을 3일 동안 학습하고, 남은 2일 동안 Actual Test를 풀어보는 방식으로 학습합니다.

2. 1일 차에는 "알면서도 틀리는 스피킹 포인트 20"을 학습합니다.

3. 기본기를 학습한 후, 두 개의 문제 유형을 하루에 학습합니다. 유형별 공략하기를 학습한 후 Review Test를 풀고 복습합니다.

4. 매일 학습이 끝나면 "토익스피킹 핵심 표현 암기장"을 2일치씩 학습합니다.

5. 모든 문제 유형 학습이 끝나면 Actual Test를 풀어보며 자신의 실력을 점검해봅니다.

6. 개별 학습을 통해 더 효과적으로 학습할 수 있습니다.

" 영어도 자신 없고, 말하기 시험은 막막하기만 한데,
무엇부터 준비해야 하죠? "

토익스피킹 왕초보를 위한 **20일 학습 플랜**

1일	2일	3일	4일	5일
미국식/영국식 발음 핵심 표현 암기장 DAY 1	스피킹 포인트 1-10 핵심 표현 암기장 DAY 2	스피킹 포인트 11-20 핵심 표현 암기장 DAY 3	미국식/영국식 발음 복습 스피킹 포인트 1-20 복습 핵심 표현 암기장 DAY 4	Q1-2 기초 쌓기 스텝별 전략 익히기 핵심 표현 암기장 DAY 5
6일	**7일**	**8일**	**9일**	**10일**
Q1-2 유형별 공략하기 Review Test 및 복습 핵심 표현 암기장 DAY 6	Q3-4 기초 쌓기 스텝별 전략 익히기 핵심 표현 암기장 DAY 7	Q3-4 유형별 공략하기 Review Test 및 복습 핵심 표현 암기장 DAY 8	Q5-7 기초 쌓기 스텝별 전략 익히기 핵심 표현 암기장 DAY 9	Q5-7 유형별 공략하기 Review Test 및 복습 핵심 표현 암기장 DAY 10
11일	**12일**	**13일**	**14일**	**15일**
Q8-10 기초 쌓기 스텝별 전략 익히기 핵심 표현 암기장 DAY 1 복습	Q8-10 유형별 공략하기 Review Test 및 복습 핵심 표현 암기장 DAY 2 복습	Q11 기초 쌓기 스텝별 전략 익히기 핵심 표현 암기장 DAY 3 복습	Q11 유형별 공략하기 Review Test 및 복습 핵심 표현 암기장 DAY 4 복습	Q1-11 복습 핵심 표현 암기장 DAY 5 복습
16일	**17일**	**18일**	**19일**	**20일**
Actual Test 1 Actual Test 1 복습 핵심 표현 암기장 DAY 6 복습	Actual Test 2 Actual Test 2 복습 핵심 표현 암기장 DAY 7 복습	Actual Test 3 Actual Test 3 복습 핵심 표현 암기장 DAY 8 복습	Actual Test 4 (온라인) Actual Test 4 복습 핵심 표현 암기장 DAY 9 복습	Actual Test 5 (온라인) Actual Test 5 복습 핵심 표현 암기장 DAY 10 복습

이렇게 학습하세요!

1. 기본기와 문제 유형을 15일 동안 학습하고, 남은 5일 동안 Actual Test를 풀어보는 방식으로 학습합니다.
2. 1일 차에는 "미국식 발음과 영국식 발음에 대하여"를 학습하고, 다음날부터 "알면서도 틀리는 스피킹 포인트 20"을 10개씩 학습합니다.
3. 5일 차부터는 하나의 문제 유형을 이틀에 걸쳐 학습합니다. 기초 쌓기와 스텝별 전략 익히기를 하루에 학습하고, 다음날 유형별 공략하기를 학습한 후 Review Test를 풀고 복습합니다.
4. 매일 학습이 끝나면 "토익스피킹 핵심 표현 암기장"을 하루치씩 학습하고 11일차부터는 하루치씩 복습합니다.
5. 각 문제 유형 학습이 끝나면 "말하기 연습 프로그램"으로 교재에 수록된 표현을 실제로 말해보고 원어민의 음성과 비교해 보며 학습합니다.
6. 모든 문제 유형 학습이 끝나면 Actual Test를 풀어보며 자신의 실력을 점검해봅니다.
7. 학원 강의나 동영상 강의 수강과 병행하면 더 효과적으로 학습할 수 있습니다.

성향별 학습 방법

혼자 하는 공부가 제일 잘돼요! 개별 학습 성향

교재, 해커스영어 사이트, MP3 등을 적극적으로 활용하여 실력을 쌓습니다.
학습 플랜을 따라 학습하고 그날의 학습량은 반드시 끝마칩니다.

교재 | 표현 및 전략 학습 → Hackers Practice 및 Test를 통해 확인 → Review Test를 통해 부족한 부분 확인
하여 복습 → "핵심 표현 암기장"을 통해 표현 학습 → "말하기 연습 프로그램"으로 원어민 음성과 비교
하며 발음 학습

Hackers.co.kr | 해커스영어 스피킹 & 오픽 첨삭게시판에서 학습자들 간 답변 첨삭

HackersIngang.com | "핵심표현 MP3"를 다운받아 따라 하며 암기
(HackersIngang.com > [토스/오픽] > [MP3/자료 → 토익스피킹 → 무료 MP3/자료] >
[핵심표현 MP3]에서 교재 인증 후 다운로드)

여러 사람과 함께 공부하는 것이 좋아요! 스터디 학습 성향

팀원들끼리 원칙을 정해놓고 표현을 외우고, 시간을 재면서 문제에 답변해 봅니다.
팀원들끼리 서로 발음이나 문법적인 실수 등을 점검해주며 학습합니다.
단, 너무 오래 잡담을 하지 않도록 주의합니다.

교재 | 스터디 계획대로 예습 → Hackers Practice 및 Test를 팀원들 앞에서 답변하고 의견 듣기 → 팀원들이
알려준 부족한 부분 확인하여 복습 → "핵심 표현 암기장"을 통해 표현 학습 → "말하기 연습 프로그램"
으로 원어민 음성과 비교하며 발음 학습

Hackers.co.kr | 유익한 자료 팀원들과 공유 → 해커스영어 스피킹 & 오픽 첨삭게시판에서 학습자들 간 답변 첨삭

HackersIngang.com | "핵심표현 MP3"를 다운받아 따라 하며 암기
(HackersIngang.com > [토스/오픽] > [MP3/자료 → 토익스피킹 → 무료 MP3/자료] >
[핵심표현 MP3]에서 교재 인증 후 다운로드)

선생님의 강의를 들으며 확실히 공부하는 것이 좋아요! 학원 학습 성향

학원 강의를 듣고, 궁금한 사항은 선생님께 물어 바로 해결합니다.
반별 게시판을 적극 활용해 공부합니다.
결석하지 않겠다는 의지를 가지고 수업에 임하며, 배운 내용은 반드시 그날 복습합니다.

....

교재 | 수업 전 예습 → 의문점 선생님께 질문하여 해결 → "핵심 표현 암기장"을 통해 표현 학습 → "말하기 연습 프로그램"으로 원어민 음성과 비교하며 발음 학습

Hackers.ac | 반별 게시판에서 선생님 및 학생들과 커뮤니케이션

Hackers.co.kr | 유익한 자료 팀원들과 공유 → 해커스영어 스피킹 & 오픽 첨삭게시판에서 학습자들 간 답변 첨삭

HackersIngang.com | "핵심표현 MP3"를 다운받아 따라 하며 암기
(HackersIngang.com > [토스/오픽] > [MP3/자료 → 토익스피킹 → 무료 MP3/자료] >
[핵심표현 MP3]에서 교재 인증 후 다운로드)

시간과 장소에 구애받지 않고 수업을 들으며 공부하고 싶어요! 동영상 학습 성향

해커스인강의 선생님께 질문하기 코너를 적극 활용합니다.
시간과 장소에 구애받지 않지만, 나태해지지 않도록 미리 계획을 세워두고 반드시 지키도록 합니다.
인터넷 접속 시, 인터넷 검색이나 메신저 등의 유혹에 빠지지 않도록 합니다.

....

교재 | 수업 전 예습 → "핵심 표현 암기장"을 통해 표현 학습 → "말하기 연습 프로그램"으로 원어민 음성과 비교하며 발음 학습

Hackers.co.kr | HackersIngang.com 강의를 보며 몰랐던 부분 확실히 학습 → 궁금한 점 게시판을 통해 해결
→ "핵심표현 MP3"를 다운 받아 따라 하며 암기
(HackersIngang.com > [토스/오픽] > [MP3/자료 → 토익스피킹 → 무료 MP3/자료] >
[핵심표현 MP3]에서 교재 인증 후 다운로드)

HackersIngang.com | 해커스영어 스피킹 & 오픽 첨삭게시판에서 학습자들 간 답변 첨삭

미국식 발음과 영국식 발음에 대하여

영어 발음은 크게 미국·캐나다 등에서 사용되는 미국식 발음과 영국·호주 등에서 사용되는 영국식 발음으로 크게 나눌 수 있습니다. 토익스피킹에는 우리에게 친숙한 미국식 발음뿐만 아니라 영국식 발음도 등장한답니다. 본 교재의 음성 파일에는 시험에 출제되는 모든 국적의 성우 음성이 수록되어 시험에 어떤 발음의 성우가 나와도 자신 있게 문제를 들을 수 있어요. 그럼, 영국식 발음은 미국식 발음과 어떻게 다른지 함께 살펴볼까요? 🎧 (미영발음) 01

자음

1. 음절의 끝소리 /r/

미국식 영어에서는 음절의 끝소리 /r/음을 혀를 말아 올려 [r]로 발음하는 반면, 영국식 영어에서는 발음하지 않습니다.

🎧	미국식 발음	영국식 발음
driver	[드라이버ㄹ]	[드라이버]
wear	[웨어ㄹ]	[웨어]
remember	[리멤버ㄹ]	[리멤버]

🎧 음성을 듣고 아래 문장의 빈칸을 채워보세요. 음성은 미국식, 영국식 발음으로 각각 한 번씩 들려줍니다.

① People at my workplace _____ casual clothing.
② My secretary didn't _____ to send you the bill.
③ I _____ reading a _____ to watching the news on TV.

2. 모음 사이에 오는 /t/

미국식 영어에서는 모음 사이 소리 /t/를 [d]나 [r]로 발음하는 반면, 영국식 영어에서는 정확하게 [t]로 발음합니다.

🎧	미국식 발음	영국식 발음
letter	[레러ㄹ]	[레터]
marketing	[마ㄹ케링]	[마아케팅]
variety	[버라이어리]	[버라이어티]

🎧 음성을 듣고 아래 문장의 빈칸을 채워보세요. 음성은 미국식, 영국식 발음으로 각각 한 번씩 들려줍니다.

④ Libraries have a large _____ of books.
⑤ It is easier to call someone than _____.
⑥ You can contact the _____ director for further information.

모음

1. /ɑ/

미국식 영어에서는 /ɑ/ 를 [æ]로 발음하는 반면, 영국식 영어에서는 [ɑ]로 발음합니다.

🎧	**미국식 발음**	**영국식 발음**
sample	[샘플]	[삼플]
after	[애프터ㄹ]	[아프터]
ask	[애스ㅋ]	[아스ㅋ]

🎧 음성을 듣고 아래 문장의 빈칸을 채워보세요. 음성은 미국식, 영국식 발음으로 각각 한 번씩 들려줍니다.

① There will be a lunch _____ the morning session.
② We will provide _____ of products to all participants.
③ There will be a _____ to _____ questions to the speaker.

2. /i/

특정 단어를 발음할 때 미국식 영어에서는 /i/를 [i]로 발음하는 반면, 영국식 영어에서는 [ai]로 발음합니다.

🎧	**미국식 발음**	**영국식 발음**
either	[이더ㄹ]	[아이더]
neither	[니더ㄹ]	[나이더]
director	[디렉터ㄹ]	[다이렉터]

🎧 음성을 듣고 아래 문장의 빈칸을 채워보세요. 음성은 미국식, 영국식 발음으로 각각 한 번씩 들려줍니다.

④ You can participate in a class _____ on Monday or Friday.
⑤ I'm sorry, but _____ of those rooms is available.
⑥ The _____ will give a presentation at 10 A.M.

3. /o/

미국식 영어에서는 /o/를 [ɑ]로 발음하는 반면, 영국식 영어에서는 [ɔ]로 발음합니다.

🎧	**미국식 발음**	**영국식 발음**
not	[나트]	[노트]
lot	[라트]	[로트]
option	[압션]	[옵션]

🎧 음성을 듣고 아래 문장의 빈칸을 채워보세요. 음성은 미국식, 영국식 발음으로 각각 한 번씩 들려줍니다.

⑦ I don't buy _____ shoes.
⑧ Registration is _____ available on the day of the seminar.
⑨ We _____ several payment _____ to our customers.

정답 │ 자음 ① wear ② remember ③ prefer, newspaper ④ variety ⑤ write a letter ⑥ marketing
　　 │ 모음 ① after ② samples ③ chance, ask ④ either ⑤ neither ⑥ director ⑦ a lot of ⑧ not ⑨ offer, options

무료 토익·토스·오픽·지텔프 자료 제공
Hackers.co.kr

알면서도 틀리는
스피킹 포인트 20

01. 저는 아파트에서 삽니다   1형식 문장
02. 지하철은 편리해요   2형식 문장
03. 저는 신용 카드를 사용해요   3형식 문장
04. 백화점은 저에게 무료 샘플을 줘요   4형식 문장
05. 텔레비전이 저를 웃게 합니다   5형식 문장

06. People is _____ (X)   주어와 동사의 수 일치
07. 커피숍에 두 명의 여자가 있어요   [There + be 동사 + 명사]

08. 남자가 자전거를 **타고 있어요**   현재진행 시제
09. 저는 어제 디지털카메라를 **샀어요**   과거 시제
10. 우리는 여기서 5년 동안 **살아왔어요**   현재완료 시제
11. 연설은 오후 4시에 **시작할 것입니다**   미래 시제

12. 점심이 **제공됩니다**   수동태

13. 박람회가 **화요일에** 개최될 예정이에요   시간 전치사
14. 파티는 **로비에서** 열릴 예정이에요   장소 전치사
15. 접시가 **테이블 위에** 있어요   위치 전치사

16. 공을 들고 있는 남자아이가 있어요   분사

17. 대중교통은 빠르고 저렴해요   등위 접속사
18. **스크린이 크기 때문에** 극장이 좋아요   부사절 접속사
19. **의사가 되고 싶어 하는** 학생은 생물학 공부를 선택할 거예요   관계대명사
20. 기술이 교육의 질을 향상시켰다는 것에 동의합니다   명사절 접속사

01 저는 아파트에서 삽니다

"아파트나 주택 중 어디에서 사나요?"라는 질문을 받을 경우 "저는 아파트에서 삽니다"라고 답할 수 있어요. 이를 영어로 표현하면 다음과 같아요.

I live in an apartment.

'주어가 (~에서/~로/~까지/~하게) −하다'를 표현할 때는 위의 예문처럼 [주어 + 동사 + 전치사구/부사]의 1형식 문장으로 말해요. 1형식 문장에서 주로 사용되는 동사에는 be(있다), go(가다), come(오다), stay(머무르다), work(일하다), live(살다), begin (시작하다) 등이 있어요.

I live in an apartment. [1형식 문장]
주어 동사 　전치사구

문장 말해보기

1. 저는 저녁까지 일합니다.
   🎤 I work until the evening.

2. 저는 Sunshine 호텔에서 숙박합니다.
   🎤 I stay at the Sunshine Hotel.

Check Up 다음의 우리말 문장을 괄호 안의 표현을 사용하여 영어로 말해보세요. 🎧 (스피킹포인트) 01

1. 저는 은행에 갑니다. (a bank)
   🎤

2. 강의는 9시에 시작합니다. (The lecture, 9 o'clock)
   🎤

3. 하늘에 구름이 있습니다. (some clouds, in the sky)
   🎤

4. 부모님은 매년 여름 우리 집에 오십니다. (my parents, my house, every summer)
   🎤

모범답변·해석·해설 p.2

"지하철의 어떤 점이 좋은가요?"라는 질문을 받을 경우 "지하철은 편리해요"라고 답할 수 있어요. 이를 영어로 표현하면 다음과 같아요.

The subway is convenient.

'주어는 (어떠)하다/(무엇)이다'를 표현할 때는 위의 예문처럼 [주어 + 동사 + 주격보어]의 2형식 문장으로 말해요. 2형식 문장에서 주로 사용되는 동사에는 **be**(~이다/~하다), **become**(~되다), **seem**(~인 것 같다), **look**(~으로 보이다/생각되다) 등이 있어요.

The subway is convenient. [2형식 문장]
　　　주어　　　동사　　주격보어

문장 말해보기

1. 사람들이 바쁜 것 같아요.
   🎤 The people seem busy.

2. 요금은 2달러예요.
   🎤 The fee is $2.

Check Up 다음의 우리말 문장을 괄호 안의 표현을 사용하여 영어로 말해보세요. 🎧 (스피킹포인트) 02

1. 큰 도시의 집들은 비쌉니다. (homes in large cities, expensive)
   🎤

2. 골프는 흥미진진한 것 같아요. (golf, exciting)
   🎤

3. 교통 상황은 6시에 심각해집니다. (traffic conditions, terrible, at 6 o'clock)
   🎤

4. 품질이 좋은 옷은 더 비싸 보입니다. (good quality clothing, more expensive)
   🎤

모범답변·해석·해설 p.2

03 저는 신용 카드를 사용해요

"물건을 구매할 때 어떤 결제 수단을 사용하나요?"라는 질문을 받을 경우 "저는 신용 카드를 사용해요"라고 답할 수 있어요. 이를 영어로 표현하면 다음과 같아요.

I use a credit card.

'주어가 ~을 -하다'를 표현할 때는 위의 예문처럼 [주어 + 동사 + 목적어]의 3형식 문장으로 말해요. 3형식 문장에서 주로 사용되는 동사에는 hold(~을 잡다, 개최하다), carry(~을 나르다), wear(~을 입다), have(~을 가지다), need(~을 필요로 하다), buy (~을 구입하다), use(~을 사용하다) 등이 있어요.

I use a credit card. [3형식 문장]
주어 동사   목적어

문장 말해보기

1. 저는 유명한 브랜드를 삽니다.
   🎤 I buy well-known brands.

2. 그 여자는 모자를 쓰고 있습니다.
   🎤 The woman is wearing a hat.

Check Up 다음의 우리말 문장을 괄호 안의 표현을 사용하여 영어로 말해보세요. 🎧 (스피킹포인트) 03

1. 남자가 물병을 들고 있어요. (the man, a bottle of water)
   🎤

2. 저는 사진을 찍기 위해 휴대전화를 사용합니다. (a mobile phone, to take pictures)
   🎤

3. 저는 온라인 수업을 일주일에 두 번 듣습니다. (online classes, twice a week)
   🎤

4. 남자가 상점에서 물건을 구매하고 있어요. (some items, at a store)
   🎤

모범답변·해석·해설 p.2

04 백화점은 저에게 무료 샘플을 줘요

"왜 백화점에서 물건을 구매하나요?"라는 질문을 받을 경우 "백화점은 저에게 무료 샘플을 줘요"라고 이유를 말할 수 있어요. 이를 영어로 표현하면 다음과 같아요.

The department store gives me some free samples.

'주어가 ~에게 …을 −하다'를 표현할 때는 위의 예문처럼 [주어 + 동사 + 간접목적어 + 직접목적어]의 4형식 문장으로 말해요. 4형식 문장에서 주로 사용되는 동사에는 give(~에게…을 주다), send(~에게 …을 보내주다), offer(~에게 …을 제공해주다), show(~에게 …을 보여주다), bring(~에게 …을 가져다주다), buy(~에게 …을 사주다) 등이 있어요.

The department store gives me some free samples. [4형식 문장]
　　　주어　　　　　　　동사　간접목적어　　직접목적어

문장 말해보기

1. 그 상점은 고객들에게 할인을 제공합니다.
   🎤 The store offers customers a discount.

2. 그녀는 방문자들에게 화랑을 보여줍니다.
   🎤 She shows the visitors the gallery.

Check Up 다음의 우리말 문장을 괄호 안의 표현을 사용하여 영어로 말해보세요. 🎧 (스피킹포인트) 04

1. 내일 오전에 제게 전화해 주세요. (a call, tomorrow morning)
   🎤

2. Ms. Henry가 우리에게 보고서 사본을 가져다줄 거예요. (copies of the report)
   🎤

3. 저는 친구들의 생일에 선물을 사줍니다. (my friends, presents for their birthdays)
   🎤

4. 많은 도시들이 고령 시민들에게 할인된 버스 요금을 제공합니다. (many cities, senior citizens, reduced bus rates)
   🎤

모범답변·해석·해설 p.2

'텔레비전은 기분 전환에 좋다'라는 것에 대해 찬성 또는 반대하는지 의견을 말해야 할 경우, "텔레비전이 저를 웃게 합니다"라는 것을 이유로 하여 찬성의 의견을 표현할 수 있어요. 이를 영어로 표현하면 다음과 같아요.

Television makes me laugh.

'주어가 ~을(~이) -하도록(-임을) -하다'를 표현할 때는 위의 예문처럼 [주어 + 동사 + 목적어 + 목적격 보어]의 5형식 문장으로 말해요. 5형식 문장에서 주로 사용되는 동사에는 make(~을 -하게 만들다), find(~이 -임을 알다/-라고 생각하다), let(~이 -하도록 허락하다), help(~이 -하도록 돕다), watch(~이 -하는 것을 보다) 등이 있어요.

Television makes me laugh. [5형식 문장]
주어　　　동사　목적어 목적격보어

문장 말해보기

1. 독서는 내가 긴장을 풀도록 도와줍니다.
   🎙 Reading books helps me relax.

2. 스포츠는 학생들로 하여금 팀워크에 대해 배우도록 합니다.
   🎙 Sports let students learn about teamwork.

Check Up 다음의 우리말 문장을 괄호 안의 표현을 사용하여 영어로 말해보세요. 🎧 (스피킹포인트) 05

1. 인터넷이 사람들을 게으르게 만들어요. (the Internet, people, lazy)
   🎙

2. 저는 다큐멘터리 영화가 지루하다고 생각해요. (documentary films, boring)
   🎙

3. 일일 통행증으로 방문자들은 모든 전시회에 참석할 수 있어요. (the day pass, visitors, attend all the exhibits)
   🎙

4. 관광객들이 밴드가 공연하는 것을 보고 있어요. (tourists, a band, performing)
   🎙

모범답변·해석·해설 p.3

06 People is _____ (X)

사진의 사람들을 묘사할 때 "사람들이 야외에 앉아 있다"라고 말할 수 있어요.
그런데 이를 영어로 표현할 때 다음과 같이 말하면 틀린 문장이 됩니다.

People is sitting outside. (X)

영어의 문장을 말할 때 위의 예문에서처럼 복수 주어에 단수 동사를 사용하면 틀린 문장이 됩니다. 복수 주어에는 복수 동사를
사용하여 주어의 수와 동사의 수를 일치시켜야 해요.

People are **sitting outside.** (○)
복수 주어 복수 동사

마찬가지로 단수 주어를 사용할 때에는 단수 동사로 말해야 하며, 복수 동사를 사용하면 틀린 문장이 됩니다.

A student ~~have~~ **long hair.** 한 학생은 머리가 길어요.
          has

→ 단수 주어(A student)이므로 단수 동사(has)를 써야 해요.

TIP 주어가 3인칭 단수 명사, 'every/each + 명사', 셀 수 없는 명사일 때에는 단수 동사를 쓰고, 주어가 복수 명사, '명사 and 명사', 'many/some +
복수 명사', 'Most/All of 복수 명사'일 경우에는 복수 동사를 써요.

문장 말해보기

1. 모두가 밖에서 쉬고 있어요.
   🎤 Everyone is relaxing outdoors.

2. 구름 몇 점이 하늘에 있어요.
   🎤 Some clouds are in the sky.

Check Up 괄호 안의 표현을 사용하여 영어 문장을 완성하여 말해보세요. 🎧 (스피킹포인트) 06

1. 배의 갑판이 사람들로 꽉 찼어요. (the ferry's deck)
   🎤 _____ crowded with people.

2. 계단 근처에 벽돌 한 더미가 있어요. (a pile of bricks)
   🎤 _____ near the steps.

3. 셔츠 몇 벌이 진열대에 걸려 있어요. (some shirts)
   🎤 _____ hanging on the display rack.

4. 길 왼쪽에 큰 건물 하나와 나무 한 그루가 있어요. (a tall building and a tree)
   🎤 _____ on the left side of the street.

모범답변·해석·해설 p.3

07 커피숍에 두 명의 여자가 있어요

[There + be
동사 + 명사]

사진의 두 여자를 묘사할 때 "커피숍에 두 명의 여자가 있어요"라고 말할 수 있어요. 이를 영어로 표현하면 다음과 같아요.

There are two women in a coffee shop.

'~이(가) 있다'를 표현할 때는 위의 예문에서처럼 [There + be 동사 + 명사]의 형태로 말해요. 이때 명사가 단수이면 There is를, 복수이면 There are를 써요. 특히 복수 명사 앞에서 There is를 사용하지 않도록 주의합니다.

<u>There is a man</u> **in the office.** 사무실에 한 남자가 있어요.
　　　단수 명사

~~There is~~ two women **in a coffee shop.**
There are

→ 복수 명사(two women) 앞에서는 There are를 사용해야 해요.

문장 말해보기

1. 보도 위에 소녀 한 명이 있어요.
　🎤 There is a girl on the sidewalk.

2. 해변에 많은 사람들이 있어요.
　🎤 There are many people on the beach.

Check Up 괄호 안의 표현을 사용하여 파란색으로 된 우리말을 영어로 바꾸어 문장을 말해보세요.

🎧 (스피킹포인트) 07

1. 도로변에 또 한 대의 택시가 있어요. (another taxi)
　🎤 ＿＿＿＿＿＿＿＿＿＿＿＿＿＿＿＿＿ on the side of the road.

2. 안내 데스크에 남자 한 명과 여자 한 명이 있어요. (a man and woman)
　🎤 ＿＿＿＿＿＿＿＿＿＿＿＿＿＿＿＿＿＿＿＿ at a reception desk.

3. 카펫 위에 몇몇 가구가 있어요. (some furniture)
　🎤 ＿＿＿＿＿＿＿＿＿＿＿＿＿＿＿＿ on the carpet.

4. 테이블 뒤에 창문이 여러 개 있어요. (several windows)
　🎤 ＿＿＿＿＿＿＿＿＿＿＿＿＿＿＿ behind the table.

모범답변·해석·해설 p.3

08 남자가 자전거를 타고 있어요

사진의 남자를 묘사할 때 "남자가 자전거를 타고 있어요"라고 말할 수 있어요. 이를 영어로 표현하면 다음과 같아요.

A man is riding a bicycle.

현재 진행되고 있는 동작이나 상황을 표현할 때는 위의 예문처럼 'be + -ing'를 사용한 현재진행 시제로 말해요.

A man is riding a bicycle.
　　　　　be + -ing

현재진행 시제를 말할 때에는 be 동사를 빠뜨리지 않도록 주의해야 해요.

A man riding a bicycle. (X)
　　　　is를 빠뜨려 틀림

문장 말해보기

1. 몇몇 사람들이 역에서 표를 사고 있어요.
   🎤 Some people are buying tickets at a station.

2. 자전거 두 대가 벤치에 기대어 있어요.
   🎤 Two bicycles are leaning against the bench.

Check Up 괄호 안의 표현을 사용하여 파란색으로 된 우리말을 영어로 바꾸어 문장을 말해보세요.

🎧 (스피킹포인트) 08

1. 여자들이 야외 카페에 앉아 있어요. (sit)
   🎤 The women ＿＿＿＿＿＿＿＿＿＿ at an outdoor café.

2. 또 한 명의 남자가 그녀 옆에서 걷고 있어요. (walk)
   🎤 Another man ＿＿＿＿＿＿＿＿＿＿ beside her.

3. 한 무리의 사람들이 버스를 타려고 기다리고 있어요. (wait)
   🎤 A group of people ＿＿＿＿＿＿＿＿＿＿ to board a bus.

4. 몇몇 학생들이 도서관에서 공부하고 있어요. (study)
   🎤 Some students ＿＿＿＿＿＿＿＿＿＿ in a library.

모범답변·해석·해설 p.3

09 저는 어제 디지털카메라를 샀어요

"어제 전자 상가에서 무엇을 샀나요?"라는 질문을 받을 경우 "저는 어제 디지털카메라를 샀어요"라고 답할 수 있어요. 이를 영어로 표현하면 다음과 같아요.

I purchased a digital camera yesterday.

과거 특정 시점에 있었던 일을 표현할 때는 위의 예문에서처럼 동사의 과거형('동사 + (e)d' 또는 불규칙 동사의 과거형)을 사용한 과거 시제로 말해요.

I purchased a digital camera yesterday.
동사 + ed

과거 시제로 말할 때에는 동사의 현재형을 사용하지 않도록 주의합니다.

I purchase a digital camera yesterday. (X)
현재형을 사용하여 틀림

* 반드시 알아 두어야 할 불규칙 동사의 현재 – 과거 – 과거분사

go(가다) - went - gone	think(생각하다) - thought - thought	speak(말하다) - spoke - spoken
drink(마시다) - drank - drunk	fly(날다) - flew - flown	take(타다, 가져가다) - took - taken
buy(사다) - bought - bought	hang(걸다) - hung - hung	give(주다) - gave - given

문장 말해보기

1. 저는 이틀 전에 버스를 탔어요.
   🎤 I **took** a bus two days ago.

2. 저는 지난달에 친구들을 위해 꽃을 샀어요.
   🎤 I **bought** flowers for my friends last month.

Check Up 괄호 안의 표현을 사용하여 파란색으로 된 우리말을 영어로 바꾸어 문장을 말해보세요. 🎧 (스피킹포인트) 09

1. 저는 일 년 전에 비행기로 싱가포르에 갔었어요. (fly)
   🎤 _____ on an airplane to Singapore a year ago.

2. 당신이 잘못된 정보를 들었던 것 같아요. (hear)
   🎤 I think _____ the wrong information.

3. 제가 그에게 어제 그 상황에 대해 얘기했어요. (speak)
   🎤 _____ to him about the situation yesterday.

4. 예전에는 할머니가 제게 좋은 조언을 해주셨어요. (give)
   🎤 _____ me good advice in the past.

모범답변·해석·해설 p.3

10 우리는 여기서 5년 동안 살아왔어요

"현재 거주지에서 얼마 동안 살고 있나요?"라는 질문을 받을 경우 "우리는 여기서 5년 동안 살아왔어요"라고 답할 수 있어요. 이를 영어로 표현하면 다음과 같아요.

We have lived **here for five years.**

과거에 시작되어 현재까지 계속되고 있는 상황이나, 과거의 동작 또는 상태의 결과가 현재까지 남아있는 것을 표현할 때는 위의 예문에서처럼 'have/has + p.p.(과거분사)'를 사용한 현재 완료 시제로 말해요. 현재 완료는 since(~ 이후) 또는 'for + 기간'(~ 동안)과 자주 함께 사용됩니다.

We have lived **here for five years.**
　　　have + live의 p.p.

현재 완료 시제를 말할 때 동사의 현재형을 사용하지 않도록 주의합니다.

We live **here for five years.** (X)
현재형을 사용하여 틀림

문장 말해보기

1. 저는 2010년 이후 그 인터넷 공급회사를 이용해 왔어요.
   🎤 I have used the Internet provider since 2010.

2. 책들이 선반에 정리되어 있어요.
   🎤 The books have been arranged on the shelves.

TIP 위의 2번 문장에서 사용된 현재완료 시제는 과거에 책이 정리되어 있던 상태의 결과가 현재까지 남아 있는 것을 나타냅니다.

Check Up 괄호 안의 표현을 사용하여 파란색으로 된 우리말을 영어로 바꾸어 말해보세요. 🎧 (스피킹포인트) 10

1. 사람들이 가방을 카운터에 올려 놓았어요. (place)
   🎤 The people ＿＿＿＿＿＿＿＿＿＿ their bags on a counter.

2. 한 무리의 사람들이 공원에 모여 있어요. (gather)
   🎤 A group of people ＿＿＿＿＿＿＿＿＿＿ in a park.

3. 항공 요금이 9월 이후 30퍼센트까지 올랐어요. (go up)
   🎤 Airfares ＿＿＿＿＿＿＿＿＿＿ by 30 percent since September.

4. 컴퓨터의 발명이 세상을 더 좋은 곳으로 만들었어요. (make)
   🎤 The invention of computers ＿＿＿＿＿＿＿＿＿＿ the world a better place.

모범답변·해석·해설 p.4

11 연설은 오후 4시에 시작할 것입니다

연설이 언제 시작하는지를 묻는 질문을 받을 경우, "연설은 오후 4시에 시작할 것입니다"라고 답할 수 있어요. 이를 영어로 표현하면 다음과 같아요.

The speech will begin at 4 P.M.

미래에 일어날 일이나, 상대에게 앞으로 어떤 일을 해 줄 것이라고 표현할 때는 위의 예문에서처럼 'will + 동사원형'을 사용한 미래 시제로 말해요.

The speech will begin **at 4 P.M.**
          will+동사원형

문장 말해보기

1. 워크숍이 다음 주 금요일에 있을 것입니다.
   🎤 The workshop will be next Friday.

2. 사람들은 신용카드를 더 자주 사용할 거예요.
   🎤 People will use credit cards more often.

Check Up 괄호 안의 표현을 사용하여 파란색으로 된 우리말을 영어로 바꾸어 문장을 말해보세요.

🎧 〈스피킹포인트〉 11

1. 당신의 비행기가 9월 7일에 출발할 거예요. (depart)
   🎤 Your flight _____ on September 7.

2. 세미나는 두 개의 주제를 다룰 거예요. (cover)
   🎤 The seminar _____ two topics.

3. 저희가 당신에게 초대장을 보내드리겠습니다. (send)
   🎤 We _____ an invitation to you.

4. 저희가 팸플릿을 제공해 드릴게요. (provide)
   🎤 We _____ you with a pamphlet.

모범답변·해석·해설 p.4

12 점심이 제공됩니다

세미나 중에 점심이 제공되는지를 묻는 질문을 받을 경우, "점심이 제공됩니다"라고 답할 수 있어요. 이를 영어로 표현하면 다음과 같아요.

Lunch is provided.

'~되다/~ 하여지다'와 같이 주어가 수동적으로 동작을 당하는 상황을 표현할 때는 위의 예문에서처럼 'be + p.p.(과거분사)'를 사용한 수동태로 말해요. 여기서 동작을 가하는 행위자를 나타내고 싶을 때에는 문장의 끝에 'by 행위자'를 말하면 돼요.

Lunch is provided **by the company.** 점심이 회사에 의해 제공됩니다.
　　　　be + provide의 p.p.

특히 수동태로 말할 때에는 be 동사 다음에 p.p. 대신 동사 원형을 사용하지 않도록 주의해야 해요.

Lunch is provide. (X)
be 동사 다음에 동사 원형(provide)을 사용하여 틀림

문장 말해보기

1. 가격은 웹사이트에 표시되어 있습니다.
   🎙 The prices are listed on the Web site.

2. 스페인어 수업은 목요일에 열립니다.
   🎙 Spanish classes are held on Thursday.

Check Up 괄호 안의 표현을 사용하여 파란색으로 된 우리말을 영어로 바꾸어 문장을 말해보세요. 🎧 (스피킹포인트) 12

1. 두 개의 요리 강습이 오늘 예정되어 있어요. (schedule)
   🎙 Two cooking classes ＿＿＿＿＿＿＿＿＿ for today.

2. 그 과정은 Samantha Davis의 지도를 받습니다. (teach)
   🎙 That course ＿＿＿＿＿＿＿＿＿ by Samantha Davis.

3. 주문품은 구입 후 2주 내에 배달됩니다. (deliver)
   🎙 The orders ＿＿＿＿＿＿＿＿＿ within two weeks of purchase.

4. 음식은 Mount Olympia 식당에 의해 제공됩니다. (cater)
   🎙 Food ＿＿＿＿＿＿＿＿＿ by Mount Olympia Restaurant.

모범답변·해석·해설 p.4

13 박람회가 화요일에 개최될 예정이에요

시간 전치사

박람회가 무슨 요일에 열리는지를 묻는 질문을 받을 경우, "박람회가 화요일에 개최될 예정이에요"라고 답할 수 있어요. 이를 영어로 표현하면 다음과 같아요.

The trade fair will be held <u>on</u> Tuesday.

'~(때)에' 또는 '(언제)까지' 등의 시간을 표현할 때는 위의 예문에서처럼 전치사를 사용해서 말해요. 시간을 나타내는 전치사에는 at, on, in, by, from, to, until 등이 있고, 아래와 같이 사용됩니다.

at (~에)	at 7 o'clock 7시에 at the beginning of April 4월 초에 at lunch 점심에
on (~에)	On May 6 5월 6일에 on the weekend 주말에 on Friday morning 금요일 아침에
in (~에)	In 2012 2012년에 in September 9월에 in the morning/afternoon/evening 아침/오후/저녁에 in summer 여름에
by (~까지)	by 11 A.M. 오전 11시까지 by July 7 7월 7일까지 by next Monday 다음 주 월요일까지
from ~ to(until) ~ (~부터 ~까지)	from 1:30 P.M. to(until) 3:30 P.M. 오후 1시 30분부터 오후 3시 30분까지

TIP by는 동작이나 행위가 완료되는 시점을 나타내고, until은 동작이나 상태가 해당 시점까지 계속됨을 나타냅니다.

문장 말해보기

1. 저는 여름에 휴가가 있어요.
   🎙 I have a vacation in the summer.

2. 볼링 시합이 4월 19일에 개최될 예정이에요.
   🎙 The bowling tournament will be held on April 19.

Check Up 다음의 우리말에서 파란색으로 된 부분을 영어로 바꾸어 문장을 말해보세요. 🎧 (스피킹포인트) 13

1. 소포가 금요일까지 도착할 거예요.
   🎙 The package will arrive _____.

2. 이번 주 초에 퍼레이드가 있을 거예요.
   🎙 There will be a parade _____.

3. 세미나가 1월 19일 오전 10시부터 오후 4시까지 열릴 것입니다.
   🎙 The seminar will take place _____.

4. 그 강의는 목요일 저녁 Cynthia Atwood에 의해 제공될 거예요.
   🎙 The lecture will be given by Cynthia Atwood _____.

모범답변·해석·해설 p.4

장소 전치사

송년 파티가 어디에서 열리는지를 묻는 질문을 받을 경우, "파티는 로비에서 열릴 예정이에요"라고 답할 수 있어요. 이를 영어로 표현하면 다음과 같아요.

The party will take place in the lobby.

'(장소)에' 또는 '~에서' 등의 장소를 표현할 때는 위의 예문에서처럼 전치사를 사용해서 말해요. 장소를 나타내는 전치사에는 at, on, in 등이 있고, 아래와 같이 사용됩니다.

at (~ 지점에)	**at work** 직장에 **at home** 집에 **at the bus stop** 버스 정거장에 **at the airport** 공항에 **at a concert** 콘서트장에 **at the theater** 극장에 **at the doctor's office** 병원에
on (~ 위에)	**on 3rd street** 3가에 **on the bus/train** 버스/열차에 **on the left/right** 왼쪽/오른쪽에
in (~ 안에)	**in the room** 방안에 **in the sky** 하늘에 **in a newspaper** 신문에 **in the car** 자동차 안에 **in the city** 도시 안에 **in London** 런던에 **in the hospital** 병원에 입원 중인

문장 말해보기

1. 저는 직장에서 인터넷을 사용합니다.
   🎤 I use the Internet at work.

2. 저는 보통 기차에서 신문을 읽어요.
   🎤 I usually read the newspaper on the train.

Check Up 다음의 우리말에서 파란색으로 된 부분을 영어로 바꾸어 문장을 말해보세요. 🎧 (스피킹포인트) 14

1. 저는 거실에서 TV를 봅니다.
   🎤 I watch TV _____.

2. 기차역에 한 무리의 사람들이 있어요.
   🎤 There is a group of people _____.

3. 저는 신문에서 스포츠 경기에 대해 읽습니다.
   🎤 I read about sports events _____.

4. 한 여자가 길모퉁이에 서 있어요.
   🎤 A woman is standing _____.

모범답변·해석·해설 p.4

15 접시가 테이블 위에 있어요

위치 전치사

사진의 접시를 묘사할 때 "접시가 테이블 위에 있어요"라고 묘사할 수 있어요.
이를 영어로 표현하면 다음과 같아요.

Dishes are on the table.

'~ 위에' 또는 '~ 옆에' 등의 위치를 표현할 때는 위의 예문에서처럼 전치사를 사용해요. 위치를 나타내는 전치사에는 in front of, between, by, next to, on, over, above 등이 있고, 아래와 같이 사용됩니다.

in front of (~ 앞에)	in front of the people 사람들 앞에 in front of the building 건물 앞에
between (~ 사이에)	between the man and woman 남자와 여자 사이에
by, next to (~ 옆에)	by the table 탁자 옆에 next to the trees 나무 옆에 next to the people 사람들 옆에
on (~ 위에) over (~ 위에) above (~ 위에)	on the wall 벽에 on the table 탁자 위에 over the river 강 위에 over the displays 전시대 위에 above some people 몇몇 사람들 위에

TIP on은 '(표면이 닿은) ~위에', over는 '(떨어져서) ~의 바로 위에', 그리고 above는 '~보다 높은 곳의 위에'를 나타냅니다.

문장 말해보기

1. 쇼핑 카트가 남자 앞에 있습니다.
   🎤 The shopping cart is in front of the man.

2. 두 여자 사이에 빈 의자가 있어요.
   🎤 An empty seat is between the women.

Check Up 다음의 우리말에서 파란색으로 된 부분을 영어로 바꾸어 문장을 말해보세요. 🎧 (스피킹포인트) 15

1. 사무 도구가 책상 위에 있어요.
   🎤 Office equipment is _____.

2. 울타리 옆에 자동차 몇 대가 있어요.
   🎤 There are some cars _____.

3. 비닐봉지가 부스 위에 매달려 있어요.
   🎤 Plastic bags are hanging _____.

4. 건물들 위로 날아가는 새들을 볼 수 있어요.
   🎤 I can see some birds flying _____.

모범답변·해석·해설 p.5

16 공을 들고 있는 남자아이가 있어요

사진의 남자아이를 묘사할 때 "공을 들고 있는 남자아이가 있어요"라고 말할 수 있어요. 이를 영어로 표현하면 다음과 같아요.

There is a boy holding a ball.

'~하는 명사'를 표현할 때는 위의 예문에서처럼 분사를 사용해요. 분사에는 '~하는/~한'의 뜻으로 사용되는 현재분사(동사 + ing)와 '~된/~당한'의 뜻으로 사용되는 과거 분사('동사 + (e)d' 또는 불규칙 동사의 과거분사)가 있어요. 분사는 주로 명사를 뒤에서 꾸미면서 명사의 동작이나 상태를 설명해줍니다.

There is a boy holding a ball.
　　　　명사　　현재분사

There is a table covered with a cloth. 천으로 덮인 테이블이 있어요.
　　　　명사　　과거분사

문장 말해보기

1. 공연을 보고 있는 몇몇 사람들이 있어요.
   🎤 There are some people watching the performance.

2. 트럭 위에 쌓인 상자들이 있어요.
   🎤 There are boxes stacked on a truck.

Check Up 괄호 안의 표현을 사용하여 파란색으로 된 우리말을 영어로 바꾸어 말해보세요. 🎧 (스피킹포인트) 16

1. 유리창에 진열되어 있는 몇몇 제품이 있어요. (some products, display)
   🎤 There are _____ in the window.

2. 도시에는 차량을 운전하는 사람들이 너무 많아요. (people, drive)
   🎤 There are too many _____ vehicles in the city.

3. Ms. Davis가 "중급 드로잉"이라는 제목의 과목을 가르칠 겁니다. (the class, entitle)
   🎤 Ms. Davis will teach _____ "Intermediate Drawing."

4. 오후 2시 30분에 예정된 세미나가 10분간 지연되었어요. (the seminar, schedule)
   🎤 _____ for 2:30 P.M. has been delayed for 10 minutes.

모범답변·해석·해설 p.5

17 대중교통은 빠르고 저렴해요

"대중교통은 어떤 점이 좋은가요?"라는 질문을 받았을 때, "대중교통은 빠르고 저렴해요"라고 두 가지 장점을 말할 수 있어요. 이를 영어로 표현하면 다음과 같아요.

Public transportation is fast and cheap.

'~이고'를 표현할 때는 위의 예문에서처럼 등위 접속사를 사용해요. 등위 접속사에는 둘 이상의 나열을 나타내는 and(~이고/~와/그리고) 외에, 둘 이상의 것들 중 선택을 나타내는 or(~이거나, 또는), 앞의 내용과 반대 또는 대조되는 사항을 나타내는 but(~이지만, 그런데), 앞의 내용에 대한 결과를 나타내는 so(~이므로, 그래서)가 있어요.

I buy two or three DVDs every year. 저는 매년 두 개나 세 개의 DVD를 삽니다.

I like my job, but I don't earn much money. 제 일을 좋아하지만 돈을 많이 벌지는 않아요.

Many children are very busy with their studies, so they need some time to relax.
많은 어린이들이 학업으로 매우 바빠서 쉴 시간이 좀 필요합니다.

문장 말해보기

1. 저는 역사나 문화에 대한 책을 읽는 것을 좋아합니다.
   🎙 I enjoy reading books about history or culture.

2. 이메일을 받았지만 영어로 되어 있지 않았어요.
   🎙 I received an e-mail, but it was not in English.

Check Up 괄호 안의 표현을 사용하여 파란색으로 된 우리말을 영어로 바꾸어 문장을 말해보세요. 🎧 (스피킹포인트) 17

1. 현금이나 신용카드로 지불할 수 있습니다. (cash, credit card)
   🎙 Payments can be made by _____.

2. 내 차를 갖는 것의 장점은 편리함과 편안함입니다. (convenience, comfort)
   🎙 The advantages of owning my own vehicle are _____.

3. 가격에 입장료는 포함되지만 식사는 포함되지 않습니다. (meals, included)
   🎙 The price includes entrance fees, _____.

4. 비가 오고 있어서, 사람들이 우산을 들고 있습니다. (carry, umbrellas)
   🎙 It's raining, _____.

모범답변·해석·해설 p.5

18 스크린이 크기 때문에 극장이 좋아요

영화를 집에서 보는 것을 선호하는지 아니면 극장에서 보는 것을 선호하는지를 묻는 질문에 대해 "스크린이 크기 때문에 극장에서 영화 보는 것을 좋아해요"라고 답할 수 있어요. 이를 영어로 표현하면 다음과 같아요.

I like seeing a movie in a theater <u>because</u> the screen is big.

'~이기 때문에'를 표현할 때는 위의 예문에서처럼 부사절 접속사 because를 사용해요. 부사절 접속사에는 이유를 나타내는 because(~이기 때문에) 외에, 대조되는 사실을 나타내는 although(비록 ~이지만), 그리고 상황을 가정하는 if(만일 ~라면)가 있어요.

<u>Although</u> my home is small, it is easy for me to live there. 집은 비록 작지만, 제가 살기에는 편해요.

If I could do anything for my vacation, I'd like to travel to Thailand.
휴가를 위해 무언가를 할 수 있다면, 저는 태국에 여행을 가고 싶어요.

문장 말해보기

1. 비행기가 지연되어서 Mr. Ang은 회의를 놓쳤습니다.
   🎤 Mr. Ang missed the meeting because his flight was delayed.

2. 시골이 편안하기는 하지만, 도시만큼 재밌지는 않아요.
   🎤 Although the country is relaxing, it isn't as exciting as the city.

Check Up 괄호 안의 표현을 사용하여 파란색으로 된 우리말을 영어로 바꾸어 문장을 말해보세요. 🎧 (스피킹포인트) 18

1. 질문이 있을 경우 연사에게 연락하시면 됩니다. (you, any questions)
   🎤 You can contact the speaker _____.

2. Mr. Lewis는 신입 사원이기 때문에 사무실 시스템에 대해 모릅니다. (he, a new employee)
   🎤 Mr. Lewis doesn't know about the office system _____.

3. 비록 많은 돈을 벌지는 않지만, 저는 제 일을 즐깁니다. (I, earn, much money)
   🎤 _____, I enjoy my job.

4. 다른 사람들보다 더 나를 잘 알기 때문에 부모님의 충고는 유용합니다. (they, understand, better than others)
   🎤 My parents' advice is useful _____.

모범답변·해석·해설 p.5

'고등학생들이 원하는 과목을 선택할 수 있어야 한다'라는 것에 대해 찬성 또는 반대하는지 의견을 말해야 할 경우, "의사가 되고 싶어 하는 학생은 생물학 공부를 선택할 거예요."라는 예를 들어 찬성을 표현할 수 있어요. 이를 영어로 표현하면 다음과 같아요.

A student <u>who</u> **wants to be a doctor** **would choose to study biology.**

'~가/~를 −하는 명사'를 표현할 때는 위의 예문에서처럼 관계대명사를 사용해요. 자주 사용되는 관계대명사에는 who, which, that이 있어요. who는 사람 명사 다음에, which는 사물 명사 다음에 사용되고, that은 사람 및 사물 명사 다음에 모두 사용될 수 있어요.

<u>A student</u> who(that) wants to be a doctor **would choose to study biology.**
　사람 명사

I don't want to play <u>a sport</u> **which(that) is too stressful.** 스트레스가 너무 강한 운동은 하고 싶지 않아요.
　　　　　　　　사물 명사

문장 말해보기

1. 당신보다 더 나이 든 사람들의 말을 듣는 것은 좋은 생각입니다.
   🎤 It is a good idea to listen to people who / that are older than you.

2. 일하는 것이 즐거운 사람들은 일을 더 잘할 것입니다.
   🎤 People who are happy to do the work would do a better job.

Check Up 괄호 안의 표현을 사용하여 파란색으로 된 우리말을 영어로 바꾸어 문장을 말해보세요. 🎧 (스피킹포인트) 19

1. 저는 자선 단체를 후원하는 회사들이 평판이 더 좋다고 생각합니다. (companies, sponsor, charities)
   🎤 I believe _____ have better reputations.

2. Danny Morgan에 의해 제공될 강의는 인터넷 기술에 관한 것입니다. (the lecture, give, Danny Morgan)
   🎤 _____ is about Internet technology.

3. 저는 친구에 의해 추천된 노트북 컴퓨터를 구매하였습니다. (a laptop computer, recommend, my friend)
   🎤 I bought _____.

4. 제가 당신이 찾고 있는 정보를 바로 찾아 드리겠습니다. (the information, you, look for, right away)
   🎤 I will find you _____.

모범답변·해석·해설 p.6

20 기술이 교육의 질을 향상시켰다는 것에 동의합니다

기술이 교육의 질을 향상시켰다는 것에 동의하는지 묻는 질문을 받을 경우, "기술이 교육의 질을 향상시켰다는 것에 동의합니다"라고 답할 수 있어요. 이를 영어로 표현하면 다음과 같아요.

I agree that technologies have improved the quality of education.

'~가 -하는 것'을 표현할 때는 위의 예문에서처럼 명사절 접속사 that을 사용해요. 자주 사용되는 명사절 접속사에는 that(~하는 것) 외에, if/whether(~인지 아닌지)와, 의문사인 what(무엇이 ~인지), how(어떻게/얼마나 ~하는지/인지) 등이 있어요.

They will find out what the problem is. 그들은 무엇이 문제인지를 알게 될 것입니다.

Mr. Lewis doesn't know how to use the software. Mr. Lewis는 그 소프트웨어를 어떻게 사용해야 하는지 모릅니다.

> **TIP** 'how to do'는 'how + 주어 + should + 동사'를 간략히 줄인 형태로 '어떻게 ~해야 하는지'를 말할 때 자주 사용됩니다.

문장 말해보기

1. 추가 직원을 고용할 것을 권합니다.
   🎙 I recommend that you hire additional employees.

2. 얼마나 비용이 드는지를 제가 알려드릴게요.
   🎙 I will let you know how much it costs.

Check Up 괄호 안의 표현을 사용하여 파란색으로 된 우리말을 영어로 바꾸어 문장을 말해보세요. 🎧 (스피킹포인트) 20

1. 저는 극장에서 영화를 보는 것이 낫다고 생각합니다. (better, see, a movie)
   🎙 I believe _____ in a theater.

2. 젊은 사람들은 그들의 공동체 내에서 사람들과 어떻게 교류해야 하는지를 배웁니다. (interact, people)
   🎙 Young people learn _____ in their community.

3. 예약 날짜를 어떻게 변경할 수 있는지를 제가 알려드리겠습니다. (you, change, the date of your reservation)
   🎙 I will inform you _____.

4. 세미나에서 무엇에 참석할 수 있는지 말씀드리겠습니다. (you, participate, the seminar)
   🎙 I will tell you _____.

모범답변·해석·해설 p.6

무료 로익·토스·오픽·지텔프 자료 제공
Hackers.co.kr

Q1-2
지문 읽기

기초 쌓기
1 자음/모음 및 단어 정확하게 발음하기
2 의미와 의도 살려 문장 읽기

스텝별 전략 익히기
STEP 1 발음, 강세, 억양 파악하며 읽어보기
STEP 2 파악한 내용 바탕으로 읽기

Hackers Practice
Hackers Test

유형별 공략하기
1 광고/소개
2 공지/자동 응답 메시지/보도

Hackers Test

Review Test

Q1-2 알아보기

기차 출발 지연에 대한 공지를 읽어주고 있군요.

기차를 기다리는 사람들에게 기차 출발 지연에 대한 공지를 읽어주고 있군요.

Q1-2는 이처럼 제시되는 지문을 보고 소리 내어 읽는 문제랍니다.

자, 그럼 이 문제 유형에 대해 좀 더 자세히 알아볼까요?

Q1-2는?	주어진 지문을 보고 자연스럽게 읽는 문제
	문제 수 2문제 [Questions 1-2]
	준비 시간 45초
	답변 시간 45초

Q1-2

Q3-4

Q5-7

Q8-10

Q11

10일 만에 끝내는 해커스 토익스피킹 스타트

이런 지문이 나와요!

Q1-2에 등장하는 지문의 종류는 아래와 같이 다섯 가지로 나누어 볼 수 있어요.

지문 종류	자주 나오는 내용
광고	상점이나 할인 행사를 홍보하거나, 새로운 제품이나 서비스에 대해 홍보하는 내용
소개	행사의 연설자를 소개하거나, 방송 프로그램에서 제품이나 장소를 소개하는 내용
공지	기차역, 도서관 등의 이용객들에게 변경 사항을 알리거나, 회사의 직원들에게 전달 사항을 알리는 내용
자동 응답 메시지	상점, 병원 등의 영업시간을 알려주거나, 서비스의 연결 정보에 대해 알려주는 내용
보도	지역 행사 소식이나 교통정보, 일기예보와 같이 뉴스에서 접할 법한 내용

이렇게 공부하세요!

1 자음/모음 및 단어를 정확하게 발음하는 방법을 익혀두세요.

Q1-2는 주어진 지문을 읽는 문제예요. 따라서 지문을 읽는 데에 가장 기본이 되는 자음과 모음, 그리고 단어들을 정확하게 발음하는 방법을 익혀두세요.

2 의미와 의도를 살려 문장을 읽는 방법을 익혀두세요.

Q1-2에는 긴 문장들로 구성된 지문들이 출제돼요. 이러한 긴 문장의 의미와 의도를 명확하게 전달할 수 있도록 어떤 단어를 강하게 읽어야 하는지, 언제 올려 읽거나 내려 읽어야 하는지, 어디에서 끊어 읽어야 하는지를 익혀두세요.

3 시험이 진행되는 순서에 따른 문제 풀이 전략을 익혀두세요.

Q1-2에서는 준비 시간과 답변 시간으로 각각 45초가 주어져요. 이 시간을 효율적으로 활용하여 준비 시간 동안 발음, 강세, 억양을 파악하고, 답변 시간 동안 파악한 것을 바탕으로 지문을 읽을 수 있도록 시험 진행 순서에 따른 문제 풀이 전략을 익혀두세요.

4 지문 종류별로 자주 나오는 내용과 흐름에 따른 빈출 표현을 익혀두세요.

Q1-2에는 나오는 지문의 종류가 정해져 있고 종류별로 자주 나오는 내용과 흐름에 따른 표현이 정해져 있어요. 이러한 내용과 표현을 알고 있으면 마치 여러 번 읽어본 것처럼 자신감 있게 지문을 읽을 수 있어요. 따라서 지문 종류별로 자주 나오는 내용과 흐름에 따른 표현을 익혀두세요.

디렉션

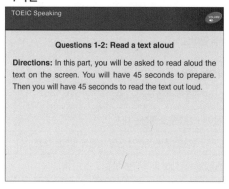

이 파트에서는 화면에 있는 지문을 소리 내어 읽을 것이며, 45초의 준비 시간이 주어진 후 지문을 소리 내어 읽는 데에 45초가 주어질 것이라는 디렉션이 음성과 함께 화면에 제시됩니다.

↓

[1번]
준비 시간

1번 지문이 화면에 제시되고, 'Begin preparing now.'라는 음성이 나온 후 45초의 준비 시간이 시작됩니다.

↓

답변 시간

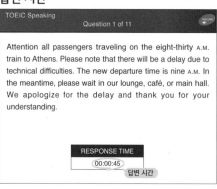

준비 시간이 끝나고, 'Begin reading aloud now.'라는 음성이 나온 후 45초의 답변 시간이 시작됩니다.

↓

[2번]

준비 시간

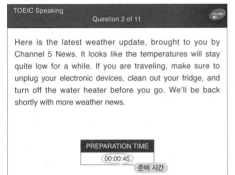

2번 지문이 화면에 제시되고, 'Begin preparing now.'라는 음성이 나온 후 45초의 준비 시간이 시작됩니다.

답변 시간

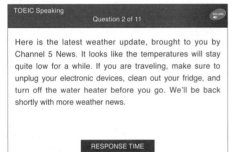

준비 시간이 끝나고, 'Begin reading aloud now.'라는 음성이 나온 후 45초의 답변 시간이 시작됩니다.

Q1-2

Q3-4

Q5-7

Q8-10

Q11

10일 만에 끝나는 해커스 토익스피킹 스타트

기초 쌓기

① 자음/모음 및 단어 정확하게 발음하기 🎧 (Q1&2_기초) 01

지문을 읽는 데에 기본이 되는 자음과 모음, 단어들을 정확하게 발음하는 방법을 음성을 듣고 소리 내 따라 발음하여 익혀두세요.

자음과 모음 정확히 발음하기

1 [p] vs. [f]

[p]는 두 입술을 붙였다가 떼며 'ㅍ'와 비슷하게, [f]는 윗니를 아랫입술에 붙였다가 떼며 'ㅍ'와 'ㅎ'의 중간처럼 강하게 발음해요.

> 🎧 past[pæst] 과거의 – fast[fæst] 빠른 　　 pact[pækt] 약속 – fact[fækt] 사실
> 　 pool[puːl] 수영장 – full[ful] 가득 찬 　　 pair[pɛər] 짝 – fair[fɛər] 박람회; 공정한

2 [b] vs. [v]

[b]는 두 입술을 붙였다가 떼며 'ㅂ'와 비슷하게, [v]는 윗니를 아랫입술에 붙였다가 떼며 'ㅂ'와 'ㅎ'의 중간처럼 발음해요.

> 🎧 boat[bout] 배 – vote[vout] 투표 　　 ban[bæn] 금지하다 – van[væn] 밴
> 　 bury[béri] 묻다 – very[véri] 매우 　　 base[beis] 기초 – vase[veis] 꽃병

3 [l] vs. [r]

[l]은 혀끝을 앞니 뒤에 댔다가 떼며 '(을)ㄹ'와 비슷하게, [r]는 혀를 입천장에 닿지 않게 구부려서 '(우)ㄹ'와 비슷하게 발음해요.

> 🎧 light[lait] 가벼운 – right[rait] 옳은 　　 late[leit] 늦은 – rate[reit] 비율
> 　 lead[liːd] 이끌다 – read[riːd] 읽다 　　 collect[kəlékt] 모으다 – correct[kərékt] 옳은

4 [d] vs. [ð]

[d]는 혀끝을 앞니 위에 댔다가 떼며 'ㄷ'와 비슷하게, [ð]는 혀를 윗니와 아랫니 사이에 넣었다가 끌어당기며 'ㄷ'보다 강하게 발음해요.

day[dei] 낮 – they[ðei] 그들
dough[dou] 반죽 – though[ðou] 비록 ~일지라도

dare[dɛər] 감히 ~하다 – there[ðɛər] 거기에
den[den] 굴 – then[ðen] 그때, 그다음에

5 [ou] vs. [ɔ:]

[ou]는 입을 동그랗게 해서 '오우'와 비슷하게, [ɔ:]는 '오'와 '아'의 중간처럼 발음해요.

won't[wount] will not의 줄임말 – want[wɔ:nt] 원하다
coast[koust] 해변 – cost[kɔ:st] 가격

hold[hould] 잡다 – hall[hɔ:l] 강당
low[lou] 낮은 – law[lɔ:l] 법

6 [i] vs. [i:]

[i]는 짧고 강하게 끊어서 '이'와 비슷하게, [i:]는 입술을 옆으로 크게 벌려서 '이-'와 비슷하게 길게 발음해요.

sit[sit] 앉다 – seat[si:t] 자리
still[stil] 아직 – steal[sti:l] 훔치다

live[liv] 살다 – leave[li:v] 떠나다
hit[hit] 치다 – heat[hi:t] 열

연음되는 단어 정확하게 발음하기

1 같거나 유사한 자음이 나란히 나오는 경우

두 단어 사이에 같거나 유사한 자음이 나란히 오는 경우 뒤의 자음만 발음해요.

bus stop[bʌs stɑp] → [bʌstɑp]
about to[əbáut tu] → [əbáutu]

need to[ni:d tu] → [ni:tu]
front desk[frʌnt desk] → [frʌndesk]

2 자음과 모음이 이어서 나오는 경우

앞 단어가 자음으로 끝나고 뒷 단어가 모음으로 시작하는 경우 앞 단어의 자음을 그대로 모음에 연결해서 발음해요.

take off[teik ɔ:f] → [teikɔ:f]
for a minute[fər ə mínit] → [fərəmínit]

fix it[fiks it] → [fiksit]
sold out[sould aut] → [souldaut]

3 [t], [d] 다음에 모음이 나오는 경우

[t], [d] 다음에 모음이 나오는 경우, [t], [d]를 우리말의 'ㄹ'와 비슷하게 발음해요.

at all times[æt ɔ:l taimz] → [ærɔ:ltaimz]
let us[let əs] → [lerəs]

about an hour[əbáut ən áuər] → [əbáurənáuər]
add up[æd ʌp] → [ærʌp]

고유명사와 외래어 정확하게 발음하기

1 고유명사

우리가 평소에 발음하는 방식과 영어식 발음이 다른 고유명사들이 지문에 자주 등장해요. 이러한 경우 꼭 영어식 발음으로 읽어야 해요.

> Argentina[아르헨티나] [ɑːrdʒəntíːnə]   Rome[로마] [roum]   Italy[이탈리아] [ítəli]
> Asia[아시아] [éiʒə]   Moscow[모스크바] [máskou]   Athens[아테네] [ǽθinz]

2 외래어

우리가 흔히 한국식으로 발음하는 외래어들이 지문에 자주 등장해요. 이러한 경우 꼭 영어식 발음으로 읽어야 해요.

> amateur[아마추어] [ǽmətʃuər]   academy[아카데미] [əkǽdəmi]   bouquet[부케] [boukéi]
> marketing[마케팅] [máːrkitiŋ]   café[카페] [kæféi]   buffet[뷔페] [bəféi]

강세 지켜 발음하기

1 2음절 이상 단어의 강세

한국어와는 달리 2음절 이상의 단어에는 강하게 읽어야 하는 음절과 그렇지 않은 음절이 있어요. 이러한 강세를 지켜 발음하면 더욱 자연스러운 영어식 발음이 돼요.

> expensive[ikspénsiv] 비싼   telephone[téləfoun] 전화기
> appropriate[əpróupriət] 적절한, 알맞은   difficulty[dífikʌlti] 어려움
> hesitate[hézətèit] 망설이다   understanding[ʌndərstǽndiŋ] 이해, 합의

2 품사에 따라 달라지는 강세

모양이 비슷하더라도 품사에 따라 강세가 달라지는 단어들이 한 지문에 함께 등장하는 경우가 있어요. 명사와 동사의 경우 명사는 첫음절, 동사는 두 번째 음절에 강세를 넣어 읽고, 형용사와 명사의 경우 형용사는 명사보다 뒤에 강세를 넣어 읽어요.

> increase[ínkriːs] 증가[명사] ― increase[inkríːs] 증가하다[동사]
> science[sáiəns] 과학[명사] ― scientific[saiəntífik] 과학적인[형용사]
> technology[teknálədʒi] 기술[명사] ― technological[teknəládʒikəl] 기술의[형용사]
> present[préznt] 선물[명사] ― present[prizént] 제시하다, 보여주다[동사]
> record[rékərd] 기록, 녹음[명사] ― record[rikɔ́ːrd] 기록하다, 녹음하다[동사]
> update[ʌ́pdeit] 최신 정보[명사] ― update[əpdéit] 최신식으로 하다[동사]

음성을 들으며 빈칸을 채운 후, 자음과 모음을 정확히 발음하며 두 번씩 따라 읽어보세요. (음성은 세 번 들려줍니다.)

1 🎤 Our _____ is _____ on a _____ theme, with columns, _____, and statues everywhere you look.

2 🎤 New _____ will not _____ helicopters to fly _____ over the city.

3 🎤 For a _____ of good shoes at a _____, visit our store today.

음성을 들으며 빈칸을 채운 후, 연음되는 부분을 정확하게 발음하며 두 번씩 따라 읽어보세요. (음성은 세 번 들려줍니다.)

4 🎤 If you _____ speak to a representative, please stay on the line.

5 🎤 Please wait _____, and someone will help you as soon as possible.

6 🎤 Please stay seated _____ during the show.

음성을 들으며 빈칸을 채운 후, 고유명사와 외래어를 정확하게 발음하며 두 번씩 따라 읽어보세요. (음성은 세 번 들려줍니다.)

7 🎤 The _____ announced that the summit will be held in _____.

8 🎤 Collingwood Hotel _____ breakfast, lunch, and dinner _____.

음성을 들으며 빈칸을 채운 후, 강세에 유의하며 두 번씩 따라 읽어보세요. (음성은 세 번 들려줍니다.)

9 🎤 The _____ in traffic was _____ by an _____ accident.

10 🎤 Barbara Eddington is an _____ in _____ and works for a _____ firm.

모범답변·해석·해설 p.7

② 의미와 의도 살려 문장 읽기 🎧 (Q1&2_기초) 03

긴 문장의 의미와 의도를 명확히 전달할 수 있도록 어떤 단어를 강하게 읽는지, 언제 올리고 내려 읽는지, 그리고
어디서 끊어 읽는지를 음성을 듣고 따라 읽으며 익혀두세요.

강약 살려 읽기

Q1-2는 지문을 읽어 의미를 전달하는 문제입니다. 의미를 명확하게 전달하기 위해서는 모든 단어를 강하게 읽기보다는
강약을 살려 읽어야 해요.

1 강하게 읽는 단어와 약하게 읽는 단어

화자가 전달하고 싶은 정보를 담고 있는 단어들(주로 명사, 동사, 형용사, 부사)을 강하게 읽어야 해요. 정보를 담
고 있는 단어가 아닌, 문법적인 역할을 하는 단어들(be 동사, 조동사, 전치사, 대명사, 관사)은 그보다 약하게 읽어
야 해요.

🎧　1. We provide a wide variety of office supplies for every type of business.
　　　저희는 모든 종류의 사업을 위한 다양한 사무용품을 제공합니다.

　　2. The store will be closing soon, so please proceed to the nearest cashier.
　　　상점이 곧 문을 닫을 것이므로 가까운 계산대로 가 주시길 바랍니다.

　　3. If you leave your full name and telephone number, we will return your call.
　　　성명과 전화번호를 남겨주시면, 저희가 답신을 드리겠습니다.

　　4. The construction project will begin once the council has approved the plans.
　　　일단 위원회가 계획을 승인하면 건설 프로젝트는 시작할 것입니다.

억양 살려 읽기

전달하고자 하는 의도를 정확히 나타내기 위해서는 상황에 맞게 올려 읽거나 내려 읽어야 해요.

Q1-2 기초

Q3-4

Q5-7

Q8-10

Q11

10일 만에 끝내는 해커스 토익스피킹 스타트

1 Be 동사나 조동사로 시작하는 일반 의문문은 끝을 올려 읽어요.

> Is your computer slow and out of date?(↗)
> 당신의 컴퓨터가 느리고 구식인가요?
>
> Do you feel like spending a weekend in the mountains?(↗)
> 산에서 주말을 보내고 싶으신가요?

2 의문사로 시작하는 의문사 의문문은 끝을 내려 읽어요.

> When was the last time you took a vacation?(↘)
> 마지막으로 휴가를 가졌던 게 언제인가요?

3 평서문, 감탄문, 명령문 등은 끝을 내려 읽어요.

> 평서문   Our meeting today is about factory production.(↘)
> 오늘 저희의 회의는 공장 생산에 대한 것입니다.
>
> 감탄문   We offer unbelievably low prices!(↘)
> 저희는 믿기 어려울 정도로 낮은 가격을 제시합니다!
>
> 명령문   Please stay on the line to speak to a representative.(↘)
> 상담원과 통화하시려면 끊지 말고 기다려 주세요.

4 여러 가지가 나열된 경우, and/or와 같은 접속사 앞에 나열된 요소들은 올려 읽고, 마지막에만 내려 읽어요.

> Our apartments are spacious,(↗) clean,(↗) and affordable.(↘)
> 저희 아파트는 넓고, 깨끗하고, 가격이 합리적입니다.

5 if 절과 같은 부사절 다음은 올려 읽고, 문장의 끝은 내려 읽어요.

> If you are looking for a new home,(↗) visit Horizon Realtors today.(↘)
> 만약 새로운 집을 찾고 계시다면, 오늘 Horizon 부동산을 방문하세요.

끊어 읽기

Q1-2에는 한 호흡에 읽기 힘든 긴 문장들이나 여러 가지 요소를 열거하는 지문이 출제됩니다. 이러한 경우, 의미를 정확히 전달하기 위해서는 의미 단위별로 끊어 읽어야 해요.

1 구·절 단위로 끊어 읽기

의미의 덩어리가 되는 구와 절 단위로 끊어서 읽어요.

- 구: 두 단어 이상이 모인 의미 덩어리로 주어, 동사가 없는 것
- 절: 두 단어 이상이 모인 의미 덩어리로 주어, 동사가 있는 것

1. In addition, / the library will have longer business hours.
   또한 / 도서관은 운영 시간을 더 연장할 것입니다

2. Kevin Jones, / the well-known British pop singer, / announced yesterday / that he will release a new album this fall.
   Kevin Jones가 / 유명한 영국 대중 가수인 / 어제 발표했습니다 / 이번 가을에 새 앨범을 발표할 것이라고

3. Located conveniently in the downtown area, / Carson Business Supplies can provide all your office needs.
   도심 지역에 편리하게 위치하여 / Carson Business Supplies사는 귀하의 사무실에 필요한 모든 용품을 제공할 수 있습니다

2 열거하는 단어 끊어 읽기

여러 가지 요소를 열거하는 경우, 열거하는 요소를 하나씩 끊어서 읽어요.

1. We offer furniture for / living rooms, / kitchens, / bedrooms, / and much more.
   저희는 가구를 제공합니다 / 거실 / 부엌 / 침실 / 그리고 그 이상을 위한

2. Fountain Blue is open for / breakfast, / lunch, / and dinner, / and is available to cater special events.
   Fountain Blue는 영업을 합니다 / 아침 / 점심 / 그리고 저녁에 / 그리고 특별 행사에 음식을 제공할 수 있습니다

3. Polynesia Hotel offers guests / a full gym, / swimming pool, / and spa facilities.
   Polynesia 호텔은 손님들에게 제공합니다 / 전부 갖추어진 체육 시설 / 수영장 / 그리고 사우나 시설을

음성을 들으며 빈칸을 채운 후, 강하게 읽을 부분과 약하게 읽을 부분을 지켜 아래의 문장을 두 번씩 따라 읽어보세요.
(음성은 세 번 들려줍니다.)

1 🎤 Mr. Stone will _____ about smart ways to _____.

2 🎤 Visit our store for the _____ of _____ in the city!

3 🎤 The speed train to Osaka will _____, but not at the _____
_____.

음성을 들으며 빈칸을 채운 후, 억양을 살려 아래의 문장을 두 번씩 따라 읽어 보세요. (음성은 세 번 들려줍니다.)

4 🎤 Have you visited any of the _____ of China?(↗)

5 🎤 The _____ an upcoming renovation of the _____.(↘)

6 🎤 What are you _____?(↘) _____ our new menu today!(↘)

7 🎤 The new luggage will be more _____, (↗) _____,(↗) and
_____ to carry.(↘)

음성을 들으며 빈칸을 채운 후, 끊어 읽기를 지켜 아래의 문장을 두 번씩 따라 읽어보세요. (음성은 세 번 들려줍니다.)

8 🎤 The _____ will be closed / this _____.

9 🎤 If you are _____, / we have the _____ / for you.

10 🎤 Please make sure / you have collected _____, / _____
the train.

모범답변·해석·해설 p.8

Q1-2 기초

Q3-4

Q5-7

Q8-10

Q11

10일 만에 끝내는 해커스 토익스피킹 스타트

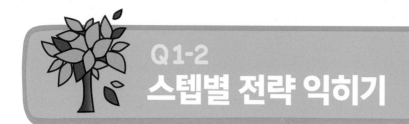

Q1-2 스텝별 전략 익히기

학습 목표

준비 시간 동안 발음, 강세, 억양을 파악하고, 파악한 것을 바탕으로 답변 시간 동안 지문을 읽을 수 있도록 스텝별 전략을 익혀둡니다.

STEP 1 발음, 강세, 억양 파악하며 읽어보기

45초의 준비 시간 동안, 지문을 한 번 천천히 소리 내어 읽으며 아래와 같이 발음, 강세, 억양을 파악하세요.

발음 파악하기 혼동해서 잘못 발음하기 쉬운 자음/모음이 사용된 단어, 연음되는 단어들, 고유명사나 외래어와 같이 발음에 주의해야 하는 단어를 여러 번 읽어 보면서 입에 익혀두세요.

강세 파악하기 2음절 이상의 단어는 어디에 강세가 있는지, 문장 내에서는 어떤 단어를 강하게, 또는 약하게 읽어야 의미를 효과적으로 전달할 수 있는지를 파악해 두세요.

억양 파악하기 어디서 올리거나 내려 읽어야 의도를 정확히 전달할 수 있는지, 또 어디서 끊어 읽어야 의미를 정확히 전달할 수 있는지를 파악해 두세요.

예

Attention all passengers traveling on the **eight-thirty** A.M. train to Athens.(↘) //

Please note / that there will be a **delay** due to **technical difficulties**.(↘) // The **new**

departure time is **nine** A.M. // In the meantime, / please wait in our **lounge**,(↗) /

café,(↗) / or **main** hall.(↘) // We apologize for the delay / and thank you for your

understanding.(↘)

발음 빨간색 글씨: 혼동하기 쉬운 발음
⬭ 로 표시된 부분: 연음되는 단어
▭ 로 표시된 부분: 고유명사나 외래어

강세 밑줄로 표시된 부분: 2음절 이상 단어들의 강세
굵게 표시된 단어: 강하게 읽어야 하는 단어

억양 / 로 표시된 부분: 끊어 읽어야 하는 부분
(↘), (↗)로 표시된 부분: 내려 읽거나 올려 읽어야 하는 부분

45초의 답변 시간 동안, STEP 1에서 파악한 발음, 강세, 억양을 기억하며 읽어보세요.

예

Attention all passengers traveling on the **eight-thirty** A.M. train to Athens.(↘) //
Please note / that there will be a **delay** due to **technical difficulties**.(↘) // The **new**
departure time is **nine** A.M. // In the meantime, / please wait in our **lounge**,(↗) /
café,(↗) / or **main** hall.(↘) // We apologize for the delay / and thank you for your
understanding.(↘)

TIP   시간은 충분하므로 자연스러운 속도로, 정확하고 큰 소리로 읽으세요.
읽다가 도중에 잘못 읽은 경우, 긴장하지 말고 잘못 읽은 단어부터 다시 읽으세요.
시간이 많이 남은 경우, 처음부터 다시 한번 읽으세요.
영어를 모국어로 쓰는 외국인처럼 하려고 발음을 일부러 꼬아서 할 필요는 없으므로, 평소대로 편안하게 읽으세요.

해석   아테네로 가는 오전 8시 30분 기차로 여행하시는 모든 승객분들은 주목해 주시기 바랍니다. 기술적인 장애로 인해 지연이 있을 것이라는
점에 유의해 주십시오. 새로운 출발 시간은 오전 9시입니다. 그동안에, 저희의 대합실, 카페, 또는 중앙 홀에서 기다려 주시기 바랍니다. 지
연에 대해 사과드리며, 이해해 주셔서 감사합니다.

스텝별 전략 적용시켜 보기   해설집 p.9에서, 지금까지 전략과 함께 학습한 예를 실제 시험 문제를 푼다는 생각으로
음성을 들으며 준비 시간과 답변 시간을 지켜 풀어보세요.   🎧 (Q1&2_스텝) 05

Hackers Practice

앞에서 배운 전략을 사용하여, 발음, 강세, 억양을 파악한 후, 파악한 내용을 바탕으로 지문을 읽어보세요. 🎧 (Q1&2_스텝) 06

1 STEP 1 발음, 강세, 억양 파악하며 읽어보기

STEP 2 파악한 내용 바탕으로 읽기

Thank you for calling Richland Hotel .(↘) // If you would like to hear about our **facilities**,(↗) / **services**,(↗) / and **rates**,(↗) / please press **one**.(↘)

2 STEP 1 발음, 강세, 억양 파악하며 읽어보기

STEP 2 파악한 내용 바탕으로 읽기

If you want some **excitement**,(↗) / then **register** for a diving **course** at Coral Reef Diving Academy .(↘) // Our certified diving instructors will teach you **swimming**,(↗) / **breathing**,(↗) / and diving **skills**.(↘)

3 STEP 1 발음, 강세, 억양 파악하며 읽어보기

STEP 2 파악한 내용 바탕으로 읽기

Please note / that all department members are required to **attend** the **monthly staff meeting** / **tomorrow morning** at **nine o'clock**.(↘) // Please make sure / to bring a copy of your **work progress** reports .(↘)

4 STEP 1 발음, 강세, 억양 파악하며 읽어보기

STEP 2 파악한 내용 바탕으로 읽기

Today's **guest speaker** is Dr. Margaret Black , / who is a **professor** of **chemistry** at Yorksmith University (↘) // Following her talk, / there will be an **open** **discussion** on **biofuels** / led by Thomas Findley .(↘) // Mr. Findley works as a **scientific researcher** / at Tech-Land Industries .(↘)

5 STEP 1 발음, 강세, 억양 파악하며 읽어보기

STEP 2 파악한 내용 바탕으로 읽기

This is Bradley Lewin / reporting for YTC News .(↘) // **More** than **twenty** inches of **snow** have fallen overnight in the **northern** part of the state.(↘) // The weather authority has issued a **snow alert**.(↘) // **Residents** are recommended to **stay indoors**,(↗) / avoid driving unless it's an emergency,(↗) / and **listen** to the news for more updates.(↘)

6 STEP 1 발음, 강세, 억양 파악하며 읽어보기

STEP 2 파악한 내용 바탕으로 읽기

You have reached the **front desk** at Hansen's Auto Repair Shop.(↘) // Our facility is currently **closed**.(↘) // If you would like us to **return** your call,(↗) / leave your **name**,(↗) / **telephone number**,(↗) / and a brief message after the beep.(↘) // We will get back to you as soon as possible.(↘) // Thank you / and have a pleasant day.(↘)

7 STEP 1 발음, 강세, 억양 파악하며 읽어보기

STEP 2 파악한 내용 바탕으로 읽기

Welcome, everyone, / to our Newswriter of the Year awards ceremony.(↘) // **This year**, / we are pleased to present the award to Carol Kingston.(↘) // Ms. Kingston began working as an amateur journalist in **1997** / and since then has written articles for more than **twenty different publications**.(↘) // So let's all give her a round of applause.(↘)

8 STEP 1 발음, 강세, 억양 파악하며 읽어보기

STEP 2 파악한 내용 바탕으로 읽기

Carla's Kitchen Collection is having its seasonal clearance sale / starting next Thursday!(↘) // All glasses,(↗) / coffee cups,(↗) / and tea sets are marked down by fifty percent, / and brand name pots are thirty percent off.(↘) // Take advantage of these amazing deals at Carla's Kitchen Collection, / located on Northern Highland Boulevard.(↘) // For further information, / call us at 555-4263.(↘)

9 STEP 1 발음, 강세, 억양 파악하며 읽어보기

STEP 2 파악한 내용 바탕으로 읽기

May I please have your attention?(↗) // Because of the national holiday today, / our station's hours of service have been changed.(↘) // Trains for all subway lines will run from nine A.M. to four P.M. only.(↘) // Regular subway service will resume tomorrow.(↘) // If you have any questions about the change,(↗) / please visit the information desk next to the café.(↘) // Thank you.(↘)

모범답변·해석·해설 p.10

Hackers Test

실제 시험 문제를 푼다는 생각으로, 45초 동안 준비하여 45초 동안 녹음하며 지문을 읽어보세요. 🎧 (Q1&2_스텝) 07

1 | TOEIC Speaking | VOLUME 🔊

Thank you for visiting the Redwood Wildlife Habitat. This morning, we will tour the rainforest, woodland, and wetland areas. Please do not feed the animals since many of them are dangerous. Also, stay on the path at all times to avoid disturbing the wildlife. We appreciate your cooperation.

2 | TOEIC Speaking | VOLUME 🔊

This is Leslie Clark with a community events update. This weekend, the Nashville Dance Academy is hosting a citywide dance competition. The age categories are kids, teenagers, and adults, and there will be solo as well as group performances. The venue is Shelby Hall. Come out and show your support for local talent!

Q1-2 스텝

Q3-4

Q5-7

Q8-10

Q11

10일 만에 끝내는 해커스 토익스피킹 스타트

3 TOEIC Speaking

VOLUME

Welcome to Springfield Transit Authority's panel discussion on our local transportation system. Today's topic is the lack of public transport options. This issue will be discussed by the 10 speakers who have joined us today. They include city leaders, urban planners, and ordinary citizens. Please give them your attention.

4 TOEIC Speaking

VOLUME

Fitness Factory is pleased to announce the opening of its Saint Louis branch. Located in the city's business district, this facility features exercise equipment, game courts, and swimming pools. For a limited time only, Fitness Factory is offering a 30-day membership for the low price of thirty-nine dollars. Don't miss this golden opportunity to improve your health!

모범답변·해석·해설 p.14

학습 목표

여러 번 읽어본 것처럼 자신감 있게 지문을 읽을 수 있도록 지문 종류별로 자주 나오는 내용과 흐름에 따른 빈출 표현을 익혀둡니다.

1 광고/소개 🎧 (Q1&2_유형) 08

[광고]

광고는 상점이나 할인 행사 또는 새로운 제품이나 서비스를 홍보하는 지문이에요. 이러한 광고는 홍보 대상의 장점 및 혜택 등을 강조하여 읽는 것이 중요해요. 아래의 자주 나오는 내용과 흐름에 따른 빈출 표현을 익혀두세요.

자주 나오는 내용

· 자동차 판매점의 할인과 같은 행사를 홍보하는 광고
· 다양한 기능을 갖추어 어떤 작업에도 적합한 컴퓨터와 같은 제품을 홍보하는 광고
· 최신식 운동 기구를 이용할 수 있는 헬스 클럽과 같은 시설을 홍보하는 광고

지문 흐름에 따른 빈출 표현

빈출 표현을 통해 광고임을 파악한 후, 강조해서 읽어야 할 내용에 주의하여 자연스럽게 읽으세요.

광고 제품 소개
· Are you looking for ~?
  ~을 찾고 계십니까?

제품 및 서비스의 장점 및 혜택 설명
· a wide range of ~
  다양한 종류의 ~
· ~ percent off the regular price
  정가에서 ~퍼센트 할인
· Take advantage of ~
  ~을 이용하세요

추가 정보
· For further information
  추가 정보를 원하시면

🎧 Are you looking for **a new vehicle?**

At **Thompson Motors**, we offer **a wide range of cars, minivans, and trucks**. For this week only, all sports cars are **twenty** percent off the regular price. Take advantage of this offer by visiting our dealership.

For further information about the models on sale, visit our Web site.

빨간색으로 표시된 부분: 광고 지문 빈출 표현
굵게 표시된 부분: 강조해서 읽어야 하는 부분

해석 새 자동차를 찾고 계십니까? Thompson Motors에서는 다양한 종류의 자동차, 미니밴과 트럭을 제공합니다. 오직 이번 주에만 모든 스포츠카들이 정가에서 20퍼센트 할인됩니다. 저희 대리점을 방문하여 이 할인을 이용하세요. 세일 중인 모델에 대한 추가 정보를 원하시면, 저희 웹사이트를 방문하세요.

소개

소개는 행사의 연설자 또는 프로그램의 초대 손님을 소개하거나, TV나 라디오 프로그램에서 제품이나 장소를 소개하는 지문이에요. 이러한 소개는 소개 대상의 이름, 경력 및 특징을 강조하여 읽는 것이 중요해요. 아래의 자주 나오는 내용과 흐름에 따른 빈출 표현을 익혀두세요.

자주 나오는 내용

· 올해의 작가로 선정된 수상자와 같이 인물을 설명하는 소개
· 새로 출시된 카메라를 소개하는 것처럼 제품을 설명하는 소개
· 여행 프로그램에서 잘 알려지지 않은 여행지와 같은 장소를 설명하는 소개

지문 흐름에 따른 빈출 표현

빈출 표현을 통해 소개임을 파악한 후, 강조해서 읽어야 할 내용에 주의하여 자연스럽게 읽으세요.

프로그램 소개 및 특징
· Welcome to ~
  ~에 오신 것을 환영합니다

소개 대상의 이름, 경력 및 특징
· Today's guest is ~
  오늘의 손님은 ~입니다
· It's my pleasure to introduce ~
  ~를 소개하게 되어 영광입니다
· We will talk to ~
  우리는 ~와 이야기를 나눌 것입니다

소개 대상 환영
· Let's give ~ a warm welcome to ~
  ~가 ~에 온 것을 따뜻하게 환영해 주세요

🎧 Welcome to **Irene's Interiors**, the program that **helps** you **decorate** your **house** just **like a professional**.

Today's guest is **Patricia Harris from London. Her newest book** has **a lot of advice on decorating** that will **help make** your **home more beautiful, modern,** and above all, **comfortable**.

Let's give **Patricia** a warm welcome to the show!

빨간색으로 표시된 부분: 소개 지문 빈출 표현
굵게 표시된 부분: 강조해서 읽어야 하는 부분

해석 여러분들의 집을 전문가처럼 장식할 수 있도록 도와주는 프로그램인 Irene's Interiors에 오신 것을 환영합니다. 오늘의 손님은 런던에서 온 Patricia Harris입니다. 그녀의 신간은 여러분의 집을 더 아름답고, 현대적이고, 그리고 무엇보다도 편안하게 만드는 것을 도와주는 장식에 대한 많은 조언을 담고 있습니다. Patricia가 쇼에 온 것을 따뜻하게 환영해 주세요!

공지

공지는 기차역이나 도서관 등의 이용객들에게 변경 사항을 알리거나 회사의 직원들에게 전달 사항을 알리는 지문이에요. 이러한 공지는 변경 사항이나 전달 사항 등의 안내 내용을 강조하여 읽는 것이 중요해요. 아래의 자주 나오는 내용과 흐름에 따른 빈출 표현을 익혀두세요.

자주 나오는 내용

· 교통수단의 도착이나 출발 지연 등의 변경 사항을 안내하는 공지
· 도서관의 운영 시간과 같은 전달 사항을 안내하는 공지
· 회사의 부서별 워크숍과 같은 행사에 대해 안내하는 공지

지문 흐름에 따른 빈출 표현

빈출 표현을 통해 공지임을 파악한 후, 강조해서 읽어야 할 내용에 주의하여 자연스럽게 읽으세요.

주의 환기
· May I have your attention? 주목해 주시겠습니까?

변경 사항 및 전달 사항
· be changed temporarily ~이 일시적으로 변경되었습니다
· Please make sure ~ 반드시 ~하세요
· We apologize for ~ ~에 대해 사과드립니다

끝인사
· Thank you for your attention 주목해 주셔서 감사합니다

🎧 May I have your attention please?

Business hours at Valley Mall will be **changed temporarily starting tomorrow**, due to **upcoming maintenance work**. Please make sure to **check the notices** posted at **entrances, information desks**, and **digital directory boards** for details. We apologize for any inconvenience this may cause.

Thank you for your attention.

빨간색으로 표시된 부분: 공지 지문 빈출 표현
굵게 표시된 부분: 강조해서 읽어야 하는 부분

해석 주목해 주시겠습니까? 다가오는 유지 보수 작업으로 인해 내일부터 Valley Mall의 영업시간이 일시적으로 변경될 것입니다. 자세한 사항을 위해 출입구와 안내 데스크, 디지털 안내판에 게시된 공고를 반드시 확인해 주시기 바랍니다. 이로 인해 발생할 불편에 대해 사과드립니다. 주목해 주셔서 감사합니다.

자동 응답 메시지

자동 응답 메시지는 상점, 병원, 호텔 등의 자동 응답기를 통해 영업시간이나 서비스 연결 정보 등을 제공하는 지문이에요. 이러한 자동 응답 메시지는 업체명 및 서비스 연결 정보를 강조하여 읽는 것이 중요해요. 아래의 자주 나오는 내용과 흐름에 따른 빈출 표현을 익혀두세요.

자주 나오는 내용

· 회사나 공공시설의 폐쇄 등 특정 사항을 안내하는 자동 응답 메시지
· 상점이나 호텔에서 전화 용건별 해당 번호를 안내하는 자동 응답 메시지

Q1-2 유형

Q3-4

Q5-7

Q8-10

Q11

10일 만에 끝내는 해커스 토익스피킹 스타트

지문 흐름에 따른 빈출 표현

빈출 표현을 통해 자동 응답 메시지임을 파악한 후, 강조해서 읽어야 할 내용에 주의하여 자연스럽게 읽으세요.

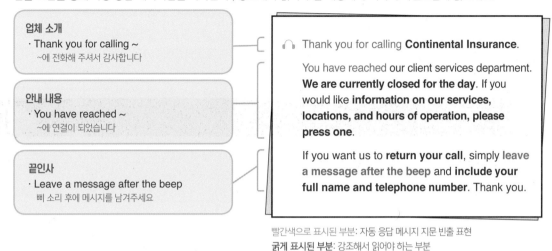

업체 소개 · Thank you for calling ~ ~에 전화해 주셔서 감사합니다	🎧 Thank you for calling **Continental Insurance**.
안내 내용 · You have reached ~ ~에 연결이 되었습니다	You have reached our client services department. **We are currently closed for the day**. If you would like **information on our services, locations, and hours of operation, please press one**.
끝인사 · Leave a message after the beep 삐 소리 후에 메시지를 남겨주세요	If you want us to **return your call**, simply **leave a message after the beep** and **include your full name and telephone number**. Thank you.

빨간색으로 표시된 부분: 자동 응답 메시지 지문 빈출 표현
굵게 표시된 부분: 강조해서 읽어야 하는 부분

해석 Continental Insurance사에 전화해 주셔서 감사합니다. 고객 서비스 부서에 연결이 되었습니다. 저희는 현재 문을 닫은 상태입니다. 저희 서비스, 위치, 영업시간에 대한 정보를 원하시면 1번을 눌러 주세요. 저희가 다시 전화 드리기를 원하시면 삐 소리 후에 메시지를 남겨주시고 귀하의 이름과 전화번호를 포함하여 주십시오. 감사합니다.

보도

보도는 방송 매체를 통해 지역의 행사나 사건 소식과 같은 뉴스 또는 교통정보나 일기예보를 전하는 지문이에요. 이러한 보도는 방송에서 전하고자 하는 주요 내용을 강조하여 읽는 것이 중요해요. 아래의 자주 나오는 내용과 흐름에 따른 빈출 표현을 익혀두세요.

자주 나오는 내용

· 문화 축제와 같은 지역 행사나 사건 소식을 전달하는 보도
· 도로 통제와 같은 교통정보나 주말의 일기예보를 전달하는 보도

지문 흐름에 따른 빈출 표현

빈출 표현을 통해 보도임을 파악한 후, 강조해서 읽어야 할 내용에 주의하여 자연스럽게 읽으세요.

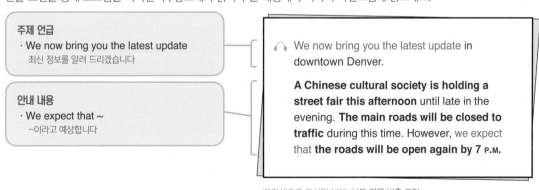

주제 언급 · We now bring you the latest update 최신 정보를 알려 드리겠습니다	🎧 We now bring you the latest update in downtown Denver.
안내 내용 · We expect that ~ ~이라고 예상합니다	**A Chinese cultural society is holding a street fair this afternoon** until late in the evening. **The main roads will be closed to traffic** during this time. However, we expect that **the roads will be open again by 7 P.M.**

빨간색으로 표시된 부분: 보도 지문 빈출 표현
굵게 표시된 부분: 강조해서 읽어야 하는 부분

해석 이제 덴버 시내의 최신 정보를 알려 드리겠습니다. 한 중국 문화 단체가 오늘 오후부터 늦은 저녁까지 거리 축제를 개최합니다. 주요 도로들은 이 시간 동안 교통이 통제될 것입니다. 하지만, 도로는 오후 7시까지 다시 개방될 것이라고 예상합니다.

Hackers Test

실제 시험 문제를 푼다는 생각으로, 45초 동안 준비하여 45초 동안 녹음하며 지문을 읽어보세요. (Q1&2_유형) 10

1 TOEIC Speaking

This is Mark Larson reporting live from downtown Chicago. The traffic on most streets is moving quite slowly, due to congestion. And there are traffic jams on the freeways due to the large number of drivers heading to the suburbs. If you're going south, consider taking a subway, commuter train, or express bus.

2 TOEIC Speaking

Welcome to Tacoma Aquarium. Here, you can see and learn about a large number of animals that live in water. Our attractions include a penguin feeding session, a tropical fish exhibit, and a dolphin show. It's guaranteed to be an unforgettable experience. Enjoy a day of adventure at Tacoma Aquarium!

3

TOEIC Speaking

Frodo Pizza has opened a branch in the financial district! Located on Milton Road, Frodo Pizza's new branch is the perfect place for a fast, affordable, and delicious lunch! We offer a wide variety of pizzas and healthy salads. Drop by Frodo Pizza for a taste of Italy.

4

TOEIC Speaking

Welcome to Wayne Career Day. Laura Pearson, a renowned career consultant, will be speaking to us today. She's helped thousands of clients find jobs in various fields. Listen carefully, since she'll be offering many tips, techniques, and tricks to help you improve your résumé. Ladies and gentlemen, please give a round of applause for Laura Pearson.

Wilkerson Regional Library will be launching a book club. Join us on Wednesdays at eight P.M. each week to discuss new titles, including biographies, classics, and contemporary novels. If you'd like to join this educational gathering, come to our main conference room on March fourth for the first session. See you there!

You have reached Strickland and Parsons Law Firm. We operate between nine A.M. and six P.M. from Monday to Friday. If you are calling about an ongoing case, please press "1." If you would like to hire our firm, please press "2." And if you have another reason for calling, press "3." Enjoy your day.

Q1-2 우항

Q3-4

Q5-7

Q8-10

Q11

10일 만에 끝내는 해커스 토익스피킹 스타트

7

TOEIC Speaking

Attention shoppers. Due to the upcoming holiday, Newport Department Store's business hours will be extended temporarily. The store will open at nine A.M. instead of eleven A.M. this Thursday, Friday, and Saturday. The store will be closed on Sunday but will reopen on Monday at eleven A.M. Thanks for your attention and have a good day.

8

TOEIC Speaking

Are you planning a special event? Here at Barney's Party Supplies, we can help you prepare for any occasion, whether it's a birthday, graduation, or wedding. You'll be impressed by our large selection of flowers and balloons. And we make attractive customized banners. Visit our store today to organize your next celebration!

모범답변·해석·해설 p.16

Review Test

 (Q1&2_리뷰테스트) 11

TOEIC Speaking

Questions 1-2: Read a text aloud

Directions: In this part, you will be asked to read aloud the text on the screen. You will have 45 seconds to prepare. Then you will have 45 seconds to read the text out loud.

TOEIC Speaking

Question 1 of 11

Attention, all Holt's Home Improvement shoppers. For this week only, all our interior paint is on sale. Visit the paint department, located at the rear of our store, and get a discount of up to fifty percent off on water-based, latex, and oil paints! Take advantage of this special offer today.

PREPARATION TIME	RESPONSE TIME
00:00:45	00:00:45

TOEIC Speaking

Question 2 of 11

Need a business suit, dress, or other formalwear cleaned in a hurry? Winfield Cleaners is here to help. We've been in business for over twenty years, and our track record speaks for itself. Located on Douglas Street, we're the fastest dry cleaning business in Cave Creek. Contact us at 555-8923 for more information.

PREPARATION TIME	RESPONSE TIME
00:00:45	00:00:45

모범답변·해석·해설 p.20

⊟ SELF CHECKLIST

여기까지 오느라 수고 많으셨습니다. **Review Test**를 푼 결과를 기준으로 지금까지 학습한 내용을 점검하고 자신이 부족한 부분이 어디인지 확인하여 해당 부분을 복습하세요.

1 나는 두 문제 모두 45초의 준비 시간 동안 지문을 천천히 소리 내어 읽으며 발음, 강세, 억양을 파악할 수 있었다.

Yes ☐   No ☐

→ **No**를 표시한 경우, 스텝별 전략 익히기로 돌아가 **STEP 1**. 발음, 강세, 억양 파악하며 읽어보기를 복습하세요.

2 나는 두 문제 모두 단어의 자음과 모음, 연음이 사용된 단어, 고유 명사나 외래어의 발음에 주의하며 지문을 정확히 읽을 수 있었다.

Yes ☐   No ☐

→ **No**를 표시한 경우, 기초 쌓기로 돌아가 1. 자음/모음 및 단어 정확하게 발음하기를 복습하세요.

3 나는 두 문제 모두 강약과 억양을 살려 주어진 지문을 자연스럽게 끊어 읽을 수 있었다.

Yes ☐   No ☐

→ **No**를 표시한 경우, 기초 쌓기로 돌아가 2. 의미와 의도 살려 문장 읽기를 복습하세요.

4 나는 두 문제 모두 45초의 답변 시간 내에 준비 시간 동안 파악한 내용을 바탕으로 자연스럽고 정확하게 지문을 읽을 수 있었다.

Yes ☐   No ☐

→ **No**를 표시한 경우, 스텝별 전략 익히기로 돌아가 **STEP 2**. 파악한 내용 바탕으로 읽기를 복습하세요.

5 나는 두 문제 모두 지문의 종류를 파악하여 그에 맞게 읽을 수 있었다.

Yes ☐   No ☐

→ **No**를 표시한 경우, 유형별 공략하기로 돌아가 지문 종류별로 자주 나오는 내용과 표현을 복습하세요.

무료 토익·토스·오픽·지텔프 자료 제공
Hackers.co.kr

Q 3-4
사진 묘사하기

기초 쌓기
1 사진 묘사에 사용되는 표현 익히기
2 장소, 사람, 사물, 느낌 및 의견 표현 익히기

스텝별 전략 익히기

STEP 1 사진 관찰하며 표현 떠올리기
STEP 2 떠올린 표현을 템플릿에 넣어 말하기

Hackers Practice
Hackers Test

유형별 공략하기

1 사람이 중심인 사진
2 배경이나 사물이 중심인 사진

Hackers Test

Review Test

Q3-4 알아보기

실내에서 찍힌 사진이네요. 정장을 입은 남녀가 걸어가고 있어요. 뒤편에는 사람들이 계단을 내려오고 있군요. 회의를 하러 가는 것 같아요.

화면에 제시된 사진을 묘사하고 있군요.

화면에 제시된 사진을 보고 사진이 찍힌 장소,

사진의 중심 대상, 주변 대상, 분위기 등을 묘사하고 있군요.

Q3-4는 이처럼 한 장의 사진을 보고 자세히 묘사하는 유형이랍니다.

자, 그럼 이 문제 유형에 대해 좀 더 자세히 알아볼까요?

Q3-4는?	화면에 제시된 사진을 보고 자세히 묘사하는 문제
	문제 수 2문제 [Questions 3-4]
	준비 시간 45초
	답변 시간 30초

Q1-2

Q3-4

Q5-7

Q8-10

Q11

10일 만에 끝내는 해커스 토익스피킹 스타트

Q3-4에 등장하는 사진은 사람이 중심인 사진과, 배경이나 사물이 중심인 사진으로 나누어 볼 수 있어요.

사람이 중심인 사진			
	한 사람이 중심인 사진	소수의 사람들이 중심인 사진	여러 사람이 중심인 사진
배경이나 사물이 중심인 사진			
	배경이 주를 이루는 사진	사물이 중심인 사진	

이렇게 공부하세요!

1 사진 묘사에 사용되는 표현을 익혀두세요.

"이 사진은 ~에서 찍혔어요"와 같이 사진을 묘사할 때에 항상 사용되는 표현이 있어요. 따라서 '공원에서'와 같이 사진에서 관찰한 내용과 합쳐 쉽게 문장을 만들 수 있도록 사진 묘사에 사용되는 표현을 익혀두세요.

2 장소, 사람, 사물, 느낌 및 의견을 나타내는 표현을 익혀두세요.

Q3-4에 출제되는 사진에는 자주 등장하는 장소, 사람들의 동작 및 복장, 사물의 상태 등이 정해져 있어요. 따라서 이러한 내용이 사진에 등장했을 때 쉽게 표현을 떠올릴 수 있도록 자주 등장하는 장소, 사람, 사물, 느낌 및 의견을 나타내는 표현을 익혀두세요.

3 시험이 진행되는 순서에 따른 문제 풀이 전략을 익혀두세요.

Q3-4는 제한된 시간 안에 사진을 관찰, 파악하여 묘사해야 해요. 따라서 제한된 시간에 사진을 효율적으로 관찰하고 표현을 떠올려, 짜임새 있게 답변할 수 있도록 시험 진행 순서에 따른 문제 풀이 전략을 익혀두세요.

4 사진 속 중심 대상에 따른 묘사 방법과 자주 쓰이는 표현을 익혀두세요.

Q3-4는 사진 속 중심 대상에 따라 묘사 방법이 조금씩 달라지고, 자주 쓰이는 표현도 달라요. 따라서 사진을 좀 더 효율적으로 묘사할 수 있도록 중심 대상에 따른 묘사 방법과 자주 쓰이는 표현을 익혀두세요.

디렉션

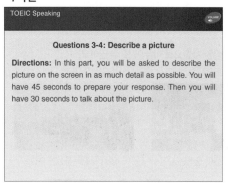

이 파트에서는 화면에 있는 사진을 가능한 한 자세히 묘사해야 하며 45초의 준비 시간이 주어진 후 사진에 대해 이야기하는 데에 30초가 주어질 것이라는 디렉션이 음성과 함께 화면에 제시됩니다.

[3번]

준비 시간

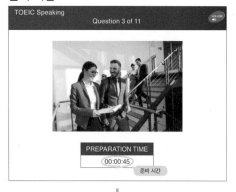

사진이 화면에 제시되고, 'Begin preparing now.'라는 음성이 나온 후 45초의 준비 시간이 시작됩니다.

답변 시간

준비 시간이 끝나고, 'Begin speaking now.'라는 음성이 나온 후 30초의 답변 시간이 시작됩니다.

[4번]

준비 시간

사진이 화면에 제시되고, 'Begin preparing now.'라는 음성이 나온 후 45초의 준비 시간이 시작됩니다.

↓

답변 시간

준비 시간이 끝나고, 'Begin speaking now.'라는 음성이 나온 후 30초의 답변 시간이 시작됩니다.

1 사진 묘사에 사용되는 표현 익히기 🎧 (Q3&4_기초) 01

쉽고 자연스럽게 사진을 묘사할 수 있도록 사진 묘사에 사용되는 표현을 음성을 듣고 소리 내 따라 하며 익혀두세요.

장소를 묘사할 때 쓰이는 표현

🎧 **This photo was taken ~** 이 사진은 ~에서 찍혔습니다.

This photo was taken on a street.
이 사진은 거리에서 찍혔습니다.

🎧 **This is a picture of ~** 이것은 ~의 사진입니다.

This is a picture of a beach.
이것은 해변의 사진입니다.

가장 눈에 띄는 대상을 묘사할 때 쓰이는 표현

🎧 **What I notice first is ~** 처음에 보이는 것은 ~입니다.

What I notice first is people riding in a boat.
처음에 보이는 것은 보트를 타고 있는 사람들입니다.

🎧 **The first thing I see is ~** 처음 보이는 것은 ~입니다.

The first thing I see is two women sitting in a coffee shop.
처음 보이는 것은 커피숍에 앉아 있는 두 여자입니다.

주변을 묘사할 때 쓰이는 표현

In front of –, I can see ~ – 앞에서, ~을 볼 수 있습니다.

In front of **the store**, I can see **some baskets**.
상점 앞에서, 몇 개의 바구니들을 볼 수 있습니다.

Behind –, ~ can be seen –의 뒤에, ~이 보입니다.

Behind **the people**, **bookshelves** can be seen.
사람들 뒤에, 책장이 보입니다.

On the left(right) side of –, there is(are) ~ –의 왼쪽(오른쪽)에는, ~이 있습니다.

On the left side of **the door**, there are **some potted plants**.
문 왼쪽에는, 몇 개의 화분이 있습니다.

On the right side of **the door**, there are **two blue chairs**.
문 오른쪽에는, 파란 의자 두 개가 있습니다.

Above(Below) –, there is(are) ~ –의 위(아래)에는, ~이 있습니다.

Above **the table**, there are **some lights**.
테이블 위에는, 몇 개의 조명이 있습니다.

Below **the lights**, there are **a table and some chairs**.
조명 아래에는, 테이블과 의자 몇 개가 있습니다.

In the foreground(background) of the picture, there is(are) ~ 사진의 전방(배경)에는, ~이 있습니다.

In the foreground of the picture, there are **two boats**.
사진의 전방에는, 배 두 척이 있습니다.

In the background of the picture, there are **some buildings**.
사진의 배경에는, 몇몇 건물들이 있습니다.

Q1-2

Q3-4 기초

Q5-7

Q8-10

Q11

10일 만에 끝나는 해커스 토익스피킹 스타트

느낌 및 의견을 말할 때 쓰이는 표현

🎧 **Generally(Basically), it seems like ~** 전반적으로, ~인 것 같습니다.

Generally(Basically), it seems like a sunny day in the park.
전반적으로, 공원에서의 화창한 하루인 것 같습니다.

🎧 **Overall, it appears to be ~** 전반적으로, ~인 것처럼 보입니다.

Overall, it appears to be fall because the leaves are colored red.
전반적으로, 나뭇잎이 빨강으로 물들어 있기 때문에 가을인 것처럼 보입니다.

🎧 **To summarize, it seems like ~** 요약하자면, ~인 것 같습니다.

To summarize, it seems like a cold day because the people are wearing warm clothes.
요약하자면, 사람들이 따뜻한 옷을 입고 있기 때문에 추운 날인 것 같습니다.

 (Q3&4_기초) 02

하늘색으로 된 우리말을 영어로 바꾸어 문장을 말해 보세요. 그 후 음성을 들으며 두 번씩 따라 말해 보세요.
(음성은 두 번 들려줍니다.)

1 이 사진은 **사무실에서 찍혔습니다**.

🎤 _____ in an office.

2 처음에 보이는 것은 **공원에 앉아 있는 사람들**입니다.

🎤 _____ people sitting in a park.

3 그 남자의 앞에서, **꽃들을 볼 수 있습니다**.

🎤 _____, _____ some flowers.

4 사진의 배경에는, **하늘에 구름들이 있습니다**.

🎤 _____, _____ clouds in the sky.

5 요약하자면, **사람들이 야외에서 하루를 즐기고 있는 것** 같습니다.

🎤 _____, _____ the people are enjoying a day outdoors.

사진을 보고 빈칸을 채워 말해 보세요. 그 후 음성을 들으며 두 번씩 따라 말해 보세요. (음성은 두 번 들려줍니다.)

6 🎤 _____ in a kitchen.

이 사진은 **주방에서 찍혔습니다**.

7 🎤 _____ a family preparing a meal.

처음에 보이는 것은 **식사를 준비하고 있는 한 가족**입니다.

모범답변·해석·해설 p.21

Q3-4 사진 묘사하기 **91**

② 장소, 사람, 사물, 느낌 및 의견 표현 익히기 🎧 (Q3&4_기초) 03

사진에 자주 등장하는 장소, 사람, 사물, 느낌 및 의견 표현을 음성을 듣고 소리 내 따라 하며 익혀두세요.

🎧 장소를 말할 때 쓰이는 표현

● 실내 🎧

This photo was taken 이 사진은 ~에서 찍혔습니다	**at a restaurant.** 식당에서 / **in an office.** 사무실에서 / **in a store.** 상점에서
	in a library. 도서관에서 / **indoors.** 실내에서

● 실외 🎧

This photo was taken 이 사진은 ~에서 찍혔습니다	**on a road.** 도로에서 / **at a beach.** 해변에서 / **in a park.** 공원에서
	in a market. 시장에서 / **outdoors.** 실외에서

🎧 사람의 동작을 나타낼 때 쓰이는 표현

● 거리/공원에서 자주 나오는 동작 표현 🎧

They are 그들은	**crossing a road.** 길을 건너고 있습니다.
	walking along the street. 길을 따라 걷고 있습니다.
	taking pictures. 사진을 찍고 있습니다.
	riding bicycles. 자전거를 타고 있습니다.
	sitting on a bench. 벤치에 앉아 있습니다.
	walking dogs. 개를 산책시키고 있습니다.

● 식당/상점/시장에서 자주 나오는 동작 표현 🎧

A man is 한 남자가	**taking an order.** 주문을 받고 있습니다.
	selecting an item from the shelf. 선반에서 물품을 고르고 있습니다.
	pushing a shopping cart. 쇼핑 카트를 밀고 있습니다.
	studying a menu. 메뉴를 살펴보고 있습니다.
	standing at the counter. 카운터에 서 있습니다.
	selling some fruit. 몇몇 과일을 팔고 있습니다.

Q1-2

Q3-4 기초

Q5-7

Q8-10

Q11

10일 만에 끝내는 해커스 토익스피킹 스타트

- 사무실/도서관/서점에서 자주 나오는 동작 표현 🎧

Some people are 몇몇 사람들이	**talking on the phone**. 통화를 하고 있습니다.
	working on a computer. 컴퓨터로 작업을 하고 있습니다.
	having a meeting. 회의를 하고 있습니다.
	reading a document. 서류를 읽고 있습니다.
	writing something down. 무언가를 적고 있습니다.
	arranging books. 책을 정리하고 있습니다.

- 기타 동작 표현 🎧

Two people are 두 사람이	**facing each other**. 서로 마주 보고 있습니다.
	swimming at the beach. 바닷가에서 수영하고 있습니다.
	standing in line. 줄을 서 있습니다.
	riding a carriage. 마차를 타고 있습니다.
	rowing a boat. 노를 젓고 있습니다.
	playing musical instruments. 악기를 연주하고 있습니다.
	preparing a meal. 식사를 준비하고 있습니다.
	taking a rest. 휴식을 취하고 있습니다.

사람의 모습을 나타낼 때 쓰이는 표현

- 헤어스타일/수염 관련 표현 🎧

A man 남자는	**has blond hair**. 금발 머리입니다. / **has white hair**. 흰머리입니다.
	has a ponytail. 뒤로 묶은 머리입니다. / **is bald**. 대머리입니다.
	has a beard. 턱수염이 있습니다. / **has a mustache**. 콧수염이 있습니다.

- 복장/장신구 관련 표현 🎧

A woman is wearing 여자는 ~을 입고/쓰고/끼고/신고 있습니다	**a suit**. 정장을 / **a coat**. 코트를 / **a swimsuit**. 수영복을
	a raincoat. 우비를 / **glasses**. 안경을 / **a cap**. 모자를
	gloves. 장갑을 / **sandals**. 샌들을 / **boots**. 부츠를

사물의 상태를 나타내는 표현

● 거리/공원에서 자주 나오는 상태 표현 🎧

A lot of cars are **parked along the street**. 많은 차들이 길가에 주차되어 있습니다.

The hotel is **surrounded by buildings**. 그 호텔은 건물들에 둘러싸여 있습니다.

A boat is **tied to a dock**. 보트가 부두에 묶여 있습니다.

Flowers are **planted in the park**. 꽃들이 공원에 심어져 있습니다.

● 식당/상점/시장에서 자주 나오는 상태 표현 🎧

Glassware is **displayed in the shop**. 유리 제품이 가게에 진열되어 있습니다.

A restaurant is **crowded with people**. 레스토랑이 사람들로 혼잡합니다.

Plates are **stacked up on the shelves**. 접시들이 선반에 쌓여 있습니다.

● 사무실/도서관/서점에서 자주 나오는 상태 표현 🎧

Papers are **scattered on the ground**. 서류들이 바닥에 흩어져 있습니다.

A calendar is **hanging on the wall**. 달력이 벽에 걸려 있습니다.

A laptop computer has been **placed on the desk**. 노트북 컴퓨터가 책상 위에 놓여 있습니다.

느낌 및 의견을 나타내는 표현

● 기분 관련 표현 🎧

| Generally(Basically), it seems like the people are
전반적으로, 사람들이 ~인 것 같습니다 | **excited**. 신난 |
| | **relaxed**. 여유 있는 |

● 분위기 관련 표현 🎧

| Overall, it appears to be
전반적으로, ~인 것처럼 보입니다 | **peaceful**. 평화로운 / **fun**. 즐거운 / **serious**. 진지한 |
| | **quiet**. 조용한 / **busy**. 분주한 |

● 날씨/계절 관련 표현 🎧

| It seems like
~인 것 같습니다 | **a sunny day**. 맑은 날 / **a rainy day**. 비 내리는 날 / **a cold day**. 추운 날 |
| I think it's
제 생각에는 ~인 것 같습니다 | **spring**. 봄 / **summer**. 여름 / **fall**. 가을 / **winter**. 겨울 |

하늘색으로 된 우리말을 영어로 바꾸어 문장을 말해 보세요. 그 후 음성을 들으며 두 번씩 따라 말해 보세요.
(음성은 두 번 들려줍니다.)

1 이 사진은 도서관에서 **찍혔습니다.**

 This photo was taken _____.

2 한 남자가 통화를 하고 있습니다.

 A man is _____.

3 한 학생이 뒤로 묶은 머리를 하고 있습니다.

 A student _____.

4 사무용품들이 책상 위에 놓여 있습니다.

 Some office supplies have been _____.

5 전반적으로, 추운 겨울날인 것 같습니다.

 Generally, it seems like _____.

사진을 보고 빈칸을 채워 말해 보세요. 그 후 음성을 들으며 두 번씩 따라 말해 보세요. (음성은 두 번 들려줍니다.)

6 What I notice first is four people _____
_____.

처음에 보이는 것은 회의를 하고 있는 네 명의 사람입니다.

7 In front of them, some documents are _____
_____.

그들 앞에, 서류들이 책상 위에 흩어져 있습니다.

모범답변·해석·해설 p.21

Q1-2
Q3-4 기초
Q5-7
Q8-10
Q11
10일 만에 끝내는 해커스 토익스피킹 스타트

Q 3-4
스텝별 전략 익히기

학습 목표

제한된 준비 시간에 사진을 효율적으로 관찰하고 표현을 떠올린 후, 짜임새 있게 답변할 수 있도록 스텝별 전략을 익혀둡니다.

STEP 1 사진 관찰하며 표현 떠올리기

45초의 준비 시간 동안 아래의 순서로 사진을 관찰하며 표현을 떠올려 보고, 핵심적인 내용은 간략하게 적어 두세요.

❶ 사진이 찍힌 장소

사진의 배경이나 사진 속의 사물을 통해 장소를 파악하고 관련 표현을 떠올리세요.

(TIP) 장소 표현이 떠오르지 않거나 정확히 어디인지 모르는 경우, 실내이면 indoors, 실외이면 outdoors라고 말하면 돼요.

(예) This photo was taken outdoors.

❷ 가장 눈에 띄는 대상

사진 속에서 가장 부각된 대상의 행동이나 복장, 상태를 중심으로 관찰하고 관련 표현을 떠올리세요.

(TIP) 각기 다른 동작을 할 때, 부각된 대상이 둘인 경우 one, the other를, 셋인 경우 one, another, the other를 사용하세요.

(예) One man is sitting in a chair and the other man is standing next to him.

❸ 그 외에 보이는 것

가장 눈에 띄는 대상 이외에 보이는 사람이나 사물의 위치, 동작, 상태를 나타내는 표현을 떠올리세요.

(TIP) 눈에 띄는 것부터 관찰하되, 어느 것부터 관찰해야 할지가 모호한 경우 사진의 왼쪽에서 오른쪽으로, 또는 가운데에서 주변으로 등 한 가지 방식을 정해 일관된 순서로 관찰하세요.

❹ 느낌 및 의견

사람들의 행동, 날씨, 분위기를 보고 느낀 점이나 의견을 나타내는 표현을 떠올리세요.

(TIP) 사진을 보고 느낀 점을 편하게 하나 정도 기억해 두세요.

(예) Generally, it seems like the family is enjoying a picnic on a sunny day.

예

1 사진이 찍힌 장소는?
- indoors

2 가장 눈에 띄는 대상은?
- a man and a woman
- dressed in gray suits
- the woman, carrying a notepad
- next to her, the man, looking at the woman

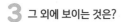

3 그 외에 보이는 것은?
- behind them, two people, walking down the stairs

4 느낌 및 의견은?
- the people, on their way to a meeting

Q1-2

Q3-4 스텝

Q5-7

Q8-10

Q11

10일 만에 끝내는 해커스 토익스피킹 스타트

30초의 답변 시간 동안, 준비 시간에 떠올린 표현을 순서대로 아래의 템플릿에 넣어 답변하세요.

만능 답변 템플릿

① 사진이 찍힌 장소 ············

> **This photo was taken** 사진이 찍힌 장소
> 이 사진은 ~에서 찍혔습니다

② 가장 눈에 띄는 대상 ············

> **What I notice first is** 가장 눈에 띄는 대상
> 처음에 보이는 것은 ~입니다

③ 그 외에 보이는 것 ············

> **In front of/On the left(right) side of/Next to/Behind/Above/Below ~, I can see** 그 외에 보이는 것
> ~ 앞에/~ 왼쪽(오른쪽)에/~ 옆에/~ 뒤에/~ 위에/~ 아래에, ~이 보입니다
>
> **On the left(right)/In the foreground/In the middle/In the background of the picture, there is/are** 그 외에 보이는 것
> 사진의 왼쪽(오른쪽)에/전방에/중앙에/배경에, ~이 있습니다

④ 느낌 및 의견 ············

> **Generally, it seems like** 느낌 및 의견
> 전반적으로, ~인 것 같습니다

예

Q1-2

Q3-4 스텝

Q5-7

Q8-10

Q11

10일 만에 끝내는 해커스 토익스피킹 스타트

	떠올린 표현		답변
❶ 사진이 찍힌 장소	• indoors	▷	This photo was taken **indoors**.
❷ 가장 눈에 띄는 대상	• a man and a woman • dressed in gray suits • the woman, carrying a notepad • next to her, the man, looking at the woman	▷	What I notice first is **a man and a woman dressed in gray suits. The woman is carrying a notepad. Next to her, the man is looking at the woman.**
❸ 그 외에 보이는 것	• behind them, two people, walking down the stairs	▷	Behind them, I can see **two people walking down the stairs.**
❹ 느낌 및 의견	• the people, on their way to a meeting	▷	Generally, it seems like **the people are on their way to a meeting.**

해석 이 사진은 실내에서 찍혔습니다. 처음에 보이는 것은 회색 정장을 입은 한 남자와 한 여자입니다. 여자는 메모장을 들고 있습니다. 그녀 옆에, 남자는 여자를 바라보고 있습니다. 그들의 뒤에, 계단을 내려가는 두 사람이 보입니다. 전반적으로, 사람들이 회의에 가고 있는 길인 것 같습니다.

스텝별 전략 적용시켜 보기 해설집 p.22에서, 지금까지 전략과 함께 학습한 예를 실제 시험 문제를 푼다는 생각으로 음성을 들으며 준비 시간과 답변 시간을 지켜 풀어보세요. 🎧 (Q3&4_스텝) 05

Hackers Practice

앞에서 배운 전략을 사용하여, 관찰 순서대로 표현을 떠올려 STEP 1의 빈칸을 채운 후, STEP 2에 우리말로 적혀 있는 부분을 영어로 바꾸어 답변해 보세요. 🎧 (Q3&4_스텝) 06

1

STEP 1 사진 관찰하며 표현 떠올리기

① 사진이 찍힌 장소는?　＿＿＿＿＿＿＿＿＿＿＿＿＿＿＿＿＿＿＿＿＿＿＿

② 가장 눈에 띄는 대상은?　＿＿＿＿＿＿＿＿＿＿＿＿＿＿＿＿＿＿＿＿＿＿＿

③ 그 외에 보이는 것은?　＿＿＿＿＿＿＿＿＿＿＿＿＿＿＿＿＿＿＿＿＿＿＿

④ 느낌 및 의견은?　＿＿＿＿＿＿＿＿＿＿＿＿＿＿＿＿＿＿＿＿＿＿＿

STEP 2 떠올린 표현을 템플릿에 넣어 말하기

사진이 찍힌 장소	🎤 ＿＿＿⑤ 이 사진은 ~에서 찍혔습니다＿＿＿ in a library.
가장 눈에 띄는 대상	🎤 ＿＿＿＿＿＿⑥ 처음에 보이는 것은＿＿＿＿＿＿ some students sitting at a table. The boy on the right side is smiling. ＿＿＿⑦ 사진의 중앙에는＿＿＿, there is a girl holding a pen.
그 외에 보이는 것	🎤 ＿＿＿＿＿＿⑧ 사진의 왼쪽에는＿＿＿＿＿＿, there is a girl writing something down. ＿＿＿＿＿⑨ 배경에는＿＿＿＿＿, I can see shelves filled with books.
느낌 및 의견	🎤 ＿＿＿⑩ 전반적으로, ~인 것 같습니다＿＿＿ the students are studying together.

2

①   ②   ③   ④

Q1-2

Q3-4 스텝

Q5-7

Q8-10

Q11

10일 만에 끝내는 해커스 토익스피킹 스타트

STEP 1   사진 관찰하며 표현 떠올리기

① 사진이 찍힌 장소는?   _____

② 가장 눈에 띄는 대상은?   _____

③ 그 외에 보이는 것은?   _____

④ 느낌 및 의견은?   _____

STEP 2   떠올린 표현을 템플릿에 넣어 말하기

사진이 찍힌 장소	🎤 _____ ⑤ 이 사진은 ~에서 찍혔습니다 _____ at a train station.
가장 눈에 띄는 대상	🎤 _____ ⑥ 처음에 보이는 것은 _____ two people standing on the platform. The woman is holding a map. _____ ⑦ ~의 옆에 _____ her, the man is pointing at something on the map.
그 외에 보이는 것	🎤 _____ ⑧ 사진의 배경에는 _____, there are some trains on the tracks.
느낌 및 의견	🎤 _____ ⑨ 전반적으로, ~인 것 같습니다 _____ they are waiting for a train.

3

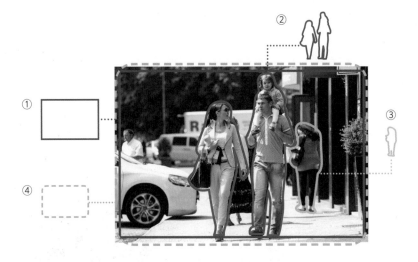

① ② ③ ④

STEP 1 사진 관찰하며 표현 떠올리기

① 사진이 찍힌 장소는? _____

② 가장 눈에 띄는 대상은? _____

③ 그 외에 보이는 것은? _____

④ 느낌 및 의견은? _____

STEP 2 떠올린 표현을 템플릿에 넣어 말하기

사진이 찍힌 장소	⑤ 이 사진은 ~에서 찍혔습니다 _____ on a street.
가장 눈에 띄는 대상	⑥ 처음에 보이는 것은 _____ three people walking on the sidewalk. There is a child sitting on a man's shoulders. ⑦ ~의 옆에는 _____ them, a woman is holding a large bag.
그 외에 보이는 것	⑧ ~ 뒤에는 _____ them, I can see another woman wearing a red jacket.
느낌 및 의견	⑨ 전반적으로, ~인 것 같습니다 _____ an ordinary day in a city.

4

①
②
③
④

Q1-2

Q3-4 스텝

Q5-7

Q8-10

Q11

10일 만에 끝내는 해커스 토익스피킹 스타트

STEP 1 사진 관찰하며 표현 떠올리기

① 사진이 찍힌 장소는? _____

② 가장 눈에 띄는 대상은? _____

③ 그 외에 보이는 것은? _____

④ 느낌 및 의견은? _____

STEP 2 떠올린 표현을 템플릿에 넣어 말하기

사진이 찍힌 장소	_____⑤ 이 사진은 ~에서 찍혔습니다_____ in a store.
가장 눈에 띄는 대상	_____⑥ 처음에 보이는 것은_____ two people standing across from each other. A man wearing a black apron is _____⑦ 카운터 뒤에 서 있는_____. A woman with long hair is holding a shopping cart.
그 외에 보이는 것	_____⑧ 사진의 배경에는_____, there are shelves filled with different kinds of meat.
느낌 및 의견	_____⑨ 전반적으로, ~인 것 같습니다_____ a typical scene at the meat section of a supermarket.

Hackers Test

실제 시험 문제를 푼다는 생각으로, 45초 동안 준비하여 30초 동안 녹음하며 사진을 묘사해 보세요. 🎧 (Q3&4_스텝) 07

1

2

Q1-2

Q3-4 스텝

Q5-7

Q8-10

Q11

10일 만에 끝내는 해커스 토익스피킹 스타트

3

TOEIC Speaking

VOLUME

🎤

4

TOEIC Speaking

VOLUME

🎤

모범답변·해석·해설 p.27

Q 3-4
유형별 공략하기

학습 목표

사진의 중심 대상에 따라 더 효율적으로 묘사할 수 있도록 중심 대상별 묘사 방법과 자주 쓰이는 표현을 익혀두세요.

1 사람이 중심인 사진 🎧 (Q3&4_유형) 08

사람이 중심인 사진은 사진 속의 사람에 초점이 맞춰진 사진으로, **Q3-4**에 출제되는 대부분의 사진이 바로 사람 중심 사진이에요. 이러한 사람 중심 사진은 한 사람이 중심인 사진, 2~3명 정도의 소수의 사람들이 중심인 사진, 그리고 여러 사람이 중심인 사진으로 나눌 수 있어요.

한 사람이 중심인 사진

한 사람이 중심인 사진은 사진 속에 여러 명이 등장하더라도 그중 한 사람에 초점이 맞춰진 사진이에요. 상점에서 물건을 사고 있는 사람의 사진, 레스토랑에서 시중을 들고 있는 웨이터 사진, 사무실에서 한 사람이 복사를 하고 있는 사진 등이 자주 출제됩니다.

중심 대상을 어떻게 묘사하나요?

중심이 되는 한 사람의 행동과 복장, 헤어스타일 등에 대해 2~3문장에 걸쳐 최대한 자세히 묘사하세요.

예

중심 대상인 a woman의 행동과 복장, 헤어스타일 등에 대해 최대한 자세히 묘사하세요.

행동 choosing some potatoes from a display stand
복장 wearing a blue checkered shirt
헤어스타일 short blond hair

🎤 **What I notice first is a woman** choosing some potatoes from a display stand. **She is** wearing a blue checkered shirt. **She has** short blond hair.

해석 처음에 보이는 것은 진열대에서 감자 몇 개를 고르고 있는 한 여자입니다. 그녀는 파란색 체크 무늬 셔츠를 입고 있습니다. 그녀는 짧은 금발 머리입니다.

상점에서	
1	**A woman is** reaching for some fruit. 한 여자가 과일을 향해 손을 뻗고 있습니다.
2	**A woman is** choosing some vegetables from the display stand. 한 여자가 진열대에서 채소를 고르고 있습니다.
3	**A man is** pushing a shopping cart. 한 남자가 쇼핑 카트를 밀고 있습니다.
4	**A clerk is** putting an item inside a shopping bag. 점원이 쇼핑백에 물건을 담고 있습니다.
5	**A clerk is** sweeping the floor. 점원이 바닥을 쓸고 있습니다.

레스토랑에서	
6	**The man is** looking at the menu. 남자가 메뉴를 보고 있습니다.
7	**A waiter is** holding a bottle of water. 웨이터가 물 한 병을 들고 있습니다.
8	**A waitress is** bending over the table. 웨이트리스가 테이블 쪽으로 몸을 굽히고 있습니다.
9	**An old man is** eating at the restaurant. 한 노인이 레스토랑에서 식사를 하고 있습니다.

공원에서	
10	**The boy is** playing a guitar in the park. 소년이 공원에서 기타를 연주하고 있습니다.
11	**An old woman is** jogging along the road. 한 노부인이 길을 따라 조깅하고 있습니다.
12	**The man is** passing by some benches. 남자는 벤치 옆을 지나가고 있습니다.

사무실에서	
13	**A woman is** typing on a laptop computer. 한 여자가 노트북 컴퓨터에 타이핑하고 있습니다.
14	**The woman is** reading a newspaper. 여자가 신문을 읽고 있습니다.
15	**A man is** writing something on a document. 한 남자가 서류에 무언가를 쓰고 있습니다.

거실에서	
16	**A boy is** pointing to something in a book. 한 소년이 책에 있는 무언가를 가리키고 있습니다.
17	**A man is** talking on the phone. 한 남자가 전화 통화를 하고 있습니다.

주방에서	
18	**A chef is** preparing a meal. 주방장이 식사를 준비하고 있습니다.

Q1-2

Q3-4 유형

Q5-7

Q8-10

Q11

10일 만에 끝내는 해커스 토익스피킹 스타트

소수의 사람들이 중심인 사진

소수의 사람들이 중심인 사진은 2~3명 정도의 사람들에 초점이 맞춰진 사진으로, **Q3-4**에 가장 많이 출제됩니다. 공원에서 사람들이 함께 무언가를 하고 있거나 자전거를 함께 타는 사람들, 도서관에서 학생들이 공부하는 사진 등이 출제됩니다.

중심 대상을 어떻게 묘사하나요?

사람들 간의 복장이나 행동에서의 공통점을 먼저 언급한 후, 개별 복장 및 행동을 묘사하세요.

예

함께 공원을 산책하고 있는 두 사람의 공통점을 먼저 언급한 후, 개별 복장 및 행동을 묘사하세요.

중심 대상 two people

공통점 walking along the path in a park

개별 복장 및 행동

A boy	A man
• wearing a brown jacket and jeans	• pushing the stroller
• looking inside a stroller	• wearing a gray jacket and a blue T-shirt

🎙 **What I notice first is** two people walking along the path in a park. **There is** a boy wearing a brown jacket and jeans. **Next to him,** a man is pushing a stroller.

해석 처음에 보이는 것은 공원에서 길을 따라 걷고 있는 두 명의 사람입니다. 갈색 재킷과 청바지를 입은 소년이 있습니다. 그의 옆에는, 남자가 유모차를 밀고 있습니다.

자주 쓰이는 표현 🎧 소수의 사람들이 장소별로 주로 하는 공통 행동 및 동작 표현입니다. 여러 번 듣고 따라 하며 익혀보세요.

공원에서

1 **Two women are** sitting next to each other. 두 여자가 서로 옆에 앉아 있습니다.

2 **A boy and a girl are** holding hands. 한 소년과 한 소녀가 손을 잡고 있습니다.

3 **The man and the boy are** hugging each other. 남자와 소년이 서로 껴안고 있습니다.

4 **Two boys are** riding their bicycles. 두 소년이 그들의 자전거를 타고 있습니다.

5 **Two people are** leaning against each other. 두 사람이 서로 기대고 있습니다.

6 **Two people are** walking along the path. 두 사람이 길을 따라 걷고 있습니다.

사무실에서

7 **Two men are** shaking hands. 두 남자가 악수를 하고 있습니다.

8 **Some people are** having a meeting in an office. 몇몇 사람들이 사무실에서 회의를 하고 있습니다.

9 **Two people are** facing each other. 두 사람이 마주 보고 있습니다.

10 **Some people are** listening to the presenter. 몇몇 사람들이 발표자의 말을 듣고 있습니다.

도서관에서

11 **Some students are** studying together. 몇몇 학생들이 함께 공부하고 있습니다.

여러 사람이 중심인 사진

여러 사람이 중심인 사진은 사진 속의 다수의 사람들에 초점이 맞춰진 사진이에요. 거리를 지나가는 사람들, 횡단 보도를 건너는 사람들, 버스나 기차를 기다리는 사람들 사진 등이 자주 출제됩니다.

중심 대상을 어떻게 묘사하나요?

모든 사람을 언급해 줄 시간이 없으므로 여러 사람의 공통점을 먼저 언급한 후, 눈에 띄는 일부 사람의 행동이나 복장을 간단히 언급하세요.

거리를 지나가는 사람들의 공통점을 먼저 언급한 후, 눈에 띄는 일부 사람의 행동이나 복장을 간단히 언급하세요.

중심 대상 many people

공통점 walking in line

눈에 띄는 행동 some of them, holding red and green flags

눈에 띄는 복장 several people, wearing red T-shirts

What I notice first is many people walking in line. **Some of them are** holding red and green flags. **In the middle of the picture, I can see** several people wearing red T-shirts.

> **해석**　처음에 보이는 것은 줄을 지어 걷고 있는 많은 사람들입니다. 그들 중 몇 명은 빨간색과 초록색의 깃발을 들고 있습니다. 사진의 가운데에, 빨간색 티셔츠를 입고 있는 몇몇 사람들이 보입니다.

자주 쓰이는 표현 🎧 여러 사람이 장소별로 주로 하는 공통 행동 및 동작 표현입니다. 여러 번 듣고 따라 하며 익혀보세요.

거리에서	1 **Many people are** walking along the street.	많은 사람들이 길을 따라 걷고 있습니다.
	2 **A lot of people are** crossing the street.	많은 사람들이 길을 건너고 있습니다.
	3 **A group of people is** waiting for a bus.	한 무리의 사람들이 버스를 기다리고 있습니다.
	4 **Lots of people are** running in a marathon.	많은 사람들이 마라톤을 뛰고 있습니다.
	5 **Many people are** walking in line.	많은 사람들이 줄을 지어 걷고 있습니다.
	6 **A group of people is** watching a parade.	한 무리의 사람들이 행진을 보고 있습니다.
공원에서	7 **Some people are** relaxing on the grass.	몇몇 사람들이 잔디밭에서 쉬고 있습니다.
상점에서	8 **A bunch of people are** shopping at the store.	한 무리의 사람들이 상점에서 쇼핑을 하고 있습니다.
해변에서	9 **Many people are** swimming in the sea.	많은 사람들이 바다에서 수영을 하고 있습니다.
학교에서	10 **A group of students is** attending the lecture.	한 무리의 학생들이 강의를 듣고 있습니다.

배경이나 사물이 중심인 사진은 사진 속의 등장인물보다 배경이나 사물이 더 눈에 띄는 사진이에요. 이러한 배경이나 사물이 중심인 사진은 배경이 주를 이루는 사진과 사물 중심 사진으로 나눌 수 있어요.

배경이 주를 이루는 사진

배경이 주를 이루는 사진은 뚜렷하게 초점이 맞춰진 대상 없이 배경이 주를 이루는 사진이에요. 소수의 사람이 있는 주택가, 차들이 늘어선 거리, 빌딩들이 빽빽이 들어선 도시 사진 등이 출제됩니다.

배경을 어떻게 묘사하나요?

사진의 왼쪽에서 오른쪽으로, 또는 가운데에서 주변으로 보이는 것들을 하나씩 언급해 주세요.

예

사진의 왼쪽에 있는 건물에서 오른쪽으로 이동해가며 보이는 것들을 하나씩 언급해 주세요.

왼쪽 some tables and chairs arranged in front of the building
가운데 a waiter, standing next to them
오른쪽 a white building

🎙 What I notice first is some tables and chairs arranged in front of the building. In the middle of the picture, I can see a waiter standing next to them. There is also a white building.

해석 처음에 보이는 것은 건물 앞에 배열되어 있는 테이블과 의자 몇 개입니다. 사진 가운데에는, 그것들 옆에 서 있는 웨이터 한 명이 보입니다. 흰색의 건물도 있습니다.

자주 쓰이는 표현 🎧 장소별로 자주 등장하는 배경 묘사 표현입니다. 여러 번 듣고 따라 하며 익혀보세요.

거리에서	1	**The street is** lined with many trees. 거리가 많은 나무들로 줄 세워져 있습니다.
	2	**The road is** crowded with people and vehicles. 길이 사람들과 차들로 붐빕니다.
	3	**I can see some trees** thick with leaves. 잎이 무성한 나무들이 보입니다.
	4	**Many cars are** parked along the street. 많은 자동차들이 길을 따라 주차되어 있습니다.
	5	**Some chairs have been** arranged on a street. 거리에 의자들이 배열되어 있습니다.
	6	**A house is** surrounded by many buildings. 집이 많은 건물들로 둘러싸여 있습니다.
공원에서	7	**The fallen leaves are** scattered all around the park. 낙엽이 공원 전체에 흩어져 있습니다.
	8	**I can see some hills** covered in bushes. 관목들로 덮인 언덕들이 보입니다.
바다, 강에서	9	**There are some boats** floating on the lake. 호수 위에 떠 있는 몇몇 보트가 있습니다.
사무실에서	10	**I can see shelves** filled with books. 책이 가득 꽂혀 있는 책장이 보입니다.

사물 중심 사진

사물 중심 사진은 사진 속에 등장하는 특정 사물에 초점이 맞춰진 사진이에요. 도로 위에 정차한 전차나 버스, 강이나 바다에 떠 있는 배, 땅 위에 놓여 있는 기구 등의 사진이 자주 출제됩니다.

중심 대상을 어떻게 묘사하나요?

중심이 되는 사물의 상태, 색깔, 위치, 크기 등을 2~3문장에 걸쳐 자세히 묘사하세요.

예

사진에서 중심이 되는 전차의 상태, 색깔, 위치, 크기 등을 자세히 묘사하세요.

중심 대상 a train
상태 stopped at a station
색깔 painted white and blue
위치 in front of a brown building

What I notice first is a train stopped at a station. The train is painted white and blue, and it's in front of a brown building.

해석 처음에 보이는 것은 역에 정차해 있는 전차입니다. 그 전차는 흰색과 파란색이며, 갈색 건물 앞에 있습니다.

자주 쓰이는 표현 장소별로 자주 등장하는 사물들의 상태 표현입니다. 여러 번 듣고 따라 하며 익혀보세요.

바다, 강에서	1	A ship is moving along the river. 배가 강을 따라 움직이고 있습니다.
	2	The ferry is leaving from the dock. 여객선이 부두에서 출발하고 있습니다.
거리에서	3	Buildings have been painted red. 건물들이 붉은색으로 칠해져 있습니다.
공원에서	4	A big balloon is sitting on the ground. 큰 풍선이 땅 위에 놓여 있습니다.
실내에서	5	Some lights are hanging from the ceiling. 전구들이 천장에 달려 있습니다.
시장에서	6	Fruits and vegetables are displayed at the market. 과일과 야채가 시장에 진열되어 있습니다.
사무실에서	7	Many boxes are stacked next to the copy machine. 많은 상자들이 복사기 옆에 쌓여 있습니다.
	8	Many papers are scattered on the table. 테이블 위에 많은 종이들이 흩어져 있습니다.
박물관에서	9	Some paintings are exhibited at the museum. 몇몇 그림들이 박물관에 전시되어 있습니다.

Q1-2
Q3-4 유형
Q5-7
Q8-10
Q11

10일 만에 끝내는 해커스 토익스피킹 스타트

Hackers Test

실제 시험 문제를 푼다는 생각으로, 45초 동안 준비하여 30초 동안 녹음하며 사진을 묘사해 보세요. 🎧 (Q3&4_유형) 10

1

2

Q1-2

Q3-4 유형

Q5-7

Q8-10

Q11

10일 만에 끝내는 해커스 토익스피킹 스타트

3

TOEIC Speaking

VOLUME

🎤

4

TOEIC Speaking

VOLUME

🎤

Q1-2

Q3-4 유형

Q5-7

Q8-10

Q11

10일 만에 끝내는 해커스 토익스피킹 스타트

7 TOEIC Speaking

VOLUME

🎤

8 TOEIC Speaking

VOLUME

🎤

모범답변·해석·해설 p.31

Review Test

TOEIC Speaking　　　　　　　　　　　　　　　　　　　　　VOLUME 🔊

Questions 3-4: Describe a picture

Directions: In this part, you will be asked to describe the picture on the screen in as much detail as possible. You will have 45 seconds to prepare your response. Then you will have 30 seconds to talk about the picture.

TOEIC Speaking　　　　　　　　　　　　　　　　　　　　　VOLUME 🔊

Question 3 of 11

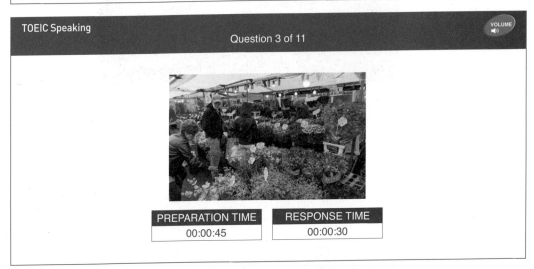

PREPARATION TIME	RESPONSE TIME
00:00:45	00:00:30

TOEIC Speaking　　　　　　　　　　　　　　　　　　　　　VOLUME 🔊

Question 4 of 11

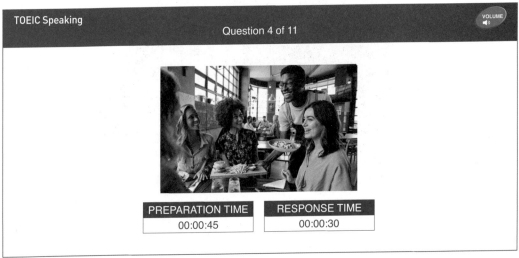

PREPARATION TIME	RESPONSE TIME
00:00:45	00:00:30

모범답변·해석·해설 p.39

SELF CHECKLIST

Q1-2

Q3-4

Q5-7

Q8-10

Q11

10일 만에 끝내는 해커스 토익스피킹 스타트

여기까지 오느라 수고 많으셨습니다. Review Test를 푼 결과를 기준으로 지금까지 학습한 내용을 점검하고 자신이 부족한 부분이 어디인지 확인하여 해당 부분을 복습하세요.

1. 나는 두 문제 모두 45초의 준비 시간 동안 사진을 관찰하며 사진이 찍힌 장소, 가장 눈에 띄는 대상, 그 외에 보이는 것, 느낌 및 의견의 순서로 표현을 떠올릴 수 있었다.

   Yes ☐   No ☐

   → No를 표시한 경우, 스텝별 전략 익히기로 돌아가 STEP 1. 사진 관찰하며 표현 떠올리기를 복습하세요.

2. 나는 두 문제 모두 사진을 관찰하면서 장소, 사람, 사물, 느낌 및 의견을 나타내는 표현들을 바로 떠올릴 수 있었다.

   Yes ☐   No ☐

   → No를 표시한 경우, 기초 쌓기로 돌아가 2. 장소, 사람, 사물, 느낌 및 의견 표현 익히기를 복습하세요.

3. 나는 두 문제 모두 사진을 묘사할 때 쓰이는 템플릿 표현들을 바로 떠올릴 수 있었다.

   Yes ☐   No ☐

   → No를 표시한 경우, 기초 쌓기로 돌아가 1. 사진 묘사에 사용되는 표현 익히기를 복습하세요.

4. 나는 두 문제 모두 사진의 중심 대상에 맞게 사진을 묘사하였다.

   Yes ☐   No ☐

   → No를 표시한 경우, 유형별 공략하기로 돌아가 사진의 중심 대상에 따른 묘사 방법과 자주 쓰이는 표현을 복습하세요.

5. 나는 두 문제 모두 떠올린 표현들을 순서대로 템플릿에 넣어 답변할 수 있었다.

   Yes ☐   No ☐

   → No를 표시한 경우, 스텝별 전략 익히기로 돌아가 STEP 2. 떠올린 표현을 템플릿에 넣어 말하기를 복습하세요.

무료 토익·토스·오픽·지텔프 자료 제공
Hackers.co.kr

Q 5-7
질문에 답하기

기초 쌓기

1 의문사별 응답 익히기
2 질문 응답에 자주 사용되는 표현 익히기
3 빈출 토픽별 응답 표현 익히기

스텝별 전략 익히기

STEP 1 토픽 파악하고 질문 및 답변 예상하기
STEP 2 질문 파악하고 답변하기

Hackers Practice
Hackers Test

유형별 공략하기

1 생활 관련 토픽
2 제품/서비스 관련 토픽

Hackers Test

Review Test

Q 5-7 알아보기

'라이브 공연'에 대한 질문에 답하고 있군요.

'라이브 공연'이라는 토픽에 대한 세 개의 질문에 차례대로 답하고 있군요.

Q5-7은 이처럼 하나의 토픽에 대해 지인과 통화를 하고 있거나

전화 설문 조사에 참여하고 있다는 설정 속에서

토픽에 관련된 세 개의 질문에 답하는 문제랍니다.

자, 그럼 이 문제 유형에 대해 좀 더 자세히 알아볼까요?

Q5-7은?   하나의 토픽에 대해 지인과 통화를 하고 있거나 전화 설문 조사에 참여하고 있다는 설정 속에서 토픽에 관련된 세 개의 질문에 답하는 문제

문제 수   하나의 토픽에 관련된 세 개의 문제 [Questions 5-7]
준비 시간   문제 당 3초
답변 시간   5, 6번 15초 / 7번 30초

Q1-2

Q3-4

Q5-7

Q8-10

Q11

10일 만에 끝내는 해커스 토익스피킹 스타트

Q5-7에서는 문제 번호별로 주로 다음과 같은 내용을 물어요.

문제 번호	주로 묻는 내용
Question 5 (답변 시간 15초)	• 의문사를 사용하여 빈도, 시간과 같은 간단한 정보를 물어요. • 간단한 내용 두 가지를 한 번에 묻는 경우가 많아요. 예) How often do you go to a concert, and who do you usually go with? 　　얼마나 자주 콘서트에 가고, 주로 누구와 가니?
Question 6 (답변 시간 15초)	• 일반 의문문이나 의문사 의문문으로 취향, 장·단점, 종류, 의견 등을 묻는 경우가 많아요. • 5번과 같이 간단한 정보를 묻는 질문이 나오기도 해요. 예) And how do you find out about concerts in your area? 　　그리고 어떻게 너희 지역의 콘서트에 대해 알아내니?
Question 7 (답변 시간 30초)	• 제안을 요청하거나 중요하게 여기는 사항, 특징, 장·단점 등을 묻는 질문이 자주 나와요. 예) I'd like to go to a concert soon. What concert do you suggest I go to? 　　나는 조만간 콘서트에 가고 싶어. 내가 어떤 콘서트에 가는 것을 추천하니?

1 의문사에 따른 응답 표현을 익혀두세요.

Q5-7에서는 주로 의문사 의문문으로 질문을 해요. 따라서 의문사를 들으면 적절한 응답 표현이 바로 떠오를 수 있도록 의문사에 따른 응답 표현을 익혀두세요.

2 질문 응답에 자주 사용되는 표현과 자주 등장하는 토픽별 응답 표현을 익혀두세요.

Q5-7은 묻는 내용에 따라 응답에 자주 쓰이는 표현이 있어요. 따라서 질문에 자연스럽게 답할 수 있도록 질문 응답에 자주 쓰이는 표현을 익혀두세요. 그리고 떠오른 아이디어를 바로 영어로 바꾸어 답할 수 있도록 빈출 토픽별 응답 표현을 익혀두세요.

3 시험이 진행되는 순서에 따른 문제 풀이 전략을 익혀두세요.

Q5-7은 준비 시간이 문제 당 3초로 비교적 짧지만, 스텝별 전략을 익혀두면 준비 시간과 각 시험 진행 단계의 시간을 효율적으로 활용하여 짜임새 있게 답변할 수 있어요. 따라서 시험 진행 단계를 효율적으로 활용하여 짜임새 있게 답변할 수 있도록 시험 진행 순서에 따른 문제 풀이 전략을 익혀두세요.

4 토픽별로 자주 나오는 질문과 그에 대한 답변 아이디어를 익혀두세요.

Q5-7은 토픽에 따라 자주 등장하는 질문이 있어요. 따라서 이러한 질문을 들으면 바로 답변과 관련 내용이 떠오를 수 있도록 빈출 질문과 그에 대한 답변 아이디어를 익혀두세요.

디렉션

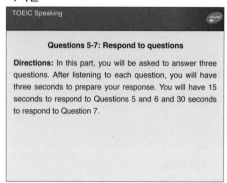

이 파트에서는 세 개의 질문에 응답하게 될 것이며, 각 문제 당 3초의 준비 시간이 주어질 것이라는 내용과 5, 6번에는 15초, 7번에는 30초의 답변 시간이 주어질 것이라는 디렉션이 음성과 함께 화면에 제시됩니다.

설문 또는 통화 상황 설명

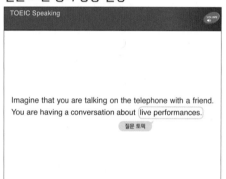

지인과 통화를 하고 있거나, 또는 특정 나라의 회사나 방송국이 진행하는 전화 설문에 참여하고 있다는 상황 설명과 질문 토픽이 음성과 함께 화면에 제시됩니다.

* 전화 설문의 경우, 회사의 국적에 따라 성우의 발음도 달라져요.

British	영국식 발음
Australian	호주식 발음
US	미국식 발음
Canadian	캐나다식 발음

Question 5

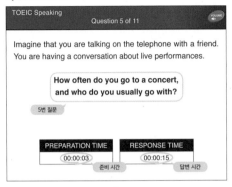

5번 질문이 음성과 함께 화면에 제시됩니다. 질문 음성이 나온 다음 'Begin preparing now.'라는 음성과 함께 3초의 준비 시간이 시작됩니다. 준비 시간이 끝나고 'Begin speaking now.'라는 음성이 나온 후, 15초의 답변 시간이 시작됩니다.

Question 6

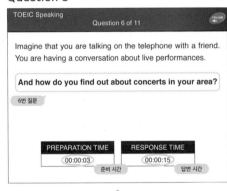

5번 질문이 사라지면 바로 6번 질문이 음성과 함께 화면에 제시됩니다. 질문 음성이 나온 다음 'Begin preparing now.'라는 음성과 함께 3초의 준비 시간이 시작됩니다. 준비 시간이 끝나고 'Begin speaking now.'라는 음성이 나온 후, 15초의 답변 시간이 시작됩니다.

Question 7

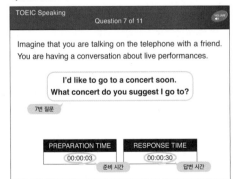

6번 질문이 사라지면 바로 7번 질문이 음성과 함께 화면에 제시됩니다. 질문 음성이 나온 다음 'Begin preparing now.'라는 음성과 함께 3초의 준비 시간이 시작됩니다. 준비 시간이 끝나고 'Begin speaking now.'라는 음성이 나온 후, 30초의 답변 시간이 시작됩니다.

① 의문사별 응답 익히기 🎧 (Q56&7_기초) 01

다음과 같이 질문의 표현을 그대로 사용하여 답변하면 의문사에 맞는 응답만 떠올려 수월하게 답할 수 있어요.

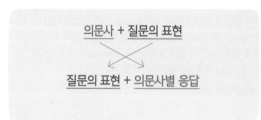

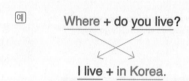

[예] Where + do you live?

I live + in Korea.

질문의 표현의 you는 I로 your는 my로 바꾸어 답변합니다.

그럼 의문사를 들으면 그에 맞는 응답 표현이 바로 입 밖으로 나올 수 있도록 의문사에 따른 응답 표현을 소리 내어 따라 하며 익혀두세요.

얼마나 자주? How often, How many times

🎧 How often do you get a haircut? 얼마나 자주 머리를 자르세요?

🎧 I get a haircut
저는 머리를 잘라요

once a month. 한 달에 한 번
every other month. 두 달에 한 번
three times a year. 일 년에 세 번

얼마나 오래? How long, How many hours

🎧 How long do you use the Internet every day? 매일 얼마나 오래 인터넷을 사용하세요?

🎧 I use the Internet every day
저는 매일 인터넷을 사용해요

for two hours. 두 시간 동안
for almost an hour. 거의 한 시간 동안
for approximately 30 minutes.
약 30분 동안

어떻게? How

🎧 How do **you usually get to work**? 주로 어떻게 출근하세요?

🎧 I usually get to work
저는 주로 출근해요

by subway. 지하철로
by bus. 버스로
on foot. 걸어서

 언제? When, What time, On what occasions

🎧 When do **you buy gifts for your friends**? 언제 친구들을 위해 선물을 사세요?

🎧 I buy gifts for my friends
저는 친구들을 위해 선물을 사요

on their birthdays. 그들의 생일에
when they get promoted. 그들이 승진했을 때
at Christmas. 크리스마스에

🎧 On what occasions do **you buy cakes**? 어떤 경우에 케이크를 사나요?

🎧 I buy cakes
저는 케이크를 사요

for people's birthdays. 사람들의 생일을 위해
only during holidays. 휴일에만
sometimes for parties. 가끔 파티를 위해

Q1-2
Q3-4
Q5-7 기초
Q8-10
Q11

10일 만에 끝내는 해커스 토익스피킹 스타트

어디? Where, What place

🎧 Where **do you buy your clothes?** 어디에서 옷을 사세요?

🎧 **I buy my clothes**
저는 제 옷을 사요

at a shop in the mall. 쇼핑몰에 있는 가게에서
on the Internet. 인터넷에서
from a store near my home. 집 근처 가게에서

무엇(종류)? What, What kinds of

🎧 What **was the last program you watched on TV?** 마지막으로 TV에서 본 프로그램은 무엇인가요?

🎧 **The last program
I watched on TV
was**
제가 마지막으로 TV에서
본 프로그램은

the news. 뉴스예요.
a comedy show. 코미디 쇼예요.
a documentary about health.
건강에 대한 다큐멘터리예요.
a program about the environment.
환경에 대한 프로그램이에요.
a weather report. 일기예보예요.
a popular talk show. 인기 있는 토크쇼예요.

🎧 What kinds of books **do you enjoy reading?** 어떤 종류의 책을 즐겨 읽나요?

🎧 **I enjoy reading**
저는 읽는 것을 즐겨요

science fiction. 공상 과학 소설을
mystery novels. 추리 소설을
nonfiction. 논픽션(소설 외 산문)을
comic books. 만화책을

괄호 속의 우리말을 영어로 바꾸어 의문사 의문문에 알맞게 응답해 보세요. 그 후 음성을 들으며 두 번씩 따라 말해 보세요.
(질문은 한 번, 응답은 두 번 들려줍니다.)

1 Q: How often do you visit a dental clinic?

   A: _____. (일 년에 두 번)

2 Q: How many people do you call on a daily basis?

   A: _____. (10명)

3 Q: Where do you do your banking?

   A: _____. (회사 근처의 지점에서)

4 Q: When was the last time you borrowed a book from a library?

   A: _____. (작년)

5 Q: What kinds of clothes do you wear to work or school?

   A: _____. (평상복)

6 Q: What was the last hotel you stayed at?

   A: _____. (Burbank 호텔)

7 Q: On what occasions do you go to the bank?

   A: _____. (예금해야 할 때)

모범답변·해석·해설 p.41

❷ 질문 응답에 자주 사용되는 표현 익히기 🎧 (Q56&7_기초) 03

질문을 들었을 때 응답이 바로 떠오를 수 있도록 질문 응답으로 자주 사용되는 표현을 소리 내 따라 하며 익혀두세요.

🔘 선호/취향을 말할 때 쓸 수 있는 표현

🎧 **I prefer A to B** 저는 B보다 A를 선호합니다.

> I prefer taking a bus to taking a train.
> 저는 기차를 타는 것보다 버스 타는 것을 선호합니다.

🎧 **I enjoy ~** 저는 ~하는 것을 즐깁니다.

> I enjoy watching movies when I have free time.
> 저는 시간이 날 때 영화 보는 것을 즐깁니다.

🎧 **I like ~ because ~** ~ 때문에 저는 ~하는 것을 좋아합니다.

> I like working out because it keeps me healthy.
> 운동이 저를 건강하게 유지해 주기 때문에 저는 운동하는 것을 좋아합니다.

🎧 **If I could ~, I would ~** 만약 제가 ~할 수 있다면, ~할 것입니다.

> If I could learn how to play an instrument, I would choose to play the piano.
> 만약 제가 악기를 연주하는 법을 배울 수 있다면, 저는 피아노를 연주하는 것을 선택할 것입니다.

🎧 **My favorite A is/are ~** 제가 가장 좋아하는 A는 ~입니다.

> My favorite outdoor activities are mountain climbing and bike riding.
> 제가 가장 좋아하는 야외 활동은 등산과 자전거 타기입니다.

의견/주장을 말할 때 쓸 수 있는 표현

🎧 **In my opinion** 제 생각에는

> In my opinion, it is important to learn foreign languages.
> 제 생각에는, 외국어를 배우는 것은 중요합니다.

🎧 **I think ~** 저는 ~이라고 생각합니다.

> I think it is easier to send an e-mail than write a letter.
> 저는 이메일을 보내는 것이 편지를 쓰는 것보다 더 쉽다고 생각합니다.

🎧 **In my case** 제 경우에는

> In my case, I'm more likely to borrow books from a library than buy them at a store.
> 제 경우에는, 서점에서 책을 사는 것보다 도서관에서 책을 더 빌려보는 편입니다.

특징/장·단점을 말할 때 쓸 수 있는 표현

🎧 **The characteristics of A are ~** A의 특징은 ~입니다.

> The characteristics of good clothing are having a unique design and being made of good materials.
> 좋은 옷의 특징은 독특한 디자인을 가지는 것과 좋은 옷감으로 만들어지는 것입니다.

🎧 **The most important qualities in/of A are ~** A의 가장 중요한 자질(특성)은 ~입니다.

> The most important qualities in a good leader are good communication skills and the ability to solve problems.
> 좋은 지도자의 가장 중요한 자질은 뛰어난 의사소통 능력과 문제 해결 능력입니다.

🎧 **The advantages/disadvantages of A are ~** A의 장/단점은 ~입니다.

> The advantages of online shopping are that it is fast and doesn't cost much money.
> 온라인 쇼핑의 장점은 빠르고 돈이 많이 들지 않는다는 점입니다.

Q1-2

Q3-4

Q5-7 기초

Q8-10

Q11

10일 만에 끝내는 해커스 토익스피킹 스타트

이유/근거를 말할 때 쓸 수 있는 표현

That's because ~ ~하기 때문입니다.

> That's because I enjoy spending time with my friends.
> 제가 친구들과 시간을 보내는 것을 즐기기 때문입니다.

First/First of all 첫째로

> First of all, children's toys should be safe and clean.
> 첫째로, 아이들의 장난감은 안전하고 깨끗해야 합니다.

Second/Secondly 둘째로

> Secondly, a good restaurant should offer customers exceptional service.
> 둘째로, 좋은 레스토랑은 고객들에게 훌륭한 서비스를 제공해야 합니다.

In addition/Also 게다가/또한

> In addition, it should be easy to use.
> 게다가, 사용하기 쉬워야 합니다.

For these reasons 이러한 이유로

> For these reasons, I prefer watching television to listening to the radio.
> 이러한 이유로, 저는 라디오를 듣는 것보다 텔레비전을 보는 것을 선호합니다.

Therefore 그러므로

> Therefore, people should exercise regularly.
> 그러므로, 사람들은 규칙적으로 운동을 해야 합니다.

앞에서 배운 질문 응답에 자주 사용되는 표현을 사용하여 하늘색으로 표시된 우리말을 영어로 바꾸어 전체 문장을 말해 보세요.
그 후 음성을 들으며 두 번씩 따라 말해 보세요. (음성은 두 번 들려줍니다.)

1 **흥미롭기** 때문에 저는 **액션 영화를 보는 것을** 좋아해요.

🎙 _____ watching action films _____ they are exciting.

2 **호텔의** 가장 중요한 특성은 **안전한 것과 깨끗한 것입니다.**

🎙 _____ a hotel _____ being safe and being clean.

3 **그러므로,** 저는 휴대전화가 세상을 더 좋은 곳으로 만들었다고 생각합니다.

🎙 _____, I think mobile phones have made the world a better place.

4 **제 생각에는,** 대중교통은 빠르고 효율적입니다.

🎙 _____, public transportation is fast and efficient.

5 **좋은 책의** 특징은 **탄탄한 이야기와 명확한 글입니다.**

🎙 _____ a good book _____ a strong story and clear writing.

6 저는 **집에 있는 것보다 주말에 외출하는 것을** 선호합니다.

🎙 _____ going out on weekends _____ staying at home.

7 **첫째로,** 의류비는 아주 비쌉니다.

🎙 _____, the cost of clothing is very high.

모범답변·해석·해설 p.41

Q1-2

Q3-4

Q5-7 기초

Q8-10

Q11

10일 만에 끝내는 해커스 토익스피킹 스타트

③ 빈출 토픽별 응답 표현 익히기 🎧 (Q56&7_기초) 05

질문에 대한 답변 내용을 바로 영어로 떠올려 답변할 수 있도록 빈출 토픽별 응답 표현을 소리 내 따라 하며 익혀 두세요.

생활 관련

🎧 **good for relieving stress** 스트레스 해소에 좋은

> Playing outdoor sports is good for relieving stress.
> 야외 스포츠를 하는 것은 스트레스 해소에 좋아요.

🎧 **go out with friends** 친구들과 외출하다

> I go out with my friends twice a month.
> 저는 한 달에 두 번 친구들과 외출해요.

🎧 **share opinions** 의견을 교환하다

> We can share our opinions about the movies we watch.
> 우리는 함께 본 영화에 대한 의견을 교환할 수 있어요.

🎧 **eat out** 외식하다

> I usually eat out in the evenings with my friends after work.
> 저는 보통 퇴근 후 저녁에 친구들과 외식을 해요.

🎧 **have a big family** 대가족이다

> It is very expensive these days to have a big family.
> 요즘은 대가족이면 돈이 많이 들어요.

제품 관련

🎧 **offer a variety of products** 다양한 제품을 제공하다

> Convenience stores offer a variety of products at any time of the day.
> 편의점은 하루 중 언제든 다양한 제품을 제공해요.

🎧 **take up a lot of space** 많은 공간을 차지하다

> CDs take up a lot of space, so I prefer downloading music.
> CD는 많은 공간을 차지해서 저는 음악을 다운로드 하는 것을 선호해요.

🎧 **easy to buy** 사기 쉬운

> Online shopping makes it easy to buy all the things I need.
> 온라인 쇼핑은 제가 필요한 모든 것들을 사기 쉽게 해줘요.

🎧 **travel guidebook** 여행안내서

> The only things I purchase at bookstores are travel guidebooks.
> 제가 서점에서 구매하는 유일한 것은 여행안내서예요.

🎧 **lend ~ to a friend** 친구에게 ~을 빌려주다

> When I finish watching a DVD, I can lend it to a friend.
> 제가 DVD를 다 보면, 친구에게 빌려줄 수 있어요.

🎧 **affordable** (가격이) 구매할 만한

> Recently, computers have become more affordable.
> 최근에, 컴퓨터 가격이 더욱 구매할 만하게 되었어요.

Q1-2

Q3-4

Q5-7 기초

Q8-10

Q11

10일 만에 끝내는 해커스 토익스피킹 스타트

서비스 관련

🎧 **do banking** 은행 업무를 보다

> I do my banking during my lunch break.
> 저는 점심시간에 은행 업무를 봐요.

🎧 **wasting time ~ing** ~하는 데 시간을 낭비하다

> I don't like wasting my time standing around waiting for service.
> 저는 서비스를 받기 위해 서서 기다리는 데 시간을 낭비하는 것을 좋아하지 않아요.

🎧 **in a rush** 서두르는

> I often make mistakes when I am in a rush.
> 저는 서두르다가 종종 실수를 해요.

🎧 **check an e-mail** 이메일을 확인하다

> I use my mobile phone to check my e-mail.
> 저는 이메일을 확인하기 위해 제 휴대전화를 사용해요.

🎧 **cost much money** 돈이 많이 들다

> The advantage of using public transportation is that it doesn't cost much money.
> 대중교통 이용의 장점은 돈이 많이 들지 않는다는 것입니다.

🎧 **save a lot of time** 많은 시간을 절약하다

> It saves a lot of time sending e-mails back and forth.
> 이메일을 주고받는 것은 많은 시간을 절약합니다.

앞서 배운 질문 응답에 자주 사용되는 표현을 사용하여 하늘색으로 표시된 우리말을 영어로 바꾸어 전체 문장을 말해 보세요. 그리고 음성을 들으며 두 번씩 따라 말해 보세요. (음성은 두 번 들려줍니다.)

1 시골에서 시간을 보내는 것은 스트레스 해소에 좋아요.

🎤 Spending time in the country is _____.

2 저는 집에서 요리하는 데에 많은 시간을 쓰는 것보다 외식하는 것을 선호해요.

🎤 I prefer _____ to spending a lot of time cooking at home.

3 큰 슈퍼마켓에서 식료품을 사는 것은 쉬워요.

🎤 It is _____ my groceries at a large supermarket.

4 요즘은 많은 사람들이 온라인으로 은행 업무를 봐요.

🎤 Many people now _____ online.

5 저는 매일 네 번 정도 이메일을 확인해요.

🎤 I _____ about four times every day.

6 돈이 많이 들기 때문에 저는 비행기로 자주 여행하지는 않아요.

🎤 I don't travel by airplane a lot because it _____.

7 저는 교통 체증에 갇혀 있는 데 시간을 낭비하는 것을 좋아하지 않아요.

🎤 I don't like _____ being stuck in traffic.

모범답변·해석·해설 p.42

Q 5-7
스텝별 전략 익히기

학습 목표

시험이 진행되는 각 단계의 시간을 효율적으로 활용하여 제한된 답변 시간 내에 짜임새 있게 답변할 수 있도록 스텝별 전략을 익혀둡니다.

STEP 1 토픽 파악하고 질문 및 답변 예상하기

화면의 상황 설명을 읽어주는 시간(약 10초)을 활용하여 아래와 같이 전화 통화 상대와 토픽을 파악하고 질문과 답변을 예상해 보세요.

❶ 토픽 파악하기

상황 설명을 보고 전화 통화 상대를 확인한 뒤, 맨 끝부분을 보고 토픽을 파악하세요. 지인과의 통화인 경우 a friend, a colleague 등이, 전화 설문의 경우 a marketing firm, a radio station 등이 전화 통화 상대로 제시되며, 상대가 지인인 경우 좀 더 일상적인 토픽이 출제됩니다.

[예]

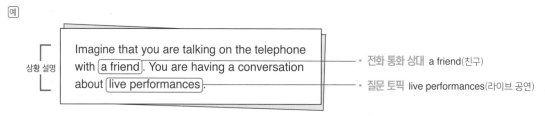

상황 설명
Imagine that you are talking on the telephone with [a friend]. You are having a conversation about [live performances].

- 전화 통화 상대 a friend(친구)
- 질문 토픽 live performances(라이브 공연)

해석   당신이 친구와 전화 통화를 하고 있다고 가정해 봅시다. 당신은 라이브 공연에 대한 대화를 하고 있습니다.

❷ 질문 및 답변 예상하기

파악한 질문 토픽과 관련하여 '얼마나 자주?', '언제?', '어디에서?', '어떻게?', '무엇을(종류)?', '왜(목적, 장점)?' 등의 질문과 자신만의 답변을 예상해 보세요.

[예] 질문 토픽(라이브 공연) 관련 예상 질문 및 답변

얼마나 자주?	일 년에 세 번
누구와?	친한 친구와
어떻게?	인터넷을 검색해서
무엇을(종류)?	록 페스티벌
왜(목적, 장점)?	스트레스가 해소돼서, 신나는 기분을 공유할 수 있어서

Q1-2

Q3-4

Q5-7 스텝

Q8-10

Q11

10일 만에 끝내는 해커스 토익스피킹 스타트

STEP 2 질문 파악하고 답변하기

질문을 읽어주는 시간과 3초의 준비 시간을 활용하여 아래의 방법으로 질문을 파악한 후 답변하세요.

Question 5,6 (준비 시간: 각 3초, 답변 시간: 각 15초)

Question 5, 6는 질문을 듣고 3초 동안 준비하여 15초 동안 답변하는 문제입니다. 두 가지 정보를 한 번에 묻는 경우
와 한 가지 정보만 묻는 경우가 있어요.

두 가지 정보를 묻는 경우

빈도, 시간, 장소, 기간, 사람과 같은 간단한 정보 두 가지를 한 번에 물어요. 주로 두 개의 의문사 의문문을 and로 연결한
형태로 나와요. 이렇게 두 가지를 묻는 질문은 Question 5에서 자주 출제돼요.

빈출 질문 형태	How often do you listen to music, and where do you listen to it?
	When and where do you like watching movies?
	When did you last go shopping, and how often do you go?

❶ 질문 내용 파악하기

의문사와 질문의 핵심을 통해 각각의 의문문이 묻는 내용을 차례로 파악하세요.

예 (How often) do you go to a concert, and (who) do you usually go with?
　　　의문사　　　　　　　질문의 핵심　　　　　　의문사　　　　　　질문의 핵심

얼마나 자주 콘서트에 가고, 주로 누구와 가니?

→ How often과 go to a concert를 통해 얼마나 자주 콘서트에 가는지를, who와 go with를 통해 누구와 가는지를 묻고
　있음을 파악합니다.

❷ 답변하기

질문의 표현을 사용하여 각각의 의문사에 맞게 차례로 답변하세요. 이때, 각각의 답변을 and로 자연스럽게 연결하여
답변하세요.

예 질문 | (How often) do you go to a concert, and (who) do you usually go with?

답변 | I go to a concert (about three times a year), and I usually go with (my best friend).
　　　나는 일 년에 세 번 정도 콘서트에 가고, 주로 가장 친한 친구와 가.

한 가지 정보만 묻는 경우

종류, 취향, 방법, 선호, 의견 등을 묻는 경우가 많아요. 의문사 의문문이나 일반 의문문의 형태로 묻는 경우가 많아요. 이렇게 한 가지를 묻는 질문은 Question 6에서 자주 출제되며, 지인과의 통화인 경우 앞의 질문과 연결된 정보에 대해 묻기도 해요.

빈출 질문 형태	What kinds of music do you like? Do you prefer to watch movies at a theater or at home? Why? I see. What do you usually buy online?

❶ 질문 내용 파악하기

의문사와 질문의 핵심을 통해 묻는 내용을 파악하세요.

[예] And (how) do you find out about concerts in your area? 그리고 어떻게 너희 지역의 콘서트에 대해 알아내니?
　　　 의문사　　　　　　　 질문의 핵심

→ how와 find out about concerts in your area를 통해 어떻게 지역의 콘서트에 대해 알아내는지 묻고 있음을 파악합니다.

❷ 답변하기

질문의 표현과 의문사에 맞는 응답 표현으로 핵심 응답이 되는 첫 번째 문장을 말하세요. 그 후, 시간이 남으면 핵심 응답에 대한 이유, 관련된 습관, 경험, 예, 추가 응답 등 핵심 응답에 관련된 내용을 한 문장 정도 덧붙이세요.

[예] 질문 | And (how) do you find out about concerts in your area?

핵심 응답 | I find out about concerts in my area (by searching on the Internet).
　　　　　 나는 인터넷을 검색해서 우리 지역의 콘서트에 대해 알아내.

관련 내용 | That's because it gives me the latest information. (이유)
　　　　　 나에게 최신 정보를 주기 때문이야.

* 핵심 응답에 덧붙여 사용할 수 있는 관련 내용들

I usually visit my favorite band's website twice a week. 나는 내가 가장 좋아하는 밴드의 웹사이트를 주로 일주일에 두 번 방문해. I normally spend about an hour at a time looking up concerts. 나는 보통 콘서트를 찾는 데 한 번에 한 시간 정도 써.	습관
When I was younger, I used to find out about concerts through magazines. 내가 어렸을 때는, 잡지를 통해 콘서트에 대해 알아내곤 했어.	경험
My favorite website is 'Music World.' 내가 가장 좋아하는 웹사이트는 'Music World'야.	예
Also, I ask my friends who like to go to concerts. 또한, 나는 콘서트에 가는 것을 좋아하는 친구들에게 물어봐.	추가 응답

Q1-2
Q3-4
Q5-7 스텝
Q8-10
Q11
10일 만에 끝내는 해커스 토익스피킹 스타트

Question 7 (준비 시간: 3초, 답변 시간: 30초)

Question 7은 질문을 듣고 3초 동안 준비하여 30초 동안 답변하는 문제입니다.

제안을 요청하거나 중요하게 여기는 사항, 특징, 장·단점 등의 의견을 묻는 질문이 자주 나와요. 의문사 의문문이나 Do you think, Do you prefer 등의 일반 의문문으로 물은 다음, why로 답변에 대한 이유를 묻는 형태가 자주 나와요.

빈출 질문 형태	What do you think is most important when buying a music device? Would you like to have more theaters in your city? Why or why not? If I need to buy something online, which website do you suggest I use?

❶ 질문 내용 파악하기

의문사와 질문의 핵심을 통해 묻는 내용을 파악하세요.

[예] I'd like to go to a concert soon. (What concert) do you suggest I go to?
　　　　　　　　　　　　　　　　　　　　　　의문사　　　　　　　　질문의 핵심

나는 조만간 콘서트에 가고 싶어. 내가 어떤 콘서트에 가는 것을 추천하니?

→ What concert와 suggest I go to를 통해 어떤 콘서트에 가는 것을 추천하는지 묻고 있음을 파악합니다.

❷ 답변하기

질문의 표현을 사용하여 핵심 응답이 되는 첫 번째 문장을 말하세요. 그 후, 그에 대한 근거를 두 가지 정도 덧붙이세요. 시간이 남으면 다시 한번 자신의 의견을 말하며 마무리하세요.

근거를 말할 때 쓰이는 표현	First of all, Secondly, Also 첫째로, 둘째로, 또한
마무리할 때 쓰이는 표현	So, Therefore, These are how ~ 그래서, 그러므로, 이것들이 ~하는 방법이다.

[예] 질문 | I'd like to go to a concert soon. (What concert) do you suggest I go to?

핵심 응답 | I suggest you go to (the summer rock festival).
　　　　　　나는 네가 여름 록 페스티벌에 가는 것을 추천해.

근거 1 | **First of all**, you can relieve your stress while enjoying the live performances.
　　　　첫째로, 너는 라이브 공연을 즐기는 동안 스트레스를 해소할 수 있어.

근거 2 | **Also**, lots of music fans come to the festival, so you can share the excitement with them.
　　　　또한, 많은 음악 팬들이 페스티벌에 와서, 그들과 신나는 기분을 공유할 수 있어.

마무리 | **So**, I recommend you go to the summer rock festival.
　　　　그래서, 나는 네가 여름 록 페스티벌에 가는 것을 추천해.

스텝별 전략 적용시켜 보기	해설집 p.43에서, 지금까지 전략과 함께 학습한 예를 실제 시험 문제를 푼다는 생각으로 음성을 들으며 준비 시간과 답변 시간을 지켜 풀어보세요.　　🎧 (Q56&7_스텝) 07

Hackers Practice

앞에서 배운 전략을 사용하여, STEP 1의 빈칸에 토픽과 예상 질문 및 답변을 채운 후, STEP 2의 질문에 빈칸을 채워 답변해 보세요.

🎧 (Q56&7_스텝) 08

1

Imagine that a newspaper is writing an article about your community. You have agreed to participate in a telephone interview about your neighborhood.

STEP 1 토픽 파악하고 질문 및 답변 예상하기

① 토픽은 무엇인가요? _____

② 어떤 질문과 답변을 예상할 수 있나요?   질문 _____   답변 _____

_____   _____

STEP 2 질문 파악하고 답변하기

Question 5

🎧 Q: How long have you lived in your neighborhood?

🎙 A: _____ ③ _____ for five years.

Question 6

🎧 Q: What do you think is the best place to visit in your neighborhood? **Why?**

🎙 A: _____ ④ _____ the traditional market near my house. That's because I can buy various fruits and vegetables at low prices there.

Question 7

🎧 Q: Aside from price, what factor do you think is the most important when choosing a neighborhood to live in?

🎙 A: [핵심응답] I think public transportation is _____ ⑤ _____ when choosing a neighborhood to live in. [근거1] _____ ⑥ 첫째로 _____, I need public transportation to commute every day. [근거2] _____ ⑦ 둘째로 _____, I can use public transportation to meet with my friends in other parts of the city. I find it to be quick and convenient. [마무리] _____ ⑧ 이러한 이유들로 _____, I think that public transportation is very important.

2

Imagine that a record company is conducting a survey. You have agreed to participate in a telephone interview about music.

Q1-2
Q3-4
Q5-7 스텝
Q8-10
Q11
10일 만에 끝내는 해커스 토익스피킹 스타트

STEP 1　토픽 파악하고 질문 및 답변 예상하기

① 토픽은 무엇인가요?　　　　　　　　　　＿＿＿＿＿＿＿＿＿＿＿＿＿＿＿＿＿＿＿＿
② 어떤 질문과 답변을 예상할 수 있나요?　　질문 ＿＿＿＿＿＿＿＿＿＿　　답변 ＿＿＿＿＿＿＿＿＿＿
　　　　　　　　　　　　　　　　　　　　　　　　＿＿＿＿＿＿＿＿＿＿　　　　＿＿＿＿＿＿＿＿＿＿
　　　　　　　　　　　　　　　　　　　　　　　　＿＿＿＿＿＿＿＿＿＿　　　　＿＿＿＿＿＿＿＿＿＿

STEP 2　질문 파악하고 답변하기

Question 5

Q:　What type of music do you usually listen to, and who is your favorite musician?

A:　＿＿＿＿＿＿＿＿＿＿③＿＿＿＿＿＿＿＿＿＿ jazz music, and ＿＿＿＿＿＿④＿＿＿＿＿＿ a famous singer named Alissa Wong.

Question 6

Q:　How often do you listen to music, and when do you listen to it?

A:　I usually ＿＿＿＿＿⑤＿＿＿＿＿ twice a day, when I commute to work and on my way home.

Question 7

Q:　Which of the following do you think is the best means of listening to music? Why?

· MP3 player

· Streaming service

· Radio

A:　[핵심 응답] I think a streaming service ＿＿＿＿＿＿＿＿＿＿＿＿⑥＿＿＿＿＿＿＿＿＿＿＿＿.
[근거1] ＿＿＿＿⑦ 첫째로＿＿＿＿, I can enjoy music by various musicians. Streaming services offer a lot of music choices. [근거2] ＿＿＿＿⑧ 둘째로＿＿＿＿, I can listen to the newest music because the latest songs are uploaded quickly. [마무리] ＿＿＿＿⑨ 그러므로＿＿＿＿, I think using a streaming service to enjoy music is best.

3

Imagine that a US marketing firm is doing research in your country. You have agreed to participate in a telephone interview about exercise and fitness.

STEP 1 토픽 파악하고 질문 및 답변 예상하기

① 토픽은 무엇인가요? _____

② 어떤 질문과 답변을 예상할 수 있나요? 질문 _____ 답변 _____

_____ _____

_____ _____

STEP 2 질문 파악하고 답변하기

Question 5

🎧 Q: How often do you exercise each week, and where do you usually go?

🎤 A: _____③_____ two or three times _____④_____, and _____⑤_____ to a gym near my home.

Question 6

🎧 Q: When do you usually exercise?

🎤 A: [핵심 응답] I usually exercise _____⑥ 아침 일찍_____. [추가 핵심 응답] Sometimes, I exercise at night when I have a lot of things to do in the daytime.

Question 7

🎧 Q: What are the benefits of exercising regularly?

🎤 A: [핵심 응답] _____⑦_____ that it makes me healthy and is a good way to reduce stress. [근거1] _____⑧ 첫째로_____, exercising regularly makes me feel stronger and healthier. [근거2] _____⑨ 둘째로_____, when I exercise, my stress goes away and I feel relaxed. [마무리] _____⑩ 그러므로_____, I think it is important to exercise regularly.

Imagine that a bus company is doing research. You have agreed to participate in a telephone interview about your city's public transportation system.

STEP 1   토픽 파악하고 질문 및 답변 예상하기

① 토픽은 무엇인가요?   _____
② 어떤 질문과 답변을 예상할 수 있나요?   질문 _____   답변 _____
                                                    _____   _____
                                                    _____   _____

STEP 2   질문 파악하고 답변하기

Question 5

Q: When was the last time you took a bus, and how long did you have to wait for the bus at that time?

A: _____③_____ two days ago, and _____④_____ for five minutes.

Question 6

Q: Which type of public transportation do you prefer to take, a train or a bus?

A: I usually _____⑤_____ a bus because the bus fare in my city is inexpensive.

Question 7

Q: If a new bus line were added to your city's current bus system, do you think that you would like it? Why or why not?

A: [핵심응답] If a new bus line were added to my city's current bus system, I wouldn't like it. [근거1] _____⑥ 첫째로_____ , there are already enough bus lines in my city. So, adding another line would be too confusing. [근거2] _____⑦ 둘째로_____ , adding a new bus line would result in more traffic. The traffic in my city is already bad. [마무리] _____⑧ 따라서_____ , I don't want a new bus line to be added in my city.

모범답변·해석·해설 p.44

Hackers Test

실제 시험 문제를 푼다는 생각으로, 3초 동안 준비하여 Question 5, 6는 15초 동안, Question 7은 30초 동안 녹음하며 답변해 보세요.

(Q56&7_스텝) 09

TOEIC Speaking

Imagine that a British marketing firm is doing research to write an article about smartphones. You have agreed to participate in a telephone interview about smartphones.

Question 5

What do you mostly use your smartphone for?

Question 6

Have you ever bought a secondhand smartphone?

Question 7

Which factor do you consider the most when you buy a smartphone?

· Specifications　　　　· Design　　　　· Brand

TOEIC Speaking

Imagine that a marketing magazine is writing an article about social media. You have agreed to participate in a telephone interview about social media usage.

Question 5

How many social media accounts do you have, and how much time do you spend on those sites every day?

Question 6

What is your favorite social media site? Why?

Question 7

Do you think that advertising products on social media is effective? Why or why not?

TOEIC Speaking

Imagine that a marketing firm is doing research in your country. You have agreed to participate in a telephone interview about buying shoes.

Question 5
What shoes did you buy most recently, and where did you get them?

Question 6
How do you normally get some information about where to buy shoes?

Question 7
Which of the following do you consider most when purchasing shoes?
· Price　　　　　　· Brand　　　　　　· Color

TOEIC Speaking

Imagine that you are talking to a friend on the phone. You are having a conversation about vacations.

Question 5
How often do you take a vacation, and what time of the year do you usually take one?

Question 6
What are your favorite activities to do while on vacation?

Question 7
If you could take a vacation in a foreign country, would you learn the language spoken there? Why or why not?

학습 목표

질문을 들으면 바로 질문에 적절한 답변과 근거가 떠오를 수 있도록 토픽별로 자주 출제되는 질문과 그에 대한 답변 아이디어를 익혀둡니다.

1 생활 관련 토픽

외식, 구직, 친구들과 어울리기, 독서, 휴가와 같은 생활 관련 토픽에서 자주 출제되는 질문과 그에 대한 답변 아이디어를 익혀두세요.

외식

얼마나 자주?	Q. 일주일에 몇 번 외식을 하나요?
	A. 핵심응답 일주일에 세 번이요. I eat out three times per week.
	관련내용 저녁에 해요. I eat out in the evenings.

어디에서?	Q. 보통 어디에서 외식을 하나요?
	A. 핵심응답 한식당에 가요. I go to Korean restaurants.
	관련내용 종종 가족이나 친구들과 함께 가요. I often go with my family or friends.

무엇(종류)?	Q. 외식할 때 보통 어떤 종류의 음식을 먹나요?
	A. 핵심응답 한식이나 일식을 먹어요. I eat Korean or Japanese food.
	관련내용 건강에 좋기 때문이에요. That's because it is healthy.

왜? (목적, 장점)	Q. 집에서 먹는 것과 식당에서 먹는 것 중 무엇을 더 선호하나요?
	A. 핵심응답 식당에서 먹는 것을 더 선호해요. I prefer eating at restaurants.
	관련내용 집에서 쉽게 요리할 수 없는 음식들이 많거든요. Restaurants have many dishes that I can't easily cook at home.
	Q. 좋은 식당의 특징은 무엇인가요?
	A. 핵심응답 맛있는 음식과 훌륭한 서비스요. The characteristics of a good restaurant are tasty food and good service.
	근거 1 음식이 맛이 없다면 사람들은 그 레스토랑에 가지 않을 거예요. If the food isn't good, people won't go to the restaurant.
	근거 2 서비스가 나쁘면 다시 가고 싶지 않아요. I would not want to visit a restaurant again if it has bad service.

언제?	Q. 마지막으로 일했을 때가 언제인가요?
	A. 핵심응답 지난 여름방학이요. The last time I worked was during my vacation last summer.
	관련내용 학생들에게 수학을 가르쳤어요. I taught math to students.
어떻게?	Q. 일자리에 대한 정보를 어떻게 얻나요?
	A. 핵심응답 주로 취업 웹사이트를 검색해서 얻어요. I usually get information about jobs by searching through employment Web sites.
	관련내용 때로는 친구들이 말해줘요. Sometimes my friends tell me about them.
무엇(종류)?	Q. 어떤 종류의 일을 해 본 적이 있나요?
	A. 핵심응답 식료품점의 계산원으로 일했었어요. I worked as a cashier at a grocery store.
	관련내용 기억에 남는 경험이었어요. It was a memorable experience.
	Q. 일자리를 구하는 데 어떤 능력이 필요한가요?
	A. 핵심응답 관련된 경험이 있어야 해요. To find a job, you need to have relevant experience.
	관련내용 또한 면접을 잘 봐야 해요. You also have to do well in the job interview.
왜? (목적, 경험)	Q. 일자리를 구할 때 무엇이 가장 중요한가요?
	A. 핵심응답 일정이 가장 중요해요. The work schedule is the most important factor when looking for a job.
	근거 1 학생이라 일이 제 수업을 방해하면 안 돼요. Work must not interfere with my classes as I am a student.
	근거 2 주말에 일하는 것을 선호해요. I prefer to work on the weekends.

Q1-2

Q3-4

Q5-7 유형

Q8-10

Q11

10일 만에 끝나는 해커스 토익스피킹 스타트

얼마나 자주?	Q. 친구들과 얼마나 자주 놀러 나가나요?
	A. 핵심응답 한 달에 두 번 놀러 나가요. I go out with my friends twice a month.
	관련내용 함께 놀러 나갈 때 50달러 정도를 써요. I usually spend about 50 dollars when I go out with them.
언제?	Q. 어떤 때에 친구들과 놀러 나가서 특별한 것을 하나요?
	A. 핵심응답 중요한 날에요. I go out with my friends to do something special on important days.
	관련내용 생일이나 기념일에 멋진 것을 해요. We do something nice on birthdays or anniversaries.
어디에서?	Q. 친구들과 시간을 보낼 곳으로 어디를 추천하나요?
	A. 핵심응답 식당이나 커피숍과 같은 곳이요. I recommend places like restaurants or coffee shops.
	관련내용 앉을 수 있고 친구들과 대화를 할 수 있어서요. That's because you can sit down and have conversations with them.
무엇(종류)?	Q. 친구들과 어울릴 때 주로 무엇을 하나요?
	A. 핵심응답 보통 함께 수다를 떨어요. When I hang out with my friends, I usually chat with them.
	관련내용 가끔 영화를 보러 가기도 해요. Sometimes we go see a movie.
왜? (목적, 장점)	Q. 친구들과 함께 어울리는 것의 장점은 무엇인가요?
	A. 핵심응답 친구들과 많은 것을 할 수 있고 재미있어요. The advantages of hanging out with my friends are that I can do many things with them and it is fun.
	근거 1 게임이나 스포츠를 함께할 수 있어요. We can play games or do sports together.
	근거 2 함께 있으면 더 즐거워요. It's more exciting when we are together.

독서

얼마나 자주?	Q. 얼마나 자주 책을 보세요?
	A. 핵심응답 거의 매일 봐요. I read almost every day.
	관련내용 책 읽는 걸 좋아해서요. That's because I like reading books.
얼마나 오래?	Q. 한 번 볼 때 얼마나 오래 보세요?
	A. 핵심응답 한두 시간 동안 봐요. I read for one or two hours at a time.
	관련내용 요즘은 일 때문에 잘 못 봐요. I can't read much these days because of my work.
언제?	Q. 주로 언제 책을 보세요?
	A. 핵심응답 퇴근 후 저녁에요. I usually read in the evening after work.
	관련내용 휴식을 취하는 좋은 방법인 것 같아요. I think it's a good way to relax.
어디에서?	Q. 주로 어디에서 책을 보세요?
	A. 핵심응답 주로 거실에서 봐요. I usually read books in the living room.
	관련내용 제 방보다 조명이 좋아요. It has better lighting than my room.
무엇(종류)?	Q. 어떤 종류의 책을 보세요?
	A. 핵심응답 만화책을 많이 봐요. I read a lot of comic books.
	관련내용 상상력을 발달시켜요. It develops my imagination.
마지막 ~은 무엇?	Q. 마지막으로 읽은 책은 무엇인가요?
	A. 핵심응답 소설책을 읽었어요. The last book I read was a novel.
	관련내용 재능있는 음악가에 대한 내용이었어요. It was about a talented musician.
왜? (목적, 장점)	Q. 책을 읽는 것의 장점은 무엇인가요?
	A. 핵심응답 무언가를 배울 수 있고 스트레스 해소에 좋아요. The advantages of reading books are that I can learn something and it is good for relieving stress.
	근거 1 다양한 책을 읽는 것을 통해 새로운 것을 쉽게 배울 수 있어요. I can learn new things easily through reading various books.
	근거 2 재미있는 책을 보면 스트레스가 풀려요. Reading funny books helps me laugh my stress away.

얼마나 자주?	Q. 얼마나 자주 휴가를 가나요?
	A. 핵심응답 일 년에 두 번 가요. I go on vacation twice a year.
	관련내용 가족들과 함께 가요. I go with my family.
언제?	Q. 언제 휴가를 가나요?
	A. 핵심응답 여름에 한 번, 겨울에 한 번이요.
	I have a vacation once in the summer and once in the winter.
	관련내용 여름에는 해변에, 겨울에는 산에 가요.
	I go to the beach in the summer and to the mountains in the winter.
어디에서?	Q. 어디로 휴가를 가나요?
	A. 핵심응답 해변으로 가요. I go to the beach for a vacation.
	관련내용 수영하는 것을 좋아해서요. That's because I like swimming.
무엇(종류)?	Q. 휴가 때 할 것으로 무엇을 추천하나요?
	A. 핵심응답 해변에 가는 것과 재미있는 장소를 여행하는 것을 추천해요.
	I suggest you go to the beach and travel to interesting sites on vacation.
	관련내용 쇼핑하는 것도 좋아요. Shopping is also a great idea.
왜? (목적, 장점)	Q. 휴가를 혼자 가는 것이 좋나요, 아니면 친구들과 같이 가는 것이 좋나요?
	A. 핵심응답 친구들과 같이 가는 것이 좋아요. I prefer to go on vacation with my friends.
	근거 1 좋은 기억을 함께 만들 수 있어요.
	We can make good memories together.
	근거 2 혼자 가는 것보다 경비가 덜 들어요. It costs less money than going alone.

Q1-2

Q3-4

Q5-7 유형

Q8-10

Q11

10일 만에 끝내는 해커스 토익스피킹 스타트

2 제품/서비스 관련 토픽

휴대전화, 컴퓨터 등의 제품과 인터넷, 대중교통 등과 같은 서비스 관련 토픽에서 자주 출제되는 질문과 그에 대한 답변 아이디어를 익혀두세요.

휴대전화

얼마나 자주?	Q. 얼마나 자주 휴대전화를 사용하나요?
	A. 핵심응답 거의 매일 사용해요. I use my mobile phone almost every day.
	관련내용 편리하기 때문이에요. That's because it is convenient.
얼마나 오래?	Q. 한 번 통화할 때 얼마나 오래 통화하나요?
	A. 핵심응답 보통 30분 정도 통화해요.
	I usually talk on the phone for about 30 minutes at a time.
	관련내용 멀리 사는 친구들과 잘 만나지 못해요.
	That's because I can't often meet with friends who live far away.
언제	Q. 어떤 경우에 휴대전화를 사용하나요?
	A. 핵심응답 수다를 떨 때 혹은 약속을 정할 때 사용해요.
	I use my mobile phone to chat or to make appointments.
	관련내용 주로 친구와 직장 동료들과 이야기해요.
	I usually talk with my friends and coworkers.
왜? (목적, 장점)	Q. 휴대전화를 살 때 통화 기능 외에 어떤 기능을 중요하게 생각하나요?
	A. 핵심응답 인터넷 연결과 카메라 기능이요.
	I think the Internet connection and the camera function are important when buying a mobile phone.
	근거 1 이메일을 확인할 필요가 있어서요. I need to check my e-mail.
	근거 2 카메라를 가지고 다닐 필요가 없어서 정말 편해요.
	I don't have to carry a camera with me, so it is very convenient.
	Q. 휴대전화 사용의 장점은 무엇인가요?
	A. 핵심응답 편리하고, 다양한 기능이 있어요.
	Some benefits of using a mobile phone are that it's convenient and it has various functions.
	근거 1 언제 어디서든 이용이 가능해요. I can use it anytime, anywhere.
	근거 2 카메라와 MP3 플레이어는 다양한 기능들이 있어서 가지고 놀기 재미있어요.
	It has a variety of functions, such as a camera and an MP3 player, so it is fun to play with.

전자 제품 구매

얼마나 자주?	Q. 얼마나 자주 전자 제품을 사나요?
	A. 핵심응답 일 년에 한두 번씩 전자 제품을 사요. I buy electronics once or twice a year.
	관련내용 주로 사무실에서 쓸 전자 제품을 사요. I often buy electronics to use in the office.
어디에서?	Q. 어디에서 전자 제품을 사는 것을 추천하나요?
	A. 핵심응답 대형 전자 제품 매장에서 구매하세요. I recommend you buy electronics at large electronics stores.
	관련내용 아주 다양한 상품들을 보유하고 있어요. They have a large selection of products.
무엇(종류)?	Q. 최근에 어떤 전자 제품을 샀었나요?
	A. 핵심응답 최근에 새 디지털카메라를 샀어요. I recently purchased a new digital camera.
	관련내용 새 프린터기도 몇 달 전에 샀어요. I also bought a new printer a few months ago.
왜? **(목적, 장점)**	Q. 전자 제품을 살 때 가장 고려하는 특징은 무엇인가요?
	A. 핵심응답 브랜드를 가장 고려해요. I consider the brand the most when buying electronics.
	근거 1 품질이 좋고 잘 작동해요. Good brand electronics are high quality and they function properly.
	근거 2 수리를 받기가 편해요. It is easy to have them repaired.
	Q. 전자 제품을 온라인에서 살 때의 장점은 무엇인가요?
	A. 핵심응답 가격이 적당하고, 다양한 상품 중에서 고를 수 있어요. The advantages of buying electronics online are that it's affordable and I can choose from a wider selection.
	근거 1 일반 상점보다 가격이 저렴하고 사은품도 줘요. Online stores offer lower prices than regular stores and give you free gifts.
	근거 2 일반 상점에는 없는 제품도 많이 팔아요. They sell many products that aren't available in regular stores.

인터넷

얼마나 오래?	Q. 인터넷 서비스 제공업체를 얼마나 이용해 왔나요?
	A. 핵심응답 같은 업체를 2년 동안 이용해왔어요. I have used the same Internet service provider for two years. 관련내용 좋은 서비스를 제공해서요. It offers good service.
언제?	Q. 인터넷을 주로 어떤 경우에 사용하나요?
	A. 핵심응답 온라인 쇼핑을 위해 사용해요. I use the Internet to do online shopping. 근거 1 가격이 싸고 편리해요. It's cheap and convenient. 근거 2 직접 가게에 가지 않아도 돼요. I don't have to go to the store myself.
왜? **(목적, 경험)**	Q. 집에 인터넷을 연결하는 것이 중요한가요?
	A. 핵심응답 중요해요. It is important to have an Internet connection at home. 관련내용 연락, 쇼핑, 은행 업무를 위해 인터넷이 필요하거든요. That's because I need to use the Internet for communication, shopping, and banking.
	Q. 인터넷 사용의 장점은 무엇인가요?
	A. 핵심응답 재미있고, 다양한 정보를 얻을 수 있어요. The benefits of using the Internet are that it's fun and I can get various information. 근거 1 영화나 TV 프로그램 등을 다운로드 할 수 있어요. I can download movies or TV programs. 근거 2 다양한 정보를 빠르고 쉽게 얻을 수 있어요. I can also get a variety of information quickly and easily.

대중교통

얼마나 오래?	Q. 대중교통을 얼마나 자주 이용하나요?	
	A. 핵심응답	매일 이용해요. I use public transportation every day.
	관련내용	직장에 가기 위해 이용해요. I use it to go to work.
언제?	Q. 어떤 경우에 대중교통을 이용하나요?	
	A. 핵심응답	통근할 때 이용해요. I use public transportation when I commute.
	관련내용	직장까지 버스로 30분 정도 걸려요. It takes about 30 minutes by bus to get to work.
어떻게	Q. 어떻게 대중교통 시스템을 향상시킬 수 있을까요?	
	A. 핵심응답	버스 전용 차선과 지하철 노선을 늘리는 것이요. Adding more bus lanes and subway lines will improve the transportation system.
	근거 1	버스 전용 차선을 늘리면, 버스 운행이 더 빨라지고 교통 문제도 줄일 수 있어요. Adding more lanes for buses will make the bus service faster and reduce traffic problems.
	근거 2	지하철 노선을 늘리면, 지금은 가기 어려운 지역도 갈 수 있어요. If more subway lines are added, I will be able to get to some areas in my city that are difficult to reach now.
왜? (목적, 장점)	Q. 지하철을 이용하는 것이 좋나요, 아니면 버스를 이용하는 것이 더 좋나요?	
	A. 핵심응답	지하철 이용이요. I prefer to use the subway.
	근거 1	교통 체증이 없어서 더 빨라요. It's faster because there are no traffic jams.
	근거 2	좌석이 많아서 더 편리해요. It's also more convenient because there are more seats.
	Q. 대중교통의 장점은 무엇인가요?	
	A. 핵심응답	편리하고 돈이 많이 들지 않아요. The advantages of public transportation are that it is convenient and doesn't cost much money.
	근거 1	앉아서 목적지까지 편하게 갈 수 있어요. I can sit down and relax until I reach my destination.
	근거 2	휘발유나 보험을 구입하지 않아도 돼요. I don't need to purchase gas or insurance.

얼마나 자주?	Q. 피트니스 센터에 얼마나 자주 가나요?	
	A. 핵심응답	매주 두세 번 피트니스 센터에 가요. I go to the fitness center two or three times each week.
	관련내용	러닝머신과 요가를 해요. I run on the treadmill and do yoga.
언제?	Q. 피트니스 센터에 언제 가나요?	
	A. 핵심응답	아침 일찍 피트니스 센터에 가요. I go to the fitness center early in the morning.
	관련내용	아침에 덜 붐비기 때문이에요. That's because it's less crowded in the morning.
어디에서?	Q. 주로 어디 피트니스 센터에 가나요?	
	A. 핵심응답	주로 집 근처의 피트니스 센터에 가요. I usually go to a fitness center near my home.
	관련내용	가까워서 자주 가요. I go there often because it is close by.
무엇(종류)?	Q. 피트니스 센터를 선택할 때 무엇을 고려해야 하나요?	
	A. 핵심응답	가격을 고려해야 해요. You should consider the price when choosing a fitness center.
	근거 1	운동하는 것에 돈을 많이 쓸 필요는 없어요. You don't need to spend a lot of money on exercising.
	근거 2	저렴해도 좋은 시설이 많아요. There are many good facilities even at a cheap price.
왜? (목적, 장점)	Q. 피트니스 센터에서 운동하는 것의 장점은 무엇인가요?	
	A. 핵심응답	선택권이 더 많고 날씨에 영향을 받지 않아요. The benefits of working out at a fitness center are that I have more options and I don't have to worry about the weather conditions.
	근거 1	다양한 기구들을 사용할 수 있어요. I can use different kinds of equipment.
	근거 2	비나 눈이 와도 운동할 수 있어요. I can exercise even when it is raining or snowing.

Hackers Test

실제 시험 문제를 푼다는 생각으로, 3초 동안 준비하여 Question 5, 6는 15초 동안, Question 7은 30초 동안 녹음하며 답변해 보세요.

(Q56&7_유형) 10

TOEIC Speaking

Imagine that a British marketing firm is doing research in your country. You have agreed to participate in a telephone interview about visiting museums.

Question 5
When was the last time you visited a museum, and what did you see?

Question 6
Who do you usually go with when you visit museums?

Question 7
Are you more likely to tour a museum by yourself or with a tour group? Why?

TOEIC Speaking

Imagine that your friend plans to make some improvements to his/her house. You are talking on the telephone with that friend about your home and home repairs.

Question 5
How long have you lived in your current home?

Question 6
Have you ever made some improvements or repairs to your home? Why?

Question 7
I think I'll hire a renovation company to improve my home. How do you think I should get information about this?

3

TOEIC Speaking

 VOLUME

Imagine that a friend is interested in cooking. You are having a telephone conversation about cooking.

Question 5
When was the last time you cooked some food, and what did you make?

Question 6
Do you normally cook by yourself or with somebody else? Why?

Question 7
Do you usually use a recipe book when you cook? Why or why not?

4

TOEIC Speaking

 VOLUME

Imagine that a friend will be visiting your town. You are having a telephone conversation about parks in your neighborhood.

Question 5
When was the last time you visited a park, and how long did it take to get there from your home?

Question 6
How many parks are there in your neighborhood, and are you satisfied with the options?

Question 7
I would like to exercise at a park when I visit you. Where do you recommend I go?

5

Imagine that a community newsletter is writing an article about libraries. You have agreed to participate in a telephone interview about your local library.

Question 5

How often do you visit a library?

Question 6

What do you normally do at the library? And who do you usually go with?

Question 7

What services do you think a library should offer to improve the visitor experience? Why?

6

Imagine that newspaper is writing an article about Internet services in your country. You have agreed to participate in a telephone interview about Internet service providers.

Question 5

Which Internet service provider do you use, and how long have you used it?

Question 6

Are you satisfied with your Internet service provider? Why or why not?

Question 7

Which factor do you consider the most when choosing an Internet service provider? Why?

Q1-2

Q3-4

Q5-7 유형

Q8-10

Q11

10일 만에 끝내는 해커스 토익스피킹 스타트

7

Imagine that you are talking to a friend on the telephone. You are having a conversation about buying gifts.

Question 5

When was the last time you bought a gift, and what did you buy?

Question 6

Where do you normally buy gifts?

Question 7

I need to buy a gift for a friend. Which would you give to a friend as a gift, a book or clothes?

8

Imagine that a marketing firm is doing some research. You have agreed to participate in a telephone interview about candy.

Question 5

How often do you eat candy, and what kind of candy do you enjoy?

Question 6

Do you prefer trying new flavors of candy or enjoying the candy that you usually eat? Why?

Question 7

When you buy some candy, which factor are you most influenced by?
 · Package designs   · Advertisements   · Nutritional information

모범답변·해석·해설 p.52

Review Test

TOEIC Speaking VOLUME

Questions 5-7: Respond to questions

Directions: In this part, you will be asked to answer three questions. After listening to each question, you will have three seconds to prepare your response. You will have 15 seconds to respond to Questions 5 and 6 and 30 seconds to respond to Question 7.

TOEIC Speaking VOLUME

Imagine that a marketing firm is preparing a report about electronic devices. You have agreed to participate in a telephone interview about buying electronic devices such as smartphones or laptops.

TOEIC Speaking VOLUME

Question 5 of 11

How often do you visit electronics stores?

PREPARATION TIME	RESPONSE TIME
00:00:03	00:00:15

TOEIC Speaking VOLUME

Question 6 of 11

What types of electronic devices did you purchase recently?

PREPARATION TIME	RESPONSE TIME
00:00:03	00:00:15

TOEIC Speaking VOLUME

Question 7 of 11

What are some advantages of buying electronic devices
at an actual store instead of online?

PREPARATION TIME	RESPONSE TIME
00:00:03	00:00:30

Q1-2

Q3-4

Q5-7

Q8-10

Q11

10일 만에 끝나는 해커스 토익스피킹 스타트

SELF CHECKLIST

여기까지 오느라 수고 많으셨습니다. **Review Test**에서 푼 문제를 기준으로 지금까지 학습한 내용을 점검하고 자신이 부족한 부분이 어디인지 확인하여 해당 부분을 복습하세요.

1. 나는 상황 설명 음성이 나오는 동안 토픽을 찾아 질문과 답변을 예상할 수 있었다.   Yes☐ No☐

   → **No**를 표시한 경우, 스텝별 전략 익히기로 돌아가 STEP 1. 토픽 파악하고 질문 및 답변 예상하기를 복습하세요.

2. 나는 질문에 적절한 답변과 근거를 3초의 준비 시간 동안 떠올릴 수 있었다.   Yes☐ No☐

   → **No**를 표시한 경우, 유형별 공략하기로 돌아가 토픽별로 자주 출제되는 질문과 그에 대한 답변 아이디어를 복습하세요.

3. 나는 질문에 대한 답변과 근거를 말하기 위한 표현들과 자주 등장하는 토픽별   Yes☐ No☐
   응답 표현들을 떠올릴 수 있었다.

   → **No**를 표시한 경우, 기초 쌓기로 돌아가 2. 질문 응답에 자주 사용되는 표현 익히기와 3. 빈출 토픽별 응답 표현 익히기를 복습하세요.

4. 나는 질문에 쓰인 표현을 사용하여 답변할 수 있었다.   Yes☐ No☐

   → **No**를 표시한 경우, 스텝별 전략 익히기로 돌아가 STEP 2. 질문 파악하고 답변하기를 복습하세요.

5. 나는 의문사 의문문에 각 의문사에 맞는 표현을 사용하여 답변할 수 있었다.   Yes☐ No☐

   → **No**를 표시한 경우, 기초 쌓기로 돌아가 1. 의문사별 응답 익히기를 복습하세요.

무료 로익·로스·오픽·지텔프 자료 제공
Hackers.co.kr

Q 8-10
표 보고 질문에 답하기

기초 쌓기
1 질문 내용 정확히 파악하기
2 숫자 읽는 방법 익히기
3 답변에 자주 사용되는 표현 익히기

스텝별 전략 익히기

STEP 1 표 내용 파악하기
STEP 2 질문 파악 후 표에서 정보 찾아 답변하기

Hackers Practice
Hackers Test

유형별 공략하기
1 일정표
2 이력서
3 예약표

Hackers Test

Review Test

Q 8-10 알아보기

표를 보며 질문에 답하고 있군요.

회의 일정표를 보면서 회의 참석을 원하는 사람의 문의 사항에 답하고 있네요.

Q8-10은 이처럼 주어진 표를 보고, 행사 일정이나 지원자의 이력, 시설 예약 등에 대한

세 개의 문의 사항에 행사 관계자나 회사 직원이 되어 답하는 문제랍니다.

자, 그럼 이 문제 유형에 대해 좀 더 자세히 알아볼까요?

Q8-10은?   주어진 표를 관찰한 후 표를 보며 세 개의 문의 사항에 답하는 문제

문제 수   하나의 표에 관련된 세 개의 문제 [Questions 8-10]
정보 읽는 시간   45초
준비 시간   문제 당 3초
답변 시간   8, 9번 15초 / 10번 30초

Q1-2

Q3-4

Q5-7

Q8-10

Q11

10일 안에 끝내는 해커스 토익스피킹 스타트

이런 표가 나와요!

Q8-10에 등장하는 표는 크게 강연이나 행사 등의 일정표, 회사 지원자의 이력서, 시설이나 장비 이용을 위한 예약표로 나누어 볼 수 있어요.

표 종류	자주 나오는 내용
일정표	• 강의나 수업 일정을 날짜나 요일별로 보여주는 표 • 회의나 발표 일정을 시간이나 주제별로 보여주는 표 • 여행 일정을 시간이나 날짜별로 보여주는 표 • 출장이나 면접 일정을 시간이나 날짜별로 보여주는 표
이력서	• 회사에 지원한 사람의 희망 직무와 경력 및 학력을 보여주는 표
예약표	• 호텔과 같은 시설 이용 정보를 날짜나 시설 종류별로 보여주는 표 • 자동차와 같은 장비의 예약 가능 여부를 날짜나 물품의 종류별로 보여주는 표

이렇게 공부하세요!

1 질문 내용을 정확히 파악하는 방법을 익혀두세요.

Q8-10의 질문은 음성으로만 나와요. 따라서 묻는 내용에 알맞게 답할 수 있도록 질문을 듣고 내용을 파악하는 방법을 익혀두세요.

2 숫자 읽는 방법을 익혀두세요.

Q8-10에 등장하는 표에는 시간, 금액, 날짜 등 여러 가지 숫자가 등장하고 그것에 대해 묻는 질문이 자주 나와요. 따라서 숫자로 답해야 하는 질문에 표에 있는 숫자를 보고 정확히 답할 수 있도록 숫자 읽는 방법을 익혀두세요.

3 답변에 자주 사용되는 표현을 익혀두세요.

Q8-10에는 자주 등장하는 질문이 있고 그에 따라 답변으로 사용되는 표현이 있어요. 따라서 묻는 내용을 표에서 찾아 바로 답변할 수 있도록 답변에 자주 사용되는 표현을 익혀두세요.

4 시험이 진행되는 순서에 따른 문제 풀이 전략을 익혀두세요.

Q8-10은 45초의 시간 동안 표를 본 후 질문에 답하는 형식이에요. 따라서 표를 읽는 시간을 효율적으로 활용하여 표의 내용을 정확히 파악하고, 질문을 듣고 질문 내용을 바로 표에서 찾아 답변할 수 있도록 시험 진행 순서에 따른 문제 풀이 전략을 익혀두세요.

5 표 종류별로 자주 나오는 내용과 질문을 익혀두세요.

Q8-10에 출제되는 표의 종류가 정해져 있고, 표 종류별로 자주 나오는 내용과 질문이 있어요. 따라서 묻는 내용을 쉽게 이해하여 표에서 원하는 부분을 바로 찾을 수 있도록 표 종류별 내용과 자주 묻는 질문을 익혀두세요.

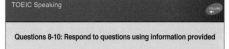

디렉션

TOEIC Speaking

Questions 8-10: Respond to questions using information provided

Directions: In this part, you will be asked to refer to information on the screen in order to answer three questions. The information will be shown for 45 seconds before you hear the questions. After listening to each question, you will have three seconds to prepare your response. You will have 15 seconds to respond to Questions 8 and 9 and 30 seconds to respond to Question 10. You will hear Question 10 two times.

이 파트에서는 주어진 정보를 보고 세 개의 질문에 답하게 될 것이며, 질문이 주어지기 전 45초 동안 정보를 볼 시간이 주어질 것이라는 내용과, 3초의 준비 시간 후 8, 9번에는 15초, 10번에는 30초의 답변 시간이 주어질 것이고 10번 질문은 두 번 들려준다는 디렉션이 음성과 함께 화면에 제시됩니다.

준비 시간

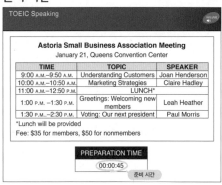

표가 화면에 제시되고, 'Begin preparing now.'라는 음성이 나온 후 표를 관찰할 수 있는 45초의 준비 시간이 시작됩니다.

인트로 음성

준비 시간이 끝난 후, 화면에 표는 그대로 있는 상태에서 표에 대한 문의 사항이 있다는 내용의 인트로 음성이 나옵니다.

예) Hi, my name is Lance Kirby. I have a few questions about the upcoming meeting.

안녕하세요, 제 이름은 Lance Kirby입니다. 곧 있을 회의에 대해 몇 가지 질문이 있어요.

Question 8

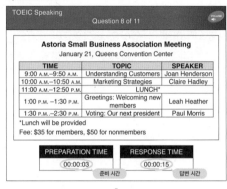

8번 질문이 음성으로 제시됩니다. 질문 음성이 나온 다음 'Begin preparing now.'라는 음성과 함께 3초의 준비 시간이 시작됩니다. 준비 시간이 끝나고 'Begin speaking now.'라는 음성이 나온 후, 15초의 답변 시간이 시작됩니다.

Question 9

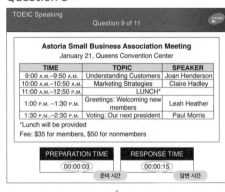

9번 질문이 음성으로 제시됩니다. 질문 음성이 나온 다음 'Begin preparing now.'라는 음성과 함께 3초의 준비 시간이 시작됩니다. 준비 시간이 끝나고 'Begin speaking now.'라는 음성이 나온 후, 15초의 답변 시간이 시작됩니다.

Question 10

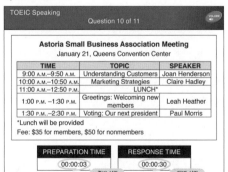

10번 질문이 음성으로 두 번 제시됩니다. 첫 번째 질문 음성을 들려준 뒤 'Now Listen Again' 디렉션이 나온 후 두 번째 음성을 들려 줍니다. 질문 음성이 모두 나온 다음 'Begin preparing now.'라는 음성과 함께 3초의 준비 시간이 시작됩니다. 준비 시간이 끝나고 'Begin speaking now.'라는 음성이 나온 후, 30초의 답변 시간이 시작됩니다.

Q1-2

Q3-4

Q5-7

Q8-10

Q11

10일 만에 끝내는 해커스 토익스피킹 스타트

1 질문 내용 정확히 파악하기 🎧 (Q89&10_기초) 01

Q8-10의 질문은 크게 의문사 의문문, 일반 의문문, 확인 의문문으로 나누어 볼 수 있어요. 음성으로만 제시되는 질문 내용을 정확하게 파악하여 답변할 수 있도록 각 의문문의 형태에 따라 집중해서 들어야 하는 부분을 익혀두세요.

의문사 의문문

의문사(when, where, how, who, what)로 시작하는 의문문으로 구체적인 정보를 물어요. 이러한 의문사 의문문은 의문사와 키워드를 듣고 그에 적절하게 답변해야 해요.

> 예 Q: When will the opening ceremony be held?
> 언제 개회식이 열리나요?
>
> A: It will be held at three o'clock.
> 3시에 열릴 거예요.

일반 의문문

조동사나 Be 동사로 시작하는 의문문으로 특정 사실에 대해 긍정/부정 여부를 물어요. 이러한 일반 의문문은 동사나 목적어 등의 키워드를 잘 듣고 긍정/부정 여부를 밝힌 후 질문에 맞는 내용을 덧붙입니다.

> 예 Q: Will there be any opportunities to socialize with the speakers?
> 강연자들과 어울릴 기회가 있을까요?
>
> A: Yes, there will be a chance to meet the speakers at the reception.
> 네, 연회에서 강연자들을 만날 기회가 있을 거예요.

확인 의문문

평서문 뒤에 부가적으로 붙는 의문문으로 자신이 알고 있는 사실이 맞는지 확인하는 의문문이에요. 이러한 확인 의문문은 앞의 평서문을 잘 듣고 맞는지, 틀린지를 먼저 밝힌 후 질문에 맞는 내용을 덧붙입니다.

> 예 Q: I heard that dinner is not included. Is that correct?
> 저녁은 포함되지 않는다고 들었어요. 맞나요?
>
> A: I'm sorry, but you have the wrong information. Dinner will be provided.
> 죄송하지만, 잘못된 정보를 가지고 계십니다. 저녁은 제공될 것입니다.

질문을 듣고 각각의 질문에 적절한 응답을 아래 상자에서 고른 후, 두 번 다시 들으며 빈칸을 채워 보세요.
(음성은 세 번씩 들려줍니다.)

[1~6]

1 (　) 🎧 _____ will we _____ on _____?

2 (　) 🎧 I heard you offer _____ training _____. Is that _____?

3 (　) 🎧 _____ will we be _____ the _____?

4 (　) 🎧 Will there be an _____ to ask _____?

5 (　) 🎧 Could you tell me _____ the _____ is?

6 (　) 🎧 _____ do you _____ for _____?

---

① 금요일에는 Stanley Park를 방문할 것입니다.　　② 6월 7일 9시에 공장을 방문할 것입니다.

③ 네, 매주 월요일에 개별 수업을 들을 수 있을 것입니다.　　④ 네, 수업이 끝나고 질문할 수 있을 것입니다.

⑤ 마케팅 이사님은 Andrea Howard입니다.　　⑥ 참가비는 재료비 포함 120달러입니다.

[7~10]

7 (　) 🎧 _____ are your regular _____?

8 (　) 🎧 _____ is the _____ supposed to finish?

9 (　) 🎧 _____ is _____, and _____ do I need to go?

10 (　) 🎧 Do you have any _____ for the _____?

---

① Our regular business hours are from 10:00 A.M. to 7:30 P.M., Monday through Saturday.

② Registration is at 8:30 A.M., and you need to go to the administration office.

③ The interview is supposed to finish at 12:00 P.M.

④ I'm sorry, but there are no seats available for the nine o'clock show.

모범답변·해석·해설 p.61

② 숫자 읽는 방법 익히기 🎧 (Q89&10_기초) 03

시간, 날짜, 금액과 같이 숫자와 관련된 정보를 묻는 질문에, 표에 있는 숫자를 보고 정확히 답할 수 있도록 숫자 읽는 방법을 익힌 후 음성을 들으며 소리 내 따라 해보세요.

시간은 어떻게 읽나요?

1 시간은 보통 시와 분, 오전/오후를 차례로 읽어요.

🎧 **9:30** A.M.	nine thirty A.M.
11:00 A.M.	eleven A.M.
12:45 P.M.	twelve forty-five P.M.

(TIP) to/before, past/after, quarter, half를 이용하여 분 다음에 시를 읽을 수도 있어요.

9:45	a quarter to ten
	a quarter before ten
3:15	a quarter past three
	a quarter after three
6:30	half past six
	half after six
	half to seven
	half before seven

2 'A부터 B까지'라고 말할 때는 between A and B나 from A until B, 또는 A to B를 사용해요.

🎧 **12:30–2:30**	between twelve thirty and two thirty
	from twelve thirty until two thirty
	twelve thirty to two thirty

날짜는 어떻게 읽나요?

1 1999년까지는 두 자리씩 끊어서 읽지만, 2000년 이후는 네 자리를 한꺼번에 읽어요.

> 🎧 **1998**　　　nineteen ninety-eight
> **2009**　　　two thousand (and) nine
> **2019**　　　two thousand (and) nineteen

*괄호 속 and는 생략하고 읽는 경우가 더 많아요.

2 월, 일은 월과 일을 차례로 읽고, 일은 순서를 나타낼 때 쓰는 서수로 읽어요.

> 🎧 **21. Sep**　　　the twenty-first of September
> **July 3**　　　July (the) third
> **October 19**　　October (the) nineteenth
> **Dec. 6th**　　　December (the) sixth

*괄호 속 the는 생략하고 읽는 경우가 더 많아요.

(TIP) 서수는 보통 숫자 뒤에 th를 붙이지만, 1~3은 예외이므로 따로 알아두어야 해요!

1	first
2	second
3	third
4	fourth
5	fifth
12	twelfth
20	twentieth
21	twenty-first
100	one hundredth
101	one hundred first

3 연도, 월, 일, 요일 등 여러 가지가 한 번에 쓰인 경우, 쓰여진 순서대로 읽어요.

> 🎧 **Wednesday. Jan. 14**　　　Wednesday January (the) fourteenth
> **Sat. Feb. 21**　　　Saturday, February (the) twenty-first
> **May 16, 2017**　　　May (the) sixteenth, two thousand (and) seventeen
> **Thursday, August 27, 2018**　　　Thursday, August (the) twenty-seventh, two thousand (and) eighteen
> **November 3, 2019 (Tuesday)**　　　November (the) third, two thousand (and) nineteen, Tuesday

*괄호 속 the나 and는 생략하고 읽는 경우가 더 많아요.

금액 및 번호는 어떻게 읽나요?

1 금액은 달러(dollar)와 센트(cent)를 나누어 차례로 읽어요.

🎧 **$15**	fifteen dollars
$2.40	two dollars (and) forty cents
$128.10	one hundred twenty-eight dollars (and) ten cents

*괄호 속 and는 생략하고 읽기도 해요.

TIP 금액이 큰 경우 천(1,000) 단위로 끊어 읽어요!

100	one hundred
1,000	one thousand
10,000	ten thousand
100,000	one hundred thousand
1,000,000	one million
1,000,000,000	one billion

2 전화번호, 방 번호, 비행기 편명은 한 자리씩 따로 읽어요.

🎧 **555-0622**	five five five zero(또는 o) six two two
Room 219	Room two one nine
Flight 785	Flight seven eight five

TIP 숫자 앞의 No.는 number라고 읽는다는 것을 알아두세요!

No. 37	number thirty-seven

아래의 숫자를 바르게 읽어 보세요. 그리고 음성을 들으며 두 번씩 따라 읽어 보세요. (음성은 두 번 들려줍니다.)

1 4:35 A.M. 🎤

2 Flight No. 293 🎤

3 November 22, 2019 🎤

4 $15.65 🎤

5 11:00 - 2:00 🎤

6 July 8 🎤

7 10:30 A.M. - 12:00 P.M. 🎤

8 Room No. 719 🎤

9 October 13, 2018 🎤

10 555-3497 🎤

11 1999-2010 🎤

12 Room 219 🎤

13 August 10 - 21 🎤

14 Thursday, December 31, 2017 🎤

15 $1,454.21 🎤

모범답변·해석·해설 p.62

③ 답변에 자주 사용되는 표현 익히기 🎧 (Q89&10_기초) 05

묻는 내용을 표에서 찾아 바로 답변으로 만들 수 있도록 답변에 자주 사용되는 표현을 음성을 듣고 따라 하며 익혀두세요.

8, 9번에 자주 사용되는 답변 표현

> (행사가) 언제 열리나요?
> 어디서 열리나요?

🎧 **take place at/on/in** 시간, 날짜, 장소 (언제/어디서) 개최되다

> The ceremony will take place on May 9.
> 행사는 5월 9일에 개최될 것입니다.

🎧 **be held at/on/in** 시간, 날짜, 장소 (언제/어디서) 열리다

> The presentation will be held in the boardroom.
> 발표는 중역 회의실에서 열릴 것입니다.

🎧 **begin, finish at/on/in** 시간, 날짜, 장소 (언제/어디서) 시작하다, 끝나다

> The program will begin at 10:00 A.M. and finish at 11:30 A.M.
> 프로그램은 오전 10시에 시작해서 오전 11시 30분에 끝날 것입니다.

> (행사를) 누가 진행하나요?

🎧 **be conducted by** 사람 ~에 의해 지휘되다

> The orientation will be conducted by Roger Craig.
> 오리엔테이션은 Roger Craig에 의해 지휘될 것입니다.

🎧 **be given by** 사람 ~에 의해 진행되다

> The lecture will be given by Mary Tyler.
> 강연은 Mary Tyler에 의해 진행될 것입니다.

(금액은) 얼마인가요?

The (대상) fee is (대상) 비용은 (얼마)이다

The cooking workshop fee is $85.50 per person.
요리 워크숍 비용은 1인당 85.50달러입니다.

cost (비용이 얼마)이다

It costs $30 for adults and $20 for children.
비용은 어른은 30달러이고 어린이는 20달러입니다.

We charge 저희는 (얼마를) 부과한다

We charge $28 per person for our boat trip.
저희는 보트 여행에 1인당 28달러를 부과합니다.

○○이라고 들었는데 그게 맞나요?

you're mistaken 당신은 잘못 알고 있다

I think you're mistaken.
제 생각에 당신이 잘못 알고 계신 것 같습니다.

I'm sorry, but 죄송하지만,

I'm sorry, but there are no tables available.
죄송하지만, 이용 가능한 테이블이 없습니다.

have the wrong information 잘못된 정보를 가지고 있다

I'm afraid you have the wrong information.
죄송하지만 잘못된 정보를 가지고 계십니다.

Q1-2

Q3-4

Q5-7

Q8-10 기초

Q11

10일 만에 끝나는 해커스 토익스피킹 스타트

10번에 자주 사용되는 답변 표현

○○에는 무엇이 있는지
자세히 알려주시겠어요?

🎧 **There are** ~이 있다

There are two types of cars available.
이용 가능한 차는 두 가지 종류가 있습니다.

🎧 **The first is** 첫 번째는

The first is "Beginners Spanish" on Thursdays at 6:00 P.M.
첫 번째는 매주 목요일 오후 6시에 있는 '초급 스페인어'입니다.

🎧 **First** 첫째로

First, we have a half-day tour of the city.
첫째로, 저희는 반나절 간의 도시 관광이 있습니다.

🎧 **Also** 또한

Also, we have a weekly rate of $600.
또한, 저희는 600달러의 주간 요금이 있습니다.

🎧 **After that** 그다음으로

After that, we will have a short break.
그다음으로, 저희는 짧은 휴식 시간을 가질 것입니다.

🎧 **Finally** 마지막으로

Finally, there will be a performance by David Peters on Sunday.
마지막으로, 일요일에 David Peters의 공연이 있을 것입니다.

하늘색으로 표시된 우리말을 영어로 바꾸어 전체 문장을 말해보세요. 그리고 음성을 들으며 두 번씩 따라 말해 보세요.
(음성은 두 번 들려줍니다.)

1 연회는 12월 20일에 열릴 것입니다.

🎤 The banquet will _____ December 20.

2 체육관 회원권 비용은 한 달에 119.99달러입니다.

🎤 The gym membership _____ $119.99 per month.

3 연설은 회사 사장에 의해 진행될 것입니다.

🎤 The speech will _____ the company president.

4 죄송하지만, 빈자리가 없습니다.

🎤 _____ there are no vacancies.

5 세 가지 다른 선택 사항들이 있습니다.

🎤 _____ three different options.

아래의 문장을 영어로 말해보세요. 그리고 음성을 들으며 두 번씩 따라 말해 보세요. (음성은 두 번 들려줍니다.)

6 꽃꽂이 워크숍은 5월 19일에 개최될 것입니다. (꽃꽂이 워크숍: The floral arrangement workshop)

🎤

7 마케팅 세미나는 Keiko Ishioka에 의해 지휘될 것입니다.

🎤

8 죄송하지만, 저희는 이미 풍선 부스에 필요한 충분한 지원자들을 확보했어요.

🎤

9 비용은 자재를 포함하여 1인당 70달러입니다.

🎤

10 귀하가 참석할 수 있는 세 가지 다른 수업이 있습니다.

🎤

모범답변·해석·해설 p.62

Q8-10 표 보고 질문에 답하기 **177**

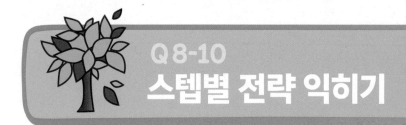

스텝별 전략 익히기

학습 목표

준비 시간을 효율적으로 활용하여 표를 정확히 파악하고, 질문을 듣고 질문 내용을 바로 표에서 찾아 답변할 수 있도록 스텝별 전략을 익혀둡니다.

STEP 1 표 내용 파악하기

45초의 표 읽는 시간과 인트로 음성이 나오는 동안, 다음과 같은 순서로 어디에 어떠한 내용이 있는지 표를 살펴보세요.

표 형식

윗부분	**제목** 날짜 및 시간, 장소, 비용	● 전체 관련 정보 파악하기	무엇에 관한 표인지, 언제, 어디에서 열리는 행사에 관한 표인지 등 표 전체와 관련된 정보를 파악하세요.
중간부분	**세부 내용**	● 정렬 방식 파악하기	가로줄에는 무엇이 있는지, 세로줄에는 무엇이 있는지를 보고 어떤 기준으로 표가 정렬되어 있는지를 파악하세요.
아랫부분	**기타 정보**	● 기타 정보 파악하기	추가로 제공하는 기타 정보에는 무엇이 있는지를 파악하세요. 별표나 밑줄 등 특이하게 표시된 부분을 특히 주의해서 기억해 두세요.

예

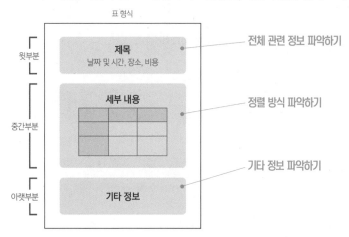

윗부분

Astoria Small Business Association Meeting
Astoria 소기업 연합 회의
January 21, Queens Convention Center
1월 21일, Queens 컨벤션 센터

● 전체 관련 정보 파악하기

- 소기업 연합 회의에 대한 표군요.
- Queens 컨벤션 센터에서 1월 21일에 열리는군요.

중간부분

TIME 시간	TOPIC 주제	SPEAKER 강연자
9:00 A.M.- 9:50 A.M.	Understanding Customers	Joan Henderson
10:00 A.M.- 10:50 A.M.	Marketing Strategies	Claire Hadley
11:00 A.M.- 12:50 P.M.	LUNCH*	
1:00 P.M.- 1:30 P.M.	Greetings: Welcoming new members	Leah Heather
1:30 P.M.- 2:30 P.M.	Voting: Our next president	Paul Morris

● 정렬 방식 파악하기

왼쪽 세로줄에 시간이 정렬되어 있고 오른쪽으로 시간에 따라 주제와 강연자가 정렬되어 있군요.

● 기타 정보 파악하기

- 점심이 제공될 것이군요.
- 회원은 35달러, 비회원은 50달러군요.

아랫부분

*Lunch will be provided.
점심 식사가 제공될 것임.
Fee: $35 for members, $50 for nonmembers
비용: 회원 35달러, 비회원 50달러

Q1-2
Q3-4
Q5-7
Q8-10 스피킹
Q11

10일 만에 끝내는 해커스 토익스피킹 스타트

STEP 2 질문 파악 후 표에서 정보 찾아 답변하기

아래의 방법으로 질문 내용을 파악한 후 표에서 정보를 찾아 답변하세요.

Question 8, 9 (준비 시간: 각 3초, 답변 시간: 각 15초)

Question 8, 9은 질문을 듣고 3초 동안 준비하여 15초 동안 답변하는 문제입니다. 의문사 의문문으로 묻는 경우와 일반/확인 의문문으로 묻는 경우가 있어요.

의문사 의문문으로 묻는 경우

시간, 장소, 행사 담당자(강연자, 사회자, 진행자 등)나 기간, 비용 등을 묻는 경우가 많아요. 두 가지 정보를 한 번에 묻는 경우도 자주 출제되는데, 이 경우 시간과 장소를 동시에 묻는 경우가 대부분이며 보통 표에서 같은 위치에 두 가지 정보가 함께 나와요. 이러한 의문사 의문문으로 묻는 경우는 Question 8에서 자주 출제돼요.

빈출 질문 형태	When is the conference and where is it going to be held? What are we going to do in the morning? How much do I need to pay to register for the seminar?

❶ 질문 내용 파악하기

의문사와 질문의 핵심을 듣고 각각의 의문문이 묻는 내용을 파악하세요.

예) (When) is the meeting, and (where) will it be held? 회의는 언제인가요, 그리고 어디에서 열리나요?
　　의문사　　질문의 핵심　　　의문사　　질문의 핵심

→ When과 meeting을 통해 회의가 언제인지, where와 held를 통해 어디에서 열리는지를 묻는 질문임을 파악합니다.

❷ 표에서 정보 찾아 답변하기

STEP 1에서 파악한 내용을 바탕으로 표에서 필요한 정보를 찾으세요. 질문 내용이 어디에 있었는지 기억이 나지 않으면 질문의 핵심어를 재빨리 표에서 찾아 주변에서 질문 정보를 찾으세요. 질문에서 사용된 표현에 표에서 찾은 정보를 더하여 답변하세요.

예)

Astoria Small Business Association Meeting
January 21, Queens Convention Center

TIME	TOPIC	SPEAKER
9:00 A.M.–9:50 A.M.	Understanding Customers	Joan Henderson
10:00 A.M.–10:50 A.M.	Marketing Strategies	Claire Hadley
11:00 A.M.–12:50 P.M.	LUNCH*	
1:00 P.M.–1:30 P.M.	Greetings: Welcoming new members	Leah Heather
1:30 P.M.–2:30 P.M.	Voting: Our next president	Paul Morris

*Lunch will be provided.
Fee: $35 for members, $50 for nonmembers

When: January 21
Where: Queens Convention Center
질문에서 사용된 표현: the meeting, will be held

🎙 **The meeting** is on January 21, and it **will be held** at Queens Convention Center.

해석 회의는 1월 21일이고, Queens 컨벤션 센터에서 열릴 것입니다.

일반/확인 의문문으로 묻는 경우

알고 있던 정보나 어디선가 들은 정보가 맞는지, 지난번 행사와 같은지를 자주 물으며, 질문을 하는 사람이 잘못된 정보를 가지고 있는 경우가 많아요. 이러한 일반/확인 의문문으로 묻는 경우는 Question 9에서 자주 출제돼요.

빈출 질문 형태	I heard that the movie runs every Saturday. Is that right? Are there fireworks this year too? I have to leave at 10 A.M. Am I allowed to leave at 10?

❶ 질문 내용 파악하기

평서문과 그 뒤의 의문문에서 질문의 핵심을 듣고 질문 내용을 파악하세요.

예 I heard that <u>lunch</u> is <u>not included</u>. Is that <u>correct</u>? 점심 식사가 포함되지 않는다고 들었어요. 맞나요?

질문의 핵심

→ lunch, not included, correct를 통해 점심 식사가 포함되지 않는 것이 맞는지를 확인하는 질문임을 파악하세요.

❷ 표에서 정보 찾아 답변하기

STEP 1에서 파악한 내용을 바탕으로 표에서 필요한 정보를 찾으세요. 질문 내용이 어디에 있었는지 기억이 나지 않으면 질문의 핵심어를 재빨리 표에서 찾아 주변에서 필요한 정보를 찾으세요.

· 질문의 내용이 표와 다를 경우: 잘못 알고 있다는 것을 알려준 후, 표에서 찾은 내용을 알려주세요.

· 질문의 내용이 표와 같을 경우: 알고 있는 내용이 맞다는 것을 알려준 후, 표에서 찾은 내용을 다시 한번 말해주세요.

질문의 내용이 표와 다를 경우	I'm sorry, but you have the wrong information. I'm sorry, but that information is incorrect. I'm sorry, but you're mistaken.	+ 표에서 찾은 내용
질문의 내용이 표와 같을 경우	That's correct. Yes.	+ 표에서 찾은 내용

예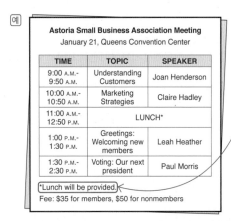

Astoria Small Business Association Meeting
January 21, Queens Convention Center

TIME	TOPIC	SPEAKER
9:00 A.M.– 9:50 A.M.	Understanding Customers	Joan Henderson
10:00 A.M.– 10:50 A.M.	Marketing Strategies	Claire Hadley
11:00 A.M.– 12:50 P.M.	LUNCH*	
1:00 P.M.– 1:30 P.M.	Greetings: Welcoming new members	Leah Heather
1:30 P.M.– 2:30 P.M.	Voting: Our next president	Paul Morris

*Lunch will be provided.
Fee: $35 for members, $50 for nonmembers

질문 내용: 점심 식사가 포함되지 않는 것이 맞는지?
표 내용: 점심 식사가 제공될 것임

🎤 I'm sorry, but you have the wrong information. Lunch will be provided.

해석 죄송하지만, 잘못된 정보를 가지고 계십니다. 점심 식사는 제공될 것입니다.

Q1-2

Q3-4

Q5-7

Q8-10 스텝

Q11

10일 만에 끝내는 해커스 토익스피킹 스타트

Question 10 (준비 시간: 3초, 답변 시간: 30초)

Question 10은 질문을 두 번 듣고 3초 동안 준비하여 30초 동안 답변하는 문제입니다.

아침에 들을 수 있는 강연, 과학과 관련된 프로그램, 지원자의 경력 등 표에 있는 항목들 중 공통점이 있는 몇 가지를 나열하도록 묻는 경우가 많아요. 두세 가지 정도를 나열해야 하는 질문이 대부분이에요.

빈출 질문 형태	Would you tell me about the morning programs?
	What events will take place at the Pavilion?
	What lectures are related to technology?

❶ 질문 내용 파악하기

의문사와 질문의 핵심을 듣고 질문 내용을 파악합니다. 특히 표에서 나열할 정보를 찾는 공통점이 되는 것이 무엇인지를 정확히 파악하세요.

예 ⸢What topics⸥ will be discussed in the morning? 어떤 주제들이 오전에 논의될 것인가요?
　　의문사　　　질문의 핵심　　　공통점

　→ 오전에 논의될 주제가 무엇인지를 묻는 질문임을 파악하세요. 특히 '오전'이 표에서 나열할 정보를 찾는 공통점임을 파악하세요.

❷ 표에서 정보 찾아 답변하기

STEP 1에서 파악한 내용과 질문에서 묻고 있는 내용을 바탕으로 필요한 정보를 찾으세요. 나열할 항목이 두 가지인 경우, 첫 번째 항목에 관해서는 'The first is'나 'First'를, 두 번째 항목에 관해서는 'Also'나 'After that'을 사용하고, 세 가지인 경우 'Finally'를 추가하여 답변하세요.

템플릿

도입	There are 공통점을 가진 항목의 개수
첫 번째 항목	The first is / First 첫 번째 항목
두 번째 항목	Also / After that, 두 번째 항목
마지막 항목	Finally, 마지막 항목

예

Astoria Small Business Association Meeting
January 21, Queens Convention Center

TIME	TOPIC	SPEAKER
9:00 A.M.-9:50 A.M.	Understanding Customers	Joan Henderson
10:00 A.M.-10:50 A.M.	Marketing Strategies	Claire Hadley
11:00 A.M.-12:50 P.M.	LUNCH*	
1:00 P.M.-1:30 P.M.	Greetings: Welcoming new members	Leah Heather
1:30 P.M.-2:30 P.M.	Voting: Our next president	Paul Morris

*Lunch will be provided.
Fee: $35 for members, $50 for nonmembers

공통점: 오전에 논의될 주제

🎙 **There are** two topics that will be discussed in the morning. **The first is** "Understanding Customers" by Joan Henderson. It will begin at 9:00 A.M. and finish at 9:50 A.M. **After that,** "Marketing Strategies" by Claire Hadley will start at 10:00 A.M. and finish at 10:50 A.M.

해석 오전에 논의될 두 가지 주제가 있습니다. 첫 번째는 Joan Henderson의 '고객 이해'입니다. 오전 9시에 시작하여 오전 9시 50분에 끝납니다. 그 뒤에, Claire Hadley의 '마케팅 전략'이 오전 10시에 시작하고 오전 10시 50분에 끝납니다.

| 스텝별 전략 적용시켜 보기 | 해설집 p.63에서, 지금까지 전략과 함께 학습한 예를 실제 시험 문제를 푼다는 생각으로 음성을 들으며 준비 시간과 답변 시간을 지켜 풀어보세요. 🎧 (Q89&10_스텝) 07 |

Hackers Practice

앞에서 배운 전략을 사용하여, 표의 내용을 파악하여 STEP 1의 빈칸을 채운 후 STEP 2의 질문에 표를 보며 빈칸을 채워 답변해 보세요.

(Q89&10_스텝) 08

1

Special Series on Computers ①
Hayes Community Center / April 11
962 Grant Avenue, Houston

②

Time	Topic	Location
10:00 A.M.	Basic Word Processing	Room 211
2:00 P.M.	Photo Editing for Beginners	Room 301
4:00 P.M.	Creating Great Presentations	Main Hall
7:00 P.M.	Advanced Photo Editing	Room 350
8:00 P.M.	Advanced Spreadsheet Tools	Room 211

STEP 1 표 내용 파악하기

① 무엇에 관한 표인가요? _____

② 어떤 방식으로 정리되어 있나요? _____

STEP 2 질문 파악 후 표에서 정보 찾아 답변하기

Question 8

Q: When does the first class start, and where will it be held?

A: Our first class starts at _____③_____, and it will be held in _____④_____.

Question 9

Q: I heard that no classes will be held in the Main Hall. Is this correct?

A: I'm sorry, but that information is incorrect. _____⑤_____ will be offered in the _____⑥_____.

Question 10

Q: Can you tell me about the classes on editing photos?

A: Sure. 도입 ___⑦ ~이 있다___ two classes on editing photos. 첫 번째 항목 ___⑧ 첫 번째는___ Photo Editing for Beginners, which starts at 2 p.m. in Room 301. 두 번째 항목 ___⑨ 또한___, there is Advanced Photo Editing. It starts at 7 p.m. and is held in Room 350.

2

Donnerville Elementary School
Family Day Picnic
August 4, 10:00 A.M.-4:00 P.M.
Polson Memorial Park

Time	Events
10:00 A.M.	Family Games and Activities: Face Painting, Kite Flying, Craft Making
12:00 P.M.	Barbecue and Group Lunch*
1:00 P.M.	Family Softball Tournament
2:30 P.M.	Awards Ceremony
3:30 P.M.	Closing Remarks: Bonnie Lars, Principal, Donnerville Elementary School

③

*Each family is asked to bring a side dish, salad, or dessert. Hot dogs, hamburgers, and beverages will be provided.

STEP 1 표 내용 파악하기

① 무엇에 관한 표인가요?　_____

② 어떤 방식으로 정리되어 있나요?　_____

③ 어떤 기타 정보를 제공하고 있나요?　_____

STEP 2 질문 파악 후 표에서 정보 찾아 답변하기

Question 8

Q: When does the face painting begin?

A: The face painting begins at _____④_____ . You can also fly kites and _____⑤_____ at that time.

Question 9

Q: I heard that all lunch items will be provided. Is that correct?

A: _____⑥ 죄송하지만, 잘못 알고 계시네요_____ . Hot dogs, hamburgers, and beverages will be provided. But each family is asked to bring a side dish, salad, or dessert.

Question 10

Q: What events will be taking place after lunch?

A: 도입 There are three events taking place after lunch. 첫 번째 항목 The first is a _____⑦_____ , which will be held at 1 p.m. 두 번째 항목 Also, there will be an _____⑧_____ at 2:30 p.m. 마지막 항목 Finally, the last event will be some _____⑨_____ from Bonnie Lars, the principal of Donnerville Elementary School.

3

Rebecca Shaw ①
10 Overlake Road, Boston, MA 02115
beckyshaw22@everymail.net

Current Position: Assistant Editor
Position Sought: Editor-In-Chief

Work Experience ②
Assistant Editor, Igloo Publishing (2017-present)
Translator, Pro Language Corporation (2015-2017)

Education
University of Norwell, Master's Degree in Literature (2014)
Rayburn College, Bachelor's Degree in English (2011)

Other Skills ③
Fluent in French and Spanish
Child Education Certificate

STEP 1 표 내용 파악하기

① 무엇에 관한 표인가요? _____
② 어떤 방식으로 정리되어 있나요? _____
③ 어떤 기타 정보를 제공하고 있나요? _____

STEP 2 질문 파악 후 표에서 정보 찾아 답변하기

Question 8

🎧 Q: Where did she earn her master's degree, and what did she study?

🎤 A: She earned her master's degree from the _____ ④ _____, and she
studied _____ ⑤ _____.

Question 9

🎧 Q: We plan to begin working with French authors. Does she speak French?

🎤 A: Yes, she does. She is _____ ⑥ _____.

Question 10

🎧 Q: Could you tell me all about her previous work experience in detail?

🎤 A: [도입] She has worked for two companies. [첫 번째 항목] _____ ⑦ 첫째로 _____, she worked as a translator
for Pro Language Corporation. She had this job for two years, starting from 2015.
[두 번째 항목] _____ ⑧ 또한 _____, she has worked as _____ ⑨ _____ for Igloo Publishing.
She has been working for them since 2017.

4

United Telecom Computer Security Conference
Conference Period: June 30 - July 2   ①

②

Presentation Title	Scheduled Time	Speaker
Overview of Company Security Policies*	June 30 2:30 P.M.-4:30 P.M.	John Lopez
Antivirus and Malware Programs*	July 1 1:30 P.M.-3:30 P.M.	Kevin Morgan
Online Data Protection*	July 2 11:30 A.M.-2:30 P.M.	Bill Mackenzie
~~Mobile Communications Security~~	~~July 2~~ ~~3:30 P.M.-4:30 P.M.~~ Canceled due to a scheduling conflict	~~Linda Hamilton~~

③
All presentations will be held in the conference room on the 6th floor. Space is limited, so please register in advance by contacting Samuel Davis at 555-6757.

STEP 1 표 내용 파악하기

① 무엇에 관한 표인가요? _____
② 어떤 방식으로 정리되어 있나요? _____
③ 어떤 기타 정보를 제공하고 있나요? _____

STEP 2 질문 파악 후 표에서 정보 찾아 답변하기

Question 8

🎧 Q: When is the security conference scheduled to begin and end?

🎤 A: The security conference is scheduled to begin on ____④____ and end on ____⑤____ .

Question 9

🎧 Q: I heard the presentations will be held in the IT department's meeting room. Is this correct?

🎤 A: I'm sorry, but you are mistaken. All of the presentations will be held in ____⑥____ .

Question 10

🎧 Q: Who will be giving the presentations during the conference?

🎤 A: [도입] There are three speakers who will be giving presentations during the conference. [첫 번째 항목] ⑦ 첫 번째 is John Lopez, who will provide an overview of company security policies. [두 번째 항목] ⑧ 또한 , Kevin Morgan will be discussing antivirus and malware programs. [마지막 항목] ⑨ 마지막으로 , Bill Mackenzie will give a presentation on online data protection.

Hackers Test

실제 시험 문제를 푼다는 생각으로, 45초 동안 표를 관찰한 후 문제별로 3초 동안 준비하여 Question 8, 9은 15초 동안, Question 10은 30초 동안 녹음하며 답변해 보세요. 🎧 (Q89&10_스텝) 09

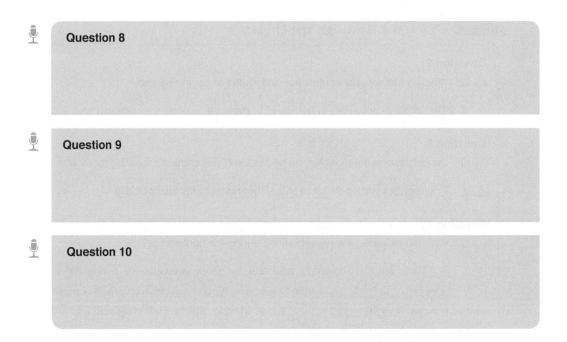

Regency Dance Academy
Southeast Asian Dance Seminar
Friday, April 28
Location: RSD Building, 294 Dayton Avenue

TIME	SESSION	DESCRIPTION
9:00 A.M.-10:30 A.M.	Session 1	Vietnamese Theatrical Dancing
10:30 A.M.-11:30 A.M.	Session 2	Traditional Balinese Movement
2:00 P.M.-3:30 P.M.	Session 3	Thai Rhythmic Dancing
3:30 P.M.-5:30 P.M.	Session 4	Malay Folk Dance

Everyone must register at the administration office before attending a session.

Question 8

Question 9

Question 10

Giganto Corp.'s Staff Development Day
Conference Room 4, June 13

Time	Events	Speaker
9 A.M.-10 A.M.	Opening speech: Review of recent achievements	Marissa Garcia
10 A.M.-12 P.M.	Talk: Administration & employee benefits	Jennifer White
12 P.M.-1:30 P.M.	Lunch *Will be served in the cafeteria	
1:30 P.M.-3 P.M.	Talk: The power of team building	Jennifer White
3 P.M.-4 P.M.	Closing speech: The company's future plans	David Long

Question 8

Question 9

Question 10

Heesoo Kim

143 Java Road, Apt. 3A | hskim@fastmail.com

Current Position: Associate Engineer
Position Sought: Senior Engineer

Work Experience

Associate Engineer, WTM Engineering (2016-present)
Trainee, WTM Engineering (2015-2016)
Lab Assistant, University of Clarins (2014-2015)

Education

University of Clarins, Bachelor's Degree (2015)
Major: Engineering

Other Skills

Fluent in English & Chinese
Certificate in Electrical Engineering

 Question 8

 Question 9

 Question 10

Q1-2

Q3-4

Q5-7

Q8-10 스텝

Q11

10일 만에 끝내는 해커스 토익스피킹 스타트

TOEIC Speaking

VOLUME

Interview Schedule for IT Department, Sheldon Company
Date: May 9
Location: Conference Room D

Time	Applicant	Current workplace	Work experience
9:30 A.M.	Janet Morrison	Eagle Electronics	3 years
10:00 A.M.	Philip Jenkins	None	Recent graduate
10:30 A.M.	Jason Patterson	Micro Systems	6 years
11:00 A.M.	~~Beth Williams~~ *canceled*	Teleman Industries	2 years
11:30 A.M.	Anne Collins	Bates Corporation	7 years

Question 8

Question 9

Question 10

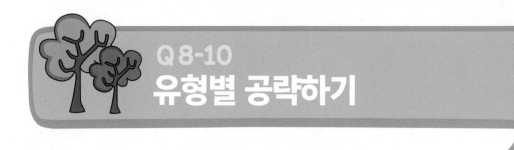

Q8-10
유형별 공략하기

학습 목표

준비 시간 동안 표의 내용을 빨리 파악하고, 묻는 내용을 정확히 이해하여 표에서 원하는 부분을 바로 찾을 수 있도록 표 종류별 내용과 자주 묻는 질문을 익혀 둡니다.

1 일정표

어떤 일정표가 나오고, 어떤 내용이 들어 있나요?

강연 및 행사 일정표

회의, 워크숍, 수업 및 세미나 등의 강연에 대한 일정이나 축제, 운동 경기, 피크닉 등의 행사 일정 정보를 보여주는 표예요.

윗부분

· 행사명이나 주최하는 기관의 이름
· 열리는 시간 및 장소(기간이 나오기도 함)
· 열리는 강연/행사의 종류(workshop, class, seminar, fair 등)
· 비용, 추가 비용

중간부분

· 강연/행사의 제목과 해당 요일(날짜), 시간, 강연자/행사 진행자가 주로 다음과 같은 배열의 표로 제시

표 배열 예시 1

| 시간 | 강연/행사의 제목 | 강연자/행사 진행자 |

표 배열 예시 2

| 강연/행사의 제목 | 요일, 날짜, 시간 |

아랫부분

· 등록 필요 여부나 등록 기간
· 문의할 곳(전화번호, 홈페이지 주소 등의)이나 할인 등의 추가 정보

예

Ernest Township Community Fair
Ernest군 지역 축제

Fairview Park and Library Fairview 공원과 도서관
Sunday, October 26th 10월 26일 일요일

Time 시간	Event 행사	Presenter 강연자
9:00 A.M.- 10:00 A.M.	Arts and Crafts 미술과 공예	Maria Patton
10:00 A.M.- 11:30 A.M.	Lecture: History of Ernest Township 강의: Ernest군의 역사	Terry Harris
11:30 A.M.- 1:30 P.M.	Lunch on the Lawn 잔디밭에서의 점심	Everyone 모두
1:30 P.M.- 5:00 P.M.	Supporting Local Businesses(Yard Sale) 지역 사업체 후원(알뜰 시장)	Roland Dean
5:00 P.M.- 8:00 P.M.	Dinner BBQ 바비큐 저녁 식사	Everyone 모두
8:00 P.M.- 10:00 P.M.	Bonfire and Fireworks 모닥불과 불꽃놀이	Everyone 모두

(Registration not necessary)
(등록은 필요하지 않음)

Q1-2

Q3-4

Q5-7

Q8-10 유형

Q11

10일 만에 끝내는 해커스 토익스피킹 스타트

개인 일정표

개인의 출장 일정이나 여행 일정, 면접 일정 등의 정보를 보여주는 표예요.

윗부분
· 누구의 일정인지 알려주는 특정인의 이름
· 일정의 종류(business trip, itinerary, interview 등)
· 해당 날짜, 요일, 장소

중간부분
· 구체적인 일정과 해당 시간이 주로 다음과 같은 배열의 표로 제시

표 배열 예시 1

| 시간 | 구체적인 할 일 |

표 배열 예시 2

| 시간 | 지원자 이름 | 지원 직무 | 경력 |

아랫부분
· 변경 사항이 생기면 적어달라는 요청 사항 등의 추가 정보

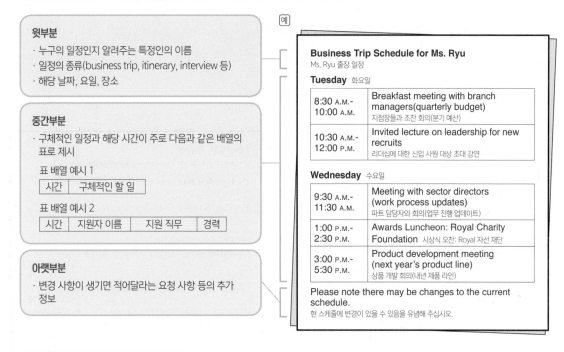

예

Business Trip Schedule for Ms. Ryu
Ms. Ryu 출장 일정

Tuesday 화요일

| 8:30 A.M.- 10:00 A.M. | Breakfast meeting with branch managers(quarterly budget) 지점장들과 조찬 회의(분기 예산) |
| 10:30 A.M.- 12:00 P.M. | Invited lecture on leadership for new recruits 리더십에 대한 신입 사원 대상 초대 강연 |

Wednesday 수요일

9:30 A.M.- 11:30 A.M.	Meeting with sector directors (work process updates) 파트 담당자와 회의(업무 진행 업데이트)
1:00 P.M.- 2:30 P.M.	Awards Luncheon: Royal Charity Foundation 시상식 오찬: Royal 자선 재단
3:00 P.M.- 5:30 P.M.	Product development meeting (next year's product line) 상품 개발 회의(내년 제품 라인)

Please note there may be changes to the current schedule.
현 스케줄에 변경이 있을 수 있음을 유념해 주십시오.

어떤 질문이 자주 나오나요?

강연이나 행사 등의 시간이나 장소를 묻는 질문

(언제: When, What time 등으로 묻는 질문, 어디에서: Where로 묻는 질문)

예 Q. When will I have a meeting with the branch managers? 제가 지점장들과 언제 회의를 하나요?

A. You will have a breakfast meeting with the branch managers on Tuesday, from 8:30 A.M. to 10:00 A.M.
당신은 지점장들과 화요일 오전 8시 30분부터 10시까지 조찬 회의를 할 것입니다.

강연이나 행사의 등록과 관련된 정보가 정확한지 묻는 질문

(Is this right? Is that correct?로 묻는 질문)

예 Q. I heard that registration is necessary to participate in the fair. Is this right?
축제에 참가하기 위해 등록이 필요하다고 들었어요. 맞나요?

A. I'm sorry, but you have the wrong information. Registration is not necessary to participate in the fair.
죄송하지만, 잘못된 정보를 가지고 계십니다. 축제에 참가하기 위해 등록은 필요 없습니다.

강연이나 행사 등의 종류를 묻는 질문

(What, What activities, What classes, Could you tell me about events ~ 등으로 묻는 질문)

예 Q. What is on my schedule for Wednesday afternoon? 저의 수요일 오후 일정은 어떻게 되나요?

A. There are two things on your schedule for Wednesday afternoon. The first is an awards luncheon with the Royal Charity Foundation at 1:00 P.M. Also, you will attend a product development meeting on next year's product line at 3:00 P.M.
당신의 수요일 오후 일정은 두 가지가 있습니다. 첫 번째는 오후 1시의 Royal 자선 재단과의 시상식 오찬입니다. 또한, 당신은 오후 3시에 내년 제품 라인에 관한 상품 개발 회의에 참석할 것입니다.

2 이력서

어떤 이력서가 나오고, 어떤 내용이 들어 있나요?

지원자 이력서

회사에 지원한 사람의 희망 직무나 경력, 학력 등을 보여주는 표예요.

예

윗부분
· 지원자의 이름, 연락처, 주소
· 현재 직무나 희망하는 직무

중간부분
· 지원자의 경력, 학력, 기타 자격 등의 정보가 주로 다음과 같은 배열의 표로 제시

표 배열 예시

지원자의 경력/학력	기간

아랫부분
· 봉사 활동 경험
· 가지고 있는 자격증
· 지원자의 추천인 이름 및 소속

Lewis M. Bayer
+1-402-384-9478 I lewismbayer@email.com

Current Position: Assistant Sales Manager
현재 직무: 영업부 대리

Position Sought: Team Manager of Sales
희망 직무: 영업부 팀장

Work Experience 경력	
Assistant Sales Manager, Harris Mobile Phones	2018-present
영업부 대리, Harris Mobile Phones	2018년-현재
Senior Sales Assistant, Harris Mobile Phones	2016-2018
선임 영업 보조, Harris Mobile Phones	2016년-2018년
Sales Assistant, L&M Shoes and Apparel	2015-2016
영업 보조, L&M Shoes and Apparel	2015년-2016년

Education 학력
Mercer University, Bachelor's degree, 2013 Major: International Business
Mercer 대학교, 학사 학위, 2013년
전공: 국제 비즈니스

Volunteer Experience 봉사 활동 경험
English Teacher for new immigrants, Good Friends Church
새로 온 이민자들을 위한 영어 교사, Good Friends 교회

지원자의 근무처나 현재 직무를 묻는 질문

(Where, What으로 묻는 질문)

예 Q. Where does he work and what is his current position?

그는 어디에서 일하고 현재 직무는 무엇인가요?

A. He works at Harris Mobile Phones and his current position is assistant sales manager.

그는 Harris Mobile Phones에서 일하고 그의 현재 직무는 영업부 대리입니다.

지원자가 졸업한 학교와 전공을 묻는 질문

(Which university, Where, What으로 묻는 질문)

예 Q. Which university did he attend for his bachelor's degree and what was his major?

그는 학사 학위를 위해 어느 대학교에 다녔고 전공은 무엇이었나요?

A. He attended Mercer University for a bachelor's degree and his major was International Business.

그는 학사 학위를 위해 Mercer 대학교에 다녔고 그의 전공은 국제 비즈니스였습니다.

지원자의 경력이나 학력을 묻는 질문

(Can you tell me 등으로 묻는 질문)

예 Q. Can you tell me all the details about his work experience?

그의 업무 경력에 대해 모든 자세한 사항을 말해주실 수 있나요?

A. There are three things he listed under work experience. First, he worked as a sales assistant at L&M Shoes and Apparel from 2015 to 2016. Then, he was a senior sales assistant at Harris Mobile Phones from 2016 to 2018. Finally, from 2018 to the present, he has been working as an assistant sales manager at Harris Mobile Phones.

그가 경력에 기재한 세 가지 사항이 있습니다. 첫 번째로, 그는 2015년부터 2016년까지 L&M Shoes and Apparel에서 영업 보조로 일했습니다. 그 뒤, 그는 2016년부터 2018년까지 Harris Mobile Phones의 선임 영업 보조였습니다. 마지막으로, 2018년부터 현재까지, 그는 Harris Mobile Phones에서 영업부 대리로 일하고 있습니다.

어떤 예약표가 나오고, 어떤 내용이 들어 있나요?

시설 예약표

호텔, 레스토랑 등의 시설 이용을 위한 정보를 나타내는 표예요.

예

윗부분
· 시설의 종류(hotel, restaurant 등)
· 시설의 주소, 연락처

중간부분
· 제공하는 시설의 세부 종류, 이용 요금, 특징 등이 주로 다음과 같은 배열의 표로 제시

표 배열 예시

시설의 세부 종류	이용 요금	특징

아랫부분
· 비용에 대한 부가 설명(예: 1인 입장 기준 가격임)
· 할인 여부 등의 추가 설명

Laurel Hotel: Facilities Guide Laurel 호텔: 시설 안내
324 Vesta Road, Orange, California
Vesta로 324번지, Orange, 캘리포니아주

Available Facilities 이용 가능한 시설	Price 가격	Features 특징
Heated Outdoor Pool 난방이 되는 실외 수영장	$15 15달러	Relax in our excellent pool 멋진 수영장에서 휴식 취하기
Fitness Center 피트니스 센터	$20 20달러	Certified trainers available for personal training(call for an appointment) 개인 지도를 위해 공인 트레이너 이용 가능(전화로 예약)
Joe's Bar and Grill Joe의 바&그릴 식당	Varies 각각 다름	Delicious dishes for you 당신을 위한 맛있는 요리들 Vegetarian menu available 채식주의자 메뉴 이용 가능

Fees indicated are for one entry(except Joe's Bar and Grill)
표시된 가격은 1인 입장 기준(Joe의 바&그릴 식당 제외)

장비 예약표

자동차, 보트 등의 장비 이용을 위한 예약 정보를 나타내는 표예요.

예

윗부분
· 장비의 종류(car rental, boat 등)
· 장비를 제공하는 곳의 주소, 영업시간
· 예약 또는 이용 가능한 기간

중간부분
· 제공하는 장비의 세부 종류, 예약 가능 날짜, 요금이 주로 다음과 같은 배열의 표로 제시

표 배열 예시

	예약 가능한 날짜, 요일
장비의 세부 종류와 비용	예약 가능 여부

아랫부분
· 추가 비용 정보(예: 늦은 반납 시 추가 요금 있음)
· 이용 시간 등의 추가 설명

Savannah Motors: Car Rental Guide
Savannah Motors: 자동차 대여 안내

319 West Liberty Street, Savannah, Georgia
West Liberty가 319번지, Savannah, 조지아주

Business Hours: 9:00 A.M.-8:00 P.M. every day
영업시간: 매일 오전 9시-오후 8시

Available dates: June 21-27 이용 가능일: 6월 21일-27일

Type of Car 차종	21 (Mon)	22 (Tue)	23 (Wed)	24 (Thu)	25 (Fri)	26 (Sat)	27 (Sun)
Economy Car($60) 경차(60달러)	(X)	(X)		(X)		(X)	(X)
Compact Car($70) 소형차(70달러)	(X)		(X)	(X)			
Basic Sedan($90) 기본형 세단(90달러)							
SUV($110) SUV(110달러)	(X)						

Surcharge for late returns 늦은 반납 시 추가 요금 있음

시설의 주소와 영업시간을 묻는 질문

(Where, What, What time으로 묻는 질문)

예 Q. Where is your store located, and what time are you open?

당신의 상점은 어디에 위치해 있고, 몇 시에 문을 여나요?

A. Our store is located at 319 West Liberty Street, Savannah, Georgia and we are open from 9 A.M. to 8 P.M. every day.

저희 상점은 조지아주 Savannah의 West Liberty가 319번지에 위치해 있고, 매일 오전 9시부터 오후 8시까지 문을 엽니다.

시설이나 장비 예약에 드는 비용이 얼마인지를 묻는 질문

(How much로 묻는 질문)

예 Q. How much does it cost to use your heated outdoor pool?

난방이 되는 실외 수영장을 이용하려면 얼마가 드나요?

A. To use our heated outdoor pool, it costs 15 dollars for one entry.

난방이 되는 저희 실외 수영장을 이용하려면, 1인 입장당 15달러가 듭니다.

시설이나 장비 중 예약이 가능한 것이 무엇인지를 묻는 질문

(Which rooms, What kinds of rooms, What types of cars, Which boats ~ 등으로 묻는 질문)

예 Q. What types of cars are available this weekend?

이번 주말에 어떤 종류의 차가 이용 가능한가요?

A. There are three types of cars available this weekend. First, the compact car is available for $70 per day. Also, the basic sedan is available for $90 per day. Finally, the SUV is available for $110 per day.

이번 주말에 이용 가능한 세 가지 종류의 차가 있습니다. 첫째로, 소형차가 하루 70달러에 이용 가능합니다. 또한, 기본형 세단이 하루 90달러에 이용 가능합니다. 마지막으로, SUV가 하루 110달러에 이용 가능합니다.

Hackers Test

실제 시험 문제를 푼다는 생각으로, 45초 동안 표를 관찰한 후 문제별로 3초 동안 준비하여 Question 8, 9은 15초 동안, Question 10은 30초 동안 녹음하며 답변해 보세요. (Q89&10_유형) 10

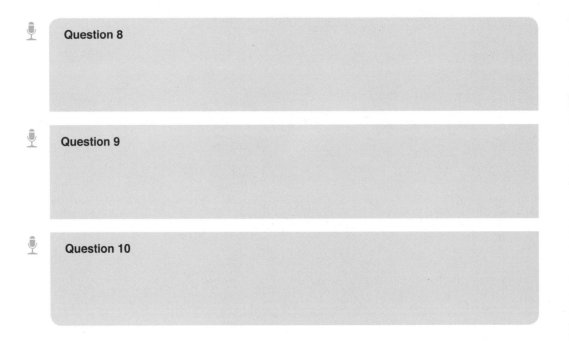

TOEIC Speaking

Terrance County Auto Show
August 3-4, Conrad City Fairgrounds

Date	Time	Event	Location
August 3 Saturday	11:00 A.M.	Opening Ceremony	Center Stage
	11:30 A.M.	Car Show	Main Exhibition Hall
	1:00 P.M.	Parade	Main Street
August 4 Sunday	1:30 P.M.	Car Races	Terrance Field
	4:00 P.M.	Awards Presentation	Center Stage

Admission: $20 for one-day pass, $35 for two-day pass

Question 8

Question 9

Question 10

Aqua-Navi Boat Rentals

Address: 538 Seashore Drive, Miami
Business hours: 8 A.M. to 7 P.M., Tuesday through Saturday

Item	Seating Capacity	Hourly Rate	Daily Rate
Blaster jet ski	2 people	$12	$52
Rawlings motorboat	4 people	$24	$110
Turbo-Go speedboat	6 people	$38	$164
Watercraft sailboat	8 people	$46	$185

All rentals are available between June and August.
Visit our Web site for more information.

Question 8

Question 9

Question 10

Student Leadership Workshop
Plainfield College Library, March 23rd

Time	Topic	Speaker	Place
9:00 A.M.	Encouraging Diversity	Kelly Stevens	Room B
10:00 A.M.	Ethical Leadership	Cassandra Meyer	Room A
11:00 A.M.	Giving Feedback Effectively	Joseph Lee	Room A
12:00 P.M.	Lunch Break*		Cafeteria
1:30 P.M.	What's Your Leadership Style?	David Hall	Room C
2:30 P.M.	Motivating Your Team	Tim Cullen	Room B

*Sandwiches and drinks are available for purchase.

 Question 8

 Question 9

 Question 10

Business Trip for Ron Evans, Branch Manager

Tuesday, July 23

1:00 P.M.	Departure from Pittsburgh (Olympia Airlines 780)
3:00 P.M.	Arrival in Washington (Bloom Hotel)
4:00 P.M.	Meeting with Surrey Company representatives
6:00 P.M.	Dinner with Washington branch managers

Wednesday, July 24

10:00 A.M.	Attendance of a presentation on new marketing project
12:00 P.M.	Lunch with team leaders
3:00 P.M.	Departure from Washington (Olympia Airlines 324)
5:00 P.M.	Arrival in Pittsburgh

 Question 8

 Question 9

 Question 10

Interview Schedule for Dorsey Corporation, Marketing Department

May 14, Meeting Room C

Time	Applicant	Position Sought	Relevant Experience
10:00 A.M.	Dianne Dickens	Web Marketing Manager	7 years
11:00 A.M.	David Anderson	Marketing Assistant	1 year
~~1:00 P.M.~~	~~Raymon Lee~~ *canceled*	~~Assistant to the Director~~	~~2 years 6 months~~
2:00 P.M.	Alice Walter	Marketing Assistant	6 months
3:00 P.M.	Rachel Conner	Receptionist	None
4:00 P.M.	Nadia Ellis	Assistant to the Director	1 year

🎤 **Question 8**

🎤 **Question 9**

🎤 **Question 10**

VOLUME

Harrison Youth Festival
Friday, July 7, 9 A.M.-9 P.M.
Harrison Central Park

TIME	EVENT	LOCATION
9:00 A.M.-9:30 A.M.	Opening Speech	Harrison Park Stage
9:30 A.M.-12:30 P.M.	Soccer Tournament	Grass Field
12:30 P.M.-1:30 P.M.	Family Barbecue*	East Picnic Area
2:00 P.M.-4:30 P.M.	Singing Competition	Harrison Park Stage
5:00 P.M.-7:30 P.M.	Charity Concert	Harrison Park Stage
8:00 P.M.-9:00 P.M.	Fireworks Display	Grass Field

*Food will be provided.

 Question 8

 Question 9

 Question 10

Catherine Brook

13 Northwood Ave., Toronto
720-372-1938 | cathy.brook@email.com

Current Position: Assistant Manager
Position Sought: Accounting Team Manager

Work Experience
Assistant Manager, Nalene Corporation (2012-present)
Accounting Clerk, Rendon Incorporated (2009-2012)

Education
Walter University, Master's Degree, Accounting (2009)
University of York, Bachelor's Degree, Mathematics (2006)

Other Qualifications
Proficient in using presentation software
Certificate in public speaking, Grimmel Institute (2008)

Question 8

Question 9

Question 10

Montpelier Cooking Academy Class Schedule for September

Class Registration Period: August 1 – August 20
Registration Fee: $150 per class

Time	Class Name	Instructor
Mondays, 10 A.M.-11 A.M.	**Italian Secrets:** learn to make colorful pasta and various sauces	Kelly Frazier
Mondays, 2 P.M.-3 P.M.	**Perfect Stir-Fries:** learn to cook stir-fry dishes from across Asia	Robert Nolan
Thursdays, 11 A.M.-12 P.M.	**Dessert Lover:** learn to make your own dessert at home	Kelly Frazier
Thursdays, 4 P.M.-5 P.M.	**Barbecue:** learn to grill a variety of meats	Sam Davis
Fridays, 7 P.M.-8 P.M.	**Cheese, Please:** learn to prepare various cheese-based cuisines	Robert Nolan

Location: All the classes will take place at our facility at 43 Green Street.

Question 8

Question 9

Question 10

Review Test

🎧 (Q89&10_리뷰테스트) 11

TOEIC Speaking

Questions 8-10: Respond to questions using information provided

Directions: In this part, you will be asked to refer to information on the screen in order to answer three questions. The information will be shown for 45 seconds before you hear the questions. After listening to each question, you will have three seconds to prepare your response. You will have 15 seconds to respond to Questions 8 and 9 and 30 seconds to respond to Question 10. You will hear Question 10 two times.

TOEIC Speaking

Questions 8-10 of 11

Seminar: Purchasing Your First Home
Date: January 19, 10:00 A.M.-4:00 P.M.
Location: Capitol Realtors, 489 Lexington Street

Time	Activity	Speaker
10:00 A.M.-10:30 A.M.	Opening Remarks	Gloria Stewart, Director
10:30 A.M.-11:30 A.M.	Presentation: Choosing a Property*	Jonathan Majors, Realtor
11:30 A.M.-12:30 P.M.	Video: Negotiating Strategies	Louise Broadbent, Director
12:30 P.M.-1:30 P.M.	Lunch Break	
1:30 P.M.-3:00 P.M.	Presentation: Financing Mortgage Options*	Orlando Vinti, Mortgage Specialist
3:00 P.M.-3:30 P.M.	Closing Speech	Conrad Darling, President
3:30 P.M.-4:00 P.M.	Prize Draw	Jennifer Collins, Secretary

*A short question period will follow each presentation.
If you would like more information, visit www.capitolrealtors.com.

PREPARATION TIME
00:00:45

PREPARATION TIME	RESPONSE TIME
00:00:03	00:00:15

PREPARATION TIME	RESPONSE TIME
00:00:03	00:00:15

PREPARATION TIME	RESPONSE TIME
00:00:03	00:00:30

모범답변·해석·해설 p.87

SELF CHECKLIST

Q1-2

Q3-4

Q5-7

Q8-10

Q11

10일 만에 끝내는 해커스 토익스피킹 스타트

여기까지 오느라 수고 많으셨습니다. **Review Test**에서 푼 문제를 기준으로 지금까지 학습한 내용을 점검하고 자신이 부족한 부분이 어디인지 확인하여 해당 부분을 복습하세요.

1. 나는 45초의 준비 시간과 인트로 음성이 나오는 동안 표에 제공된 정보와 표의 정렬 방식을 파악하였다.

Yes ☐ No ☐

→ **No**를 표시한 경우, 스텝별 전략 익히기로 돌아가 STEP 1. 표 내용 파악하기를 복습하세요.

2. 나는 표의 종류를 파악하여 어떤 질문이 나올지 예상할 수 있었다.

Yes ☐ No ☐

→ **No**를 표시한 경우, 유형별 공략하기로 돌아가 표 종류별 내용과 자주 묻는 질문을 복습하세요.

3. 나는 질문의 내용을 파악한 뒤 표에서 필요한 정보를 찾을 수 있었다.

Yes ☐ No ☐

→ **No**를 표시한 경우, 기초 쌓기로 돌아가 1. 질문 내용 정확히 파악하기, 스텝별 전략 익히기로 돌아가 STEP 2. 질문 파악 후 표에서 정보 찾아 답변하기를 복습하세요.

4. 나는 각각의 질문에 답변을 위한 표현들을 바로 떠올릴 수 있었다.

Yes ☐ No ☐

→ **No**를 표시한 경우, 기초 쌓기로 돌아가 3. 답변에 자주 사용되는 표현 익히기를 복습하세요.

5. 나는 표에 제공된 시간, 날짜, 금액과 같이 숫자와 관련된 정보를 정확히 읽고 답변할 수 있었다.

Yes ☐ No ☐

→ **No**를 표시한 경우, 기초 쌓기로 돌아가 2. 숫자 읽는 방법 익히기를 복습하세요.

무료 토익·토스·오픽·지텔프 자료 제공
Hackers.co.kr

Q 11
의견 제시하기

기초 쌓기
1 답변에 자주 사용되는 표현 익히기
2 주제별로 자주 사용되는 표현 익히기

스텝별 전략 익히기

STEP 1 질문 파악하기
STEP 2 의견 정하고 이유와 근거 떠올리기
STEP 3 의견, 이유, 근거를 템플릿에 넣어 답변하기

Hackers Practice
Hackers Test

유형별 공략하기

1 찬성/반대를 묻는 질문
2 선택 사항을 묻는 질문
3 장·단점을 묻는 질문

Hackers Test

Review Test

Q 11 알아보기

네, 저는 지도자들이 유머 감각이 있어야 한다는 것에 동의합니다. 첫째, 창의적인 분위기를 만들 수 있고, 둘째, 팀원들과 좋은 관계를 구축할 수 있기 때문입니다.

지도자들에게 훌륭한 유머 감각이 필요하다는 것에 동의하시나요?

지도자들에게 유머 감각이 있어야 한다

지도자들의 유머 감각에 대한 자신의 의견과 이유를 말하고 있군요.

지도자들에게 유머 감각이 있어야 한다는 자신의 의견을 말한 후

그에 대한 이유를 말하고 있군요.

Q11은 이처럼 특정 주제에 대한 질문에 자신의 의견을 밝힌 후

그에 대한 이유와 근거를 말하는 문제랍니다.

자, 그럼 이 문제 유형에 대해 좀 더 자세히 알아볼까요?

Q 11은?

특정 주제에 대한 질문에 자신의 의견을 밝힌 후 그에 대한 이유와 근거를 말하는 문제

문제 수 1문제 [Question 11]
준비 시간 45초
답변 시간 60초

Q1-2

Q3-4

Q5-7

Q8-10

Q11

10일 만에 끝내는 해커스 토익스피킹 스타트

Q11에 등장하는 질문은 특정 주제에 대한 찬성/반대를 묻는 질문과, 두세 가지의 선택 사항 중 본인이 선택할 사항을 묻는 질문, 특정 주제의 장·단점을 묻는 질문으로 나누어 볼 수 있어요.

질문 종류	자주 묻는 내용
찬성/반대를 묻는 질문	• 창의성이 업무에 필수적이라는 것에 찬성하는지, 반대하는지 • 지도자의 가장 중요한 자질이 의사소통 능력이라는 것에 대해 찬성하는지, 반대하는지 • 학생들이 스스로 수업을 선택할 수 있어야 한다는 것에 대해 찬성하는지, 반대하는지
선택 사항을 묻는 질문	• 직장에서 일을 할 때 선호하는 방법? (함께 일하는 것 / 혼자 일하는 것) • 15년 후에 가장 변화할 것? (교육 / 관광 / 의학) • 새로운 사업을 홍보하기 위한 가장 효과적인 방법? (TV / 라디오 / 소셜미디어)
장·단점을 묻는 질문	• 여행을 많이 하는 것의 장점이 무엇인지 • 직장에서 회의를 자주 하는 것의 단점이 무엇인지 • 학교에서 과외 활동을 하는 것의 장점이 무엇인지

1 답변에 자주 사용되는 표현을 익혀두세요.

Q11은 1분 스피치처럼 1분 동안 자신의 의견을 논리적으로 말하는 문제예요. 따라서 논리적 답변의 뼈대를 쉽게 세울 수 있도록 답변에 자주 사용되는 표현을 익혀두세요.

2 주제별로 자주 사용되는 표현을 익혀두세요.

Q11에는 자주 등장하는 주제가 있어요. 따라서 이러한 주제에 대한 질문을 빠르고 정확하게 파악하고, 알맞은 표현을 사용하여 이유 및 근거를 제시할 수 있도록 주제별로 자주 사용되는 표현을 익혀두세요.

3 시험이 진행되는 순서에 따른 문제 풀이 전략을 익혀두세요.

Q11은 45초 동안 준비해서 60초 동안 말해야 하는 문제예요. 따라서 준비 시간뿐만 아니라 문제를 읽어주는 시간까지도 효율적으로 활용하여 템플릿에 맞는 답변을 할 수 있도록 시험 진행 순서에 따른 문제 풀이 전략을 익혀두세요.

4 질문의 종류별로 자주 묻는 내용과 그에 대한 답변 아이디어를 익혀두세요.

Q11은 질문의 종류에 따라 자주 나오는 질문이 있어요. 따라서 이러한 질문에 대한 답변 아이디어가 바로 떠오를 수 있도록 자주 나오는 질문에 대한 의견과 그에 대한 답변 아이디어를 미리 익혀두세요.

디렉션

TOEIC Speaking

Question 11: Express an opinion

Directions: In this part, you will be asked to give your thoughts on a certain topic. It is to your advantage to speak as much as possible in the time provided. You will have 45 seconds to prepare your response and 60 seconds to speak.

이 파트에서는 특정 주제에 대해 자신의 의견을 말할 것이며, 45초의 준비 시간과 60초의 답변 시간이 주어질 것이라는 디렉션이 음성과 함께 화면에 제시됩니다.

↓

질문 제시

TOEIC Speaking

Do you agree or disagree with the following statement?

It is necessary for leaders to have a good sense of humor.

Use specific reasons and details to support your opinion.

디렉션이 끝난 후, 질문이 음성과 함께 화면에 제시됩니다.

↓

준비 시간

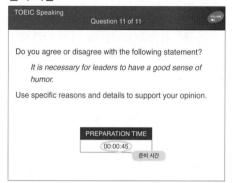

질문 음성이 끝나고, 'Begin preparing now.'라는 음성이 나온 후
45초의 준비 시간이 시작됩니다.

↓

답변 시간

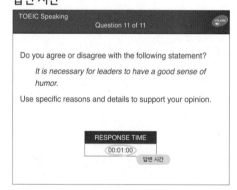

준비 시간이 끝나고, 'Begin speaking now.'라는 음성이 나온 후
60초의 답변 시간이 시작됩니다.

Q1-2

Q3-4

Q5-7

Q8-10

Q11

10일 만에 끝내는 해커스 토익스피킹 스타트

Q11　기초 쌓기

① 답변에 자주 사용되는 표현 익히기 🎧 (Q11_기초) 01

주어진 질문에 대한 논리적 답변의 뼈대를 쉽게 세울 수 있도록 답변에 자주 사용되는 표현을 소리 내 따라 하며 익혀두세요.

의견을 말할 때 쓸 수 있는 표현

🎧 **I think / believe / feel that ~** 나는 ~라고 생각하다/믿다/느끼다

> I think that problem solving skills can help people succeed in society.
> 저는 문제 해결 능력이 사회에서 성공하는 것을 도울 수 있다고 생각합니다.

🎧 **In my opinion** 내 생각에는

> In my opinion, bonuses are effective rewards for outstanding employees.
> 제 생각에는, 상여금은 우수한 직원들을 위한 효과적인 보상입니다.

🎧 **I agree that ~** 나는 ~에 동의한다/찬성한다

> I agree that creativity is the most important quality for a painter.
> 저는 창의력이 화가에게 가장 중요한 자질이라는 것에 동의합니다.

🎧 **I disagree that ~** 나는 ~에 동의하지 않는다/반대한다

> I disagree that students shouldn't be allowed to have mobile phones in the classroom.
> 저는 학생들이 교실에서 휴대전화를 지니면 안 된다는 것에 반대합니다.

선택 사항을 말할 때 쓸 수 있는 표현

I prefer - to ~ 나는 ~보다 -을 더 좋아한다/선호한다

> I prefer buying my clothes in a shop to shopping on the Internet.
> 저는 인터넷에서 쇼핑하는 것보다 가게에서 옷을 사는 것을 더 좋아합니다.

I prefer - rather than ~ 나는 ~하는 것보다 -하는 것을 더 좋아한다/선호한다

> I prefer working at an office rather than working at home.
> 저는 집에서 일하는 것보다 회사에서 일하는 것을 더 좋아합니다.

It is better to - than to ~ ~하는 것보다 -이 낫다

> It is better to learn from a teacher than to learn something in a book.
> 책에서 무언가를 배우는 것보다 선생님으로부터 배우는 것이 낫습니다.

- is better than ~ ~보다 -이 낫다

> I think having a small family is better than having a large family.
> 저는 대가족보다 핵가족이 낫다고 생각합니다.

이유를 말할 때 쓸 수 있는 표현

That's because ~ 그것은 ~이기 때문이다

> That's because students don't have to worry about their educational expenses.
> 그것은 학생들이 그들의 교육비에 대해 걱정할 필요가 없기 때문입니다.

The reason is that ~ 그 이유는 ~이기 때문이다

> The reason is that people learn by making mistakes.
> 그 이유는 사람들은 실수를 함으로써 배우기 때문입니다.

Q1-2
Q3-4
Q5-7
Q8-10
Q11 기초

10일 만에 끝내는 해커스 토익스피킹 스타트

열거할 때 쓸 수 있는 표현

🎧 First / First of all 첫째로

> First of all, riding a bicycle is good for the environment.
> 첫째로, 자전거를 타는 것은 환경에 좋습니다.

🎧 Second / Secondly 둘째로

> Secondly, a good leader must have an attractive personality.
> 둘째로, 훌륭한 지도자는 매력적인 성격을 가져야만 합니다.

🎧 Finally 마지막으로

> Finally, people don't have enough time to watch TV at home.
> 마지막으로, 사람들은 집에서 TV를 볼 충분한 시간이 없습니다.

예를 들 때 쓸 수 있는 표현

🎧 For example 예를 들면

> For example, when I was a child I always went to bed by ten o'clock.
> 예를 들면, 저는 어렸을 때 늘 10시까지 잠자리에 들었습니다.

🎧 To be specific 구체적으로 말하면

> To be specific, people need a place to relax.
> 구체적으로 말하면, 사람들은 쉴 공간을 필요로 합니다.

Check up 🎧 (Q11_기초) 02

하늘색으로 표시된 우리말을 영어로 바꾸어 전체 문장을 영어로 말해보세요. 그리고 음성을 들으며 두 번씩 따라 말해보세요.
(음성은 두 번 들려줍니다.)

1 저는 사람들이 재활용을 하지 않는 것에 대해 벌금을 물어야 한다고 생각합니다.

🎤 _____ people should pay a fine for not recycling.

2 집에서 조리된 음식이 식당에서 제공되는 음식보다 낫습니다.

🎤 Food cooked at home _____ food served at restaurants.

3 제 생각에는 모든 교육이 무상이어야 합니다.

🎤 _____, all education should be free.

4 저는 차를 운전하는 것보다 대중교통을 이용하는 것을 더 좋아합니다.

🎤 _____ taking public transportation _____ driving a car.

5 저는 어린이들과 노인들이 대중교통을 이용할 때 비용을 지불하면 안 된다는 것에 반대합니다.

🎤 _____ children and senior citizens shouldn't have to pay to use public transportation.

6 첫째로, 모든 사람은 동등하게 대우받아야 합니다. 단지 어리거나 나이가 많다고 해서 혜택을 받아서는 안 됩니다.

🎤 _____, all people should be treated equally. A person should not receive benefits simply because they are young or old.

7 둘째로, 대중교통은 이용료가 저렴합니다. 대부분의 사람들이 버스나 지하철을 이용할 수 있도록 가격이 저렴하게 유지됩니다.

🎤 _____, public transportation is cheap to use anyway. Prices are kept low so that most people can afford to take a bus or the subway.

모범답변·해석·해설 p.89

Q1-2
Q3-4
Q5-7
Q8-10
Q11 기초

10일 만에 끝내는 해커스 토익스피킹 스타트

② 주제별로 자주 사용되는 표현 익히기 🎧 (Q11_기초) 03

질문을 빠르고 정확하게 파악하고 알맞은 표현을 사용하여 이유 및 근거를 제시할 수 있도록, 주제별로 자주 사용되는 아래의 표현을 소리 내 따라 하며 익혀두세요.

🔘 일상 생활 관련 표현

🎧 **save money** 돈을 절약하다

> I can save money by using public transportation.
> 저는 대중교통을 이용함으로써 돈을 절약할 수 있습니다.

🎧 **stay healthy** 건강을 유지하다

> Exercising regularly helps me stay healthy.
> 규칙적으로 운동하는 것은 제가 건강을 유지하도록 도와줍니다.

🎧 **have a new experience** 새로운 경험을 하다

> Traveling overseas gives people a chance to have new experiences.
> 해외를 여행하는 것은 사람들에게 새로운 경험을 할 기회를 줍니다.

🎧 **be more reliable than ~** ~보다 더 믿을 만하다

> The information in newspapers is more reliable than online reviews.
> 신문상의 정보는 온라인 후기들보다 더 믿을 만합니다.

🎧 **make a mistake** 실수를 하다

> Parents give suggestions to their children to prevent them from making mistakes.
> 부모들은 아이들이 실수를 하는 것을 방지하기 위해 조언을 합니다.

🎧 **offer a wide range of ~** 다양한 범위의 ~을 제공하다

> Cities offer a wide range of activities for residents.
> 도시는 거주자들에게 다양한 범위의 활동을 제공합니다.

직장 생활 관련 표현

🎧 **make a decision** 결정을 내리다

> I prefer asking a colleague for advice when I have to make an important decision.
> 저는 중요한 결정을 내려야 할 때 동료에게 조언을 구하는 편을 선호합니다.

🎧 **develop one's career** 경력을 개발하다

> Working abroad is a good way to develop one's career.
> 해외에서 근무하는 것은 경력을 개발할 수 있는 좋은 방법입니다.

🎧 **deal with a problem** 문제를 해결하다

> I usually speak with my manager when I need to deal with a problem at work.
> 저는 직장에서 문제를 해결해야 할 때 보통 제 관리자와 이야기를 나눕니다.

🎧 **feel stressed at work** 직장에서 스트레스를 받다

> I really like my job because I don't feel stressed at work.
> 저는 직장에서 스트레스를 받지 않기 때문에 제 직업을 정말 좋아합니다.

🎧 **work with a team** 팀으로 일하다

> I prefer working with a team to working by myself.
> 저는 혼자 일하는 것보다 팀으로 일하는 것을 더 선호합니다.

🎧 **earn money** 돈을 벌다

> Earning a lot of money does not guarantee a person will be happy.
> 많은 돈을 버는 것이 사람이 행복해질 것이라고 보장하지는 않습니다.

Q1-2
Q3-4
Q5-7
Q8-10
Q11 기초
10일 만에 끝내는 해커스 토익스피킹 스타트

학교 생활 관련 표현

focus on studying 학업에 집중하다

> High school students should focus on studying.
> 고등학교 학생들은 학업에 집중해야 합니다.

give an opportunity 기회를 주다

> Visiting art galleries gives students extra opportunities to learn about art.
> 미술관에 방문하는 것은 학생들이 예술에 대해 배울 수 있는 추가적인 기회를 줍니다.

interact with ~와 교류하다

> It is important for students to interact with members of the community.
> 학생들이 지역 사회 구성원들과 교류하는 것은 중요합니다.

learn how to ~하는 방법을 배우다

> I think young people must learn how to solve problems on their own.
> 저는 젊은이들이 그들 스스로 문제를 해결하는 방법을 배워야 한다고 생각합니다.

be required to ~해야 한다

> Many students are required to wear uniforms.
> 많은 학생들은 교복을 입어야 합니다.

get good grades 좋은 성적을 받다

> Students who attend a study group get good grades.
> 스터디 그룹에 참여하는 학생들은 좋은 성적을 받습니다.

하늘색으로 표시된 우리말을 영어로 바꾸어 전체 문장을 영어로 말해보세요. 그리고 음성을 들으며 두 번씩 따라 말해보세요.
(음성은 두 번 들려줍니다.)

1 다른 언어를 말하는 방법을 배우는 것은 사람들이 다른 문화를 더 잘 이해하도록 합니다.

_____ speak another language allows people to understand different cultures.

2 사람들은 집에서 요리함으로써 돈을 절약할 수 있습니다.

People can _____ by cooking at home.

3 다른 관점을 얻도록 돕기 때문에 저는 팀으로 일하는 것을 선호합니다.

I prefer _____ as it helps me get different points of view.

4 사람들은 인턴직을 함으로써 그들의 경력을 개발할 수 있습니다.

People can _____ by doing an internship.

5 사람들은 실수를 할 때, 같은 실수를 다시 하지 말아야 하는 것을 배웁니다.

When people _____, they learn not to do the same thing again.

6 자원봉사 모임에 참여하는 것은 새로운 경험을 할 수 있는 좋은 방법입니다.

Joining a volunteer group is a good way to _____.

7 모든 학생들은 미술 수업을 들어야 합니다.

All students should _____ attend art class.

모범답변·해석·해설 p.90

01-2
03-4
05-7
08-10
Q11 기초
10일 만에 끝내는 해커스 토익스피킹 스타트

스텝별 전략 익히기

학습 목표
문제를 읽어주는 시간과 준비 시간을 효율적으로 활용하여 템플릿에 맞는 답변을 할 수 있도록 스텝별 전략을 익혀둡니다.

STEP 1 질문 파악하기

화면에 제시된 질문을 읽어주는 시간을 활용하여 아래와 같이 질문을 파악해 보세요.

❶ 질문 파악하기

화면에 제시된 질문을 보고 찬성/반대를 묻는 질문인지, 선택 사항을 묻는 질문인지, 또는 장·단점을 묻는 질문인지를 파악하세요. 그 후 무엇에 대해 묻고 있는지를 파악하세요.

예

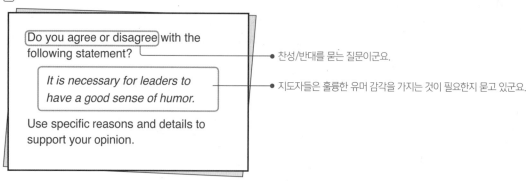

Do you agree or disagree with the following statement? ●— 찬성/반대를 묻는 질문이군요.

It is necessary for leaders to have a good sense of humor. ●— 지도자들은 훌륭한 유머 감각을 가지는 것이 필요한지 묻고 있군요.

Use specific reasons and details to support your opinion.

Q1-2

Q3-4

Q5-7

Q8-10

Q11 스텝

10일 만에 끝내는 해커스 토익스피킹 스타트

STEP 2   의견 정하고 이유와 근거 떠올리기

45초의 준비 시간 동안 아래와 같이 나의 의견을 정하고 그에 대한 이유와 근거를 떠올려 보세요.

❶ 나의 의견 정하기

말할 거리가 더 많이 떠오르는 것을 나의 의견으로 정하세요.

[예]   **질문**: 지도자들은 훌륭한 유머 감각을 가지는 것이 필요한가?

찬성
팀의 창의성을 증진할 수 있다
팀원들과 좋은 관계를 구축할 수 있다

반대
분위기가 지나치게 가벼워질 수 있다

→ 지도자들은 유머 감각이 있어야 한다는 의견이 말할 거리가 더 많이 떠오르므로, 이것을
   나의 의견으로 정하면 되겠군요.

❷ 이유 및 근거 떠올리기

자신의 의견에 대한 이유를 영어로 떠올리세요. 60초의 답변 시간을 효율적으로 사용하여 자신의 의견을 뒷받침하기 위해서는 두 가지 정도의 이유가 적절합니다. 그 후 각각의 이유에 대해 구체적인 설명이나 예시 등과 같은 구체적인 근거를 영어로 떠올리세요.

[예]   나의 의견 | 지도자들은 훌륭한 유머 감각을 가지는 것이 필요하다는 것에 찬성한다.

이유 1 | improve their team's creativity
            팀의 창의성을 증진할 수 있다

근거 | ask more questions and share ideas freely
            질문을 더 많이 하고 의견을 자유롭게 공유한다

이유 2 | build good relationships with their team members
            팀원들과 좋은 관계를 구축할 수 있다

근거 | my boss at my previous company
            전 직장 상사

60초의 답변 시간 동안, 앞서 정한 의견과 떠올린 이유 및 근거를 아래의 템플릿에 넣어 말해 보세요.

만능 답변 템플릿

나의 의견 ⋯⋯⋯⋯

I agree[disagree] that 나의 의견 **for several reasons.** [찬성/반대를 묻는 경우]
저는 몇 가지 이유로 ~에 찬성(반대)합니다.

or

I prefer 나의 의견 **for several reasons.** [두 가지의 선택 사항에 대해 묻는 경우]
저는 몇 가지 이유로 ~을 선호합니다.

or

I believe that 나의 의견 **for several reasons.** [세 가지의 선택 사항에 대해 묻는 경우]
저는 몇 가지 이유로 ~이라고 믿습니다.

or

I think there are some advantages[disadvantages] of ~. [장·단점을 묻는 경우]
저는 ~에 몇 가지 장점[단점]이 있다고 생각합니다.

이유 1 ⋯⋯⋯⋯

First/First of all, 첫 번째 이유
첫째로, ~

근거 ⋯⋯⋯⋯

To be specific, 이유에 대한 구체적인 설명
구체적으로 말하면, ~

or

For example, 이유에 대한 예시
예를 들어, ~

이유 2 ⋯⋯⋯⋯

Second/Secondly, 두 번째 이유
둘째로, ~

근거 ⋯⋯⋯⋯

To be specific, 이유에 대한 구체적인 설명
구체적으로 말하면, ~

or

For example, 이유에 대한 예시
예를 들어, ~

마무리 ⋯⋯⋯⋯

For these reasons, I think/prefer 나의 의견
이러한 이유로, 저는 ~라고 생각합니다. / ~을 선호합니다

or

Therefore, I think/prefer 나의 의견
그러므로, 저는 ~라고 생각합니다. / ~을 선호합니다

예

	정리한 내용		답변

나의 의견 .... · 찬성 ▷ I agree that it is necessary for leaders to have a good sense of humor for several reasons.

이유 1 .... · improve their team's creativity ▷ First, leaders can improve their team's creativity by using humor.

근거 .... · ask more questions and share ideas freely ▷ To be specific, humor creates a comfortable work atmosphere. In this kind of environment, people ask more questions and share ideas freely.

이유 2 .... · build good relationships with their team members ▷ Secondly, leaders can build good relationships with their team members.

근거 .... · my boss at my previous company ▷ For example, my boss at my previous company was very humorous. I enjoyed working with him. We achieved excellent results on several projects through our great teamwork.

마무리 .... · 유머 감각은 필요하다 ▷ Therefore, I think it's necessary for leaders to have a good sense of humor.

해석 저는 몇 가지 이유로 지도자들은 훌륭한 유머 감각을 가지는 것이 필요하다는 것에 찬성합니다. 첫째로, 지도자들은 유머를 사용함으로써 팀의 창의성을 증진할 수 있습니다. 구체적으로 말하면, 유머는 편안한 근무 분위기를 조성합니다. 이런 종류의 환경에서, 사람들은 더 많은 질문을 하고 의견을 자유롭게 공유합니다. 둘째로, 지도자들은 그들의 팀원들과 좋은 관계를 구축할 수 있습니다. 예를 들어, 제 전 직장 상사는 매우 유머러스했습니다. 저는 그와 일하는 것을 좋아했습니다. 저희는 뛰어난 팀워크를 통해 몇몇 프로젝트에서 탁월한 결과를 냈습니다. 그러므로, 저는 지도자들은 훌륭한 유머 감각을 가지는 것이 필요하다고 생각합니다.

스텝별 전략 적용시켜 보기 해설집 p.91에서, 지금까지 전략과 함께 학습한 예를 실제 시험 문제를 푼다는 생각으로 음성을 들으며 준비 시간과 답변 시간을 지켜 풀어보세요. 🎧 (Q11_스텝) 05

Q1-2

03-4

05-7

08-10

Q11 스텝

10일 만에 끝내는 해커스 토익스피킹 스타트

Hackers Practice

앞에서 배운 전략을 사용하여, **STEP 1**의 질문에 답한 후, **STEP 2**의 의견, 이유 및 근거를 영어로 작성해 보세요. 그 후, **STEP 3**의 우리말로 적혀 있는 부분을 영어로 바꾸어 답변해 보세요. 🎧 (Q11_스텝) 06

> Some people like taking vacations in the countryside. ①
> Other people enjoy going to a large city on vacation.
> Which do you prefer and why?

STEP 1 질문 파악하기

① 무엇에 대해 묻는 질문인가요? _____

STEP 2 의견 정하고 이유와 근거 떠올리기

② 나의 의견 ㅣ 큰 도시로 휴가를 가는 것을 선호 _____
③ 이유 1 ㅣ 큰 도시에 볼거리가 더 많음 _____
④ 근거 ㅣ 박물관, 미술관, 공연들이 있음 _____
⑤ 이유 2 ㅣ 새로운 것들을 시도하는 것을 좋아함 _____
⑥ 근거 ㅣ 큰 도시는 다양한 음식, 상점들, 그리고 활동들을 제공함
_____

STEP 3 의견, 이유, 근거를 템플릿에 넣어 답변하기

나의 의견	🎤 ____⑦ 나는 선호한다____ going to a large city on vacation rather than taking vacations in the countryside for several reasons.
이유 1 + 근거	🎤 ____⑧ 첫째로____, there is more to see in a large city. ____⑨ 예를 들어____, there are museums, galleries, and shows. These are things which you cannot find easily in the countryside.
이유 2 + 근거	🎤 ____⑩ 둘째로____, I like trying new things during my vacation. _____ ⑪ 구체적으로 말하면_____, a large city offers a wide range of food, shops, and activities. The countryside may be relaxing, but there is not much to do there.
마무리	🎤 ____⑫ 이러한 이유로____, I prefer going to a large city on vacation.

2

Do you agree or disagree with the following statement?

Parents should always give their children advice or suggestions.

Use specific reasons and details to support your opinion.

STEP 1 질문 파악하기

① 무엇에 대해 묻는 질문인가요?

STEP 2 의견 정하고 이유와 근거 떠올리기

② 나의 의견 | 부모들이 항상 그들의 자녀에게 충고나 제안을 해 주어야 한다는 것에 찬성

③ 이유 1 | 부모들은 연장자이며 인생에 대한 경험이 더 많음

④ 근거 | 실수를 통해 배워왔음, 자녀들이 똑같은 실수를 하지 않도록 도울 수 있음

⑤ 이유 2 | 아이들은 중요한 결정을 내릴 때 도움이 필요함

⑥ 근거 | 부모님이 나를 더 잘 이해하셔서, 그들의 충고가 종종 도움이 되었음

STEP 3 의견, 이유, 근거를 템플릿에 넣어 답변하기

나의 의견	I agree that parents should always give their children advice or suggestions ___⑦ 몇 가지 이유로___.
이유 1 + 근거	___⑧ 첫째로___, parents are older and have more experience in life. To be specific, they have ___⑨ 실수를 통해 배워왔고___ they made and can help their children not to make the same errors.
이유 2 + 근거	___⑩ 둘째로___, children need help with making important decisions. ___⑪ 예를 들어___, when I was a child, I was unable to make some decisions by myself and needed help. Because my parents understand me better than other people, their advice was often useful.
마무리	For these reasons, ___⑫ 나는 ~라고 생각한다___ parents should always offer advice or suggestions to their children.

3

> What are the advantages of starting your own company instead of being employed by a company? ①
>
> Use specific ideas and examples to support your opinion.

STEP 1　질문 파악하기

① 무엇에 대해 묻는 질문인가요?　_____

STEP 2　의견 정하고 이유와 근거 떠올리기

② 나의 의견 | 회사에 고용되는 것 대신에 나의 사업을 시작하는 것에 몇 가지 장점이 있음

③ 장점 1　 | 회사를 소유한다면 내 일에 대해 더욱 열정적일 것임

④ 근거　　 | 더 열심히 일할 것이고 업무에 더 많은 에너지를 쏟을 것임

⑤ 장점 2　 | 꿈을 실현하도록 할 것임

⑥ 근거　　 | 항상 사업을 소유하고 싶었으므로, 큰 성취가 될 것임

STEP 3　의견, 이유, 근거를 템플릿에 넣어 답변하기

나의 의견	🎤 I think ____⑦ ~에 몇 가지 장점이 있다____ starting my own company instead of being employed by a company.
장점 1 + 근거	🎤 ____⑧ 첫째로____, I would be more passionate about my job if I owned my own company. I would ____⑨ 더 열심히 일하다____ and invest more energy in projects.
장점 2 + 근거	🎤 ____⑩ 둘째로____, running my own company would allow me to realize my dream. ____⑪ 구체적으로 말하면____, I've always wanted to own a business, so it'd be a major accomplishment for me. Going to work would be exciting and very rewarding.
마무리	🎤 ____⑫ 그러므로____, I think these are some advantages of starting my own company.

4

Do you agree or disagree with the following statement?

Social media has improved communication between people.

Use specific ideas and examples to support your opinion.

Q1-2 Q3-4 Q5-7 Q8-10 Q11 스발

STEP 1 질문 파악하기

① 무엇에 대해 묻는 질문인가요?

STEP 2 의견 정하고 이유와 근거 떠올리기

② 나의 의견 | 소셜 미디어가 사람들 간에 의사소통을 증진했다는 것에 찬성

③ 이유 1 | 소셜 미디어를 통해 동시에 많은 사람들과 내 인생에 대한 것들을 공유할 수 있음

④ 근거 | 최근 소셜 미디어에 나의 새로운 직업을 알렸고 많은 사람들이 축하해 줌

⑤ 이유 2 | 소셜 미디어를 통해 더 빠르고 보다 저렴한 비용으로 의사소통할 수 있음

⑥ 근거 | 친구들이 어디에 있건 몇 초 내에 무료로 메시지를 보낼 수 있음

STEP 3 의견, 이유, 근거를 템플릿에 넣어 답변하기

나의 의견	🎤 _____⑦ 나는 찬성한다_____ that social media has improved communication between people for several reasons.
이유 1 + 근거	🎤 _____⑧ 첫째로_____, I can share things about my life with many people at the same time through social media. _____⑨ 구체적으로 말하면_____, I recently announced my new job on social media and many people congratulated me.
이유 2 + 근거	🎤 _____⑩ 둘째로_____, people can communicate faster and less expensively through social media. Previously, I had to send letters to friends overseas. It took at least a month to get a reply, and I had to buy stamps. But now I can send messages to my friends everywhere within a few seconds for free.
마무리	🎤 _____⑪ 이러한 이유로_____, I think social media has improved communication.

모범답변·해석·해설 p.92

10일 만에 끝내는 해커스 토익스피킹 스타트

Hackers Test

실제 시험 문제를 푼다는 생각으로, 45초 동안 준비하여 60초 동안 녹음하며 답변해 보세요. 🎧 (Q11_스텝) 07

1

TOEIC Speaking

VOLUME

Some people prefer to work alone at home, and others prefer to work with a team in an office. Which do you prefer and why?

Use specific reasons and details to support your opinion.

🎤

2

TOEIC Speaking

VOLUME

What are the advantages of being able to cook?

Give specific reasons and examples to support your opinion.

🎤

01-2

03-4

05-7

08-10

Q11 스텝

10일 만에 끝내는 해커스 토익스피킹 스타트

3 TOEIC Speaking

Do you agree or disagree with the following statement?

All university students should be required to participate in community service.

Give specific reasons and examples to support your opinion.

4 TOEIC Speaking

Which of the following do you think is the best way to obtain information if you plan to buy a car?

- Talking to a salesperson
- Reading customer reviews online
- Visiting a car company's Web site

Choose ONE of the options and give specific reasons and details to support your opinion.

모범답변·해석·해설 p.96

Q11
유형별 공략하기

학습 목표

질문을 보고 의견과 그에 대한 이유 및 근거가 바로 떠오를 수 있도록 자주 나오는 질문과 그에 대한 답변 아이디어를 미리 익혀두세요.

1 찬성/반대를 묻는 질문

찬성/반대를 묻는 질문은 주어진 질문에 찬성하는지, 반대하는지에 대한 의견을 물어요.

일상 생활

Q. 중요한 의사 결정을 할 때 친구들에게 의견을 물어보아야 한다는 것에 동의하나요?

의견	· Agree (동의해요)
이유 1 근거	· 친구들은 나를 잘 알고 이해한다. know and understand me very well · 나에게 중요한 것이 무엇인지 알고 도움이 되는 충고를 한다. understand what is important to me and offer helpful advice
이유 2 근거	· 내가 모르는 것을 알고 있다. know things I don't know · 집을 사려고 보고 있을 때 친구에게 조언을 구했고, 결국 싼 가격에 샀다. when looking to buy a house, asked my friend; bought a house later and paid much less

Q. 오늘날의 사람들이 과거의 사람들보다 여가 활동을 더 많이 한다는 것에 동의하나요?

의견	· Agree (동의해요)

이유 1
 	
근거
	· 기술의 발달로 업무를 빨리 처리할 수 있다.
	  can handle tasks more quickly due to the advancement of technology
	· 컴퓨터를 사용하여 효율적으로 일하고, 여가 시간에 취미를 즐긴다.
	  work efficiently using computers, and enjoy their hobbies in their free time

이유 2 근거	· 여가 활동을 위한 장소가 더 많다. more places for leisure activities · 동네에 공연장과 공원이 많다. a lot of theaters and parks in my neighborhood

Q. 부모는 항상 자녀에게 조언이나 제안을 해 주어야 한다는 것에 동의하나요?

의견	· Agree (동의해요)
이유 1 근거	· 부모님은 나이가 더 많고 인생 경험도 더 많다. older; have more experience in life · 실수를 통해 배워서, 자녀가 똑같은 실수를 하지 않게 도와준다. learned from their mistakes; help their children not to make the same errors
이유 2 근거	· 자녀는 중요한 결정을 할 때 도움이 필요하다. need help with making important decisions · 부모님은 누구보다 나를 더 잘 알아서, 그들의 조언은 도움이 된다. my parents understand me better than anyone; their advice is helpful

직장 생활

Q. 직장에서 성공하기 위해서 멀티태스킹 능력이 반드시 필요하다는 것에 동의하나요?

의견	· Disagree (동의하지 않아요)
이유 1 근거	· 한 번에 한 가지 업무에 집중하는 것이 더 나은 결과물을 낸다. produce better outcome when focusing on one task at a time · 관심을 분산할 필요가 없다. don't have to divide one's attention
이유 2 근거	· 기술은 우리가 다양한 업무를 처리할 수 있도록 도와준다. technology can help us manage various tasks · 스마트폰 알림 smartphone reminders

Q. 기업은 그들 수익의 일정 비율을 자선 단체에 기부해야 한다는 것에 동의하나요?

의견	· Agree (동의해요)
이유 1 근거	· 사회에 환원해야 한다. give back to society · 사람들이 기업의 상품을 구매하므로, 기업은 감사를 표시해야 한다. buy the company's products; should show appreciation
이유 2 근거	· 회사 이미지에 좋다. good for their image · 좋은 공적 평판을 얻을 것이다. have a good public reputation

Q. 좋은 지도자의 가장 중요한 자질이 의사소통 기술이라는 것에 동의하나요?

의견	· Disagree (동의하지 않아요)
이유 1 근거	· 가장 중요한 자질은 문제 해결력이다. their ability to solve problems · 잘 듣고, 모두에게 이익이 되는 해결책을 내놓을 수 있어야 한다. must be able to listen well; come up with solutions that benefit everyone

01-2

03-4

05-7

08-10

Q11 유형

10일 만에 끝내는 해커스 토익스피킹 스타트

이유 2	· 매력적인 성격을 가지고 있어야 한다. must have an attractive personality
근거	· 나의 코치는 재미있고 상냥하고 친절해서, 그를 존경하고 그의 말을 귀 기울여 듣는다.
	my coach is funny, friendly, and kind; respect him and listen carefully to what he
	has to say

학교 생활

Q. 고등학생들은 더 많은 시간을 실외에서 운동하며 보내야 한다는 것에 동의하나요?

의견	· Agree (동의해요)
이유 1	· 운동은 건강에 좋다. physical activities are good for our health
근거	· 몸을 튼튼하게 하고, 병을 예방한다.
	keep their bodies strong; prevent them from becoming sick
이유 2	· 공부를 더 잘하게 된다. do better in their studies
근거	· 운동은 학생들의 정신이 쉴 수 있는 기회를 주고, 그들이 공부에 더 잘 집중하도록 한다.
	give students' minds a chance to relax; allow them to concentrate more on their
	studies

Q. 고등학교 학생들이 공부하고 싶은 과목을 선택할 수 있어야 한다는 것에 동의하나요?

의견	· Disagree (동의하지 않아요)
이유 1	· 특정 과목들을 배워야 한다. need to learn certain subjects
근거	· 대학에 가거나 직업을 구하기 위해 기본적인 것을 이해해야 한다.
	should understand basic things in order to go to university or get a job
이유 2	· 이런 결정을 하기에 너무 어리다. too young to make these decisions
근거	· 이런 선택권이 있었다면, 나는 체육과 미술 과목만 공부했을 것이다.
	given this choice; only have studied P.E. and art

Q. 모든 대학생들이 지역 봉사에 참여해야 한다는 것에 동의하나요?

의견	· Disagree (동의하지 않아요)
이유 1	· 공부에 집중해야 한다. should focus on their studies
근거	· 내가 대학생이었을 때 바빠서, 지역 봉사를 해야 했다면 반가워하지 않았을 것이다.
	when in university, very busy; wouldn't have been happy about being required to
	do community service
이유 2	· 지역 봉사는 자원해서 해야 한다. should volunteer to do community service
근거	· 강요받고 한 사람은 기꺼이 사람만큼 잘하지 못할 것이다.
	will not do as good a job as those who do it willingly

2 선택 사항을 묻는 질문

선택 사항을 묻는 질문은 주어진 두 가지 의견 중 선호하는 것을 묻거나, 문제에 대한 답변으로 세 가지의 선택 사항 중 어떤 것을 선택할지를 물어요.

일상 생활

Q. 도시의 작은 집에서 사는 것과 교외의 큰 집에서 사는 것 중 어떤 것을 더 선호하나요?

의견	· 도시의 작은 집에서 사는 것을 더 좋아해요.
이유 1 근거	· 도시에 사는 것이 더 편리하다. more convenient · 도시에서 일하기 때문에, 매일 직장을 가기 위해 많은 시간을 소비하기 싫다. work in a city; don't want to spend a long time traveling to work every day
이유 2 근거	· 집에서 많은 시간을 보내지 않는다. don't spend much time at home · 도시에는 할 수 있는 것들이 많아서, 집에 많이 머무르지 않는다. many things to do in the city; don't stay at home very much

Q. 도시로 휴가를 떠나는 것과 시골로 휴가를 떠나는 것 중 어떤 것을 더 선호하나요?

의견	· 도시로 휴가 떠나는 것을 더 좋아해요.
이유 1 근거	· 도시에는 볼 것이 더 많다. more to see in cities · 박물관처럼 시골에는 볼 수 없는 것들이 있다. things you cannot find in the country like museums

이유 2
 	
근거
	· 휴가 동안 새로운 것을 시도하는 것을 좋아한다.
	  prefer trying new things during my vacation
	· 시골은 다양성이 적고 선택권도 한정적이다.
	  little variety and choices are limited in the country

Q. 돈을 저금하기 위한 가장 좋은 방법은 무엇인가요? (전문가의 도움 받기/월별 예산 세우기/소비 줄이기)

의견	· 월별 예산을 세우는 것이 가장 좋아요.
이유 1 근거	· 일정한 액수가 저금되는 것을 보장한다. ensures that a person will save the same amount of money · 저금하는 것이 습관이 되게 한다. makes saving a habit
이유 2 근거	· 적절한 재정적 목표를 세울 수 있게 한다. set reasonable financial goals · 월별 지출에 돈이 얼마나 필요한지 안다. know how much money is needed for monthly expenses

Q1-2
Q3-4
Q5-7
Q8-10
Q11 유형
10일 만에 끝내는 해커스 토익스피킹 스타트

직장 생활

Q. 함께 일하는 것과 혼자 일하는 것 중 어떤 것을 더 선호하나요?

의견	· 혼자 일하는 것이 더 좋아요.
이유 1 근거	· 나만의 스케줄을 짤 수 있다. can set my own schedule · 내 속도대로 일할 수 있다. can work at my own speed
이유 2 근거	· 스스로 의사 결정을 내리는 것이 더 쉽다. easier to make decisions by myself · 그룹과 일할 때 의사 결정 시간이 많이 걸린다. when working with a group; take a lot of time to make a decision

Q. 좋아하는 일이지만 월급이 적은 직업과 싫어하는 일이지만 월급이 많은 직업 중 어떤 것을 더 선호하나요?

의견	· 좋아하는 일이지만 월급이 적은 직업을 더 좋아해요.
이유 1 근거	· 돈이 사람을 행복하게 해주지 않는다. money doesn't make people happy · 직업을 싫어하는 사람은 불행하고, 여분의 돈이 기분을 나아지게 하지 않는다. people who don't like their jobs are unhappy; extra money doesn't make them feel better
이유 2 근거	· 일을 즐기는 사람이 인생에 더 만족한다. people who enjoy their jobs; more satisfied with life · 돈을 많이 벌지 않지만, 내 직업을 좋아한다. don't earn much money, but I like my job

Q. 새로운 사업을 홍보하기 위한 가장 효과적인 방법은 무엇인가요? (TV/라디오/소셜 미디어)

의견	· 소셜 미디어가 가장 효과적이에요.
이유 1 근거	· 기존 형태의 광고보다 덜 비싸다. less expensive than traditional forms of advertising · 소셜 미디어 사이트에 계정을 만드는 데 비용이 들지 않는다. no charge to create an account on most social media sites
이유 2 근거	· 다수의 사람들에게 도달할 수 있다. can reach a large number of people · 어떤 광고들은 일주일 내에 2만 명 이상이 보기도 한다. some advertisements; seen by over twenty thousand people in a week

Q. 스스로 정답을 찾는 것과 선생님들이 설명을 하는 것 중 어떤 것이 이해에 도움이 되나요?

의견	• 스스로 정답을 찾는 것이 이해에 도움이 돼요.
이유 1 근거	• 어디서 어떻게 정답을 찾아야 할지를 배운다. learn how and where to find answers • 내가 초등학교 때, 책에서 모르는 것을 찾았고, 스스로 해답을 찾는 법을 배웠다. when in elementary school, looked things up in books; learned how to find explanations myself
이유 2 근거	• 더 잘 기억한다. remember better • 선생님이 정답을 알려주면 기억을 잘 못한다. when a teacher gives them an answer; less likely to remember it

Q. 많은 책을 읽는 수업과 많은 작문을 하는 수업 중 어떤 것을 더 선호하나요?

의견	• 많은 책을 읽는 수업을 더 좋아해요.
이유 1 근거	• 시간이 덜 걸린다. takes less time • 내 생각을 적는 데 시간이 많이 걸리는데, 무언가를 읽는 데는 시간이 덜 걸린다. takes a long time to write down my thoughts; a shorter time to read something
이유 2 근거	• 작문을 잘하지 못한다. poor at writing • 작문 실력이 좋지 않아서, 차라리 책을 많이 읽는 것이 낫다. my writing skills aren't great; would rather do a lot of reading

Q. 아이들을 공부시키기 위한 가장 좋은 방법은 무엇인가요? (보상 주기/공부 계획 짜기/개인 지도하기)

의견	• 공부 계획을 짜는 것이 가장 좋은 방법이에요.
이유 1 근거	• 정해진 일일 계획을 따르면 공부하는 것을 피하려고 하지 않는다. follow a fixed routine; do not try to avoid studying • 계획을 달성하면서 성취감을 느낀다. feel a sense of accomplishment through achieving the plan
이유 2 근거	• 그렇지 않은 아이들보다 공부를 더욱 자주 한다. study more often than those who don't • 매주 같은 양의 시간 동안 공부한다. study for the same amount of time each week

Q1-2

Q3-4

Q5-7

Q8-10

Q11 유형

10일 만에 끝내는 해커스 토익스피킹 스타트

3 장·단점을 묻는 질문

장·단점을 묻는 질문은 특정 주제의 장점 또는 단점이 무엇인지를 물어요.

일상 생활

Q. 여행을 많이 하는 것의 장점은 무엇인가요?

의견	· 몇 가지 장점이 있어요.
장점 1 근거	· 새로운 경험을 할 수 있다. can have new experiences · 가보지 못한 곳에 가거나 새로운 사람을 만날 수 있다. visit places I've never been to; meet new people
장점 2 근거	· 더 활기차고 재미있는 생활을 할 수 있다. can lead a more active and fun life · 기분 전환을 할 기회가 많고, 스트레스를 풀기 더 쉽다. more opportunities to refresh myself; easier to relieve stress

Q. SNS를 이용해 정보를 빠르게 얻는 것의 단점은 무엇인가요?

의견	· 몇 가지 단점이 있어요.
단점 1 근거	· 어떤 정보들은 부정확할 수 있다. some information could be inaccurate · 사실 여부가 확인되지 않은 글이 많다. a lot of posts aren't verified
단점 2 근거	· 자세하고 전문적인 정보를 얻기 힘들다. hard to get detailed and professional information · 글의 길이가 짧고 깊이가 없다. most posts are short and lack depth

직장 생활

Q. 직장에서 회의를 자주 하는 것의 단점은 무엇인가요?

의견	· 몇 가지 단점이 있어요.
단점 1 근거	· 업무를 할 시간이 부족하다. less time to get tasks done · 회의에 쓴 시간만큼 추가 근무를 해야 할 수도 있다. may have to work overtime to make up for time spent in meetings
단점 2 근거	· 효율성이 낮다. less efficient · 집중하지 않는 직원들이 생긴다. some employees won't be paying attention

Q. 신입 사원이 경력이 있는 직원에 비해 가지는 장점은 무엇인가요?

의견	· 몇 가지 장점이 있어요.
장점 1 근거	· 고정 관념이 적다. have fewer stereotypes · 틀에 얽매이지 않고 생각하고 신선한 아이디어를 떠올린다. think outside the box; come up with fresh ideas
장점 2 근거	· 더 의욕적이다. more motivated · 동료와 상사들에게 스스로를 증명하고 싶어 한다. want to prove themselves to coworkers and bosses

학교 생활

Q. 학교에서 과외 활동을 하는 것의 장점은 무엇인가요?

의견	· 몇 가지 장점이 있어요.
장점 1 근거	· 관심 있는 분야를 더 깊게 배울 수 있다. can learn more about a field I am interested in · 노래하는 것을 좋아해서 고등학교 때 합창단 활동을 했다. like singing; joined a choir in high school
장점 2 근거	· 친구들을 사귀는 데에 도움이 된다. help me make friends · 다른 반의 친구들을 사귈 수 있다. can get to know students in other classes

Q. 대학생이 기숙사에서 생활하는 것의 단점은 무엇인가요?

의견	· 몇 가지 단점이 있어요.
단점 1 근거	· 타인과 함께 생활해야 한다. have to live with other people · 가족이 아닌 다른 사람과 사는 것은 힘들 수 있다. can be difficult to live with someone who's not your family
단점 2 근거	· 지켜야 할 규칙이 많다. many rules to follow · 어떤 기숙사들은 통행금지 시간이 있어서, 그것에 따라야 한다. some dormitories have a curfew; must keep it

Hackers Test

실제 시험 문제를 푼다는 생각으로, 45초 동안 준비하여 60초 동안 녹음하며 답변해 보세요. 🎧 (Q11_유형) 08

1

TOEIC Speaking

VOLUME

Do you prefer to take a guided group tour or travel by yourself when sightseeing in a foreign country?

Use specific reasons and details to support your opinion.

2

TOEIC Speaking

VOLUME

Do you agree or disagree with the following statement?

High school students should be able to choose which subjects they want to study.

Use specific reasons and details to support your answer.

3

TOEIC Speaking

Do you agree or disagree with the following statement?

Advanced technologies have improved the quality of education.

Use specific ideas and examples to support your opinion.

4

TOEIC Speaking

When learning another language, some people visit another country to improve their skills, and others study in their own country. Which do you prefer and why?

Give specific reasons and examples to support your opinion.

5 TOEIC Speaking

Which of the following is the most important thing to consider when looking for a new job?

· Salary Amount　　· Employee Benefits　　· Promotion Opportunities

Choose ONE of the options and use specific reasons and examples to support your opinion.

6 TOEIC Speaking

Do you agree or disagree with the following statement?

Students should get free admission to museums.

Give specific reasons and examples to support your opinion.

Q1-2

Q3-4

Q5-7

Q8-10

Q11 우형

10일 만에 끝내는 해커스 토익스피킹 스타트

7

TOEIC Speaking

What are some advantages of watching a movie in a theater compared to at home?

Use specific ideas and examples to support your opinion.

8

TOEIC Speaking

What are some disadvantages of including the opinions of colleagues when evaluating an employee?

Use specific reasons and examples to support your opinion.

모범답변·해석·해설 p.100

Review Test

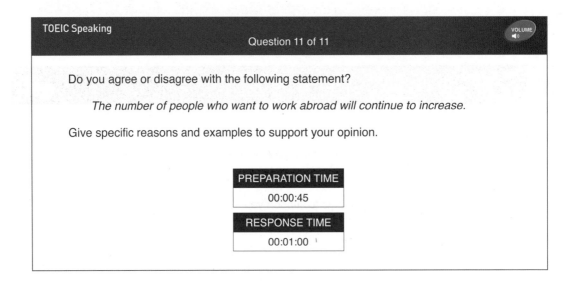

TOEIC Speaking　　　　　　　　　　　　　　　　　　　　　　VOLUME 🔊

Question 11: Express an opinion

Directions: In this part, you will be asked to give your thoughts on a certain topic. It is to your advantage to speak as much as possible in the time provided. You will have 45 seconds to prepare your response and 60 seconds to speak.

TOEIC Speaking　　　　　　　　　　　　　　　　　　　　　　VOLUME 🔊

Question 11 of 11

Do you agree or disagree with the following statement?

The number of people who want to work abroad will continue to increase.

Give specific reasons and examples to support your opinion.

PREPARATION TIME
00:00:45

RESPONSE TIME
00:01:00

모범답변·해석·해설 p.108

SELF CHECKLIST

Q1-2

Q3-4

Q5-7

Q8-10

Q11

10일 만에 끝내는 해커스 토익스피킹 스타트

여기까지 오느라 수고 많으셨습니다. **Review Test**를 푼 결과를 기준으로 지금까지 학습한 내용을 점검하고 자신이 부족한 부분이 어디인지 확인하여 해당 부분을 복습하세요.

1. **나는 질문 음성이 나오는 동안 질문의 내용 및 유형을 파악할 수 있었다.**   Yes ☐ No ☐

   → **No**를 표시한 경우, 스텝별 전략 익히기로 돌아가 **STEP 1**. 질문 파악하기를 복습하세요.

2. **나는 45초의 준비 시간 동안 질문에 대한 나의 의견을 바로 결정하고 이유와 근거를 떠올릴 수 있었다.**   Yes ☐ No ☐

   → **No**를 표시한 경우, 스텝별 전략 익히기로 돌아가 **STEP 2**. 의견 정하고 이유와 근거 떠올리기를 복습하세요.

3. **나는 45초의 준비 시간 동안 나의 의견에 대한 이유와 근거가 될 수 있는 아이디어를 바로 떠올릴 수 있었다.**   Yes ☐ No ☐

   → **No**를 표시한 경우, 유형별 공략하기로 돌아가 자주 출제되는 질문과 그에 대한 답변 아이디어를 복습하세요.

4. **나는 질문에 대한 의견과 이유 및 근거를 말하기 위한 표현들과 주제별로 자주 쓰이는 표현들을 바로 떠올릴 수 있었다.**   Yes ☐ No ☐

   → **No**를 표시한 경우, 기초 쌓기로 돌아가 1. 답변에 자주 사용되는 표현 익히기, 2. 주제별로 자주 사용되는 표현 익히기를 복습하세요.

5. **나는 준비 시간 동안 떠올린 의견 및 근거를 템플릿에 넣어 답변할 수 있었다.**   Yes ☐ No ☐

   → **No**를 표시한 경우, 스텝별 전략 익히기로 돌아가 **STEP 3**. 의견, 이유, 근거를 템플릿에 넣어 답변하기를 복습하세요.

무료 토익·토스·오픽·지텔프 자료 제공
Hackers.co.kr

Actual Test

Actual Test   1
Actual Test   2
Actual Test   3

잠깐!
테스트 전
확인사항

☐ 휴대전화의 전원을 껐습니다.

☐ 시간을 체크할 시계가 준비되었습니다.

☐ 답변을 녹음할 녹음기가 준비되었습니다.

모두 완료되었으면 실제 시험을 본다는 생각으로 테스트를 시작합니다.

MP3는 6_Actual Test 폴더 안에 있습니다.

Actual Test 1

(AT1) 01

TOEIC Speaking

Speaking Test Directions

The TOEIC Speaking Test comprises 11 questions and evaluates a wide range of speaking skills. The entire test will take approximately 20 minutes to complete.

Questions 1-2 <Read a text aloud>
• Evaluation criteria: pronunciation, intonation and stress

Questions 3-4 <Describe a picture>
• Evaluation criteria: all of the above, plus grammar, vocabulary, and cohesion

Questions 5-7 <Respond to questions>
• Evaluation criteria: all of the above, plus relevance of content, and completeness of content

Questions 8-10 <Respond to questions using information provided>
• Evaluation criteria: all of the above

Question 11 <Express an opinion>
• Evaluation criteria: all of the above

For each question, the amount of time given for preparation and speaking will be clearly stated.

It is to your advantage to speak as much as possible in the allotted time. It is also important to speak clearly and to follow the directions carefully.

Click on **Continue** to go on.

TOEIC Speaking

Questions 1-2: Read a text aloud

Directions: In this part, you will be asked to read aloud the text on the screen. You will have 45 seconds to prepare. Then you will have 45 seconds to read the text out loud.

TOEIC Speaking

If your vacuum cleaner doesn't leave your place as spotless as you want, it's time to trade it in for a brand-new TC 370. Its simple design, high power, and efficient energy use will make this a great addition to any home. We're offering special deals to the first fifty customers. Come and get yours today!

PREPARATION TIME	RESPONSE TIME
00:00:45	00:00:45

TOEIC Speaking

You have reached Julianne's Craft Store. Our store is currently closed, so we are unable to answer your call. Please call back during normal business hours, send an e-mail to our headquarters' 24-hour customer service center, or leave a message with your question or concern. We'll be more than happy to assist you. Thank you.

PREPARATION TIME	RESPONSE TIME
00:00:45	00:00:45

Questions 3-4: Describe a picture

Directions: In this part, you will be asked to describe the picture on the screen in as much detail as possible. You will have 45 seconds to prepare your response. Then you will have 30 seconds to talk about the picture.

PREPARATION TIME	RESPONSE TIME
00:00:45	00:00:30

PREPARATION TIME	RESPONSE TIME
00:00:45	00:00:30

Actual Test 1

Actual Test 2

Actual Test 3

10일 만에 끝내는 해커스 토익스피킹 스타트

Questions 5-7: Respond to questions

Directions: In this part, you will be asked to answer three questions. After listening to each question, you will have three seconds to prepare your response. You will have 15 seconds to respond to Questions 5 and 6 and 30 seconds to respond to Question 7.

Imagine that a friend is talking to you on the telephone. You are having a conversation about movies.

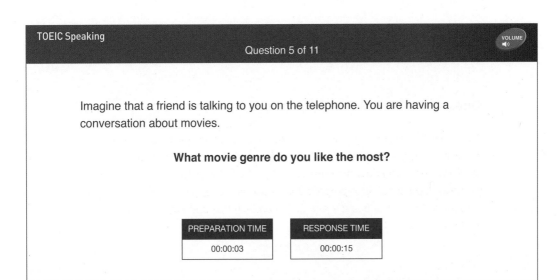

TOEIC Speaking

Question 5 of 11

Imagine that a friend is talking to you on the telephone. You are having a conversation about movies.

What movie genre do you like the most?

PREPARATION TIME
00:00:03

RESPONSE TIME
00:00:15

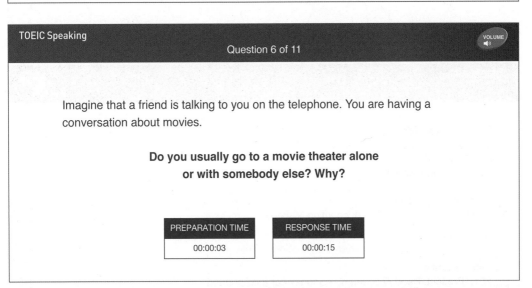

TOEIC Speaking

Question 6 of 11

Imagine that a friend is talking to you on the telephone. You are having a conversation about movies.

**Do you usually go to a movie theater alone
or with somebody else? Why?**

PREPARATION TIME
00:00:03

RESPONSE TIME
00:00:15

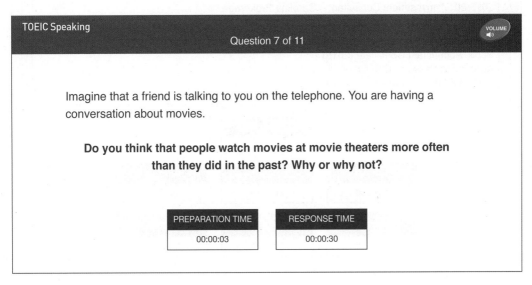

TOEIC Speaking

Question 7 of 11

Imagine that a friend is talking to you on the telephone. You are having a conversation about movies.

**Do you think that people watch movies at movie theaters more often
than they did in the past? Why or why not?**

PREPARATION TIME
00:00:03

RESPONSE TIME
00:00:30

Questions 8-10: Respond to questions using information provided

Directions: In this part, you will be asked to refer to information on the screen in order to answer three questions. The information will be shown for 45 seconds before you hear the questions. After listening to each question, you will have three seconds to prepare your response. You will have 15 seconds to respond to Questions 8 and 9 and 30 seconds to respond to Question 10. You will hear Question 10 two times.

Jamie Reynolds
Apt. 302, 2345 Field Street, Durham, NC
(243) 555-6537
jreynolds@freemail.com

Position Applied For
Midway Department Store, Accounting Manager

Education
Bachelor of Arts (Finance) – Kentucky Business College

Work History
2017-Present: Head Accountant – Sportswear Incorporated
2013-2017: Investment Consultant – Carolina Brokerage
2011-2013: Marketing Assistant – GT Online Market

Certification
Public Accountant Certificate (2015)
Accounting Software Certificate (2014)
Financial Advisor Certificate (2012)

PREPARATION TIME
00:00:45

PREPARATION TIME	PREPARATION TIME	PREPARATION TIME
00:00:03	00:00:03	00:00:03

RESPONSE TIME	RESPONSE TIME	RESPONSE TIME
00:00:15	00:00:15	00:00:30

Question 11: Express an opinion

Directions: In this part, you will be asked to give your thoughts on a certain topic. It is to your advantage to speak as much as possible in the time provided. You will have 45 seconds to prepare your response and 60 seconds to speak.

What are the advantages of the government regulating the number of cars in a crowded city?

Use specific reasons and examples to support your opinion.

PREPARATION TIME
00:00:45

RESPONSE TIME
00:01:00

모범답변·해석·해설 p.109

Actual Test 2

🎧 (AT2) 01

TOEIC Speaking

Speaking Test Directions

The TOEIC Speaking Test comprises 11 questions and evaluates a wide range of speaking skills. The entire test will take approximately 20 minutes to complete.

Questions 1-2 <Read a text aloud>
• Evaluation criteria: pronunciation, intonation and stress

Questions 3-4 <Describe a picture>
• Evaluation criteria: all of the above, plus grammar, vocabulary, and cohesion

Questions 5-7 <Respond to questions>
• Evaluation criteria: all of the above, plus relevance of content, and completeness of content

Questions 8-10 <Respond to questions using information provided>
• Evaluation criteria: all of the above

Question 11 <Express an opinion>
• Evaluation criteria: all of the above

For each question, the amount of time given for preparation and speaking will be clearly stated.

It is to your advantage to speak as much as possible in the allotted time. It is also important to speak clearly and to follow the directions carefully.

Click on **Continue** to go on.

Questions 1-2: Read a text aloud

Directions: In this part, you will be asked to read aloud the text on the screen. You will have 45 seconds to prepare. Then you will have 45 seconds to read the text out loud.

This is Jackie Jacobson bringing you a weather update. The temperatures are finally dropping, so expect a pleasant weekend for outdoor activities. However, on Monday, the temperature, humidity, and chance of thunderstorms could all be a problem, so make sure you enjoy the weather this weekend. We'll be back with more updates soon.

PREPARATION TIME	RESPONSE TIME
00:00:45	00:00:45

This is an announcement for all employees of Carina Corporation. The company's award ceremony is scheduled for November thirteenth and everyone must be present. It will be a meaningful occasion for the whole company. Additionally, food, drinks, and other refreshments will be provided, so you don't need to bring any. The ceremony will start at 6 P.M.

PREPARATION TIME	RESPONSE TIME
00:00:45	00:00:45

Questions 3-4: Describe a picture

Directions: In this part, you will be asked to describe the picture on the screen in as much detail as possible. You will have 45 seconds to prepare your response. Then you will have 30 seconds to talk about the picture.

PREPARATION TIME	RESPONSE TIME
00:00:45	00:00:30

VOLUME

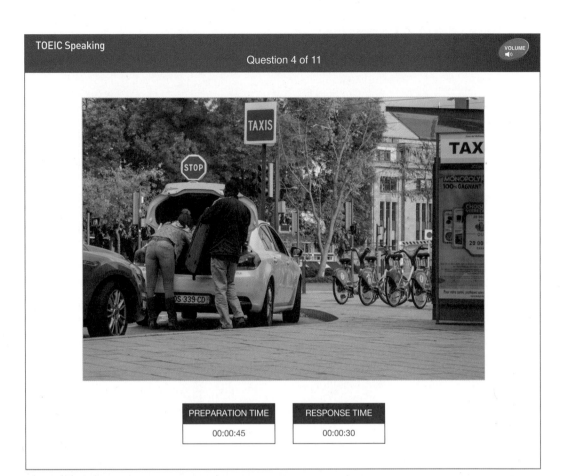

PREPARATION TIME	RESPONSE TIME
00:00:45	00:00:30

Questions 5-7: Respond to questions

Directions: In this part, you will be asked to answer three questions. After listening to each question, you will have three seconds to prepare your response. You will have 15 seconds to respond to Questions 5 and 6 and 30 seconds to respond to Question 7.

Imagine that a marketing firm is doing research in your country. You have agreed to participate in a telephone interview about taking breaks.

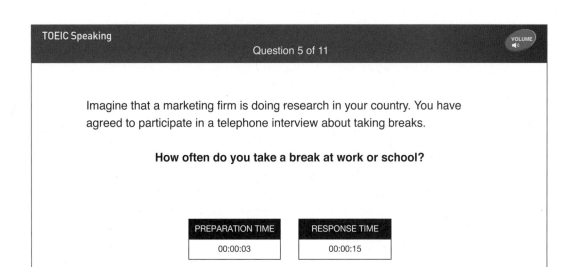

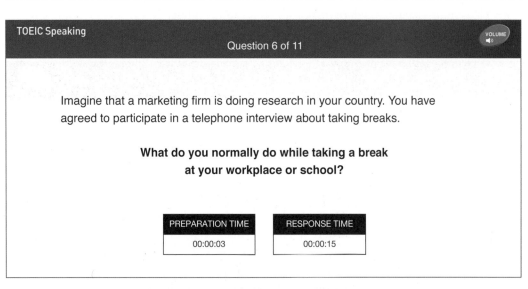

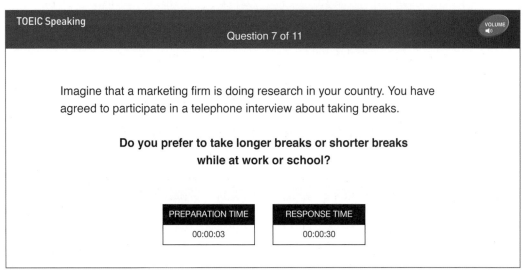

Questions 8-10: Respond to questions using information provided

Directions: In this part, you will be asked to refer to information on the screen in order to answer three questions. The information will be shown for 45 seconds before you hear the questions. After listening to each question, you will have three seconds to prepare your response. You will have 15 seconds to respond to Questions 8 and 9 and 30 seconds to respond to Question 10. You will hear Question 10 two times.

Ticket Wizard Booking Service
www.ticketwizard.com

Theater ticket availability for May

Play Name	Date	Time	Venue
The Ice Queen	May 1	4:00 P.M.	Cole Harbor Theater
A Man Alone	May 11	9:00 P.M.	Central Arts Center
A Perfect Love	May 16	8:00 P.M.	Main Street Theater
Fate	May 20	3:00 P.M.	Belle Theater
A Surprise Visitor	May 31	7:00 P.M.	DLC Performing Arts Center

Receive a 10 percent discount when you purchase three or more tickets for the same performance.

PREPARATION TIME
00:00:45

PREPARATION TIME	PREPARATION TIME	PREPARATION TIME
00:00:03	00:00:03	00:00:03

RESPONSE TIME	RESPONSE TIME	RESPONSE TIME
00:00:15	00:00:15	00:00:30

Question 11: Express an opinion

Directions: In this part, you will be asked to give your thoughts on a certain topic. It is to your advantage to speak as much as possible in the time provided. You will have 45 seconds to prepare your response and 60 seconds to speak.

If you have a conflict with a coworker, do you prefer to resolve it by speaking with the coworker directly or by speaking with your supervisor?

Give specific reasons and examples to support your opinion.

PREPARATION TIME
00:00:45

RESPONSE TIME
00:01:00

모범답변·해석·해설 p.117

Actual Test 3

🎧 (AT3) 01

TOEIC Speaking

Speaking Test Directions

The TOEIC Speaking Test comprises 11 questions and evaluates a wide range of speaking skills. The entire test will take approximately 20 minutes to complete.

> **Questions 1-2 <Read a text aloud>**
> • Evaluation criteria: pronunciation, intonation and stress
>
> **Questions 3-4 <Describe a picture>**
> • Evaluation criteria: all of the above, plus grammar, vocabulary, and cohesion
>
> **Questions 5-7 <Respond to questions>**
> • Evaluation criteria: all of the above, plus relevance of content, and completeness of content
>
> **Questions 8-10 <Respond to questions using information provided>**
> • Evaluation criteria: all of the above
>
> **Question 11 <Express an opinion>**
> • Evaluation criteria: all of the above

For each question, the amount of time given for preparation and speaking will be clearly stated.

It is to your advantage to speak as much as possible in the allotted time. It is also important to speak clearly and to follow the directions carefully.

Click on **Continue** to go on.

Questions 1-2: Read a text aloud

Directions: In this part, you will be asked to read aloud the text on the screen. You will have 45 seconds to prepare. Then you will have 45 seconds to read the text out loud.

Dear visitors of Sydney's Transport Museum, please listen to the following announcement. We are holding a special exhibit in our outdoor venue and it is only open until Friday. The exhibit features a rare steam train that has never been displayed to the public before. You can learn about its history, design, and what it was used for.

PREPARATION TIME	RESPONSE TIME
00:00:45	00:00:45

It is an honor to introduce our guest speaker, Edward David, for the Symposium on French Studies. Mr. David spent most of his childhood in France and moved to the United States as an adult. His experiences gave him a deep understanding of the culture, customs, and people of both countries. Let's welcome him with warm applause.

PREPARATION TIME	RESPONSE TIME
00:00:45	00:00:45

Questions 3-4: Describe a picture

Directions: In this part, you will be asked to describe the picture on the screen in as much detail as possible. You will have 45 seconds to prepare your response. Then you will have 30 seconds to talk about the picture.

PREPARATION TIME	RESPONSE TIME
00:00:45	00:00:30

PREPARATION TIME	RESPONSE TIME
00:00:45	00:00:30

Questions 5-7: Respond to questions

Directions: In this part, you will be asked to answer three questions. After listening to each question, you will have three seconds to prepare your response. You will have 15 seconds to respond to Questions 5 and 6 and 30 seconds to respond to Question 7.

Imagine that a Canadian marketing firm is doing research in your country. You have agreed to participate in a telephone interview about hotels.

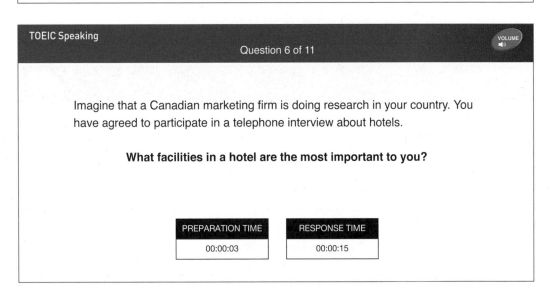

Imagine that a Canadian marketing firm is doing research in your country. You have agreed to participate in a telephone interview about hotels.

**When was the last time you stayed at a hotel,
and why did you stay there?**

PREPARATION TIME	RESPONSE TIME
00:00:03	00:00:15

Imagine that a Canadian marketing firm is doing research in your country. You have agreed to participate in a telephone interview about hotels.

What facilities in a hotel are the most important to you?

PREPARATION TIME	RESPONSE TIME
00:00:03	00:00:15

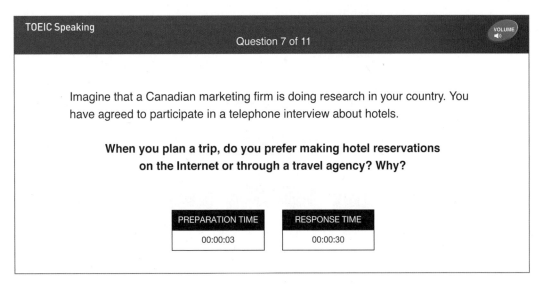

Imagine that a Canadian marketing firm is doing research in your country. You have agreed to participate in a telephone interview about hotels.

**When you plan a trip, do you prefer making hotel reservations
on the Internet or through a travel agency? Why?**

PREPARATION TIME	RESPONSE TIME
00:00:03	00:00:30

Questions 8-10: Respond to questions using information provided

Directions: In this part, you will be asked to refer to information on the screen in order to answer three questions. The information will be shown for 45 seconds before you hear the questions. After listening to each question, you will have three seconds to prepare your response. You will have 15 seconds to respond to Questions 8 and 9 and 30 seconds to respond to Question 10. You will hear Question 10 two times.

Ocean Life Seminars

Dallas University
2039 Peavy Road, Dallas, TX 75228

Date	Seminar Topic	Presenter
February 27	How Dolphins Communicate	Mary Smith
February 27	Whale Conservation Efforts	Calvin Liu
February 28	The Feeding Habits of Sharks	Antonio Russo
February 28	The Complex Brains of Dolphins	Calvin Liu
March 1	Undersea Plants and Algae	Donna Warren

Each seminar will be held from 10 A.M. until 1 P.M.
The registration fee is $45 per session.

PREPARATION TIME
00:00:45

PREPARATION TIME	PREPARATION TIME	PREPARATION TIME
00:00:03	00:00:03	00:00:03

RESPONSE TIME	RESPONSE TIME	RESPONSE TIME
00:00:15	00:00:15	00:00:30

Question 11: Express an opinion

Directions: In this part, you will be asked to give your thoughts on a certain topic. It is to your advantage to speak as much as possible in the time provided. You will have 45 seconds to prepare your response and 60 seconds to speak.

Which of the following is the best way for university students to gain experience for their future careers?

- Studying abroad as an exchange student
- Working as an assistant for a professor
- Doing an internship

Choose ONE of the options, and use specific reasons and examples to support your opinion.

PREPARATION TIME

00:00:45

RESPONSE TIME

00:01:00

모범답변·해석·해설 p.125

무료 토익·토스·오픽·지텔프 자료 제공
Hackers.co.kr

토익스피킹 핵심 표현 암기장

핵심 표현 암기장에 수록된 표현과 예문이 녹음된 MP3를
HackersIngang.com에서 무료로 다운 받으세요.

MP3를 들으면서 효과적으로 표현을 익혀보세요.

DAY 1 가정

HackersIngang.com에서 토익스피킹 핵심 표현 암기장 MP3를 무료로 다운받아, 듣고 따라 읽으며 표현을 외워보세요.

01 cost of housing 집세

Even though my home is smaller because of the high cost of housing, it is easier for me to live there.
비싼 집세 때문에 집이 더 작더라도, 저는 거기서 사는 것이 더 쉽습니다.

02 understand better 더 잘 이해하다

My parents understand me better than other people.
제 부모님은 다른 사람들보다 저를 더 잘 이해합니다.

03 decorated with ~으로 장식된

The room is decorated with many flowers.
방이 많은 꽃으로 장식되어 있습니다.

04 live far away 멀리 살다

My family lives far away, so I don't see them often.
제 가족은 멀리 살아서, 저는 그들을 자주 보지 못합니다.

05 hear noise 소음을 듣다

It is difficult for me to study when I hear noise from my parents or brothers and sisters.
부모님이나 형제, 자매가 내는 소음을 들을 때 공부하는 것은 어렵습니다.

06 have a big family 대가족이다

I have a big family, so an extra bathroom would be nice.
저희 가족은 대가족이므로, 추가 화장실이 있으면 좋을 것 같습니다.

07 have more experience in life 더 많은 삶의 경험이 있다

Parents are older and have more experience in life.
부모들은 나이가 더 많고, 더 많은 삶의 경험이 있습니다.

08 give advice 조언을 하다

I agree that parents should always give their children advice or suggestions.
저는 부모들이 항상 자녀들에게 조언이나 제안을 해주어야 한다는 것에 동의합니다.

09 dependent on ~에게 의존적인

Children today seem more dependent on their mothers.
오늘날의 어린이들은 엄마에게 더 의존적인 것처럼 보입니다.

10 in a yard 정원에서

This photo was taken in a yard.
이 사진은 정원에서 찍었습니다.

11 live in an apartment 아파트에서 살다

I live in an apartment with my family.
저는 가족과 함께 아파트에서 삽니다.

12 make a mistake 실수를 하다

Parents give suggestions to their children to prevent them from making mistakes.
부모들은 아이들이 실수를 하는 것을 막기 위해 제안을 합니다.

13 be satisfied with ~에 만족하다

I am satisfied with the home I have now, so I wouldn't move to another place.
저는 지금 살고 있는 집에 만족하므로, 다른 곳으로 이사 가지 않을 것입니다.

14 learn from the mistakes 실수를 통해 배우다

Parents have learned from the mistakes they made, and can help their children to not make the same errors.
부모들은 자신들이 한 실수를 통해 배워왔고, 그래서 자녀들이 똑같은 실수를 하지 않도록 도울 수 있습니다.

QUIZ 다음의 우리말을 영어로 바꾸어 말해 보세요.

1. 도시의 집세가 더 비쌉니다.

2. 저는 지하철역 근처의 아파트에서 삽니다.

모범답변 1. The **cost of housing** is more expensive in the city. 2. I **live in an apartment** near a subway station.

DAY 2 거리/공원 1

HackersIngang.com에서 토익스피킹 핵심 표현 암기장 MP3를 무료로 다운받아, 듣고 따라 읽으며 표현을 외워보세요.

01 covered in bushes 덤불로 덮인
I can see some hills covered in bushes.
저는 덤불로 덮인 언덕을 볼 수 있습니다.

02 stand in a row 줄지어 서다
There are six colorful flags standing in a row.
줄지어 서 있는 여섯 개의 다채로운 깃발이 있습니다.

03 trash can 쓰레기통
On the left side of the picture, there is a large, green trash can.
사진의 왼쪽에는, 큰 초록색의 쓰레기통이 있습니다.

04 piled up on the street 길 위에 쌓여 있는
The snow is piled up on the street.
눈이 길 위에 쌓여 있습니다.

05 lined with trees 나무들이 늘어선
The street is lined with many trees.
길에 많은 나무들이 늘어서 있습니다.

06 planted in the park 공원에 심어진
Flowers are planted in the park.
꽃들이 공원에 심어져 있습니다.

07 wear a collar (개가) 목걸이를 하다
I can see a large dog wearing a collar.
목걸이를 한 큰 개를 볼 수 있습니다.

08 surrounded by buildings 건물들로 둘러싸인
A house is surrounded by many buildings.
집이 많은 건물들로 둘러싸여 있습니다.

09 on each side of the street 길 양쪽에
There are houses on each side of the street.
길 양쪽에 집들이 있습니다.

10 hang on the bench 벤치에 걸다
On the left side of the couple, I can see a jacket hanging on the bench.
커플의 왼쪽에는, 벤치에 걸려 있는 재킷을 볼 수 있습니다.

11 scattered all around the park 공원 도처에 흩어져 있는
The fallen leaves are scattered all around the park.
떨어진 나뭇잎들이 공원 도처에 흩어져 있습니다.

12 made of bricks 벽돌로 만들어진
There is a wall made of bricks.
벽돌로 만들어진 벽이 있습니다.

13 placed on a bench 벤치에 놓인
Two bike helmets have been placed on a bench.
두 개의 자전거 헬멧이 벤치에 놓여져 있습니다.

14 lead up to a door 문으로 이어지다
Some steps lead up to a door, and a window is on the right.
몇 개의 계단이 문으로 이어져 있고, 창문이 오른쪽에 있습니다.

QUIZ 다음의 우리말을 영어로 바꾸어 말해 보세요.

1. 호수는 몇 개의 높은 건물들로 둘러싸여 있습니다.

2. 좁은 길에 많은 나무들이 줄지어 있습니다. (좁은 길: pathway)

모범답변 1. The lake is **surrounded by** several tall **buildings**.   2. The pathway is **lined with** many **trees**.

DAY 3 거리/공원 2

HackersIngang.com에서 토익스피킹 핵심 표현 암기장 MP3를 무료로 다운받아, 듣고 따라 읽으며 표현을 외워보세요.

01 cross one's legs 다리를 꼬다
A man in a jacket is crossing his legs.
재킷을 입은 한 남자가 다리를 꼬고 있습니다.

02 walk along the street 길을 따라 걷다
Many people are walking along the street.
많은 사람들이 길을 따라 걷고 있습니다.

03 carry a bag on one's shoulder 어깨에 가방을 멘
There is a woman carrying a bag on her shoulder.
어깨에 가방을 멘 여자가 있습니다.

04 sit next to each other 서로의 옆에 앉다
Two women are sitting next to each other.
두 명의 여자들이 서로의 옆에 앉아 있습니다.

05 with one's hands in one's pockets 손을 주머니에 넣은
I can see a man with his hands in his pockets.
손을 주머니에 넣고 있는 남자를 볼 수 있습니다.

06 carry a sled 썰매를 메다
One of the men at the back of the line is carrying a sled.
줄 뒤쪽의 남자들 중 한 명은 썰매를 메고 있습니다.

07 cross a road 길을 건너다
A group of people is crossing a road.
한 무리의 사람들이 길을 건너고 있습니다.

08 ride a bicycle 자전거를 타다
Some people are riding bicycles along a path.
몇 명의 사람들이 좁은 길을 따라 자전거를 타고 있습니다.

09 relax on the grass 잔디밭에서 쉬다
Some people are relaxing on the grass.
몇몇 사람들이 잔디밭에서 쉬고 있습니다.

10 walk a dog 개를 산책시키다
A man and a woman are walking a dog.
남자와 여자가 개를 산책시키고 있습니다.

11 hold hands 손을 잡다
A boy and a girl are holding hands.
소년과 소녀가 손을 잡고 있습니다.

12 wait at a crosswalk 횡단보도에서 기다리다
What I notice first is many people waiting at a crosswalk.
처음 보이는 것은 횡단보도에서 기다리고 있는 많은 사람들입니다.

13 have one's hand up to one's mouth 손을 입에 댄
A man is holding a bottle of water and has his hand up to his mouth.
한 남자가 물병을 들고 있고, 손을 입에 대고 있습니다.

14 lean against each other 서로에게 기대다
Two people are leaning against each other.
두 명의 사람들이 서로에게 기대고 있습니다.

QUIZ 다음의 우리말을 영어로 바꾸어 말해 보세요.

1. 사람들이 보도를 따라 개들을 산책시키고 있습니다. (보도: sidewalk)

2. 잔디밭에서 쉬고 있는 몇 명의 사람들이 있습니다.

모범답변 1. People are **walking** their **dogs** along the sidewalk.   2. There are several people **relaxing on the grass**.

DAY 4 교통

HackersIngang.com에서 토익스피킹 핵심 표현 암기장 MP3를 무료로 다운받아, 듣고 따라 읽으며 표현을 외워보세요.

01 parked along the street 길을 따라 주차된

A lot of cars are parked along the street.
많은 차들이 길을 따라 주차되어 있습니다.

02 streetlight 가로등

In the background of the picture, there are some trees and a streetlight.
사진의 배경에는, 몇몇의 나무들과 가로등이 있습니다.

03 cause traffic problems 교통 문제를 일으키다

I think adding more bus lanes will cause fewer traffic problems.
저는 버스 노선을 추가하는 것이 교통 문제를 덜 일으킬 것이라고 생각합니다.

04 wait at a red light 빨간 불에서 기다리다

Some cars are waiting at a red light.
몇몇의 차들이 빨간 불에서 기다리고 있습니다.

05 traffic jams 교통 체증

By using the subway, I can avoid delays caused by traffic jams.
지하철을 이용함으로써, 저는 교통 체증에 의한 지체를 피할 수 있습니다.

06 ride in a car 차를 타다

I ride in a car twice a day, and I usually go to my office and come home.
저는 하루에 두 번 차를 타고, 주로 회사에 가고 집에 옵니다.

07 get on a bus 버스를 타다

What I notice first is a group of people getting on a bus.
처음 보이는 것은 버스를 타고 있는 사람들입니다.

08 generate air pollution 대기 오염을 발생시키다

Cars and other vehicles generate air pollution.
자동차와 다른 차량들은 대기 오염을 발생시킵니다.

09 pay a fine 벌금을 내다

I think people should pay a fine for parking on sidewalk.
저는 사람들이 보도에 주차하는 것에 대해 벌금을 내야 한다고 생각합니다.

10 cause environmental destruction 환경 파괴를 야기하다

Many roads, streets, and bridges built for cars have caused a lot of environmental destruction.
차를 위해 지어진 많은 도로, 길, 그리고 다리는 많은 환경 파괴를 야기해왔습니다.

11 cause accidents 사고를 일으키다

Careless drivers can cause accidents.
부주의한 운전자들은 사고를 일으킬 수 있습니다.

12 global warming 지구 온난화

Pollution caused by heavy traffic has led to health problems and global warming.
교통 혼잡에 의해 발생된 오염은 건강 문제와 지구 온난화로 이어집니다.

13 follow rules 규칙을 따르다

Good drivers should be careful and follow the rules.
좋은 운전자는 조심하고 규칙을 따라야만 합니다.

14 take a bus 버스를 타다

Prices are kept low so that most people can afford to take a bus or the subway.
요금이 낮게 유지되어 대부분의 사람들은 버스나 지하철을 탈 여유가 있습니다.

QUIZ 다음의 우리말을 영어로 바꾸어 말해 보세요.

1. 길에 쓰레기를 버리는 사람들은 벌금을 내야 합니다. (쓰레기를 버리다: litter)

2. 큰 자동차들은 작은 자동차들보다 더 많은 공기 오염을 발생시킵니다. (발생시키다: generate)

모범답변   1. People who litter on the street should **pay a fine**.   2. Large vehicles **generate** more **air pollution** than smaller ones.

DAY 5 쇼핑

HackersIngang.com에서 토익스피킹 핵심 표현 암기장 MP3를 무료로 다운받아, 듣고 따라 읽으며 표현을 외워보세요.

01 **push a cart** 카트를 밀다

I can see a person pushing a cart, and there are some other people shopping.
카트를 밀고 있는 사람을 볼 수 있고, 쇼핑을 하고 있는 다른 사람들이 있습니다.

02 **do grocery shopping** 장을 보다

Generally, it seems like a great place to do some grocery shopping.
전반적으로, 장을 보기에 좋은 장소인 것 같습니다.

03 **select an item** 물건을 고르다

A man is selecting an item from the shelf.
한 남자가 선반에 있는 물건을 고르고 있습니다.

04 **carry a shopping bag** 쇼핑백을 들다

Some of the customers are carrying shopping bags.
손님들 중 몇 명은 쇼핑백을 들고 있습니다.

05 **buy online** 온라인에서 구입하다

I prefer to buy electronics online.
저는 온라인에서 전자 제품을 구입하는 것을 선호합니다.

06 **save money** 돈을 절약하다

I can save money by shopping at discount stores.
저는 할인점에서 쇼핑을 함으로써 돈을 절약할 수 있습니다.

07 **pay for a purchase** 구입품에 대해 지불하다

It is better for me to pay for my purchases with cash than by credit card.
저는 신용 카드보다 현금으로 구입품에 대해 지불하는 것이 더 낫습니다.

08 **order large amounts of products**
많은 양의 물건을 주문하다

Department stores order large amounts of products and they pay less money for them.
백화점은 많은 양의 물건을 주문하고 더 적은 돈을 지불합니다.

09 **choose from** 고르다

Customers like to have a variety of things to choose from.
손님들은 고를 수 있는 다양한 것들을 갖는 것을 좋아합니다.

10 **buy a gift** 선물을 사다

I buy gifts for my friends on their birthdays.
저는 친구들 생일에 그들을 위한 선물을 삽니다.

11 **quality material** 좋은 질의 소재

A good fit and quality materials are important to me when choosing a suit.
잘 맞는 것과 좋은 질의 소재는 제가 정장을 고를 때 중요합니다.

12 **plastic bag** 비닐봉지

Some signs and plastic bags are hanging over the displays.
몇몇 표지판들과 비닐봉지가 진열대 위에 걸려 있습니다.

13 **accept credit cards** 신용 카드를 받다

Not all places accept credit cards.
모든 장소에서 신용 카드를 받는 것은 아닙니다.

14 **pay attention to** ~에 주의를 기울이다

When I make a purchase by credit card, I don't pay attention to my spending.
신용 카드로 지불할 때, 저는 제가 소비하는 것에 주의를 기울이지 않습니다.

QUIZ 다음의 우리말을 영어로 바꾸어 말해 보세요.

1. 한 여자가 복도를 따라 카트를 밀고 있습니다. (복도: aisle)

2. 고객들이 진열대에서 몇몇 물건들을 고르고 있습니다.

모범답변 1. A woman is **pushing a cart** down the aisle.   2. The customers are **choosing** some items **from** the stand.

DAY 6 여가

HackersIngang.com에서 토익스피킹 핵심 표현 암기장 MP3를 무료로 다운받아, 듣고 따라 읽으며 표현을 외워보세요.

01 **tied to a dock** 부두에 묶여 있는
A boat is tied to a dock.
보트가 부두에 묶여 있습니다.

02 **move along the river** 강을 따라 움직이다
A ship is moving along the river.
배가 강을 따라 움직이고 있습니다.

03 **take up a lot of space** 많은 공간을 차지하다
I download movies from the Internet and save them on my computer, as DVDs take up a lot of space.
DVD는 많은 공간을 차지하기 때문에 저는 인터넷에서 영화를 다운받아 컴퓨터에 저장합니다.

04 **play musical instruments** 악기를 연주하다
Two people are playing musical instruments.
두 명의 사람들이 악기를 연주하고 있습니다.

05 **a body of water** 물줄기
In the background of the picture, there is a body of water.
사진의 배경에는, 물줄기가 있습니다.

06 **do gardening** 정원을 가꾸다
I do gardening in my free time.
저는 여가 시간에 정원을 가꿉니다.

07 **leave from the dock** 출항하다
The ferry is leaving from the dock.
여객선이 출항하고 있습니다.

08 **float on the lake** 호수 위에 떠 있다
There are some boats floating on the lake.
호수 위에 몇몇 보트들이 떠 있습니다.

09 **row a boat** 보트의 노를 젓다
Two people are rowing a boat.
두 명의 사람들이 보트의 노를 젓고 있습니다.

10 **listen to music** 음악을 듣다
I have nice seats, can listen to music, and do what I want in my own vehicle.
제 자동차에는 좋은 시트가 있고, 음악을 들을 수 있으며, 제가 원하는 것을 할 수 있습니다.

11 **wear a swimsuit** 수영복을 입다
A woman is wearing a swimsuit.
한 여자가 수영복을 입고 있습니다.

12 **sit in a boat** 보트에 앉다
A girl and woman are sitting in a boat, and they are wearing lifejackets.
한 소녀와 여자가 보트에 앉아 있으며, 구명조끼를 입고 있습니다.

13 **in shorts** 반바지를 입은
I can see a man in shorts waiting on the dock.
반바지를 입은 한 남자가 부두에서 기다리고 있는 것을 볼 수 있습니다.

14 **in a hat** 모자를 쓴
There is a girl in a cowboy hat leading the horse.
카우보이 모자를 쓰고 말을 끌고 있는 한 소녀가 있습니다.

QUIZ 다음의 우리말을 영어로 바꾸어 말해 보세요.

1. 남자들이 호수에서 보트의 노를 젓고 있습니다.

2. 무대 위에서 악기를 연주하는 몇몇 여자들이 있습니다.

모범답변 1. The men are **rowing a boat** in the lake.   2. There are some women **playing musical instruments** on a stage.

HackersIngang.com에서 토익스피킹 핵심 표현 암기장 MP3를 무료로 다운받아, 듣고 따라 읽으며 표현을 외워보세요.

01 find better prices 더 나은 가격을 찾다

I can find better prices for accommodations on the Internet.
저는 인터넷에서 숙박을 위한 더 나은 가격을 찾을 수 있어요.

02 book a hotel 호텔을 예약하다

I would rather book a hotel online than through a travel agency.
저는 여행사를 통해 호텔을 예약하기보다는 온라인으로 예약하고 싶습니다.

03 pick up 픽업하다

A tour bus will pick you up from your hotel.
관광버스가 귀하의 호텔에서 귀하를 픽업할 것입니다.

04 check in 체크인하다

You can check in at 1 P.M., and you have to check out by 11 A.M. the following day.
오후 1시에 체크인하실 수 있고, 다음 날 오전 11시까지 체크아웃하셔야 합니다.

05 take pictures 사진을 찍다

I want a phone that takes pictures, so that I don't have to carry a camera with me.
저는 카메라를 따로 가지고 다니지 않아도 되도록, 사진을 찍을 수 있는 휴대 전화를 원합니다.

06 on weekends 주말에

I like to go camping on weekends.
저는 주말에 캠핑가는 것을 좋아합니다.

07 plan a trip 여행을 계획하다

I can plan a trip easily using the Internet.
저는 인터넷을 이용하여 쉽게 여행을 계획할 수 있습니다.

08 do research online 온라인에서 자료를 찾다

To find the best place, I can do research online and find out what the hotels look like.
가장 좋은 곳을 찾기 위해, 온라인에서 자료를 찾고 호텔이 어떻게 생겼는지 알아볼 수 있습니다.

09 book a ticket 표를 예매하다

When I book a ticket, I usually do it through a travel agency.
표를 예매할 때, 저는 주로 여행사를 통해서 합니다.

10 on vacation 휴가 중에

My favorite activities to do on vacation are going to the beach and traveling to interesting sites.
휴가 중에 제가 가장 하기 좋아하는 활동은 해변에 가는 것과 흥미로운 곳으로 여행을 가는 것입니다.

11 make hotel reservations 호텔을 예약하다

When I plan a trip, I prefer making hotel reservations on the Internet rather than through a travel agency.
저는 여행을 계획할 때, 여행사를 통하기보다는 인터넷으로 호텔을 예약하는 것을 더 선호합니다.

12 have a vacation 휴가를 가다

I have a vacation about twice a year, once in the summer, and another in the winter.
저는 일 년에 두 번, 여름과 겨울에 한 번씩 휴가를 갑니다.

13 buy souvenirs 기념품을 사다

I like to buy souvenirs for my family and friends.
저는 가족들과 친구들을 위해 기념품을 사는 것을 좋아합니다.

14 learn a language 언어를 배우다

Traveling to foreign countries can help people learn a language.
외국을 여행하는 것은 사람들이 언어를 배우는 것을 도울 수 있습니다.

 QUIZ 다음의 우리말을 영어로 바꾸어 말해 보세요.

1. 저는 7월에 휴가가 있고, 12월에 짧은 휴가가 있습니다.

2. 저는 항상 같은 웹사이트에서 표를 예매합니다.

모범답변　1. I **have a vacation** in July, and a short one in December.　2. I always **book tickets** through the same Web site.

DAY 8 외식

HackersIngang.com에서 토익스피킹 핵심 표현 암기장 MP3를 무료로 다운받아, 듣고 따라 읽으며 표현을 외워보세요.

01 prepare a meal 음식을 준비하다
A chef is preparing a meal.
요리사가 음식을 준비하고 있습니다.

02 study a menu 메뉴를 읽다
A man is studying a menu.
남자가 메뉴를 읽고 있습니다.

03 take an order 주문을 받다
A man is taking an order.
남자가 주문을 받고 있습니다.

04 crowded with people 사람들로 붐비는
A restaurant is crowded with people.
식당이 사람들로 붐빕니다.

05 set around the tables 탁자 주변에 배치되어 있는
Some chairs have been set around the tables.
몇몇 의자들이 탁자 주변에 배치되어 있습니다.

06 pour into (물, 주스 등을) ~에 따르다
What I notice first is a waiter pouring something into a glass.
처음에 보이는 것은 유리잔에 뭔가를 따르고 있는 웨이터입니다.

07 look at the menu 메뉴를 보다
The man is looking at the menu.
남자가 메뉴를 보고 있습니다.

08 seated at an outdoor café 야외 카페에 앉아 있는
What I notice first is some people seated at an outdoor café.
처음에 보이는 것은 야외 카페에 앉아 있는 몇 명의 사람들입니다.

09 eat at the restaurant 식당에서 음식을 먹다
An old man is eating at the restaurant.
한 노인이 식당에서 음식을 먹고 있습니다.

10 have many dishes 많은 음식이 있다
Restaurants have many dishes that I can't easily cook at home.
식당에는 제가 집에서 쉽게 만들 수 없는 많은 음식이 있습니다.

11 offer a discount 할인을 제공하다
For large groups of more than ten guests, we offer a 15 percent discount.
열 명 이상의 큰 단체에 저희는 15퍼센트의 할인을 제공합니다.

12 provide a beverage 음료를 제공하다
We will provide you a beverage for free.
저희는 여러분께 음료를 무료로 제공할 것입니다.

13 eat out 외식하다
I eat out three times per week, and I usually eat out in the evenings with my friends after work.
저는 일주일에 세 번 외식하고, 주로 일이 끝난 후 저녁에 친구들과 외식합니다.

14 have a family barbecue 가족 바비큐 시간을 갖다
We will have a family barbecue from 12:30 to 1:30 P.M.
저희는 오후 12시 30분부터 1시 30분까지 가족 바비큐 시간을 가질 것입니다.

QUIZ 다음의 우리말을 영어로 바꾸어 말해 보세요.

1. Greek Grill은 점심 스페셜에 할인을 제공합니다.

2. 클럽은 행사 후에 음료를 제공할 것입니다.

모범답변 1. Greek Grill **offers a discount** on lunch specials.   2. The club will **provide beverages** after the event.

DAY 9 학교

HackersIngang.com에서 토익스피킹 핵심 표현 암기장 MP3를 무료로 다운받아, 듣고 따라 읽으며 표현을 외워보세요.

01 attend school 학교에 다니다

I agree that boys and girls should attend school together for several reasons.
저는 몇 가지 이유로 소년들과 소녀들이 학교에 함께 다녀야 한다는 것에 찬성합니다.

02 learn from experience 경험으로부터 배우다

I agree that people learn more from experience than they do from education.
저는 사람들이 교육으로부터보다 경험으로부터 더 많이 배운다는 것에 찬성합니다.

03 look up (정보를) 찾아보다

When I was in elementary school, I looked things up in books and learned to find explanations myself.
초등학교를 다닐 때, 저는 책에서 무언가를 찾아보았고, 스스로 답을 찾는 것을 배웠습니다.

04 offer a class 수업을 제공하다

We offer classes on Chinese and Japanese cuisine in March and April.
저희는 3월과 4월에 중식과 일식에 대한 수업을 제공합니다.

05 take part in 참여하다

I don't think that all university students should have to take part in community service.
저는 모든 대학생들이 지역 사회 활동에 참여해야 한다고 생각하지 않습니다.

06 interact with ~와 의사소통하다

It is important for students to interact with members of the community.
학생들이 지역 사회 구성원들과 의사소통하는 것은 중요합니다.

07 study together 함께 공부하다

Some students are studying together.
몇 명의 학생들이 함께 공부하고 있습니다.

08 understand different cultures 다른 문화를 이해하다

Learning how to speak another language allows people to understand different cultures.
다른 언어를 말하는 법을 배우는 것은 사람들이 다른 문화를 이해할 수 있도록 해 줍니다.

09 a chance to learn 배울 기회

Volunteering in the community gives young people a chance to learn things they cannot pick up in school.
사람들은 경험을 통해 이해하기 때문에, 지역 활동에 자원하는 것은 젊은 사람들에게 그들이 학교에서 배울 수 없는 것을 배울 기회를 제공합니다.

10 wear uniforms 교복을 입다

I agree that all students should be required to wear uniforms at school.
저는 모든 학생들이 학교에서 교복을 입어야 한다는 것에 찬성합니다.

11 take classes 수업을 듣다

I take classes in the evenings or mornings so they will not interfere with my work.
저는 업무에 방해되지 않도록 저녁이나 아침 수업을 듣습니다.

12 get better grades 더 좋은 점수를 받다

Students get better grades studying subjects that they enjoy.
학생들은 그들이 좋아하는 과목을 공부하면 더 좋은 점수를 받습니다.

13 fill out application forms 신청서를 작성하다

You need to fill out application forms at the administration office.
행정실에서 신청서를 작성하셔야 합니다.

14 focus on studying 공부에 집중하다

Wearing uniforms helps students focus more on studying.
교복을 입는 것은 학생들이 공부에 더 집중하도록 해 줍니다.

QUIZ 다음의 우리말을 영어로 바꾸어 말해 보세요.

1. 참석자들은 반드시 1월 6일까지 신청서를 작성해야 합니다. (참석자: attendee)

2. 교복을 입는 학생들은 그들의 개성을 표현할 수 없습니다. (개성: personality)

모범답변　1. Attendees must **fill out application forms** by January 6.　2. Students who **wear uniforms** are unable to express their own personalities.

DAY 10 회사

HackersIngang.com에서 토익스피킹 핵심 표현 암기장 MP3를 무료로 다운받아, 듣고 따라 읽으며 표현을 외워보세요.

01 **type on a laptop computer** 노트북 컴퓨터에 타이핑하다
A woman is typing on a laptop computer.
한 여자가 노트북 컴퓨터에 타이핑하고 있습니다.

02 **wear a suit** 정장을 입다
A woman is wearing a suit.
한 여자가 정장을 입고 있습니다.

03 **work on a computer** 컴퓨터로 작업하다
A woman wearing black clothes is working on a computer.
컴퓨터로 작업하고 있는 여자는 검은색 옷을 입고 있습니다.

04 **lunch break** 점심시간
I check my e-mail during my lunch break at the office.
저는 회사에서 점심시간에 제 이메일을 확인합니다.

05 **formal clothes** 정장
The women at the table are wearing formal clothes.
테이블에 있는 여자들은 정장을 입고 있습니다.

06 **read a document** 서류를 읽다
Some people are reading a document.
몇 명의 사람들이 서류를 읽고 있습니다.

07 **shake hands** 악수를 하다
Two men are shaking hands.
두 명의 남자가 악수를 하고 있습니다.

08 **receive a company warning** 회사의 경고를 받다
We won't be receiving company warnings about the budget any more.
우리는 예산에 관해 회사의 경고를 더 이상 받지 않을 것입니다.

09 **come up with a solution** 해결책을 제시하다
A good leader must be able to listen and come up with solutions that will benefit everyone.
좋은 리더는 잘 듣고 모두에게 이익을 줄 해결책을 제시할 수 있어야 합니다.

10 **give one's opinion** 의견을 제시하다
When I work with a group, everyone gives their opinion about the decisions we need to make.
팀으로 일할 때면, 우리가 내려야 하는 결정에 대해 모든 사람들이 자신들의 의견을 제시합니다.

11 **work at one's own speed** 자신만의 속도로 일하다
I prefer working by myself because I can work at my own speed.
저 자신만의 속도로 일할 수 있기 때문에 저는 혼자서 일하는 것을 선호합니다.

12 **good communication skill** 훌륭한 커뮤니케이션 능력
I disagree that the most important quality of a leader is good communication skills.
저는 리더의 가장 중요한 자질이 훌륭한 커뮤니케이션 능력이라는 것에 반대합니다.

13 **have an attractive personality** 매력적인 성격을 지니다
A good leader must have an attractive personality.
훌륭한 리더는 반드시 매력적인 성격을 지녀야 합니다.

14 **work with a team** 팀으로 일하다
I prefer working with a team rather than by myself.
저는 혼자서 일하는 것보다 팀으로 일하는 것을 더 선호합니다.

QUIZ 다음의 우리말을 영어로 바꾸어 말해 보세요.

1. 정장을 입고 있는 한 여자가 모니터를 바라보고 있습니다.

2. 좋은 관리자는 회사와 직원들에게 이익이 되는 해결책을 제시할 수 있어야 합니다.

모범답변 1. A woman **wearing a suit** is looking at a monitor. 2. A good manager should **come up with solutions** that benefit the company and staff.

MEMO

MEMO

MEMO

10일 만에 끝내는

해커스
토익 스피킹
스타트

개정 6판 5쇄 발행 2024년 7월 22일
개정 6판 1쇄 발행 2022년 5월 30일

지은이	David Cho
펴낸곳	㈜해커스 어학연구소
펴낸이	해커스 어학연구소 출판팀

주소	서울특별시 서초구 강남대로61길 23 ㈜해커스 어학연구소
고객센터	02-537-5000
교재 관련 문의	publishing@hackers.com
동영상강의	HackersIngang.com

ISBN	978-89-6542-486-4 (13740)
Serial Number	06-05-01

저작권자 ⓒ 2022, David Cho
이 책 및 음성파일의 모든 내용, 이미지, 디자인, 편집 형태에 대한 저작권은 저자에게 있습니다.
서면에 의한 저자와 출판사의 허락 없이 내용의 일부 혹은 전부를 인용, 발췌하거나 복제, 배포할 수 없습니다.

외국어인강 1위,
해커스인강 HackersIngang.com

해커스인강

- 원어민 발음으로 실전 대비하는 무료 교재 MP3
- 최신 기출경향이 완벽 반영된 무료 온라인 토스 실전모의고사
- 해커스 스타강사의 스피킹 레벨 UP하는 본 교재 인강

영어 전문 포털,
해커스토익 Hackers.co.kr

해커스토익

- 실제 토스시험 문항을 분석한 무료 토스 기출유형특강
- 스피킹 첨삭 게시판 및 실전 토스학습 등 다양한 무료 학습 콘텐츠

헤럴드 선정 2018 대학생 선호브랜드 대상 '대학생이 선정한 외국어인강' 부문 1위

한국사능력검정시험 1위* 해커스!

해커스 한국사능력검정시험
교재 시리즈

* 주간동아 선정 2022 올해의 교육 브랜드 파워 온·오프라인 한국사능력검정시험 부문 1위

빈출 개념과 기출 분석으로
기초부터 문제 해결력까지
꽉 잡는 기본서

해커스 한국사능력검정시험

심화 [1·2·3급]

스토리와 마인드맵으로 개념잡고!
기출문제로 점수잡고!

해커스 한국사능력검정시험

2주 합격   심화 [1·2·3급]   기본 [4·5·6급]

시대별/회차별 기출문제로
한 번에 합격 달성!

해커스 한국사능력검정시험

시대별/회차별 기출문제집   심화 [1·2·3급]

개념 정리부터 실전까지!
한권완성 기출문제집

해커스 한국사능력검정시험

한권완성 기출 500제   기본 [4·5·6급]

빈출 개념과 기출 선택지로
빠르게 합격 달성!

해커스 한국사능력검정시험

초단기 5일 합격   심화 [1·2·3급]
기선제압 막판 3일 합격   심화 [1·2·3급]

10일 만에 끝내는

해커스

토익 스피킹
스타트

모범답변·해석·해설

해커스 어학연구소

10일 만에 끝내는

해커스
토익 스피킹
스타트

모범답변·해석·해설

⊞ 해커스 어학연구소

알면서도 틀리는 **스피킹 포인트 20**

❶ 저는 아파트에서 삽니다 1형식 문장
p.30 🎧 (스피킹포인트) 01

1 🎙 I go to a bank. 저는 은행에 갑니다.

2 🎙 The lecture begins at 9 o'clock. 강의는 9시에 시작합니다.

3 🎙 Some clouds are in the sky. 하늘에 구름이 있습니다.

4 🎙 My parents come to my house every summer. 부모님은 매년 여름 우리 집에 오십니다.

❷ 지하철은 편리해요 2형식 문장
p.31 🎧 (스피킹포인트) 02

1 🎙 Homes in large cities are expensive. 큰 도시의 집들은 비쌉니다.

2 🎙 Golf seems exciting. 골프는 흥미진진한 것 같아요.

3 🎙 Traffic conditions become terrible at 6 o'clock. 교통 상황은 6시에 심각해집니다.

4 🎙 Good quality clothing looks more expensive. 품질이 좋은 옷은 더 비싸 보입니다.

❸ 저는 신용 카드를 사용해요 3형식 문장
p.32 🎧 (스피킹포인트) 03

1 🎙 The man is holding a bottle of water. 남자가 물병을 들고 있어요.

2 🎙 I use a mobile phone to take pictures. 저는 사진을 찍기 위해 휴대전화를 사용합니다.

3 🎙 I take online classes twice a week. 저는 온라인 수업을 일주일에 두 번 듣습니다.

4 🎙 A man is purchasing some items at a store. 남자가 상점에서 물건을 구매하고 있어요.

❹ 백화점은 저에게 무료 샘플을 줘요 4형식 문장
p.33 🎧 (스피킹포인트) 04

1 🎙 Please give me a call tomorrow morning. 내일 오전에 제게 전화해 주세요.

2 🎙 Ms. Henry will bring us copies of the report. Ms. Henry가 우리에게 보고서 사본을 가져다줄 거예요.

3 🎙 I buy my friends presents for their birthdays. 저는 친구들의 생일에 선물을 사줍니다.

4 🎙 Many cities offer senior citizens reduced bus rates.
많은 도시들이 고령 시민들에게 할인된 버스 요금을 제공합니다.

⑤ 텔레비전이 저를 웃게 합니다 5형식 문장 p.34 🎧 (스피킹포인트) 05

1 🎙 The Internet makes people lazy. 인터넷이 사람들을 게으르게 만들어요.

2 🎙 I find documentary films boring. 저는 다큐멘터리 영화가 지루하다고 생각해요.

3 🎙 The day pass lets visitors attend all the exhibits. 일일 통행증으로 방문자들은 모든 전시회에 참석할 수 있어요.

4 🎙 Tourists are watching a band performing. 관광객들이 밴드가 공연하는 것을 보고 있어요.

⑥ People is _____ (X) 주어와 동사의 수 일치 p.35 🎧 (스피킹포인트) 06

1 🎙 The ferry's deck is crowded with people. 배의 갑판이 사람들로 꽉 찼어요.

2 🎙 A pile of bricks is near the steps. 계단 근처에 벽돌 한 더미가 있어요.

3 🎙 Some shirts are hanging on the display rack. 셔츠 몇 벌이 진열대에 걸려 있어요.

4 🎙 A tall building and a tree are on the left side of the street. 길 왼쪽에 큰 건물 하나와 나무 한 그루가 있어요.

⑦ 커피숍에 두 명의 여자가 있어요 [There + be 동사 + 명사] p.36 🎧 (스피킹포인트) 07

1 🎙 There is another taxi on the side of the road. 도로변에 또 한 대의 택시가 있어요.

2 🎙 There are a man and woman at a reception desk. 안내 데스크에 남자 한 명과 여자 한 명이 있어요.

3 🎙 There is some furniture on the carpet. 카펫 위에 몇몇 가구가 있어요.

4 🎙 There are several windows behind the table. 테이블 뒤에 창문이 여러 개 있어요.

⑧ 남자가 자전거를 타고 있어요 현재진행 시제 p.37 🎧 (스피킹포인트) 08

1 🎙 The women are sitting at an outdoor café. 여자들이 야외 카페에 앉아 있어요.

2 🎙 Another man is walking beside her. 또 한 명의 남자가 그녀 옆에서 걷고 있어요.

3 🎙 A group of people is waiting to board a bus. 한 무리의 사람들이 버스를 타려고 기다리고 있어요.

4 🎙 Some students are studying in a library. 몇몇 학생들이 도서관에서 공부하고 있어요.

⑨ 저는 어제 디지털카메라를 샀어요 과거 시제 p.38 🎧 (스피킹포인트) 09

1 🎙 I flew on an airplane to Singapore a year ago. 저는 일 년 전에 비행기로 싱가포르에 갔었어요.

2 🎙 I think you heard the wrong information. 당신이 잘못된 정보를 들었던 것 같아요.

3 🎙 I spoke to him about the situation yesterday. 제가 그에게 어제 그 상황에 대해 얘기했어요.

4 🎙 My grandmother gave me good advice in the past. 예전에는 할머니가 제게 좋은 조언을 해주셨어요.

⑩ 우리는 여기서 5년 동안 살아왔어요 현재완료 시제 p.39 🎧 (스피킹포인트) 10

1 🎙 The people have placed their bags on a counter. 사람들이 가방을 카운터에 올려 놓았어요.

2 🎙 A group of people has gathered in a park. 한 무리의 사람들이 공원에 모여 있어요.

3 🎙 Airfares have gone up by 30 percent since September. 항공 요금이 9월 이후 30퍼센트까지 올랐어요.

4 🎙 The invention of computers has made the world a better place.
컴퓨터의 발명이 세상을 더 좋은 곳으로 만들었어요.

⑪ 연설은 오후 4시에 시작할 것입니다 미래 시제 p.40 🎧 (스피킹포인트) 11

1 🎙 Your flight will depart on September 7. 당신의 비행기가 9월 7일에 출발할 거예요.

2 🎙 The seminar will cover two topics. 세미나는 두 개의 주제를 다룰 거예요.

3 🎙 We will send an invitation to you. 저희가 당신에게 초대장을 보내드리겠습니다.

4 🎙 We will provide you with a pamphlet. 저희가 팸플릿을 제공해 드릴게요.

⑫ 점심이 제공됩니다 수동태 p.41 🎧 (스피킹포인트) 12

1 🎙 Two cooking classes are scheduled for today. 두 개의 요리 강습이 오늘 예정되어 있어요.

2 🎙 That course is taught by Samantha Davis. 그 과정은 Samantha Davis의 지도를 받습니다.

3 🎙 The orders are delivered within two weeks of purchase. 주문품은 구입 후 2주 내에 배달됩니다.

4 🎙 Food is catered by Mount Olympia Restaurant. 음식은 Mount Olympia 식당에 의해 제공됩니다.

⑬ 박람회가 화요일에 개최될 예정이에요 시간 전치사 p.42 🎧 (스피킹포인트) 13

1 🎙 The package will arrive by Friday. 소포가 금요일까지 도착할 거예요.

2 🎙 There will be a parade at the beginning of the week. 이번 주 초에 퍼레이드가 있을 거예요.

3 🎙 The seminar will take place on January 19, from 10 A.M. to 4 P.M.
세미나가 1월 19일 오전 10시부터 오후 4시까지 열릴 것입니다.

4 🎙 The lecture will be given by Cynthia Atwood on Thursday evening.
그 강의는 목요일 저녁 Cynthia Atwood에 의해 제공될 거예요.

⑭ 파티는 로비에서 열릴 예정이에요 장소 전치사 p.43 🎧 (스피킹포인트) 14

1 🎙 I watch TV in the living room. 저는 거실에서 TV를 봅니다.

2 🎙 There is a group of people at a train station. 기차역에 한 무리의 사람들이 있어요.

3 🎙 I read about sports events in the newspaper. 저는 신문에서 스포츠 경기에 대해 읽습니다.

4 🎙 A woman is standing on the corner of the street. 한 여자가 길모퉁이에 서 있어요.

⑮ 접시가 테이블 위에 있어요 위치 전치사 p.44 🎧 (스피킹포인트) 15

1 🎙 Office equipment is <u>on the desk</u>. 사무 도구가 책상 위에 있어요.

2 🎙 There are some cars <u>next to the fence</u>. 울타리 옆에 자동차 몇 대가 있어요.

3 🎙 Plastic bags are hanging <u>over the booths</u>. 비닐봉지가 부스 위에 매달려 있어요.

4 🎙 I can see some birds flying <u>above the buildings</u>. 건물들 위로 날아가는 새들을 볼 수 있어요.

⑯ 공을 들고 있는 남자아이가 있어요 분사 p.45 🎧 (스피킹포인트) 16

1 🎙 There are <u>some products displayed</u> in the window. 유리창에 진열되어 있는 몇몇 제품이 있어요.

2 🎙 There are too many <u>people driving</u> vehicles in the city. 도시에는 차량을 운전하는 사람들이 너무 많아요.

3 🎙 Ms. Davis will teach <u>the class entitled</u> "Intermediate Drawing."
Ms. Davis가 "중급 드로잉"이라는 제목의 과목을 가르칠 겁니다.

4 🎙 <u>The seminar scheduled</u> for 2:30 P.M. has been delayed for 10 minutes.
오후 2시 30분에 예정된 세미나가 10분간 지연되었어요.

⑰ 대중교통은 빠르고 저렴해요 등위 접속사 p.46 🎧 (스피킹포인트) 17

1 🎙 Payments can be made by <u>cash or credit card</u>. 현금이나 신용카드로 지불할 수 있습니다.

2 🎙 The advantages of owning my own vehicle are <u>convenience and comfort</u>.
내 차를 갖는 것의 장점은 편리함과 편안함입니다.

3 🎙 The price includes entrance fees, <u>but meals are not included</u>.
가격에 입장료는 포함되지만 식사는 포함되지 않습니다.

4 🎙 It's raining, <u>so people are carrying umbrellas</u>. 비가 오고 있어서, 사람들이 우산을 들고 있습니다.

⑱ 스크린이 크기 때문에 극장이 좋아요 부사절 접속사 p.47 🎧 (스피킹포인트) 18

1 🎙 You can contact the speaker <u>if you have any questions</u>. 질문이 있을 경우 연사에게 연락하시면 됩니다.

2 🎙 Mr. Lewis doesn't know about the office system <u>because he is a new employee</u>.
Mr. Lewis는 신입 사원이기 때문에 사무실 시스템에 대해 모릅니다.

3 🎙 <u>Although I don't earn much money</u>, I enjoy my job. 비록 많은 돈을 벌지는 않지만, 저는 제 일을 즐깁니다.

4 🎙 My parents' advice is useful <u>because they understand me better than others</u>.
다른 사람들보다 더 나를 잘 알기 때문에 부모님의 충고는 유용합니다.

⑲ 의사가 되고 싶어 하는 학생은 생물학 공부를 선택할 거예요 관계대명사　　p.48 🎧 (스피킹포인트) 19

1 🎙 I believe <u>companies which/that sponsor charities</u> have better reputations.
저는 자선 단체를 후원하는 회사들의 평판이 더 좋다고 생각합니다.

2 🎙 The lecture <u>which/that will be given by Danny Morgan</u> is about Internet technology.
Danny Morgan에 의해 제공될 강의는 인터넷 기술에 관한 것입니다.

3 🎙 I bought <u>a laptop computer which/that was recommended by my friend</u>.
저는 친구에 의해 추천된 노트북 컴퓨터를 구매하였습니다.

4 🎙 I will find you <u>the information which/that you are looking for</u> right away.
제가 당신이 찾고 있는 정보를 바로 찾아 드리겠습니다.

⑳ 기술이 교육의 질을 향상시켰다는 것에 동의합니다 명사절 접속사　　p.49 🎧 (스피킹포인트) 20

1 🎙 I believe <u>that it's better to see a movie</u> in a theater.　저는 극장에서 영화를 보는 것이 낫다고 생각합니다.

2 🎙 Young people learn <u>how to interact with people</u> in their community.
젊은 사람들은 그들의 공동체 내에서 사람들과 어떻게 교류해야 하는지를 배웁니다.

3 🎙 I will inform you <u>how you can change the date of your reservation</u>.
예약 날짜를 어떻게 변경할 수 있는지를 제가 알려드리겠습니다.

4 🎙 I will tell you <u>what you can participate in</u> at the seminar.
세미나에서 무엇에 참석할 수 있는지 말씀드리겠습니다.

Q1-2 지문 읽기

기초 쌓기

1 자음/모음 및 단어 정확하게 발음하기 p.59 🎧 (Q1&2_기초) 02

1 🎙 Our resort is based on a Roman theme, with columns, vases, and statues everywhere you look.
저희 리조트는 기둥, 꽃병, 그리고 조각상과 함께 귀하가 보시는 모든 곳에서 로마 테마를 바탕으로 하고 있습니다.
어휘 column[kάləm] 기둥 statue[stǽtʃuː] 조각상

2 🎙 New regional laws will not permit helicopters to fly low over the city.
새로운 지역법은 헬리콥터가 도시 위로 낮게 나는 것을 허용하지 않을 것입니다.
어휘 regional[ríːdʒənl] 지역의 permit[pərmít] 허용하다

3 🎙 For a pair of good shoes at a fair price, visit our store today.
적정한 가격의 좋은 신발 한 켤레를 위해, 저희 상점을 오늘 방문하세요.
어휘 fair[fɛər] 적정한, 괜찮은

4 🎙 If you need to speak to a representative, please stay on the line.
상담원과 통화해야 하시면 끊지 말고 기다려 주십시오.
어휘 representative[rèprizéntətiv] 상담원

5 🎙 Please wait for a minute, and someone will help you as soon as possible.
잠시 기다려 주시면 가능한 한 빨리 누군가가 귀하를 도와드릴 것입니다.

6 🎙 Please stay seated at all times during the show.
쇼 동안에는 항상 자리에 앉아주시길 바랍니다.

7 🎙 The government announced that the summit will be held in Athens.
정부는 정상 회담이 아테네에서 열릴 것이라고 발표했습니다.
어휘 government[gʌ́vərnmənt] 정부 announce[ənáuns] 발표하다, 알리다 summit[sʌ́mit] 정상 회담

8 🎙 Collingwood Hotel offers a buffet breakfast, lunch, and dinner every weekend.
Collingwood 호텔은 매 주말마다 조식, 중식, 석식 뷔페를 제공합니다.
어휘 offer[ɔ́ːfər] 제공하다

9 🎙 The increase in traffic was caused by an automobile accident.
교통량 증가는 차 사고에 의해 야기되었습니다.
어휘 automobile[ɔ́ːtəməbiːl] 차 accident[ǽksidənt] 사고

10 🎙 Barbara Eddington is an expert in biology and works for a scientific research firm.
Barbara Eddington은 생물학 전문가이며 과학 연구 회사에서 일합니다.
어휘 expert[ékspərt] 전문가 biology[baiάlədʒi] 생물학 firm[fəːrm] 회사

2 의미와 의도 살려 문장 읽기 p.63 🎧 (Q1&2_기초) 04

1 🎤 Mr. Stone will <u>talk today</u> about smart ways to <u>invest your money</u>.

Mr. Stone은 오늘 당신의 돈을 투자하는 현명한 방법에 대해 이야기할 것입니다.

어휘 invest[invést] 투자하다

2 🎤 Visit our store for the <u>best selection</u> of <u>books available</u> in the city!

시에서 입수할 수 있는 최고의 책 컬렉션을 위해 저희 상점을 방문하세요!

어휘 available[əvéiləbl] 입수할 수 있는, 이용 가능한

3 🎤 The speed train to Osaka will <u>depart shortly</u>, but not at the <u>scheduled platform</u>.

오사카로 가는 고속 열차는 곧 출발할 것이지만, 예정된 승강장에서가 아닙니다.

어휘 depart[dipá:rt] 출발하다　shortly[ʃɔ́:rtli] 곧　platform[plǽtfɔ:rm] 승강장

4 🎤 Have you visited any of the <u>amazing sites</u> of China?

중국의 놀라운 장소 중 어느 곳이라도 방문하신 적이 있나요?

어휘 amazing[əméiziŋ] 놀라운　site[sait] 장소

5 🎤 The <u>mayor announced</u> an upcoming renovation of the <u>town library</u>.

시장은 곧 있을 시립 도서관 수리를 공시했습니다.

어휘 mayor[méiər] 시장　upcoming[ʌ́pkʌmiŋ] 곧 있을, 다가오는

6 🎤 What are you <u>waiting for</u>? <u>Try out</u> our new menu today!

무엇을 기다리고 계신가요? 저희의 새로운 메뉴를 오늘 시도해 보세요!

어휘 try out 시도해 보다

7 🎤 The new luggage will be more <u>colorful</u>, <u>easier to move</u>, and <u>lighter</u> to carry.

새로운 여행 가방은 더 색깔이 화려하고, 옮기기 쉽고, 들기에 가볍습니다.

어휘 luggage[lʌ́gidʒ] 여행 가방, 수화물

8 🎤 The <u>central station</u> will be closed / this <u>upcoming Friday</u>.

중앙역은 다가오는 이번 금요일에 폐쇄될 것입니다.

9 🎤 If you are <u>looking for a car</u>, / we have the <u>perfect vehicle</u> / for you.

만약 차를 찾고 계신다면, 저희가 귀하를 위한 완벽한 차를 갖고 있습니다.

어휘 vehicle[ví:ikl] 차

10 🎤 Please make sure / you have collected <u>all your belongings</u>, / <u>before exiting</u> the train.

열차에서 내리시기 전에 모든 소지품을 챙겼는지 확인하시기 바랍니다.

어휘 belonging[bilɔ́:ŋiŋ] 소지품

스텝별 전략 익히기

문제집 p.64~65에서 배운 스텝별 전략을 적용하여, 실제 시험 문제를 푼다는 생각으로 음성을 들으며 준비 시간과 답변 시간을 지켜 아래의 문제를 풀어보세요.

[예] **STEP 1** 발음, 강세, 억양 파악하며 읽어보기

Attention all passengers traveling on the eight-thirty A.M. train to Athens. Please note that there will be a delay due to technical difficulties. The new departure time is nine A.M. In the meantime, please wait in our lounge, café, or main hall. We apologize for the delay and thank you for your understanding.

아테네로 가는 오전 8시 30분 기차로 여행하시는 모든 승객분들은 주목해 주시기 바랍니다. 기술적인 장애로 인해 지연이 있을 것이라는 점에 유의해 주십시오. 새로운 출발 시간은 오전 9시입니다. 그동안에, 저희의 대합실, 카페, 또는 중앙 홀에서 기다려 주시기 바랍니다. 지연에 대해 사과드리며, 이해해 주셔서 감사합니다.

STEP 2 파악한 내용 바탕으로 읽기

Attention all passengers traveling on the **eight-thirty** A.M. train to Athens .(↘) // Please note / that there will be a **delay** due to **technical difficulties**.(↘) // The **new** departure time is **nine** A.M. // In the meantime, / please wait in our **lounge**,(↗) / café , (↗) / or main hall .(↘) // We apologize for the delay / and thank you for your understanding.(↘)

아테네로 가는 오전 8시 30분 기차로 여행하시는 모든 승객분들은 주목해 주시기 바랍니다. 기술적인 장애로 인해 지연이 있을 것이라는 점에 유의해 주십시오. 새로운 출발 시간은 오전 9시입니다. 그동안에, 저희의 대합실, 카페, 또는 중앙 홀에서 기다려 주시기 바랍니다. 지연에 대해 사과드리며, 이해해 주셔서 감사합니다.

어휘 **passenger**[pǽsəndʒər] 승객 **note**[nout] 주목하다, 주의하다 **delay**[diléi] 지연; 지연하다 **technical**[téknikəl] 기술적인 **difficulty**[dífikʌlti] 장애, 어려움 **departure**[dipáːrtʃər] 출발 **meantime**[míːntàim] 그동안 **lounge**[laundʒ] 대합실, 라운지 **apologize**[əpálədʒàiz] 사과하다

1 **STEP 1** 발음, 강세, 억양 파악하며 읽어보기

  STEP 2 파악한 내용 바탕으로 읽기

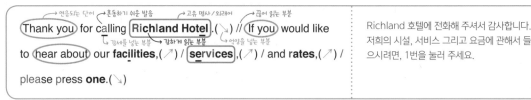

Richland 호텔에 전화해 주셔서 감사합니다. 저희의 시설, 서비스 그리고 요금에 관해서 들으시려면, 1번을 눌러 주세요.

어휘 facility[fəsíləti] 시설 rate[reit] 요금 press[pres] 누르다

▶ 위에 표시된 주의해야 할 발음, 강세, 억양에 맞춰 지문을 읽으세요.

2 **STEP 1** 발음, 강세, 억양 파악하며 읽어보기

  STEP 2 파악한 내용 바탕으로 읽기

신나는 일을 원하신다면, Coral Reef 다이빙 학원의 다이빙 강좌에 등록하세요. 저희의 공인된 다이빙 강사들이 귀하께 수영, 호흡법, 그리고 다이빙 기술을 가르쳐 드릴 것입니다.

어휘 excitement[iksáitmənt] 신나는 일, 흥분 register[rédʒistər] 등록하다; 등록 certified[sə́:rtəfàid] 공인된, 증명된
    instructor[instrʌ́ktər] 강사 breathing[bríːðiŋ] 호흡법, 숨쉬기

▶ 위에 표시된 주의해야 할 발음, 강세, 억양에 맞춰 지문을 읽으세요.

3 **STEP 1** 발음, 강세, 억양 파악하며 읽어보기

  STEP 2 파악한 내용 바탕으로 읽기

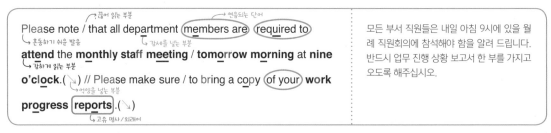

모든 부서 직원들은 내일 아침 9시에 있을 월례 직원회의에 참석해야 함을 알려 드립니다. 반드시 업무 진행 상황 보고서 한 부를 가지고 오도록 해주십시오.

어휘 department[dipɑ́:rtmənt] 부서 attend[əténd] 참석하다 monthly[mʌ́nθli] 월례의, 매달의 make sure 반드시 ~하다
    progress[prάgres] 진행 상황

▶ 위에 표시된 주의해야 할 발음, 강세, 억양에 맞춰 지문을 읽으세요.

4 STEP 1 발음, 강세, 억양 파악하며 읽어보기

STEP 2 파악한 내용 바탕으로 읽기

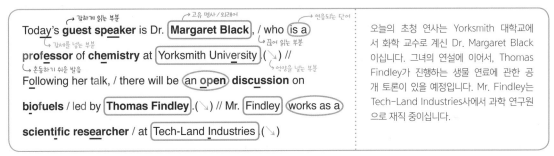

오늘의 초청 연사는 Yorksmith 대학교에서 화학 교수로 계신 Dr. Margaret Black 이십니다. 그녀의 연설에 이어서, Thomas Findley가 진행하는 생물 연료에 관한 공개 토론이 있을 예정입니다. Mr. Findley는 Tech-Land Industries사에서 과학 연구원으로 재직 중이십니다.

어휘 guest speaker 초청 연사 professor[prəfésər] 교수 chemistry[kéməstri] 화학 biofuel[báioufjùːəl] 생물 연료 researcher[risə́ːrtʃər] 연구원

▶ 위에 표시된 주의해야 할 발음, 강세, 억양에 맞춰 지문을 읽으세요.

5 STEP 1 발음, 강세, 억양 파악하며 읽어보기

STEP 2 파악한 내용 바탕으로 읽기

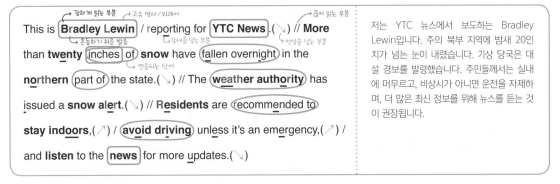

저는 YTC 뉴스에서 보도하는 Bradley Lewin입니다. 주의 북부 지역에 밤새 20인치가 넘는 눈이 내렸습니다. 기상 당국은 대설 경보를 발령했습니다. 주민들께서는 실내에 머무르고, 비상시가 아니면 운전을 자제하며, 더 많은 최신 정보를 위해 뉴스를 듣는 것이 권장됩니다.

어휘 overnight[òuvərnáit] 밤새 authority[əθɔ́ːrəti] 당국, 관청 issue[íʃuː] 발령하다, 내다 alert[əlɔ́ːrt] 경보 resident[rézədnt] 주민 recommend[rèkəménd] 권장하다, 추천하다 avoid[əvɔ́id] 자제하다, 피하다 emergency[imə́ːrdʒənsi] 비상시 update[ʌ́pdèit] 최신 정보

▶ 위에 표시된 주의해야 할 발음, 강세, 억양에 맞춰 지문을 읽으세요.

Q1-2
Q3-4
Q5-7
Q8-10
Q11
10일 만에 끝내는 해커스 토익스피킹 스타트

6 STEP 1 발음, 강세, 억양 파악하며 읽어보기
STEP 2 파악한 내용 바탕으로 읽기

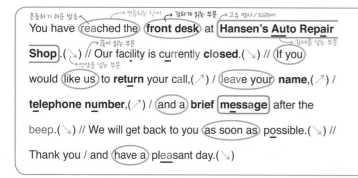

Hansen's 자동차 정비소의 안내 데스크에 연결되셨습니다. 저희 시설은 현재 문을 닫았습니다. 저희가 다시 전화 드리기를 원하시면, 삐 소리 후에 이름, 전화번호, 그리고 짧은 메시지를 남겨주십시오. 가능한 한 빨리 연락드리겠습니다. 감사드리며 좋은 하루 보내십시오.

어휘 reach[ri:tʃ] 연결하다 front desk 안내 데스크 auto repair shop 자동차 정비소 facility[fəsíləti] 시설 currently[kə́:rəntli] 현재 brief[bri:f] 짧은 get back to 다시 연락하다 pleasant[plézənt] 좋은, 즐거운

▶ 위에 표시된 주의해야 할 발음, 강세, 억양에 맞춰 지문을 읽으세요.

7 STEP 1 발음, 강세, 억양 파악하며 읽어보기
STEP 2 파악한 내용 바탕으로 읽기

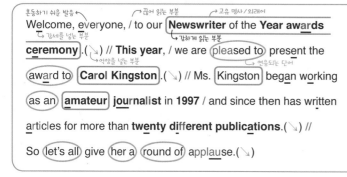

올해의 신문 기자 시상식에 오신 모든 분들을 환영합니다. 올해, 저희는 이 상을 Carol Kingston에게 수여하게 되어 기쁩니다. Ms. Kingston은 1997년에 아마추어 기자로 일을 시작하여, 그때부터 20개가 넘는 다양한 출판물을 위해 기사를 써왔습니다. 그럼 모두 그녀에게 큰 박수를 보냅시다.

어휘 newswriter[njú:zraitər] 신문 기자 awards ceremony 시상식 please[pli:z] 기쁘게 하다 present[prizént] 수여하다 journalist[dʒə́:rnəlist] 기자 article[á:rtikl] 기사 different[dífərənt] 다양한, 다른 publication[pʌ̀bləkéiʃən] 출판물 applause[əplɔ́:z] 박수, 갈채

▶ 위에 표시된 주의해야 할 발음, 강세, 억양에 맞춰 지문을 읽으세요.

Q1-2

Q3-4

Q5-7

Q8-10

Q11

10일 만에 끝내는 해커스 토익스피킹 스타트

8 STEP 1 발음, 강세, 억양 파악하며 읽어보기

STEP 2 파악한 내용 바탕으로 읽기

Carla's Kitchen Collection이 다음 주 목요일부터 계절 창고 정리 세일을 합니다! 모든 유리 제품, 커피잔, 그리고 찻잔 세트는 50퍼센트까지 할인되고, 유명 상표의 냄비는 30퍼센트 할인됩니다. Northern Highland 대로에 위치한 Carla's Kitchen Collection에서 이 놀라운 거래를 이용하세요. 추가 정보를 원하시면, 555-4263번으로 저희에게 전화하세요.

어휘   seasonal[síːzənl] 계절의   clearance sale 창고 정리 세일   mark down 할인하다   brand name 유명 상표의   pot[pɑt] 냄비
take advantage of ~을 이용하다   deal[diːl] 거래; 거래하다   boulevard[búləvàːrd] 대로   further[fɔ́ːrðər] 추가의, 더

▶ 위에 표시된 주의해야 할 발음, 강세, 억양에 맞춰 지문을 읽으세요.

9 STEP 1 발음, 강세, 억양 파악하며 읽어보기

STEP 2 파악한 내용 바탕으로 읽기

May I please ⟨have your⟩ attention?(↗) // ⟨Because of⟩ the
national holiday today, / our station's ⟨hours of⟩ service have
been changed.(↘) // Trains for all subway lines will run from
nine A.M. to four P.M. only.(↘) // Regular subway service will
resume tomorrow.(↘) // ⟨If you⟩ have any ⟨questions about⟩
the change,(↗) / please visit the information ⟨desk⟩ ⟨next to⟩
the ⟨café⟩.(↘) // ⟨Thank you⟩.(↘)

잠시 집중해 주시겠습니까? 오늘 국경일 때문에, 저희 역의 운행 시간이 바뀌었습니다. 모든 지하철 노선의 열차는 오전 9시부터 오후 4시까지만 운행할 것입니다. 정규 지하철 운행은 내일 다시 시작할 것입니다. 변경 사항에 대해 질문이 있으시면, 카페 옆에 있는 안내 데스크를 찾아 주십시오. 감사합니다.

어휘   attention[əténʃən] 집중, 주목   national holiday 국경일   line[lain] 노선   run[rʌn] 운행하다, 뛰다   regular[régjulər] 정규의, 정기적인
resume[rizúːm] 다시 시작하다

▶ 위에 표시된 주의해야 할 발음, 강세, 억양에 맞춰 지문을 읽으세요.

1

연음되는 단어 / 혼동하기 쉬운 발음 / 고유 명사 / 외래어 / 끊어 읽는 부분

Thank you for visiting the **Redwood Wildlife Habitat**.(↘) //

강세를 넣는 부분 / 강하게 읽는 부분 / 억양을 넣는 부분

This morning, / we will tour the **rainforest**,(↗) / **woodland**,(↗) /

and **wetland** areas.(↘) // Please do **not** feed the animals /

since many of them are **dangerous**.(↘) // Also, / **stay on the**

path at **all times** / to **avoid disturbing** the wildlife.(↘) // We

appreciate your cooperation.(↘)

Redwood 야생 동물 서식지에 방문해 주셔서 감사합니다. 오늘 아침, 저희는 열대 우림, 삼림 지대, 그리고 습지 지역을 둘러볼 것입니다. 많은 동물들이 위험하므로, 동물들에게 먹이를 주지 마십시오. 또한, 야생 동물을 불안하게 하는 것을 막기 위해 항상 보행로에 머물러 주십시오. 협조해 주셔서 감사합니다.

어휘 **wildlife**[wáildlaif] 야생 동물 **habitat**[hǽbitæt] 서식지 **rainforest**[réinfɔ̀ːrist] 열대 우림 **woodland**[wúdlænd] 삼림 지대
wetland[wétlænd] 습지 **feed**[fiːd] 먹이를 주다 **path**[pæθ] 보행로 **avoid**[əvɔ́id] 막다, 피하다 **disturb**[distə́ːrb] 불안하게 하다, 방해하다
appreciate[əpríːʃièit] 감사하다 **cooperation**[kouàpəréiʃən] 협조

▶ 위에 표시된 주의해야 할 발음, 강세, 억양에 맞춰 지문을 읽으세요.

2

고유 명사 / 외래어 / 혼동하기 쉬운 발음 / 끊어 읽는 부분

This is **Leslie Clark** with a **community events update**.(↘) //

강하게 읽는 부분 / 연음되는 단어 / 강세를 넣는 부분 / 억양을 넣는 부분

This weekend, / the **Nashville Dance Academy** is hosting a

citywide dance **competition**.(↘) // The **age** categories are

kids,(↗) / **teenagers**,(↗) / and **adults**, / and there will be

solo as well as group **performances**.(↘) // The **venue** is

Shelby Hall.(↘) // Come out and show your **support** for **local**

talent!(↘)

지역 행사 최신 정보를 가져온 Leslie Clark입니다. 이번 주말에, Nashville 댄스 아카데미가 시 전역 댄스 경연을 주최합니다. 연령 구분은 아동, 청소년, 성인이고, 그룹 공연뿐만 아니라 단독 공연도 있을 것입니다. 행사 장소는 Shelby홀입니다. 나오셔서 지역 인재들에 대한 당신의 지지를 보여주세요!

어휘 **host**[houst] 주최하다 **citywide**[sítiwàid] 시 전역의 **competition**[kàmpətíʃən] 경연, 시합 **category**[kǽtəgɔ̀ːri] 구분, 분류
performance[pərfɔ́ːrməns] 공연 **venue**[vénjuː] (행사의) 장소, 현장 **support**[səpɔ́ːrt] 지지 **talent**[tǽlənt] 인재, 재능

▶ 위에 표시된 주의해야 할 발음, 강세, 억양에 맞춰 지문을 읽으세요.

Q1-2

Q3-4

Q5-7

Q8-10

Q11

10일 만에 끝내는 해커스 토익스피킹 스타트

3

> 강하게 읽는 부분 → 혼동하기 쉬운 발음 → 고유 명사/외래어
>
> Welcome to [Springfield Transit Authority's] **panel discussion** /
>
> → 연음되는 단어 → 강세를 넣는 부분 → 끊어 읽는 부분
>
> (on our) local transportation [system].(↘) // **Today's topic** is
>
> → 억양을 넣는 부분
>
> the (lack of) **public transport** [options].(↘) // This issue will be
>
> discussed by the **10 speakers** / who have (joined us) today.(↘) //
>
> They include **city leaders**,(↗) / **urban planners**,(↗) / and
>
> **ordinary citizens**.(↘) // Please **give** them (your attention).(↘)

지역 교통 시스템에 관한 스프링필드 교통 당국의 공개 토론회에 오신 것을 환영합니다. 오늘의 주제는 대중교통 선택권의 부족입니다. 이 문제는 오늘 저희와 함께 해주신 10명의 발표자들에 의해 논의될 것입니다. 그들은 시 지도자, 도시 설계자, 그리고 일반 시민들을 포함합니다. 그들에게 집중해 주시기 바랍니다.

어휘　authority[əθɔ́:rəti] 당국, 권한　panel discussion 공개 토론회　transportation[trænspərtéiʃən] 교통, 수송　lack[læk] 부족
public transport 대중교통　option[ɑ́pʃən] 선택권　issue[íʃu:] 문제, 안건　discuss[diskʌ́s] 논의하다　urban[ə́:rbən] 도시의　citizen[sítəzən] 시민
attention[əténʃən] 집중, 주의

▶ 위에 표시된 주의해야 할 발음, 강세, 억양에 맞춰 지문을 읽으세요.

4

> → 혼동하기 쉬운 발음 → 고유 명사/외래어 → 연음되는 단어
>
> [Fitness Factory] is (pleased to) announce the **opening** of its
>
> → 강하게 읽는 부분 → 끊어 읽는 부분 → 강세를 넣는 부분
>
> [Saint Louis] branch.(↘) // Located in the city's business
>
> → 억양을 넣는 부분
>
> district, / this facility features **exercise equipment**,(↗) / **game**
>
> **courts**,(↗) / and **swimming pools**.(↘) // (For a) (limited time)
>
> **only**, / [Fitness Factory] (is offering) a **30-day membership** /
>
> for the **low price** of **thirty-nine** (dollars).(↘) // **Don't** miss this
>
> **golden opportunity** / to improve your health!(↘)

Fitness Factory는 세인트 루이스 지점의 개장을 알리게 되어 기쁩니다. 시의 상업지구에 위치한 이 시설은 운동 기구, 경기 코트, 그리고 수영장을 특징으로 합니다. 한정된 기간 동안만, Fitness Factory는 30일 회원권을 39달러의 저렴한 가격에 제공할 것입니다. 당신의 건강을 증진할 이 절호의 기회를 놓치지 마세요!

어휘　announce[ənáuns] 알리다, 발표하다　branch[bræntʃ] 지점　district[dístrikt] 지구, 구역　feature[fí:tʃər] 특징으로 하다
equipment[ikwípmənt] 기구, 장치　limited[límitid] 한정된, 제한된　golden[góuldən] 절호의, 가장 좋은　improve[imprú:v] 증진하다, 향상시키다

▶ 위에 표시된 주의해야 할 발음, 강세, 억양에 맞춰 지문을 읽으세요.

체크포인트 1번부터 4번까지 자신이 녹음한 답변을 다시 들으며 아래의 체크포인트를 통해 자신의 답변을 점검해 보세요.

· 혼동하기 쉬운 자음/모음, 연음되는 단어, 고유명사/외래어를 정확히 발음하였다.　1️⃣ 2️⃣ 3️⃣ 4️⃣
· 한 단어 내의 강세와, 한 문장 내의 강약을 살려 읽었다.　1️⃣ 2️⃣ 3️⃣ 4️⃣
· 상황에 따라 억양을 내리거나 올려 읽었다.　1️⃣ 2️⃣ 3️⃣ 4️⃣
· 의미 덩어리가 나뉘는 부분을 끊어 읽었다.　1️⃣ 2️⃣ 3️⃣ 4️⃣

▶ 체크되지 않은 항목이 있는 문제는 자신이 부족했던 부분에 유의하며 모범답변을 다시 여러 번 듣고 따라 말해보세요.

🎧 (Q1&2_스텝) 07

Hackers Test

p.76 🎧 (Q1&2_유형) 10

1 보도

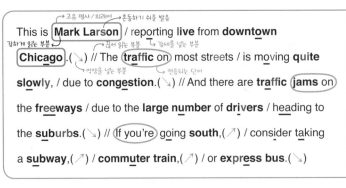

저는 시카고 시내에서 생방송으로 전해드리는 Mark Larson입니다. 대부분 도로의 교통이 정체로 인해 꽤 느리게 움직이고 있습니다. 또한, 교외로 향하는 많은 수의 운전자들 때문에, 고속도로에 교통 체증이 있습니다. 만약 남쪽으로 가신다면, 지하철을 타거나, 통근 열차를 타거나, 고속버스를 타는 것을 고려해 보십시오.

어휘 traffic[trǽfik] 교통 congestion[kəndʒéstʃən] 정체, 혼잡 traffic jam 교통 체증, 교통 정체 freeway[frí:wèi] 고속도로 head[hed] 향하다
suburb[sʌ́bə:rb] 교외 consider[kənsídər] 고려하다 commuter train 통근 열차 express bus 고속버스

▶ 위에 표시된 주의해야 할 발음, 강세, 억양에 맞춰 지문을 읽으세요. 보도 지문이므로 많은 수의 운전자들이 교외로 향하고 있기 때문에, 고속도로에 교통 체증이 있다는 전달 내용을 강조해 읽습니다.

2 소개

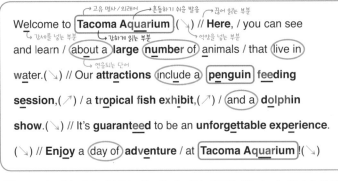

Tacoma 수족관에 오신 것을 환영합니다. 이곳에서, 여러분은 많은 수중 동물을 보고 배우실 수 있습니다. 저희의 볼거리들은 펭귄 먹이 주기 시간, 열대어 전시, 그리고 돌고래 쇼를 포함합니다. 잊을 수 없는 경험이 보장되어 있습니다. Tacoma 수족관에서 모험의 날을 즐기세요!

어휘 aquarium[əkwɛ́əriəm] 수족관 attraction[ətrǽkʃən] 볼거리, 명소 tropical[trápikəl] 열대의 exhibit[igzíbit] 전시, 전시품
unforgettable[ʌ̀nfərgétəbəl] 잊을 수 없는 adventure[ædvéntʃər] 모험, 도전

▶ 위에 표시된 주의해야 할 발음, 강세, 억양에 맞춰 지문을 읽으세요. 소개 지문이므로 많은 수중 동물을 보고 배울 수 있고, 펭귄 먹이 주기 시간, 열대어 전시, 돌고래 쇼를 포함한다는 특징을 강조해 읽습니다.

3 광고

Frodo Pizza가 금융 지구에 지점을 열었습니다! Milton로에 위치한 Frodo Pizza의 새 지점은 신속하고, 가격이 알맞으며, 맛있는 점심을 먹기 위한 완벽한 장소입니다! 저희는 매우 다양한 피자와 건강한 샐러드를 제공합니다. 이탈리아의 맛을 위해 Frodo Pizza에 들르십시오.

어휘 financial[finǽnʃəl] 금융의 district[dístrikt] 지구 affordable[əfɔ́ːrdəbl] (가격이) 알맞은, 구매할 만한 a wide ariety of 매우 다양한 drop by 들르다 taste[teist] 맛

▶ 위에 표시된 주의해야 할 발음, 강세, 억양에 맞춰 지문을 읽으세요. 광고 지문이므로 Frodo Pizza라는 상점 이름, 신속하고 가격이 알맞으며 매우 다양한 피자와 건강한 샐러드를 제공한다는 장점 및 혜택을 강조해 읽습니다.

4 소개

Wayne Career Day에 오신 것을 환영합니다. 유명한 직업 상담가인 Laura Pearson이 오늘 여러분께 연설을 할 것입니다. 그녀는 수많은 고객들이 다양한 분야에서 직업을 찾도록 도와주었습니다. 그녀가 여러분의 이력서를 향상시키도록 도와줄 많은 비결, 기술, 요령을 제공할 것이므로, 귀 기울여 들어주세요. 신사 숙녀 여러분, Laura Pearson을 위해 큰 박수를 부탁드립니다.

어휘 renowned[rináund] 유명한 consultant[kənsʌ́ltənt] 상담가 trick[trik] 요령, 비결 résumé[rézumèi] 이력서 applause[əplɔ́ːz] 박수

▶ 위에 표시된 주의해야 할 발음, 강세, 억양에 맞춰 지문을 읽으세요. 소개 지문이므로 Laura Pearson이라는 인물 이름, 이력서 향상에 도움이 되는 많은 비결, 기술, 요령을 가지고 있음을 강조해 읽습니다.

5 공지

고유 명사 / 외래어 　　혼동하기 쉬운 발음

Wilkerson Regional Library will be launching a

book club.(↘) // Join us on Wednesdays at eight P.M. each

week / to discuss new titles, / including biographies,(↗) /

classics,(↗) / and contemporary novels.(↘) // If you'd like

to join this educational gathering,(↗) / come to our main

conference room / on March fourth / for the first session.(↘) //

See you there!(↘)

Wilkerson 지역 도서관은 독서 모임을 시작할 것입니다. 전기, 고전, 그리고 현대 소설을 포함한 새로운 책들에 대해 토론하기 위해서 매주 수요일 오후 8시에 저희와 함께하세요. 이 교육적인 모임에 참여하고 싶으시면, 첫 세션을 위해 3월 4일에 저희의 대회의실로 오세요. 거기서 뵙겠습니다!

어휘　regional[ríːdʒənl] 지역의, 지방의　launch[lɔːntʃ] 시작하다, 출시하다　title[táitl] 책, 서적　biography[baiágrəfi] 전기
contemporary[kəntémpərèri] 현대의　gathering[gǽðəriŋ] 모임, 집회

▶ 위에 표시된 주의해야 할 발음, 강세, 억양에 맞춰 지문을 읽으세요. 공지 지문이므로 Wilkerson 지역 도서관에서 매주 전기, 고전, 현대 소설에 대해 토론한다는 독서 모임 행사에 대한 전달 사항을 강조해 읽습니다.

6 자동 응답 메시지

You have reached Strickland and Parsons Law Firm.(↘) //

We operate between nine A.M. and six P.M. / from Monday to

Friday.(↘) // If you are calling about an ongoing case(↗), /

please press "1."(↘) // If you would like to hire our firm(↗), /

please press "2."(↘) // And if you have another reason for

calling,(↗) / press "3."(↘) // Enjoy your day.(↘)

Strickland and Parsons 법률 사무소입니다. 저희는 월요일부터 금요일까지 오전 9시와 오후 6시 사이에 영업합니다. 만약 진행 중인 소송에 관해서 전화하시는 것이라면, "1"번을 눌러주세요. 만약 저희 사무소를 고용하고 싶으시다면, "2"번을 눌러주세요. 그리고 전화하신 또 다른 이유가 있으시다면, "3"번을 눌러주세요. 좋은 하루 되세요.

어휘　law firm 법률 사무소　operate[ápərèit] 영업하다, 운영하다　ongoing[ángoùiŋ] 진행 중인　case[keis] 소송, 사건

▶ 위에 표시된 주의해야 할 발음, 강세, 억양에 맞춰 지문을 읽으세요. 자동 응답 메시지 지문이므로 Strickland and Parsons라는 법률 사무소 이름과 영업시간, 각 용건별 연결 정보에 대한 안내 내용을 강조해 읽습니다.

7 공지

강하게 읽는 부분   끊어 읽는 부분
강세를 넣는 부분   억양을 넣는 부분   혼동하기 쉬운 발음
고유 명사 / 외래어
연음되는 단어

Attention shoppers.(↘) // Due to the **upcoming holiday**, /

Newport Department Store 's **business hours** will be

extended temporarily.(↘) // The store will open at **nine** A.M. /

instead of **eleven** A.M. this **Thursday**,(↗) / **Friday**,(↗) / and

Saturday.(↘) // The store will be **closed** on **Sunday** / but

will reopen on **Monday** at **eleven** A.M.(↘) // Thanks for

your attention / and have a **good** day.(↘)

쇼핑객들은 주목해 주십시오. 곧 있을 휴일로 인해, Newport 백화점의 영업시간이 일시적으로 연장될 것입니다. 매장은 이번 목요일, 금요일, 그리고 토요일에 오전 11시 대신에 오전 9시에 열 것입니다. 백화점은 일요일에는 문을 닫지만, 월요일 오전 11시에 다시 열 것입니다. 주목해 주셔서 감사드리며, 좋은 하루 보내십시오.

어휘 　due to ~으로 인해　upcoming[ʌ́pkʌ̀miŋ] 곧 있을, 다가오는　extend[iksténd] 연장하다　temporarily[tèmpərérəli] 일시적으로　instead of 대신에

▶ 위에 표시된 주의해야 할 발음, 강세, 억양에 맞춰 지문을 읽으세요. 공지 지문이므로 백화점의 영업시간이 일시적으로 변경되어 목요일, 금요일, 토요일에 오전 9시에 문을 열고, 일요일에는 문을 닫는다는 상황에 대한 안내 사항을 강조해 읽습니다.

8 광고

혼동하기 쉬운 발음   강하게 읽는 부분   끊어 읽는 부분   고유 명사 / 외래어
강세를 넣는 부분   억양을 넣는 부분
연음되는 단어

Are you planning a **special event**?(↗) // Here at **Barney's**

Party Supplies, / we can help you **prepare** for any

occasion, / whether it's a **birthday**,(↗) / **graduation**,(↗) / or

wedding.(↘) // You'll be **impressed** by / our **large selection**

of flowers and balloons.(↘) // And we make **attractive**

customized banners.(↘) // Visit our store **today** / to

organize your **next celebration**!(↘)

특별한 행사를 계획하고 계신가요? 이곳 Barney's 파티용품점에서는 그것이 생일이든, 졸업식이든, 혹은 결혼식이든 당신이 어떤 행사도 준비할 수 있도록 도와드릴 수 있습니다. 당신은 우리의 다양한 종류의 꽃과 풍선들에 감동을 받을 것입니다. 그리고 우리는 개개인의 요구에 맞춘 매력적인 현수막도 제작합니다. 여러분의 다음 기념행사를 준비하기 위해 오늘 저희 상점을 방문하세요!

어휘 　occasion[əkéiʃən] 행사　graduation[grædʒuéiʃən] 졸업(식)　impress[imprés] 감동을 주다　attractive[ətræktiv] 매력적인
　customized[kʌ́stəmàizd] 개개인의 요구에 맞춘　banner[bǽnər] 현수막　organize[ɔ́ːrɡənàiz] 준비하다　celebration[sèləbréiʃən] 기념행사

▶ 위에 표시된 주의해야 할 발음, 강세, 억양에 맞춰 지문을 읽으세요. 광고 지문이므로 Barney's Party Supplies라는 상점 이름과 생일, 졸업식, 결혼식을 위해 꽃, 풍선, 현수막까지 제공한다는 특색을 강조해 읽습니다.

체크포인트　1번부터 8번까지 자신이 녹음한 답변을 다시 들으며 아래의 체크포인트를 통해 자신의 답변을 점검해 보세요.

· 혼동하기 쉬운 자음/모음, 연음되는 단어, 고유명사/외래어를 정확히 발음하였다.　1 2 3 4 5 6 7 8

· 한 단어 내의 강세와, 한 문장 내의 강약을 살려 읽었다.　1 2 3 4 5 6 7 8

· 상황에 따라 억양을 내리거나 올려 읽었다.　1 2 3 4 5 6 7 8

· 의미 덩어리가 나뉘는 부분을 끊어 읽었다.　1 2 3 4 5 6 7 8

☑ 체크되지 않은 항목이 있는 문제는 자신이 부족했던 부분에 유의하며 모범답변을 다시 여러 번 듣고 따라 말해보세요.

🎧 (Q1&2_유형) 10

1 공지

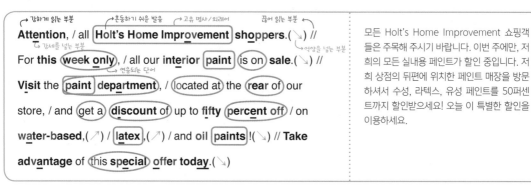

Attention, / all Holt's Home Improvement shoppers.(↘) //
For this week only, / all our interior paint is on sale.(↘) //
Visit the paint department, / located at the rear of our
store, / and get a discount of up to fifty percent off / on
water-based,(↗) / latex,(↗) / and oil paints !(↘) // Take
advantage of this special offer today.(↘)

모든 Holt's Home Improvement 쇼핑객들은 주목해 주시기 바랍니다. 이번 주에만, 저희의 모든 실내용 페인트가 할인 중입니다. 저희 상점의 뒤편에 위치한 페인트 매장을 방문하셔서 수성, 라텍스, 유성 페인트를 50퍼센트까지 할인받으세요! 오늘 이 특별한 할인을 이용하세요.

어휘 interior[intíəriər] 실내용의 on sale 할인 중인, 판매 중인 department[dipáːrtmənt] 매장 rear[riər] 뒤편, 뒷부분 offer[ɔ́ːfər] 할인; 제공하다

▶ 위에 표시된 주의해야 할 발음, 강세, 억양에 맞춰 지문을 읽으세요. 공지 지문이므로 Holt's Home Improvement 쇼핑객들에게 이번 주에만 페인트 매장에서 실내용 페인트가 할인 중이라는 안내 사항을 강조해 읽습니다.

2 광고

Need a business suit,(↗) / dress,(↗) / or other formalwear
cleaned in a hurry?(↗) // Winfield Cleaners is here to
help.(↘) // We've been in business / for over twenty years, /
and our track record speaks for itself.(↘) // Located on
Douglas Street, / we're the fastest dry cleaning business in
Cave Creek.(↘) // Contact us at 555-8923 for more
information.(↘)

정장, 드레스, 또는 다른 예복을 급히 세탁해야 하나요? 여기 Winfield Cleaners가 도와드립니다. 저희는 20년이 넘게 영업 중이며, 저희의 실적이 모든 것을 말해줍니다. 저희는 Douglas가에 위치한, Cave Creek에서 가장 빠른 드라이클리닝 업체입니다. 더 많은 정보를 위해서는 555-8923번으로 연락주세요.

어휘 formalwear[fɔ́ːrməlwɛ̀ər] 예복, 정장 in a hurry 급히, 서둘러 track record 실적

▶ 위에 표시된 주의해야 할 발음, 강세, 억양에 맞춰 지문을 읽으세요. 광고 지문이므로 정장, 드레스, 또는 다른 예복 세탁, Winfield Cleaners라는 상점 이름, Cave Creek에서 가장 빠른 드라이클리닝 업체라는 장점 및 혜택을 강조해 읽습니다.

체크포인트 1, 2번에서 자신이 녹음한 답변을 다시 들으며 아래의 체크포인트를 통해 자신의 답변을 점검해 보세요.

· 혼동하기 쉬운 자음/모음, 연음되는 단어, 고유명사/외래어를 정확히 발음하였다. ① ②
· 한 단어 내의 강세와, 한 문장 내의 강약을 살려 읽었다. ① ②
· 상황에 따라 억양을 내리거나 올려 읽었다. ① ②
· 의미 덩어리가 나뉘는 부분을 끊어 읽었다. ① ②

🔁 체크되지 않은 항목이 있는 문제는 자신이 부족했던 부분에 유의하며 모범답변을 다시 여러 번 듣고 따라 말해보세요.

🎧 (Q1&2_리뷰테스트) 11

Q1-2

Q3-4

Q5-7

Q8-10

Q11

10일 만에 끝내는 해커스 토익스피킹 스타트

Q3-4 사진 묘사하기

기초 쌓기

1 사진 묘사에 사용되는 표현 익히기 p.91 🎧 (Q3&4_기초) 02

1 🎙 <u>This photo was taken</u> in an office. 이 사진은 사무실에서 찍혔습니다.

어휘 office[ɔ́:fis] 사무실

2 🎙 <u>What I notice first is</u> people sitting in a park. 처음에 보이는 것은 공원에 앉아 있는 사람들입니다.

3 🎙 <u>In front of the man</u>, <u>I can see</u> some flowers. 그 남자의 앞에서, 꽃들을 볼 수 있습니다.

4 🎙 <u>In the background of the picture</u>, <u>there are</u> clouds in the sky. 사진의 배경에는, 하늘에 구름들이 있습니다.

5 🎙 <u>To summarize, it seems like</u> the people are enjoying a day outdoors.

요약하자면, 사람들이 야외에서 하루를 즐기고 있는 것 같습니다.

어휘 enjoy[indʒói] 즐기다 outdoors[àutdɔ́:rz] 야외에서

6 🎙 <u>This photo was taken</u> in a kitchen. 이 사진은 주방에서 찍혔습니다.

7 🎙 <u>What I notice first is</u> a family preparing a meal. 처음에 보이는 것은 식사를 준비하고 있는 한 가족입니다.

어휘 prepare[pripéər] 준비하다 meal[mi:l] 식사

2 장소, 사람, 사물, 느낌 및 의견 표현 익히기 p.95 🎧 (Q3&4_기초) 04

1 🎙 This photo was taken <u>in a library</u>. 이 사진은 도서관에서 찍혔습니다.

2 🎙 A man is <u>talking on the phone</u>. 한 남자가 통화를 하고 있습니다.

3 🎙 A student <u>has a ponytail</u>. 한 학생이 뒤로 묶은 머리를 하고 있습니다.

4 🎙 Some office supplies have been <u>placed on the desk</u>. 사무용품들이 책상 위에 놓여 있습니다.

어휘 office supplies 사무용품

5 🎙 Generally, it seems like <u>a cold winter day</u>. 전반적으로, 추운 겨울날인 것 같습니다.

6 🎙 What I notice first is four people <u>having a meeting</u>. 처음에 보이는 것은 회의를 하고 있는 네 명의 사람입니다.

7 🎙 In front of them, some documents are <u>scattered on the desk</u>. 그들 앞에, 서류들이 책상 위에 흩어져 있습니다.

어휘 scatter[skǽtər] 흩어지다

문제집 p.96~99에서 배운 스텝별 전략을 적용하여, 실제 시험 문제를 푼다는 생각으로 음성을 들으며 준비 시간과 답변 시간을 지켜 아래의 문제를 풀어보세요.

[예] **STEP 1** 사진 관찰하며 표현 떠올리기

STEP 2 떠올린 표현을 템플릿에 넣어 말하기

사진이 찍힌 장소	🎤 This photo was taken indoors.	이 사진은 실내에서 찍혔습니다.
가장 눈에 띄는 대상	🎤 What I notice first is a man and a woman dressed in gray suits. The woman is carrying a notepad. Next to her, the man is looking at the woman.	처음에 보이는 것은 회색 정장을 입은 한 남자와 한 여자입니다. 여자는 메모장을 들고 있습니다. 그녀 옆에, 남자는 여자를 바라보고 있습니다.
그 외에 보이는 것	🎤 Behind them, I can see two people walking down the stairs.	그들의 뒤에, 계단을 내려가는 두 사람이 보입니다.
느낌 및 의견	🎤 Generally, it seems like the people are on their way to a meeting.	전반적으로, 사람들이 회의에 가고 있는 길인 것 같습니다.

어휘 dress[dres] 입다 notepad[nóutpæd] 메모장 stair[steər] 계단

1

① ② ③ ④

Q1-2

Q3-4

Q5-7

Q8-10

Q11

10일 만에 끝내는 해커스 토익스피킹 스타트

STEP 1   사진 관찰하며 표현 떠올리기

① 사진이 찍힌 장소는?	• <u>in a library</u> 도서관에서
② 가장 눈에 띄는 대상은?	• <u>some students, sitting at a table</u> 몇몇 학생들, 탁자에 앉아 있는
	• <u>the boy on the right side, smiling</u> 오른쪽에 있는 소년, 미소 짓고 있는
	• <u>middle, a girl, holding a pen</u> 중앙, 한 소녀, 펜을 잡고 있는
③ 그 외에 보이는 것은?	• <u>left, a girl, writing something down</u> 왼쪽, 한 소녀, 무언가를 적고 있는
	• <u>background, shelves, filled with books</u> 배경, 책장들, 책으로 채워진
④ 느낌 및 의견은?	• <u>the students, studying together</u> 학생들, 함께 공부하고 있는

STEP 2   떠올린 표현을 템플릿에 넣어 말하기

사진이 찍힌 장소	🎤	⑤ **This photo was taken** in a library.	이 사진은 도서관에서 찍혔습니다.
가장 눈에 띄는 대상	🎤	⑥ **What I notice first is** some students sitting at a table. The boy on the right side is smiling. ⑦ **In the middle of the picture**, there is a girl holding a pen.	처음에 보이는 것은 탁자에 앉아 있는 몇몇의 학생들입니다. 오른쪽에 있는 소년은 미소 짓고 있습니다. 사진의 중앙에는, 한 소녀가 펜을 잡고 있습니다.
그 외에 보이는 것	🎤	⑧ **On the left side of the picture**, there is a girl writing something down. ⑨ **In the background**, I can see shelves filled with books.	사진의 왼쪽에는, 무언가를 적고 있는 한 소녀가 있습니다. 배경에는, 책으로 채워진 책장들이 보입니다.
느낌 및 의견	🎤	⑩ **Generally, it seems like** the students are studying together.	전반적으로, 학생들이 함께 공부하고 있는 것 같습니다.

어휘 library[láibrèri] 도서관 write down ~을 적다 shelf[ʃelf] 책장, 책꽂이 fill[fil] 채우다

2

① ② ③ ④

STEP 1 사진 관찰하며 표현 떠올리기

① 사진이 찍힌 장소는?
- at a train station 기차역에서

② 가장 눈에 띄는 대상은?
- two people, standing on the platform
  두 사람, 승강장에 서 있는
- the woman, holding a map
  여자, 지도를 들고 있는
- next to her, the man, pointing at something on the map
  그녀의 옆, 남자, 그 지도 위의 무언가를 가리키고 있는

③ 그 외에 보이는 것은?
- background, some trains on the tracks 배경, 철도 선로 위에 몇몇의 기차

④ 느낌 및 의견은?
- they, waiting for a train 그들, 기차를 기다리는

STEP 2 떠올린 표현을 템플릿에 넣어 말하기

사진이 찍힌 장소	🎤 ⑤ **This photo was taken** at a train station.	이 사진은 기차역에서 찍혔습니다.
가장 눈에 띄는 대상	🎤 ⑥ **What I notice first is** two people standing on the platform. The woman is holding a map. ⑦ **Next to** her, the man is pointing at something on the map.	처음에 보이는 것은 승강장에 서 있는 두 사람입니다. 여자는 지도를 들고 있습니다. 그녀의 옆에, 남자는 그 지도 위의 무언가를 가리키고 있습니다.
그 외에 보이는 것	🎤 ⑧ **In the background of the picture**, there are some trains on the tracks.	사진의 배경에는, 철도 선로 위에 몇몇의 기차가 있습니다.
느낌 및 의견	🎤 ⑨ **Generally, it seems like** they are waiting for a train.	전반적으로, 그들은 기차를 기다리는 것 같습니다.

어휘 platform[plǽtfɔːrm] 승강장 point[pɔint] 가리키다 track[træk] 철도 선로

3

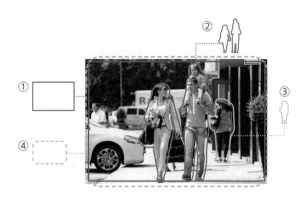

Q1-2

Q3-4

Q5-7

Q8-10

Q11

10일 만에 끝내는 해커스 토익스피킹 스타트

STEP 1   사진 관찰하며 표현 떠올리기

① 사진이 찍힌 장소는?   • <u>on a street</u> 거리에서

② 가장 눈에 띄는 대상은?   • <u>three people, walking on the sidewalk</u> 세 명의 사람들, 인도를 걷고 있는

   • <u>a child, sitting on a man's shoulders</u>
     한 아이, 한 남자의 어깨 위에 앉아 있는

   • <u>next to them, a woman, holding a large bag</u>
     그들의 옆, 한 여자, 큰 가방을 들고 있는

③ 그 외에 보이는 것은?   • <u>behind them, another woman, wearing a red jacket</u>
     그들의 뒤, 다른 여자, 빨간색 재킷을 입고 있는

④ 느낌 및 의견은?   • <u>an ordinary day in a city</u> 한 도시의 평범한 하루

STEP 2   떠올린 표현을 템플릿에 넣어 말하기

사진이 찍힌 장소	🎤 ⑤ **This photo was taken** on a street.	이 사진은 거리에서 찍혔습니다.
가장 눈에 띄는 대상	🎤 ⑥ **What I notice first is** three people walking on the sidewalk. There is a child sitting on a man's shoulders. ⑦ **Next to** them, a woman is holding a large bag.	처음에 보이는 것은 인도를 걷고 있는 세 명의 사람들입니다. 한 남자의 어깨 위에 앉아 있는 한 아이가 있습니다. 그들의 옆에는, 한 여자가 큰 가방을 들고 있습니다.
그 외에 보이는 것	🎤 ⑧ **Behind** them, I can see another woman wearing a red jacket.	그들의 뒤에는, 빨간색 재킷을 입고 있는 다른 여자가 보입니다.
느낌 및 의견	🎤 ⑨ **Generally, it seems like** an ordinary day in a city.	전반적으로, 한 도시의 평범한 하루인 것 같습니다.

어휘   sidewalk [sáidwɔ̀ːk] 인도, 보도   shoulder [ʃóuldər] 어깨   ordinary [ɔ́ːrdənèri] 평범한

4

① ② ③ ④

STEP 1 　사진 관찰하며 표현 떠올리기

① 사진이 찍힌 장소는?　　　· **in a store** 상점에서

② 가장 눈에 띄는 대상은?　　· **two people, standing across from each other** 두 사람, 서로 맞은편에 서 있는

　　　　　　　　　　　　· **a man, wearing a black apron, standing behind a counter**
　　　　　　　　　　　　　한 남자, 검은색 앞치마를 입은, 카운터 뒤에 서 있는

　　　　　　　　　　　　· **a woman, with long hair, holding a shopping cart**
　　　　　　　　　　　　　한 여자, 긴 머리의, 쇼핑 카트를 잡고 있는

③ 그 외에 보이는 것은?　　· **background, shelves, filled with different kinds of meat**
　　　　　　　　　　　　　배경, 선반들, 여러 종류의 고기로 채워진

④ 느낌 및 의견은?　　　　· **a typical scene at the meat section of a supermarket** 슈퍼마켓 육류 구역의 전형적인 광경

STEP 2 　떠올린 표현을 템플릿에 넣어 말하기

사진이 찍힌 장소	🎙 ⑤ **This photo was taken** in a store.	이 사진은 상점에서 찍혔습니다.
가장 눈에 띄는 대상	🎙 ⑥ **What I notice first is** two people standing across from each other. A man wearing a black apron is ⑦ **standing behind a counter**. A woman with long hair is holding a shopping cart.	처음에 보이는 것은 서로 맞은편에 서 있는 두 사람입니다. 검은색 앞치마를 입은 한 남자는 카운터 뒤에 서 있습니다. 긴 머리의 한 여자는 쇼핑 카트를 잡고 있습니다.
그 외에 보이는 것	🎙 ⑧ **In the background of the picture**, there are shelves filled with different kinds of meat.	사진의 배경에는, 여러 종류의 고기로 채워진 선반들이 있습니다.
느낌 및 의견	🎙 ⑨ **Generally, it seems like** a typical scene at the meat section of a supermarket.	전반적으로, 슈퍼마켓 육류 구역의 전형적인 광경인 것 같습니다.

어휘　**across from** ~의 맞은편에　**each other** 서로　**apron**[éiprən] 앞치마　**counter**[káuntər] 카운터, 판매대　**typical**[típikəl] 전형적인
　　　scene[siːn] 광경, 장면　**section**[sékʃən] 구역

1

① 사진이 찍힌 장소
- outdoors 야외에서

④ 느낌 및 의견
- the people, taking a break outdoors
  사람들, 야외에서 휴식을 취하고 있는

② 가장 눈에 띄는 대상
- a couple, sitting on a wooden bench
  한 커플, 나무 벤치에 앉아 있는
- the woman, holding a green bottle
  여자, 초록색 병을 들고 있는
- the man, resting his chin on his hand
  남자, 손으로 턱을 괴고 있는

③ 그 외에 보이는 것
- behind them, many people, sitting at wooden tables
  그들 뒤, 많은 사람들, 나무 테이블에 앉아 있는
- background, big trees, an open field
  배경, 큰 나무들, 펼쳐진 들판

사진이 찍힌 장소	🎤	This photo was taken outdoors.	이 사진은 야외에서 찍혔습니다.
가장 눈에 띄는 대상	🎤	What I notice first is a couple sitting on a wooden bench. The woman is holding a green bottle. The man is resting his chin on his hand.	처음에 보이는 것은 나무 벤치에 앉아 있는 한 커플입니다. 여자는 초록색 병을 들고 있습니다. 남자는 손으로 턱을 괴고 있습니다.
그 외에 보이는 것	🎤	Behind them, many people are sitting at wooden tables. In the background of the picture, I can see big trees and an open field.	그들 뒤에는, 많은 사람들이 나무 테이블에 앉아 있습니다. 사진의 배경에는, 큰 나무들과 펼쳐진 들판이 보입니다.
느낌 및 의견	🎤	Generally, it seems like the people are taking a break outdoors.	전반적으로, 사람들이 야외에서 휴식을 취하고 있는 것 같습니다.

어휘 wooden[wúdn] 나무의, 나무로 된 chin[tʃin] 턱 field[fiːld] 들판

2

① 사진이 찍힌 장소
- **outdoors** 야외에서

④ 느낌 및 의견
- a sunny afternoon in a city
  한 도시의 화창한 오후

③ 그 외에 보이는 것
- behind the people, cars parked along the street
  사람들 뒤, 길을 따라 주차된 차들

② 가장 눈에 띄는 대상
- a woman and a boy, crossing the street on a crosswalk
  한 여자와 한 소년, 횡단보도에서 길을 건너고 있는
- the woman, wearing a blue sweater
  여자, 파란색 스웨터를 입고 있는
- the boy, wearing a red shirt, holding a ball
  소년, 빨간 셔츠를 입고 있는, 공을 들고 있는

사진이 찍힌 장소	This photo was taken outdoors.	이 사진은 야외에서 찍었습니다.
가장 눈에 띄는 대상	What I notice first is a woman and a boy crossing the street on a crosswalk. The woman is wearing a blue sweater. The boy is wearing a red shirt and is holding a ball.	처음에 보이는 것은 횡단보도에서 길을 건너고 있는 한 여자와 한 소년입니다. 여자는 파란색 스웨터를 입고 있습니다. 소년은 빨간 셔츠를 입고 있고 공을 들고 있습니다.
그 외에 보이는 것	Behind the people, there are cars parked along the street.	사람들 뒤에는, 길을 따라 주차된 차들이 있습니다.
느낌 및 의견	Generally, it seems like a sunny afternoon in a city.	전반적으로, 한 도시의 화창한 오후인 것 같습니다.

어휘   cross[krɔːs] 건너다   crosswalk[krɔ́ːswɔ̀ːk] 횡단보도   park[pɑːrk] 주차하다   along[əlɔ́ːŋ] ~을 따라

3

① 사진이 찍힌 장소

- indoors 실내에서

④ 느낌 및 의견

- a normal day at a medical clinic
  병원에서의 평범한 하루

② 가장 눈에 띄는 대상

- a receptionist, talking on the phone
  한 접수 담당자, 통화 중인

- in front of her, some other equipment, on the desk
  그녀의 앞, 몇몇 다른 장비, 책상 위에

③ 그 외에 보이는 것

- right, a woman, wearing a dark uniform and a mask, walking down a hallway
  오른쪽, 한 여자, 짙은 색의 유니폼과 마스크를 착용한, 복도를 걷고 있는

사진이 찍힌 장소	🎤	This photo was taken indoors.	이 사진은 실내에서 찍혔습니다.
가장 눈에 띄는 대상	🎤	What I notice first is a receptionist talking on the phone. In front of her, there is some other equipment on the desk.	처음에 보이는 것은 통화 중인 한 접수 담당자입니다. 그녀의 앞에는, 책상 위에 몇몇 다른 장비가 있습니다.
그 외에 보이는 것	🎤	On the right side of the picture, there is a woman wearing a dark uniform and a mask. She is walking down a hallway.	사진의 오른쪽에는, 짙은 색의 유니폼과 마스크를 착용한 한 여자가 있습니다. 그녀는 복도를 걷고 있습니다.
느낌 및 의견	🎤	Generally, it seems like a normal day at a medical clinic.	전반적으로, 병원에서의 평범한 하루 같습니다.

어휘 receptionist[risépʃənist] 접수 담당자 equipment[ikwípmənt] 장비 dark[dɑːrk] 짙은, 어두운 uniform[júːnəfɔ̀ːrm] 유니폼
hallway[hɔ́ːlwei] 복도 normal[nɔ́ːrməl] 평범한, 보통의 medical clinic 병원

4

 ① 사진이 찍힌 장소

- in a library 도서관에서

 ④ 느낌 및 의견

- students, checking out some books
  학생들, 책을 대출하고 있는

② 가장 눈에 띄는 대상

- some people in line, in front of a counter
  줄을 선 몇몇 사람들, 카운터 앞

- behind the counter, a man, handing a book to a woman
  카운터 뒤, 한 남자, 한 여자에게 책 한 권을 건네주고 있는

- a man behind her, carrying a shoulder bag
  그녀 뒤의 한 남자, 숄더백을 메고 있는

③ 그 외에 보이는 것

- background, shelves filled with books
  배경, 책들로 채워진 선반들

사진이 찍힌 장소	🎤	This photo was taken in a library.	이 사진은 도서관에서 찍었습니다.
가장 눈에 띄는 대상	🎤	What I notice first is some people in line in front of a counter. Behind the counter, I can see a man handing a book to a woman. There is a man behind her carrying a shoulder bag.	처음에 보이는 것은 카운터 앞에 줄을 선 몇몇 사람들입니다. 카운터 뒤로, 한 여자에게 책 한 권을 건네주고 있는 한 남자가 보입니다. 그녀 뒤에는 숄더백을 메고 있는 한 남자가 있습니다.
그 외에 보이는 것	🎤	In the background of the picture, I can see shelves filled with books.	사진의 배경에는, 책들로 채워진 선반들이 보입니다.
느낌 및 의견	🎤	Generally, it seems like students are checking out some books.	전반적으로, 학생들이 책을 대출하고 있는 것 같습니다.

어휘 hand[hænd] 건네주다 check out (책을) 대출하다

체크포인트 1번부터 4번까지 자신이 녹음한 답변을 다시 들으며 아래의 체크포인트를 통해 자신의 답변을 점검해 보세요.

· 사진이 찍힌 장소를 첫 문장에서 말하였다.   1️⃣ 2️⃣ 3️⃣ 4️⃣
· 가장 눈에 띄는 대상의 행동, 복장, 상태 등을 묘사하였다.   1️⃣ 2️⃣ 3️⃣ 4️⃣
· 그 외에 보이는 사람이나 사물의 위치, 동작, 상태 등을 묘사하였다.   1️⃣ 2️⃣ 3️⃣ 4️⃣
· 사진에 대한 전반적인 느낌 및 의견을 말하였다.   1️⃣ 2️⃣ 3️⃣ 4️⃣

▶ 체크되지 않은 항목이 있는 문제는 자신이 부족했던 부분에 유의하며 모범답변을 다시 여러 번 듣고 따라 말해보세요.

🎧 (Q3&4_스텝) 07

Hackers Test

p.112 🎧 (Q3&4_유형) 10

1 여러 사람이 중심인 사진

 ① 사진이 찍힌 장소 ⋯⋯⋯

- indoors 실내에서

 ④ 느낌 및 의견

- a scene at an office lobby
  사무실 로비의 광경

② 가장 눈에 띄는 대상

- three people 세 명의 사람들

공통점

- standing together, having a
  conversation
  함께 서 있는, 대화를 하고 있는

눈에 띄는 행동 및 복장

- the man, on the right, holding
  a tablet
  남자, 오른쪽에 있는, 태블릿을 들고 있는

- the other man, carrying a bag
  다른 남자, 가방을 들고 있는

- the woman, looking at the man
  on her left
  여자, 그녀의 왼쪽에 있는 남자를 보고 있는

③ 그 외에 보이는 것

- left, two people, sitting at a small table
  왼쪽, 두 명의 사람들, 작은 테이블에 앉아 있는

사진이 찍힌 장소	🎤	This photo was taken indoors.	이 사진은 실내에서 찍혔습니다.
가장 눈에 띄는 대상	🎤	What I notice first is three people standing together. They are having a conversation. The man on the right is holding a tablet. The other man is carrying a bag. The woman is looking at the man on her left.	처음에 보이는 것은 함께 서 있는 세 명의 사람들입니다. 그들은 대화를 하고 있습니다. 오른쪽에 있는 남자는 태블릿을 들고 있습니다. 다른 남자는 가방을 들고 있습니다. 여자는 그녀의 왼쪽에 있는 남자를 보고 있습니다.
그 외에 보이는 것	🎤	On the left side of the picture, I see two people sitting at a small table.	사진의 왼쪽에는, 작은 테이블에 앉아 있는 두 명의 사람들이 보입니다.
느낌 및 의견	🎤	Generally, it seems like a scene at an office lobby.	전반적으로, 사무실 로비의 광경인 것 같습니다.

공통점

눈에 띄는 행동 및 복장

어휘 conversation[kànvərséiʃən] 대화 lobby[lábi] 로비

2 소수의 사람들이 중심인 사진

① 사진이 찍힌 장소

- at a dock 부두에서

④ 느낌 및 의견

- the couple, enjoying a day by the ocean
  부부, 바닷가에서 하루를 즐기고 있는

③ 그 외에 보이는 것

- left, many boats, floating on the water
  왼쪽, 많은 보트들, 물 위에 떠 있는

② 가장 눈에 띄는 대상

- a man and a woman
  한 남자와 한 여자

공통점

- walking down the dock
  부두를 걷고 있는

개별 행동 및 복장

- the woman, wearing a yellow cardigan
  여자, 노란색 카디건을 입고 있는

- the man, wearing a blue shirt, carrying a bag
  남자, 파란색 셔츠를 입고 있는, 가방을 들고 있는

사진이 찍힌 장소	🎤	This photo was taken at a dock.	이 사진은 부두에서 찍혔습니다.
가장 눈에 띄는 대상	🎤	What I notice first is a man and a woman walking down the dock. The woman is wearing a yellow cardigan. The man is wearing a blue shirt and carrying a bag.	처음에 보이는 것은 부두를 걷고 있는 한 남자와 한 여자입니다. 여자는 노란색 카디건을 입고 있습니다. 남자는 파란색 셔츠를 입고 있고 가방을 들고 있습니다.
그 외에 보이는 것	🎤	On the left side of the picture, there are many boats floating on the water.	사진의 왼쪽에는, 물 위에 떠 있는 많은 보트들이 있습니다.
느낌 및 의견	🎤	Generally, it seems like the couple is enjoying a day by the ocean.	전반적으로, 부부가 바닷가에서 하루를 즐기고 있는 것 같습니다.

공통점 (What I notice first is a man and a woman walking down the dock.)

개별 행동 및 복장

어휘 dock[dɑk] 부두 cardigan[kɑ́ːrdigən] 카디건 carry[kǽri] 들고 있다 float[flout] 뜨다 couple[kʌ́pl] 부부, 두 사람

3 소수의 사람들이 중심인 사진

 ① 사진이 찍힌 장소

- at a café 카페에서

 ④ 느낌 및 의견

- the people, having a great time at a café
  사람들, 카페에서 즐거운 시간을 보내고 있는

③ 그 외에 보이는 것

- next to them, a waiter, serving a drink
  그들의 옆, 한 종업원, 음료를 제공하고 있는

② 가장 눈에 띄는 대상

- two people 두 사람

공통점

- sitting at a table 테이블에 앉아 있는

개별 행동 및 복장

- two women, sitting across from each other
  두 여자, 서로 맞은편에 앉아 있는

- the woman on the left, holding a cup
  왼쪽에 있는 여자, 컵을 들고 있는

- the woman on the right, wearing a yellow blouse
  오른쪽에 있는 여자, 노란색 블라우스를 입고 있는

사진이 찍힌 장소	🎤 This photo was taken at a café. _{공통점}	이 사진은 카페에서 찍혔습니다.
가장 눈에 띄는 대상	🎤 What I notice first is two people sitting at a table. Two women are sitting across from each other. The woman on the left is holding a cup. The woman on the right is wearing a yellow blouse. _{개별 행동 및 복장}	처음에 보이는 것은 테이블에 앉아 있는 두 사람입니다. 두 여자가 서로 맞은편에 앉아 있습니다. 왼쪽에 있는 여자는 컵을 들고 있습니다. 오른쪽에 있는 여자는 노란색 블라우스를 입고 있습니다.
그 외에 보이는 것	🎤 Next to them, a waiter is serving a drink.	그들의 옆에는, 한 종업원이 음료를 제공하고 있습니다.
느낌 및 의견	🎤 Generally, it seems like the people are having a great time at a café.	전반적으로, 사람들이 카페에서 즐거운 시간을 보내고 있는 것 같습니다.

어휘 **across from** ~의 맞은편에 **each other** 서로 **hold**[hould] (손에) 들다 **waiter**[wéitər] 종업원 **serve**[səːrv] 제공하다
have a great time 즐거운 시간을 보내다

Q1-2

Q3-4

Q5-7

Q8-10

Q11

10일 만에 끝내는 해커스 토익스피킹 스타트

4 여러 사람이 중심인 사진

① 사진이 찍힌 장소
- outdoors 야외에서

④ 느낌 및 의견
- the people, having a nice time in the park
  사람들, 공원에서 좋은 시간을 보내고 있는

② 가장 눈에 띄는 대상
- people 사람들

공통점
- sitting at a picnic table
  피크닉 테이블에 앉아 있는

눈에 띄는 행동 및 복장
- a boy, seems to be telling a story
  소년, 이야기를 하고 있는 것 같은
- the other people, smiling and looking at him
  다른 사람들, 웃으며 그를 보고 있는

③ 그 외에 보이는 것
- left, two girls, sitting next to each other on the ground
  왼쪽, 두 소녀, 바닥에 나란히 앉아 있는

사진이 찍힌 장소	🎙	This photo was taken outdoors.	이 사진은 야외에서 찍혔습니다.
가장 눈에 띄는 대상	🎙	What I notice first is people [sitting at a picnic table]. └공통점┘ There is a boy, and he seems to be telling a story. The other people are smiling and looking at him. └눈에 띄는 행동 및 복장┘	처음에 보이는 것은 피크닉 테이블에 앉아 있는 사람들입니다. 한 소년이 있고, 그는 이야기를 하고 있는 것 같습니다. 다른 사람들은 웃으며 그를 보고 있습니다.
그 외에 보이는 것	🎙	On the left side of the picture, I can see two girls sitting next to each other on the ground.	사진의 왼쪽에는, 바닥에 나란히 앉아 있는 두 소녀가 보입니다.
느낌 및 의견	🎙	Generally, it seems like the people are having a nice time in the park.	전반적으로, 사람들이 공원에서 좋은 시간을 보내고 있는 것 같습니다.

어휘 picnic table 피크닉(용) 테이블

5 소수의 사람들이 중심인 사진

① 사진이 찍힌 장소

- in a grocery store
  식료품점에서

④ 느낌 및 의견

- the store, not very busy
  상점, 많이 붐비지 않는

③ 그 외에 보이는 것

- next to them, fruits and vegetables on display, placed in different boxes
  그들 옆, 진열된 과일과 채소, 각기 다른 상자들에 놓여 있는

② 가장 눈에 띄는 대상

- a man and a woman
  한 남자와 한 여자

공통점

- shopping for groceries
  식료품을 사고 있는

개별 행동 및 복장

- the woman, leaning on a cart
  여자, 카트에 기대고 있는

- next to the woman, the man, reaching for some vegetables
  여자 옆, 남자, 채소를 잡으려고 손을 뻗고 있는

사진이 찍힌 장소	🎤 This picture was taken in a grocery store.	이 사진은 식료품점에서 찍혔습니다.
가장 눈에 띄는 대상	🎤 What I notice first is a man and a woman shopping for groceries. The woman is leaning on a cart. Next to the woman, the man is reaching for some vegetables.	처음에 보이는 것은 식료품을 사고 있는 한 남자와 한 여자입니다. 여자는 카트에 기대고 있습니다. 여자 옆에는, 남자가 채소를 잡으려고 손을 뻗고 있습니다.
그 외에 보이는 것	🎤 Next to them, I can see fruits and vegetables on display, placed in different boxes.	그들 옆에는, 각기 다른 상자들에 놓여 진열된 과일과 채소가 보입니다.
느낌 및 의견	🎤 Generally, it seems like the store is not very busy.	전반적으로, 상점이 많이 붐비지 않는 것 같습니다.

어휘 grocery [gróusəri] 식료품 lean on 기대다 reach for ~을 잡으려고 손을 뻗다 on display 진열된, 전시된 place [pleis] 놓다, 두다
busy [bízi] 붐비는, 바쁜

6 배경이 주를 이루는 사진

① 사진이 찍힌 장소
· outdoors 야외에서

② 가장 눈에 띄는 대상
중심
· a tall statue
  높은 조각상
· around the statue, many pillars
  조각상 주변, 많은 기둥들

④ 느낌 및 의견
· a picture of a famous landmark
  유명한 명소의 사진

③ 그 외에 보이는 것

주변 1
· foreground, some small boats, floating on the water
  전방, 작은 보트들, 물 위에 떠 있는

주변 2
· background, some tall green trees
  배경, 큰 녹색의 나무들

사진이 찍힌 장소	🎤	This picture was taken outdoors.	이 사진은 야외에서 찍혔습니다.
가장 눈에 띄는 대상	🎤	What I notice first is a tall statue. Around the statue, there are many pillars.	처음에 보이는 것은 높은 조각상입니다. 조각상 주변에는, 많은 기둥들이 있습니다.
그 외에 보이는 것	🎤	In the foreground of the picture, some small boats are floating on the water. In the background of the picture, I see some tall green trees.	사진의 전방에는, 작은 보트들이 물 위에 떠 있습니다. 사진의 배경에는, 큰 녹색의 나무들이 보입니다.
느낌 및 의견	🎤	Generally, it seems like a picture of a famous landmark.	전반적으로, 유명한 명소의 사진인 것 같습니다.

어휘 **statue**[stǽtʃuː] 조각상 | **pillar**[pílər] 기둥 **float**[flout] 뜨다 **famous**[féiməs] 유명한 **landmark**[lǽndmàːrk] 명소, 유적

7 여러 사람이 중심인 사진

 ① 사진이 찍힌 장소 ·····

- in a conference room
  회의실에서

 ④ 느낌 및 의견 ·····

- people, attending an important presentation
  사람들, 중요한 발표에 참석해 있는

③ 그 외에 보이는 것 ·····

- foreground, people, sitting at a table, listening to the presenter
  전방, 사람들, 책상에 앉아 있는, 발표자에게 귀를 기울이고 있는

② 가장 눈에 띄는 대상

- many people 많은 사람들

공통점

- having a meeting
  회의를 하고 있는

눈에 띄는 행동 및 복장

- middle, a woman, giving a presentation, has long hair, wearing a light brown dress
  중앙, 한 여자, 발표를 하고 있는, 머리가 긴, 밝은 갈색의 원피스를 입고 있는

사진이 찍힌 장소	🎤	This photo was taken in a conference room.	이 사진은 회의실에서 찍혔습니다.
가장 눈에 띄는 대상	🎤	What I notice first is many people [having a meeting.] [공통점] [In the middle of the picture, there is a woman giving a presentation. She has long hair and is wearing a light brown dress.] ↳눈에 띄는 행동 및 복장	처음에 보이는 것은 회의를 하고 있는 많은 사람들입니다. 사진의 중앙에는, 발표를 하고 있는 한 여자가 있습니다. 그녀는 머리가 길고 밝은 갈색의 원피스를 입고 있습니다.
그 외에 보이는 것	🎤	In the foreground of the picture, people are sitting at a table and listening to the presenter.	사진의 전방에는, 사람들이 책상에 앉아 발표자에게 귀를 기울이고 있습니다.
느낌 및 의견	🎤	Generally, it seems like people are attending an important presentation.	전반적으로, 사람들이 중요한 발표에 참석해 있는 것 같습니다.

어휘 conference room 회의실 meeting [míːtiŋ] 회의 presentation [prèzəntéiʃən] 발표 presenter [prizéntər] 발표자 attend [əténd] 참석하다

Q1-2

Q3-4

Q5-7

Q8-10

Q11

10일 만에 끝내는 해커스 토익스피킹 스타트

8 한 사람이 중심인 사진

① 사진이 찍힌 장소
- on a street 거리에서

④ 느낌 및 의견
- a quiet city in Europe
  유럽의 한 조용한 도시

③ 그 외에 보이는 것
- background, several narrow buildings, painted in different colors
  배경, 몇 개의 폭이 좁은 건물들, 여러 색으로 칠해진

② 가장 눈에 띄는 대상
- a man 한 남자

행동
- riding a bicycle on a paved road
  포장된 도로에서 자전거를 타고 있는

복장 및 헤어스타일
- has blond hair, wearing a blue T-shirt
  금발 머리인, 파란색 티셔츠를 입고 있는

사진이 찍힌 장소	This photo was taken on a street.	이 사진은 거리에서 찍혔습니다.
가장 눈에 띄는 대상	What I notice first is a man riding a bicycle on a paved road. He has blond hair and is wearing a blue T-shirt.	처음에 보이는 것은 포장된 도로에서 자전거를 타고 있는 한 남자입니다. 그는 금발 머리이고 파란색 티셔츠를 입고 있습니다.
그 외에 보이는 것	In the background of the picture, there are several narrow buildings painted in different colors.	사진의 배경에는, 여러 색으로 칠해진 몇 개의 폭이 좁은 건물들이 있습니다.
느낌 및 의견	Generally, it seems like a quiet city in Europe.	전반적으로, 유럽의 한 조용한 도시 같아 보입니다.

어휘 paved[peivd] 포장된 blond[bland] 금발의 paint[peint] 칠하다

체크포인트 1번부터 8번까지 자신이 녹음한 답변을 다시 들으며 아래의 체크포인트를 통해 자신의 답변을 점검해 보세요.

- 사진이 찍힌 장소를 첫 문장에서 말하였다.   ① ② ③ ④ ⑤ ⑥ ⑦ ⑧
- 가장 눈에 띄는 대상의 행동, 복장, 상태 등을 묘사하였다.   ① ② ③ ④ ⑤ ⑥ ⑦ ⑧
- 그 외에 보이는 사람이나 사물의 위치, 동작, 상태 등을 묘사하였다.   ① ② ③ ④ ⑤ ⑥ ⑦ ⑧
- 사진에 대한 전반적인 느낌 및 의견을 말하였다.   ① ② ③ ④ ⑤ ⑥ ⑦ ⑧

➡ 체크되지 않은 항목이 있는 문제는 자신이 부족했던 부분에 유의하며 모범답변을 다시 여러 번 듣고 따라 말해보세요.

🎧 (Q3&4_유형) 10

3 소수의 사람들이 중심인 사진

 ① 사진이 찍힌 장소 ·········

- **at a market** 시장에서

 ④ 느낌 및 의견

- **the people, buying flowers**
  사람들, 꽃을 사고 있는

② 가장 눈에 띄는 대상

- **three people** 세 명의 사람들

공통점

- **standing near some flowers**
  꽃 가까이에 서 있는

개별 행동 및 복장

- **a woman, with short hair, holding a bunch of flowers**
  한 여자, 짧은 머리의, 꽃 한 다발을 잡고 있는

- **next to her, a man, looking at the flowers**
  그녀 옆, 한 남자, 꽃을 보고 있는

- **a woman, with long hair, standing next to the man**
  한 여자, 긴 머리의, 남자 옆에 서 있는

③ 그 외에 보이는 것 ·········

- **in front of the people, flowers, with yellow labels**
  사람들 앞, 꽃, 노란색 표가 붙은

사진이 찍힌 장소	🎙	This photo was taken at a market.	이 사진은 시장에서 찍혔습니다.
가장 눈에 띄는 대상	🎙	What I notice first is three people 〔standing near some flowers.〕 〔A woman with short hair is holding a bunch of flowers. Next to her, a man is looking at the flowers. Also, a woman with long hair is standing next to the man.〕 ↳개별 행동 및 복장	처음에 보이는 것은 꽃 가까이에 서 있는 세 명의 사람들입니다. 짧은 머리의 한 여자가 꽃 한 다발을 잡고 있습니다. 그녀 옆에는, 한 남자가 꽃을 보고 있습니다. 또한, 긴 머리의 한 여자가 남자 옆에 서 있습니다.
그 외에 보이는 것	🎙	In front of the people, I can see flowers with yellow labels.	사람들 앞에는, 노란색 표가 붙은 꽃이 보입니다.
느낌 및 의견	🎙	Generally, it seems like the people are buying flowers.	전반적으로, 사람들이 꽃을 사고 있는 것 같습니다.

어휘 **a bunch of** 한 다발의 **label**[léibəl] 표, 상표

4 소수의 사람들이 중심인 사진

① 사진이 찍힌 장소
- at a restaurant 식당에서

④ 느낌 및 의견
- customers, close friends
  고객들, 가까운 친구

② 가장 눈에 띄는 대상
- a waiter 종업원

행동
- serving food 음식을 제공하고 있는

복장 및 헤어스타일
- wearing an apron and glasses
  앞치마와 안경을 쓰고 있는

③ 그 외에 보이는 것
- left, two women, smiling at him 왼쪽, 두 여자, 그를 보고 웃고 있는
- right, one woman, looking across the table
  오른쪽, 한 여자, 테이블 건너편을 보고 있는
- on the table, forks and knives with glasses of water
  테이블 위, 물이 담긴 잔과 함께 있는 포크와 나이프

사진이 찍힌 장소	🎙	This picture was taken at a restaurant.	이 사진은 식당에서 찍혔습니다.
가장 눈에 띄는 대상	🎙	What I notice first is a waiter serving food. He is wearing an apron and glasses.	처음에 보이는 것은 음식을 제공하고 있는 종업원입니다. 그는 앞치마와 안경을 쓰고 있습니다.
그 외에 보이는 것	🎙	On his left, two women are smiling at him. On his right, one woman is looking across the table. On the table, there are forks and knives with glasses of water.	그의 왼쪽에는 두 여자가 그를 보고 웃고 있습니다. 그의 오른쪽에는 한 여자가 테이블 건너편을 보고 있습니다. 테이블 위에는 포크와 나이프가 물이 담긴 잔과 함께 있습니다.
느낌 및 의견	🎙	Overall, it seems like the customers are close friends.	전반적으로, 고객들이 가까운 친구인 것 같아 보입니다.

어휘 **waiter**[wéitər] 종업원 **serve**[səːrv] 제공하다 **customer**[kʌ́stəmər] 고객 **close**[klouz] (관계·종류 등이) 가까운

체크포인트 3,4번에서 자신이 녹음한 답변을 다시 들으며 아래의 체크포인트를 통해 자신의 답변을 점검해 보세요.

- 사진이 찍힌 장소를 첫 문장에서 말하였다. ☐
- 가장 눈에 띄는 대상의 행동, 복장, 상태 등을 묘사하였다. ☐
- 그 외에 보이는 사람이나 사물의 위치, 동작, 상태 등을 묘사하였다. ☐
- 사진에 대한 전반적인 느낌 및 의견을 말하였다. ☐

▶ 체크되지 않은 항목이 있으면 자신이 부족했던 부분에 유의하며 모범답변을 다시 여러 번 듣고 따라 말해보세요.

🎧 (Q3&4_리뷰테스트) 11

Q5-7 질문에 답하기

기초 쌓기

1 의문사별 응답 익히기 p.127 🎧 (Q56&7_기초) 02

1 🎧 Q: How often do you visit a dental clinic? 얼마나 자주 치과에 가나요?

🎙 A: I visit a dental clinic twice per year. 저는 일 년에 두 번 치과에 가요.

어휘 dental clinic 치과

2 🎧 Q: How many people do you call on a daily basis? 매일 몇 명의 사람들에게 전화하나요?

🎙 A: I call about ten people on a daily basis. 저는 매일 10명 정도의 사람들에게 전화해요.

어휘 on a daily basis 매일

3 🎧 Q: Where do you do your banking? 어디서 은행 업무를 보나요?

🎙 A: I do my banking at a branch near my office. 저는 회사 근처의 지점에서 은행 업무를 봐요.

어휘 banking[bǽŋkiŋ] 은행 업무 branch[bræntʃ] 지점

4 🎧 Q: When was the last time you borrowed a book from a library?
도서관에서 마지막으로 책을 빌린 게 언제인가요?

🎙 A: The last time I borrowed a book from a library was last year.
제가 도서관에서 마지막으로 책을 빌린 것은 작년이에요.

어휘 borrow[bárou] 빌리다

5 🎧 Q: What kinds of clothes do you wear to work or school? 직장이나 학교에 갈 때 어떤 종류의 옷을 입나요?

🎙 A: I wear casual clothes. 저는 평상복을 입어요.

어휘 casual[kǽʒuəl] 평상의, 캐주얼의

6 🎧 Q: What was the last hotel you stayed at? 마지막으로 묵었던 호텔은 무엇인가요?

🎙 A: The last hotel I stayed at was the Burbank Hotel. 제가 마지막으로 묵었던 호텔은 Burbank 호텔이에요.

어휘 stay at 묵다, 머무르다

7 🎧 Q: On what occasions do you go to the bank? 어떤 경우에 은행에 가나요?

🎙 A: I go to the bank if I have to make a deposit. 저는 예금해야 할 때 은행에 가요.

어휘 deposit[dipázit] 예금

2 질문 응답에 자주 사용되는 표현 익히기 p.131 🎧 (Q56&7_기초) 04

1 I like watching action films because they are exciting. 흥미롭기 때문에 저는 액션 영화를 보는 것을 좋아해요.

2 The most important qualities of a hotel are being safe and being clean.
호텔의 가장 중요한 특성은 안전한 것과 깨끗한 것입니다.

3 Therefore, I think mobile phones have made the world a better place.
그러므로, 저는 휴대전화가 세상을 더 좋은 곳으로 만들었다고 생각합니다.

4 In my opinion, public transportation is fast and efficient. 제 생각에는, 대중교통은 빠르고 효율적입니다.

어휘 public transportation 대중교통 efficient[ifíʃənt] 효율적인

5 The characteristics of a good book are a strong story and clear writing.
좋은 책의 특징은 탄탄한 이야기와 명확한 글입니다.
어휘 clear[kliər] 명확한, 깨끗한 writing[ráitiŋ] 글

6 I prefer going out on weekends to staying at home. 저는 집에 있는 것보다 주말에 외출하는 것을 선호합니다.
어휘 go out 외출하다, 나가다

7 First of all, the cost of clothing is very high. 첫째로, 의류비는 아주 비쌉니다.
어휘 cost[kɔːst] 용

③ 빈출 토픽별 응답 표현 익히기 p.135 🎧 (Q56&7_기초) 06

1 Spending time in the country is good for relieving stress. 시골에서 시간을 보내는 것은 스트레스 해소에 좋아요.
어휘 country[kʌ́ntri] 시골

2 I prefer eating out to spending a lot of time cooking at home.
저는 집에서 요리하는 데에 많은 시간을 쓰는 것보다 외식하는 것을 선호해요.

3 It is easy to buy my groceries at a large supermarket. 큰 슈퍼마켓에서 식료품을 사는 것은 쉬워요.
어휘 grocery[gróusəri] 식료품

4 Many people now do their banking online. 요즘은 많은 사람들이 온라인으로 은행 업무를 봐요.

5 I check my e-mail about four times every day. 저는 매일 네 번 정도 이메일을 확인해요.

6 I don't travel by airplane a lot because it costs too much money.
돈이 많이 들기 때문에 저는 비행기로 자주 여행하지는 않아요.
어휘 by airplane 비행기로

7 I don't like wasting time being stuck in traffic. 저는 교통 체증에 갇혀 있는 데 시간을 낭비하는 것을 좋아하지 않아요.
어휘 stuck[stʌk] 갇힌, 꼼짝 못 하는

문제집 p.136-139에서 배운 스텝별 전략을 적용하여, 실제 시험 문제를 푼다는 생각으로 음성을 들으며 답변 시간을 지켜 아래의 문제를 풀어보세요.

[예] STEP 1   토픽 파악하고 질문 및 답변 예상하기

Imagine that you are talking on the telephone with a friend. You are having a conversation about live performances.	당신이 친구와 전화 통화를 하고 있다고 가정해 봅시다. 당신은 라이브 공연에 대한 대화를 하고 있습니다.

STEP 2   질문 파악하고 답변하기

Question 5

🎧 Q: (미국식 발음) How often do you go to a concert, and who do you usually go with?

🎤 A: I go to a concert about three times a year, and I usually go with my best friend.

Q: 얼마나 자주 콘서트에 가고, 주로 누구와 가니?

A: 나는 일 년에 세 번 정도 콘서트에 가고, 주로 가장 친한 친구와 가.

Question 6

🎧 Q: (미국식 발음) And how do you find out about concerts in your area?

🎤 A: I find out about concerts in my area by searching on the Internet. That's because it gives me the latest information.

Q: 그리고 어떻게 너희 지역의 콘서트에 대해 알아내니?

A: 나는 인터넷을 검색해서 우리 지역의 콘서트에 대해 알아내. 나에게 최신 정보를 주기 때문이야.

Question 7

🎧 Q: (미국식 발음) I'd like to go to a concert soon. What concert do you suggest I go to?

🎤 A: I suggest you go to the summer rock festival. First of all, you can relieve your stress while enjoying the live performances. Also, lots of music fans come to the festival, so you can share the excitement with them. So, I recommend you go to the summer rock festival.

Q: 나는 조만간 콘서트에 가고 싶어. 내가 어떤 콘서트에 가는 것을 추천하니?

A: 나는 네가 여름 록 페스티벌에 가는 것을 추천해. 첫째로, 너는 라이브 공연을 즐기는 동안 스트레스를 해소할 수 있어. 또한, 많은 음악 팬들이 페스티벌에 와서, 그들과 신나는 기분을 공유할 수 있어. 그래서, 나는 네가 여름 록 페스티벌에 가는 것을 추천해.

어휘   find out 알아내다   search [səːrtʃ] 검색하다, 찾다   latest [léitist] 최신의   suggest [səgdʒést] 추천하다, 제안하다   relieve [rilíːv] 해소시키다
recommend [rèkəménd] 추천하다

1

Imagine that a newspaper is writing an article about your community. You have agreed to participate in a telephone interview about your neighborhood. ↱ 질문 토픽: 당신의 동네	한 신문이 당신의 지역사회에 대한 기사를 쓰고 있다고 가정해 봅시다. 당신은 당신의 동네에 대한 전화 인터뷰에 참여하기로 동의했습니다.

STEP 1 토픽 파악하고 질문 및 답변 예상하기

① 토픽은 무엇인가요?   your neighborhood

② 어떤 질문과 답변을 예상할 수 있나요?

질문	답변
얼마나 오래?	5년 동안
어디에서?	조용하고 안전한 동네에서
무엇을?	집 근처 전통 시장이 좋음
언제?	주말에
왜?(동네를 고를 때 대중교통이 가장 중요한 이유)	통근할 때 이용하고 친구들과 만나기 위해

STEP 2 질문 파악하고 답변하기

Question 5
↱ 동네에 얼마나 오래 살았는지 묻고 있음

🎧 Q: **How long** have you lived in your neighborhood?
미국식 발음

🎤 A: ③ **I have lived in my neighborhood** for five years.

어휘 neighborhood[néibərhùd] 동네, 지역

Q: 당신의 동네에 얼마나 오래 살았나요?

A: 저는 저희 동네에 5년 동안 살았어요.

Question 6
↱ 동네에서 방문하기 가장 좋은 장소가 어디인지 묻고 있음

🎧 Q: **What do** you think is the best place to visit in your
미국식 발음 neighborhood? **Why?**

🎤 A: ④ **I think the best place to visit in my neighborhood is** the traditional market near my house. That's because I can buy various fruits and vegetables at low prices there.

어휘 traditional[trədíʃənl] 전통의, 전통적인 near[niər] 근처의 various[véəriəs] 다양한

Q: 당신의 동네에서 방문하기 가장 좋은 장소는 어디인가요? 이유는 무엇인가요?

A: 저희 동네에서 방문하기 가장 좋은 장소는 저희 집 근처의 전통 시장입니다. 그곳에서 다양한 과일과 채소를 저렴한 가격에 살 수 있기 때문입니다.

Question 7
↱ 동네를 고를 때 가장 중요한 요소가 무엇인지 묻고 있음

🎧 Q: **Aside from price, what factor do** you think is the most important
미국식 발음 when choosing a neighborhood to live in?

🎤 A: [핵심 응답] I think public transportation is ⑤ **the most important factor** when choosing a neighborhood to live in. [근거1] ⑥ **First**, I need public transportation to commute every day. [근거2] ⑦ **Second**, I can use public transportation to meet with my friends in other parts of the city. I find it to be quick and convenient. [마무리] ⑧ **For these reasons**, I think that public transportation is very important.

어휘 aside from ~을 제외하고 factor[fǽktər] 요소 public transportation 대중교통
commute[kəmjúːt] 통근하다 convenient[kənvíːnjənt] 편리한

Q: 가격을 제외하고, 거주할 동네를 고를 때 어떤 요소가 가장 중요하다고 생각하나요?

A: 저는 거주할 동네를 고를 때 대중교통이 가장 중요한 요소라고 생각합니다. 첫째로, 저는 매일 통근하기 위해 대중교통이 필요합니다. 둘째로, 저는 도시의 다른 지역에 있는 친구들과 만나기 위해 대중교통을 이용할 수 있습니다. 저는 대중교통이 빠르고 편리하다고 생각합니다. 이러한 이유로, 저는 대중교통이 매우 중요하다고 생각합니다.

2

Imagine that a record company is conducting a survey. You have agreed to participate in a telephone interview about music.
> 질문 토픽: 음악

한 음반 회사가 설문 조사를 하고 있다고 가정해 봅시다. 당신은 음악에 대한 전화 인터뷰에 참여하기로 동의했습니다.

STEP 1   토픽 파악하고 질문 및 답변 예상하기

① 토픽은 무엇인가요?   music

② 어떤 질문과 답변을 예상할 수 있나요?

질문	답변
얼마나 자주?	하루에 두 번
언제?	출퇴근 시간에
어디에서?	지하철에서
무엇을?	재즈 음악, 유명 가수
어떻게?	스트리밍 서비스로

STEP 2   질문 파악하고 답변하기

Question 5

> 주로 어떤 음악을 듣고, 가장 좋아하는 음악가는 누구인지 묻고 있음

🎧 Q: What type of music do you usually listen to, and who is your favorite musician?
영국식 발음

🎙 A: ③ **I usually listen to jazz music, and** ④ **my favorite musician is a famous singer named Alissa Wong.**

어휘   musician[mju:zíʃən] 음악가   famous[féiməs] 유명한

Q: 주로 어떤 종류의 음악을 듣고, 가장 좋아하는 음악가는 누구인가요?

A: 저는 주로 재즈 음악을 듣고, 제가 가장 좋아하는 음악가는 Alissa Wong이라는 이름의 유명한 가수입니다.

Question 6

> 얼마나 자주, 언제 음악을 듣는지 묻고 있음

🎧 Q: How often do you listen to music, and when do you listen to it?
영국식 발음

🎙 A: I usually ⑤ **listen to music** twice a day, when I commute to work and on my way home.

어휘   commute[kəmjú:t] 통근하다

Q: 얼마나 자주 음악을 듣고, 언제 음악을 듣나요?

A: 저는 주로 하루에 두 번, 직장에 통근할 때와 집에 오는 길에 음악을 듣습니다.

Question 7

> 음악을 듣는 가장 좋은 방법이 무엇인지 묻고 있음

🎧 Q: Which of the following do you think is the best means of listening to music? Why?
영국식 발음
  · MP3 player
  · Streaming service
  · Radio

🎙 A: [핵심응답] I think a streaming service ⑥ **is the best means of listening to music.** [근거1] ⑦ **First of all**, I can enjoy music by various musicians. Streaming services offer a lot of music choices. [근거2] ⑧ **Second**, I can listen to the newest music because the latest songs are uploaded quickly. [마무리] ⑨ **Therefore**, I think using a streaming service to enjoy music is best.

어휘   means[mi:nz] 방법, 수단
streaming[strí:miŋ] 스트리밍(인터넷상에서 음성이나 동영상 등을 실시간으로 재생하는 기술)
various[véəriəs] 다양한   newest[núəst] 최신의   latest[léitist] 최신의

Q: 다음 중 어떤 것이 음악을 듣는 가장 좋은 방법이라고 생각하나요? 이유는 무엇인가요?
  · MP3 플레이어
  · 스트리밍 서비스
  · 라디오

A: 저는 스트리밍 서비스가 음악을 듣는 가장 좋은 방법이라고 생각합니다. 첫째로, 저는 다양한 음악가들의 음악을 즐길 수 있습니다. 스트리밍 서비스들은 많은 음악 선택권들을 제공합니다. 둘째로, 최신 노래들이 빠르게 업로드되기 때문에, 최신의 음악을 들을 수 있습니다. 그러므로, 저는 음악을 즐기기 위해 스트리밍 서비스를 이용하는 것이 가장 좋다고 생각합니다.

3

Imagine that a US marketing firm is doing research in your country. You have agreed to participate in a telephone interview about exercise and fitness. ↱ 질문 토픽: 운동과 신체 단련

미국의 한 마케팅 회사가 당신의 나라에서 설문 조사를 하고 있다고 가정해 봅시다. 당신은 운동과 신체 단련에 대한 전화 인터뷰에 참여하기로 동의했습니다.

STEP 1   **토픽 파악하고 질문 및 답변 예상하기**

① 토픽은 무엇인가요?   exercise and fitness
② 어떤 질문과 답변을 예상할 수 있나요?

질문	답변
얼마나 자주?	일주일에 두세 번
언제?	아침 일찍
어디에서?	집 근처의 체육관에서
무엇을?	러닝머신과 요가를
왜?(규칙적으로 운동하는 것이 이점인 이유)	건강하게 해주고 스트레스를 줄일 수 있어서

STEP 2   **질문 파악하고 답변하기**

Question 5

↱ 얼마나 자주, 어디에 가서 운동을 하는지 묻고 있음

🎧 Q: How often do you exercise each week, and where do you usually go?
미국식 발음

🎤 A: ③ **I exercise** two or three times ④ **each week**, and ⑤ **I usually go** to a gym near my home.

어휘 gym[dʒim] 체육관 near[niər] 근처의, 가까운

Q: 매주 얼마나 자주 운동을 하나요, 그리고 주로 어디에 가나요?

A: 저는 매주 두세 번 운동을 하고, 주로 집 근처의 체육관에 갑니다.

Question 6

↱ 주로 언제 운동을 하는지 묻고 있음

🎧 Q: When do you usually exercise?
미국식 발음

🎤 A: 핵심 응답 I usually exercise ⑥ **early in the morning.** 추가 핵심 응답 Sometimes, I exercise at night when I have a lot of things to do in the daytime.

어휘 daytime[déitaim] 낮, 주간

Q: 주로 언제 운동하나요?

A: 저는 주로 아침 일찍 운동합니다. 가끔, 낮에 할 일이 많을 때는 밤에 운동합니다.

Question 7

↱ 규칙적으로 운동하는 것의 이점을 묻고 있음

🎧 Q: What are the benefits of exercising regularly?
미국식 발음

🎤 A: 핵심 응답 ⑦ **The benefits of exercising regularly are** that it makes me healthy and is a good way to reduce stress. 근거 1 ⑧ **First of all**, exercising regularly makes me feel stronger and healthier. 근거 2 ⑨ **Secondly**, when I exercise, my stress goes away and I feel relaxed. 마무리 ⑩ **Therefore**, I think it is important to exercise regularly.

어휘 benefit[bénəfit] 이점 regularly[régjulərli] 규칙적으로
reduce[ridjúːs] 줄이다, 감소시키다 go away 사라지다 relaxed[rilǽkst] 편안한

Q: 규칙적으로 운동하는 것의 이점은 무엇인가요?

A: 규칙적으로 운동하는 것의 이점은 저를 건강하게 해주고 스트레스를 줄일 수 있는 좋은 방법이라는 것입니다. 첫째로, 규칙적으로 운동하는 것은 저를 더 강하고 건강하게 느끼도록 만듭니다. 둘째로, 운동할 때, 스트레스가 사라지고 편안하다고 느낍니다. 그러므로, 규칙적으로 운동하는 것은 중요하다고 생각합니다.

4

Imagine that a bus company is doing research. You have agreed to participate in a telephone interview about <u>your city's public transportation system</u>. → 질문 토픽: 당신 도시의 대중교통 체계

한 버스 회사가 조사를 하고 있다고 가정해 봅시다. 당신은 당신 도시의 대중교통 체계에 대한 전화 인터뷰에 참여하기로 동의했습니다.

Q1-2
Q3-4
Q5-7
Q8-10
Q11
10일 만에 끝내는 해커스 토익스피킹 스타트

STEP 1 토픽 파악하고 질문 및 답변 예상하기

① 토픽은 무엇인가요?   your city's public transportation system

② 어떤 질문과 답변을 예상할 수 있나요?

질문	답변
얼마나 자주?	일주일에 두 번
언제?	친구들을 만날 때
어디에서?	집 근처 버스 정류장에서
무엇을?	버스를
왜?(버스 노선 추가를 선호하지 않는 이유)	이미 충분한 노선이 있고 교통량이 많아짐

STEP 2 질문 파악하고 답변하기

Question 5

↗ 마지막으로 언제 버스를 탔고, 얼마나 오래 기다렸는지 묻고 있음

🎧 Q: 호주식 발음 When was the last time you took a bus, and how long did you have to wait for the bus **at that time?**

🎙 A: ③ **The last time I took a bus was two days ago, and** ④ **I had to wait for the bus for five minutes.**

어휘 wait for ~을 기다리다 at that time 그때

Q: 마지막으로 버스를 탄 것이 언제였나요, 그리고 그때 얼마나 오래 버스를 기다려야 했나요?

A: 제가 마지막으로 버스를 탄 것은 2일 전이었고, 저는 버스를 5분 동안 기다려야 했어요.

Question 6

↗ 기차와 버스 중 어느 것을 선호하는지 묻고 있음

🎧 Q: 호주식 발음 Which type of public transportation do you prefer to take, a train or a bus?

🎙 A: I usually ⑤ **prefer to take a bus because the bus fare in my city is inexpensive.**

어휘 public transportation 대중교통 prefer[prifə́ːr] 선호하다 fare[fɛər] 요금 inexpensive[ìnikspénsiv] 저렴한

Q: 기차와 버스 중 어느 종류의 대중교통을 타는 것을 선호하나요?

A: 저희 도시에서는 버스 요금이 저렴하기 때문에 저는 주로 버스 타는 것을 선호해요.

Question 7

↗ 현재 버스 체계에 새로운 버스 노선이 추가되는 것을 좋아할지 묻고 있음

🎧 Q: 호주식 발음 If a new bus line were added to your city's current bus system, do you think that you would like it? Why or why not?

🎙 A: [핵심응답] If a new bus line were added to my city's current bus system, I wouldn't like it. [근거1] ⑥ **First**, there are already enough bus lines in my city. So, adding another line would be too confusing. [근거2] ⑦ **Second**, adding a new bus line would result in more traffic. The traffic in my city is already bad. [마무리] ⑧ **So**, I don't want a new bus line to be added in my city.

어휘 bus line 버스 노선 current[kə́ːrənt] 현재의 confusing[kənfjúːziŋ] 혼란스러운 result in 초래하다 traffic[trǽfik] 교통량, 차량들

Q: 만약 새로운 버스 노선이 당신 도시의 현재 버스 체계에 추가된다면, 당신은 그것을 좋아할 것 같나요? 그 이유는 무엇인가요?

A: 만약 새로운 버스 노선이 저희 도시의 현재 버스 체계에 추가된다면, 전 좋아하지 않을 것 같아요. 첫째로, 저희 도시에는 이미 충분한 버스 노선들이 있어요. 그래서, 또 다른 노선을 추가하는 것은 너무 혼란스러울 거예요. 둘째로, 새로운 버스 노선을 추가하는 것은 더 많은 교통량을 초래할 거예요. 저희 도시의 교통량은 이미 심각해요. 따라서, 저는 저희 도시에 새로운 버스 노선이 추가되는 것을 원하지 않아요.

1

Imagine that a British marketing firm is doing research to write an article about smartphones. You have agreed to participate in a telephone interview about smartphones. ↰ 질문 토픽: 스마트폰

영국의 한 마케팅 회사가 스마트폰에 대한 기사를 쓰기 위해 조사를 하고 있다고 가정해 봅시다. 당신은 스마트폰에 대한 전화 인터뷰에 참여하기로 동의했습니다.

▶ 설문 조사의 주제인 smartphones(스마트폰)에 대해 얼마나 오래/하루에 세 시간, 언제/출퇴근길과 자기 전에, 어디에서/지하철이나 내 방에서, 무엇을/스마트폰 게임을, 왜(브랜드를 가장 고려하는 이유)/좋은 고객 서비스를 제공하고 액세서리가 많아서와 같이 질문과 답변을 예상해봅니다.

Question 5

↰ 스마트폰을 주로 무엇에 사용하는지 묻고 있음

🎧 Q: **What do** you mostly use your smartphone **for?**
영국식 발음

🎤 A: I mostly use my smartphone for playing games because there are so many fun games for smartphones these days.

어휘　mostly[móustli] 주로, 대부분

Q: 스마트폰을 주로 무엇에 사용하나요?

A: 요즘 스마트폰에 재미있는 게임들이 아주 많이 있기 때문에 저는 주로 게임을 하는 것에 스마트폰을 사용합니다.

Question 6

↰ 중고 스마트폰을 산 적이 있는지 묻고 있음

🎧 Q: **Have you ever bought** a secondhand smartphone?
영국식 발음

🎤 A: No. I've never bought a secondhand smartphone because their batteries usually don't last long.

어휘　secondhand[sékəndhæ̀nd] 중고의　last[læst] 지속되다, 오래 가다

Q: 중고 스마트폰을 산 적이 있나요?

A: 아니요. 중고 스마트폰의 배터리는 보통 오래 지속되지 않기 때문에 산 적이 없습니다.

Question 7

↰ 스마트폰을 살 때 가장 고려하는 것이 무엇인지 묻고 있음

🎧 Q: **Which factor do** you consider the most when you buy a smartphone?
영국식 발음

　· Specifications
　· Design
　· Brand

🎤 A: [핵심응답] I consider **the brand** the most when I buy a smartphone. [근거1] First of all, well-known brands usually offer better customer service. They also have many repair centers. [근거2] Second, many accessories are made for popular phone brands. This is important for me because I like to buy smartphone cases. [마무리] Therefore, I think the brand is the most important factor to consider when buying a smartphone.

어휘　factor[fǽktər] 요소　specification[spèsəfikéiʃən] 사양
customer service 고객 서비스　popular[pápjulər] 인기 있는

Q: 스마트폰을 살 때 어떤 요소를 가장 많이 고려하나요?
　· 사양
　· 디자인
　· 브랜드

A: 저는 스마트폰을 살 때 브랜드를 가장 많이 고려합니다. 첫째로, 잘 알려진 브랜드들은 대개 더 좋은 고객 서비스를 제공합니다. 그들은 또한 많은 수리점을 갖고 있습니다. 둘째로, 많은 액세서리가 인기 있는 폰 브랜드를 위해 만들어집니다. 저는 스마트폰 케이스를 사는 것을 좋아하기 때문에 이 점은 저에게 중요합니다. 그러므로, 저는 스마트폰을 살 때 브랜드가 가장 중요한 요소라고 생각합니다.

2

Imagine that a marketing magazine is writing an article about social media. You have agreed to participate in a telephone interview about <u>social media usage.</u> ↱ 질문 토픽: 소셜 미디어 사용

한 마케팅 잡지가 소셜 미디어에 대한 글을 쓰고 있다고 가정해 봅시다. 당신은 소셜 미디어 사용에 대한 전화 인터뷰에 참여하기로 동의했습니다.

▶ 설문 조사의 주제인 social media usage(소셜 미디어 사용)에 대해 얼마나 오래/매일 한 시간 정도, 언제/저녁에, 어디에서/집에서, 무엇을/좋아하는 소셜 미디어 사이트를, 왜(소셜 미디어에서의 광고가 효과적인 이유)/사용자들이 많고 저렴하기 때문에와 같이 질문과 답변을 예상해봅니다.

Question 5

↱ 소셜 미디어 계정을 얼마나 가지고 있고, 매일 어느 정도의 시간을 보내는지 묻고 있음

🎧 Q: How many social media accounts do you have, and how much time do you spend on those sites every day?
미국식 발음

🎤 A: I have two social media accounts, and I spend about one hour on them every day.

어휘　social media 소셜 미디어(쌍방향 커뮤니케이션이 가능한 인터넷 미디어)
account[əkáunt] 계정　spend[spend] (시간을) 보내다

Q: 얼마나 많은 소셜 미디어 계정을 가지고 있나요, 그리고 매일 이 사이트들에서 얼마나 많은 시간을 보내나요?

A: 저는 두 개의 소셜 미디어 계정이 있고, 그것들에서 매일 한 시간 정도 시간을 보냅니다.

Question 6

↱ 가장 좋아하는 소셜 미디어 사이트가 무엇인지 묻고 있음

🎧 Q: What is your favorite social media site? Why?
미국식 발음

🎤 A: My favorite social media site is FastPic. I like it because it allows me to easily edit pictures and videos in a creative way before I post them.

어휘　edit[édit] 편집하다

Q: 가장 좋아하는 소셜 미디어 사이트는 무엇인가요? 이유는 무엇인가요?

A: 제가 가장 좋아하는 소셜 미디어 사이트는 FastPic입니다. 사진과 영상을 게시하기 전에 독창적인 방법으로 쉽게 편집할 수 있게 해서 이것을 좋아합니다.

Question 7

↱ 소셜 미디어에서 상품을 광고하는 것이 효과적이라고 생각하는지 묻고 있음

🎧 Q: Do you think that advertising products on social media is effective? Why or why not?
미국식 발음

🎤 A: [핵심응답] I think that advertising products on social media is effective. [근거1] First of all, social media advertisements can be seen by many people. Some social media sites have millions of users. [근거2] Second, advertising products on social media is usually much cheaper than advertising on television or in magazines. [마무리] So, I think advertising products on social media is effective.

어휘　advertise[ǽdvərtàiz] 광고하다, 홍보하다　product[prɑ́dʌkt] 상품, 제품
effective[iféktiv] 효과적인　advertisement[ædvərtáizmənt] 광고
millions of 수백만의　magazine[mæɡəzíːn] 잡지

Q: 소셜 미디어에서 상품을 광고하는 것이 효과적이라고 생각하나요? 그 이유는 무엇인가요?

A: 저는 소셜 미디어에서 상품을 광고하는 것이 효과적이라고 생각합니다. 첫째로, 소셜 미디어 광고는 많은 사람들에게 보여질 수 있습니다. 어떤 소셜 미디어 사이트들은 수백만 명의 사용자를 보유하고 있습니다. 둘째로, 소셜 미디어에서 상품을 광고하는 것은 보통 텔레비전이나 잡지에서 광고하는 것보다 훨씬 저렴합니다. 그래서, 저는 소셜 미디어에서 상품을 광고하는 것이 효과적이라고 생각합니다.

3

Imagine that a marketing firm is doing research in your country. You have agreed to participate in a telephone interview about buying shoes.

↳ 질문 토픽: 신발 구매

한 마케팅 회사가 당신의 나라에서 설문 조사를 하고 있다고 가정해 봅시다. 당신은 신발 구매에 대한 전화 인터뷰에 참여하기로 동의했습니다.

▶ 설문 조사의 주제인 buying shoes(신발 구매)에 대해 언제/지난 주말에, 어디에서/집 근처에 있는 백화점에서, 무엇을/등산화를, 어떻게/온라인 후기를 읽음으로써, 왜(가격을 가장 고려하는 이유)/여분의 돈이 없고 많은 다른 신발들을 가지는 것을 좋아해서와 같이 질문과 답변을 예상해봅니다.

Question 5

↱ 가장 최근에 어떤 신발을 샀고, 어디서 샀는지 묻고 있음

🎧 Q: 미국식 발음 **What shoes did** you buy most recently, **and where did** you get them?

🎤 A: I bought **some new hiking boots** most recently, **and** I got them at the department store near my home.

어휘   recently [rí:sntli] 최근에   hiking boots 등산화   department store 백화점

Q: 가장 최근에 무슨 신발을 샀나요, 그리고 어디서 샀나요?

A: 저는 가장 최근에 새로운 등산화를 샀고, 저희 집 근처에 있는 백화점에서 샀습니다.

Question 6

↱ 신발을 어디서 살지에 대한 정보를 어떻게 얻는지 묻고 있음

🎧 Q: 미국식 발음 **How do** you normally get some information about where to buy shoes?

🎤 A: I normally get some information about where to buy shoes by reading online reviews.

어휘   review [rivjú:] 후기

Q: 어디에서 신발을 살지에 대한 정보는 보통 어떻게 얻나요?

A: 저는 보통 온라인 후기들을 읽음으로써 어디에서 신발을 살지에 대한 정보를 얻습니다.

Question 7

↱ 신발을 구매할 때 가장 고려하는 것이 무엇인지 묻고 있음

🎧 Q: 미국식 발음 Which of the following **do** you consider most when purchasing shoes?
- Price
- Brand
- Color

🎤 A: [핵심 응답] I consider **the price** most when purchasing shoes. [근거1] First, I'm a student, and I only have a part-time job at the moment. Because I don't have much extra money, buying cheap shoes is best. [근거2] Also, I can buy more pairs of shoes if I buy cheap ones. I like to have lots of different shoes to wear. [마무리] Therefore, I consider the price the most when purchasing shoes.

어휘   purchase [pə́:rtʃəs] 구매하다   part-time job 아르바이트   at the moment 지금   extra [ékstrə] 여분의

Q: 신발을 구매할 때 다음 중 어떤 것을 가장 고려하나요?
- 가격
- 브랜드
- 색상

A: 저는 신발을 구매할 때 가격을 가장 많이 고려해요. 첫째로, 저는 학생이고 지금 아르바이트만 하고 있습니다. 저는 여분의 돈이 많이 없기 때문에, 저렴한 가격의 신발을 사는 것이 가장 좋습니다. 또한, 저렴한 가격의 신발을 사면 더 많은 신발을 살 수 있습니다. 저는 많은 다른 신발들을 가지는 것을 좋아합니다. 따라서, 저는 신발을 구매할 때 가격을 가장 많이 고려합니다.

4

Imagine that you are talking to a friend on the phone. You are having a conversation about <u>vacations</u>.→ 질문 토픽: 휴가

당신이 친구와 전화 통화를 하고 있다고 가정해 봅시다. 당신은 휴가에 대한 대화를 하고 있습니다.

▶ 전화 통화의 주제인 vacations(휴가)에 대해 얼마나 자주/일 년에 두 번, 언제/여름과 겨울에, 어디에서/열대 지방의 섬에서, 무엇을/수영과 스쿠버 다이빙을, 왜(휴가를 가는 나라의 언어를 배우려는 이유)/사람들과 소통할 수 있고 지역 문화를 잘 이해할 수 있어서와 같이 질문과 답변을 예상해봅니다.

Q1-2　Q3-4　Q5-7　Q8-10　Q11　10일 만에 끝내는 해커스 토익스피킹 스타트

Question 5

↗ 얼마나 자주, 일 년 중 보통 언제 휴가를 가는지 묻고 있음

🎧 Q: How often **do** you take a vacation, **and** what time of the year **do** you usually take one?
호주식 발음

🎤 A: I take a vacation twice a year, and I usually take one in the summer and winter.

어휘　vacation[veikéiʃən] 휴가, 방학

Q: 얼마나 자주 휴가를 가고, 일 년 중 보통 언제 가니?

A: 나는 일 년에 두 번 휴가를 가고, 보통 여름과 겨울에 가.

Question 6

↗ 휴가 동안에 가장 하기 좋아하는 활동이 무엇인지 묻고 있음

🎧 Q: What **are** your favorite activities to do while on vacation?
호주식 발음

🎤 A: My favorite activities to do while on vacation **are** swimming and scuba diving **because** they're so exciting.

어휘　activity[æktívəti] 활동　while[hwail] 동안에

Q: 휴가 동안에 가장 하기 좋아하는 활동은 뭐니?

A: 휴가 동안에 내가 가장 하기 좋아하는 활동은 수영과 스쿠버 다이빙인데 그것들은 매우 신나기 때문이야.

Question 7

↗ 외국으로 휴가를 간다면 그곳의 언어를 배울 것인지 묻고 있음

🎧 Q: If you could take a vacation in a foreign country, would you learn the language spoken there? Why or why not?
호주식 발음

🎤 A: [핵심 응답]If I could take a vacation in a foreign country, I would learn the language spoken there. [근거1] First, I could easily interact with people in that country if I learned the language. [근거2] Second, if I spoke the country's language, I could understand the local culture better. [마무리] So, I would learn a foreign language if I could go on vacation in a foreign country.

어휘　foreign[fɔ́:rən] 외국의　interact[íntərækt] 소통하다, 교류하다
local culture 지역 문화

Q: 만약 외국으로 휴가를 갈 수 있다면, 그곳에서 사용되는 언어를 배울 거니? 그 이유는 무엇이니?

A: 만약 내가 외국으로 휴가를 갈 수 있다면, 그곳에서 사용되는 언어를 배울 거야. 첫째로, 그 언어를 배운다면 그 나라의 사람들과 쉽게 소통할 수 있을 거야. 둘째로, 내가 그 나라의 언어를 말한다면, 나는 그 지역 문화를 더 잘 이해할 수 있을 거야. 그래서, 내가 만약 외국으로 휴가를 갈 수 있다면 외국어를 배울 거야.

체크포인트　1번부터 4번까지 자신이 녹음한 답변을 다시 들으며 아래의 체크포인트를 통해 자신의 답변을 점검해 보세요.

· 세 개의 질문 모두에서 묻는 내용에 맞게 답변하였다.　□1 □2 □3 □4
· Question 5, 6에서 두 가지를 묻는 경우에는 각각에 대해 차례대로 답변하고,
　한 가지를 묻는 경우에는 핵심 응답에 관련된 내용을 덧붙여 말하였다.　□1 □2 □3 □4
· Question 7에서 핵심 응답에 대한 적절한 근거를 제시하였다.　□1 □2 □3 □4

▣ 체크되지 않은 항목이 있는 문제는 자신이 부족했던 부분에 유의하며 모범답변을 다시 여러 번 듣고 따라 말해보세요.

🎧 (Q56&7_스텝) 09

Hackers Test

p.156 🎧 (Q56&7_유형) 10

1 전화 설문: 박물관 방문

Imagine that a British marketing firm is doing research in your country. You have agreed to participate in a telephone interview about visiting museums. ↱ 질문 토픽: 박물관 방문	영국의 한 마케팅 회사가 당신의 나라에서 조사를 하고 있다고 가정해 봅시다. 당신은 박물관 방문에 대한 전화 인터뷰에 참여하기로 동의했습니다.

▶ 설문 조사의 주제인 visiting museums(박물관 방문)에 대해 얼마나 자주/일 년에 서너 번, 언제/두 달 전에, 어디에서/시내에 있는 박물관에서, 무엇을/이집트 관련 전시를, 누구와/혼자, 왜(단체 관람을 선호하는 이유)/가이드의 설명을 듣고 다른 사람들과 의견을 나눌 수 있어서와 같이 질문과 답변을 예상해봅니다.

Question 5

↱ 마지막으로 박물관을 방문한 것이 언제였고 무엇을 보았는지 묻고 있음

🎧 Q: (영국식 발음) When was the last time you visited a museum, and what did you see?

🎙 A: The last time I visited a museum was two months ago, and I saw an exhibit about Egyptian art.

어휘 exhibit[igzíbit] 전시

Q: 마지막으로 박물관을 방문한 것이 언제였나요, 그리고 무엇을 보았나요?

A: 제가 마지막으로 박물관을 방문한 것은 두 달 전이고, 이집트 예술에 대한 전시를 보았습니다.

Question 6

↱ 박물관에 보통 누구와 함께 방문하는지 묻고 있음

🎧 Q: (영국식 발음) Who do you usually go with when you visit museums?

🎙 A: [핵심 응답] When I visit museums, I usually go by myself. [이유] I don't have any friends who are interested in museums.

어휘 by oneself 혼자 interested in ~에 관심이 있는

Q: 박물관을 방문할 때 보통 누구와 함께 가나요?

A: 박물관을 방문할 때, 저는 보통 혼자 갑니다. 박물관에 관심이 있는 친구가 없거든요.

Question 7

↱ 박물관을 혼자 아니면 단체로 관람할 것인지 묻고 있음

🎧 Q: (영국식 발음) Are you more likely to tour a museum by yourself or with a tour group? Why?

🎙 A: [핵심 응답] I am more likely to tour a museum with a tour group. [근거1] First of all, the guides offer information I may not know, so it makes my visit more enjoyable. [근거2] Secondly, it is more fun because I can talk about the exhibits and share opinions with others in the tour group. [마무리] Therefore, I prefer visiting a museum with a tour group.

어휘 enjoyable[indʒóiəbl] 즐거운 opinion[əpínjən] 의견 prefer[prifə́:r] 선호하다

Q: 박물관을 혼자서 관람하시겠어요, 아니면 단체로 관람하시겠어요? 이유는 무엇인가요?

A: 저는 단체로 박물관을 관람할 거예요. 첫째로, 가이드는 제가 모를 수도 있는 정보를 제공하므로 관람을 더 즐겁게 만듭니다. 둘째로, 관람객 단체에 있는 다른 사람들과 전시에 대해 이야기하고 의견을 나눌 수 있어서 더 재미있어요. 따라서, 저는 단체로 박물관을 관람하는 것을 선호해요.

---

2 지인과 통화: 집과 집수리

Imagine that your friend plans to make some improvements to his/her house. You are talking on the telephone with that friend about your home and home repairs. ↗ 질문 토픽: 당신의 집과 집수리	당신의 친구가 그/그녀의 집을 수리할 계획이라고 가정해 봅시다. 당신은 그 친구와 당신의 집과 집수리에 대해 전화로 이야기하고 하고 있습니다.

▶ 전화 통화의 주제인 your home and home repairs(당신의 집과 집수리)에 대해 얼마나 오래/5년 동안, 언제/수리한 적 없음, 어떻게/이웃들과 이야기함으로써, 왜(수리 회사를 고용하는 것에 대해 이웃들에게 정보를 얻는 이유)/믿을 수 있고 작업을 볼 수 있어서와 같이 질문과 답변을 예상해봅니다.

Question 5

↗ 현재 집에서 얼마나 오래 살았는지 묻고 있음

🎧 Q: **How long** have you lived in your current home?
미국식 발음

🎙 A: I have lived in my current home for five years, since I started working in this city.

Q: 현재 집에서 얼마나 오래 살았니?

A: 나는 이 도시에서 일하기 시작한 이래로 5년 동안 현재 집에서 살았어.

Question 6

↗ 집을 개수하거나 수리한 적이 있는지 묻고 있음

🎧 Q: **Have you ever made** some improvements or repairs to your home? **Why?**
미국식 발음

🎙 A: I have never made any improvements or repairs to my home because the apartment building manager doesn't allow us to make changes.

Q: 집을 개수하거나 수리한 적 있니? 이유는 무엇이니?

A: 아파트 건물 관리자는 우리가 변화시키는 것을 허락하지 않기 때문에 나는 집을 개수하거나 수리한 적이 전혀 없어.

어휘 improvement[imprúːvmənt] 개수, 개선 repair[ripɛ́ər] 수리
manager[mǽnidʒər] 관리자, 감독 allow[əláu] 허락하다

Question 7

↗ 수리 회사를 고용하기 위한 정보를 어떻게 얻어야 할지 묻고 있음

🎧 Q: I think I'll hire a renovation company to improve my home. **How do** you think I should get information about this?
미국식 발음

🎙 A: [핵심 응답] I think you should get information about hiring a renovation company by talking to your neighbors. [근거1] First, you can trust a renovation company that is recommended by your neighbors. [근거2] Second, your neighbors can show you the work that a renovation company has done. This will help you check the quality of the renovation company's work. [마무리] So, I think you should get information by talking to your neighbors.

Q: 나는 집을 수리하기 위해서 수리 회사를 고용해야 할 것 같아. 내가 이것에 대해 어떻게 정보를 얻어야 한다고 생각하니?

A: 너의 이웃들과 이야기함으로써 수리 회사를 고용하는 것에 대한 정보를 얻어야 한다고 생각해. 첫째로, 이웃들에게 추천된 수리 회사는 믿을 수 있어. 둘째로, 너의 이웃들은 수리 회사가 한 작업을 보여줄 수 있어. 이것은 네가 그 수리 회사의 작업의 품질을 확인할 수 있도록 도와줄 거야. 그래서, 나는 네가 이웃들과 이야기함으로써 정보를 얻어야 한다고 생각해.

어휘 hire[haiər] 고용하다 renovation[renəvéiʃən] 수리, 개선
recommend[rèkəménd] 추천하다 quality[kwáləti] 품질, 질

3 지인과 통화: 요리

Imagine that a friend is interested in cooking. You are having a telephone conversation about cooking.↱ 질문 토픽: 요리	한 친구가 요리에 관심이 있다고 가정해 봅시다. 당신은 요리에 대한 전화 통화를 하고 있습니다.

▶ 전화 통화의 주제인 cooking(요리)에 대해 얼마나 자주/일주일에 한 번 정도, 언제/지난 주말, 어디에서/집에서, 무엇을/스파게티를, 누구와/친구들과, 왜(요리책을 활용하지 않는 이유)/모든 재료가 항상 있지 않고 시간이 오래 걸려서와 같이 질문과 답변을 예상해봅니다.

Question 5

↱ 마지막으로 언제 요리했고, 어떤 음식을 만들었는지 묻고 있음

🎧 Q: When was the last time you cooked some food, **and what did you make?**
미국식 발음

🎙 A: The last time I cooked some food was last weekend, and I made spaghetti for my friends.

Q: 마지막으로 음식을 요리한 것이 언제였고, 무엇을 만들었니?

A: 마지막으로 음식을 요리한 것은 지난 주말이고, 친구들을 위해서 스파게티를 만들었어.

Question 6

↱ 보통 혼자 아니면 다른 누군가와 함께 요리하는지 묻고 있음

🎧 Q: Do you normally cook by yourself or with somebody else? Why?
미국식 발음

🎙 A: I normally cook with somebody else. It's faster and more fun to make some food with another person.

어휘 somebody else 다른 누군가

Q: 보통 너 혼자서 요리하니, 아니면 다른 누군가와 함께 요리하니? 그 이유는 무엇이니?

A: 나는 보통 다른 누군가와 함께 요리해. 다른 사람과 음식을 만들면 더 빠르고 더 재미있어.

Question 7

↱ 보통 요리할 때 요리책을 활용하는지 묻고 있음

🎧 Q: Do you usually use a recipe book when you cook? Why or why not?
미국식 발음

🎙 A: [핵심응답] I don't usually use a recipe book when I cook. [근거1] First of all, I don't always have all the ingredients I need at home. So, sometimes I use different ingredients or cook without some ingredients. [근거2] Secondly, it takes a long time to follow all of the steps in a recipe book. Sometimes I skip some steps to make a recipe simpler. [마무리] So, I don't usually use a recipe book.

어휘 recipe book 요리책 ingredient[ingríːdiənt] 재료 take time 시간이 걸리다

Q: 요리할 때 보통 요리책을 활용하니? 그 이유는 무엇이니?

A: 나는 요리할 때 보통 요리책을 활용하지 않아. 첫째로, 내가 필요로 하는 모든 재료가 집에 항상 있지는 않아. 그래서, 나는 종종 다른 재료를 사용하거나 어떤 재료는 빼고 요리를 해. 둘째로, 요리책에 있는 모든 단계를 따르려면 시간이 오래 걸려. 난 때때로 조리법을 더 단순하게 만들기 위해서 몇몇 단계들을 생략해. 따라서, 나는 보통 요리책을 활용하지 않아.

4 지인과 통화: 동네의 공원들

Imagine that a friend will be visiting your town. You are having a telephone conversation about <u>parks in your neighborhood</u>. ↘ 질문 토픽: 동네의 공원들	한 친구가 당신이 사는 도시를 방문할 것이라고 가정해 봅시다. 당신은 동네의 공원들에 대한 전화 통화를 하고 있습니다.

▶ 전화 통화의 주제인 parks in your neighborhood(동네의 공원들)에 대해 얼마나 자주/일주일에 두 번 정도, 언제/이틀 전, 얼마나 오래/차로 10분, 얼마나 많이/공원 한 개, 왜(추천하는 공원이 Olympic 공원인 이유)/훌륭한 운동 시설이 있고 경치가 좋아서와 같이 질문과 답변을 예상해봅니다.

Question 5

↗ 마지막으로 언제 공원을 갔고, 집에서 얼마나 오래 걸렸는지 묻고 있음

🎧 **Q:** (영국식 발음) When was the last time you visited a park, **and how long did** it take to get there from your home?

🎤 **A:** The last time I visited a park was **two days ago**. It took 10 minutes **by car** to get there from my home.

어휘 **get**[get] 도착하다, 이르다

Q: 공원을 마지막으로 간 때가 언제였고, 너희 집에서 그곳에 도착하는 데 얼마나 오래 걸렸니?

A: 내가 마지막으로 공원을 간 때는 이틀 전이야. 우리 집에서 그곳에 도착하는 데 차로 10분이 걸렸어.

Question 6

↗ 동네에 공원이 얼마나 있는지, 그 선택권에 만족하는지 묻고 있음

🎧 **Q:** (영국식 발음) How many parks are there in your neighborhood, **and** are you satisfied with the options?

🎤 **A:** [핵심 응답] There's **just one park in my neighborhood**, and I'm not satisfied with the options. [이유] I like to have many parks to walk in.

어휘 **neighborhood**[néibərhùd] 동네 **satisfied**[sǽtisfàid] 만족하는
option[ápʃən] 선택권

Q: 너희 동네에 공원이 얼마나 많이 있니, 그리고 그 선택권에 만족하니?

A: 우리 동네에는 겨우 한 개의 공원이 있고, 나는 그 선택권에 만족하지 않아. 걸을 수 있는 많은 공원이 있으면 좋겠어.

Question 7

↗ 어디에서 운동하기를 추천하는지 묻고 있음

🎧 **Q:** (영국식 발음) I would like to exercise at a park when I visit you. Where do you recommend I go?

🎤 **A:** [핵심 응답] I recommend that you go to Olympic Park to exercise. [근거1] First of all, Olympic Park has many excellent exercise facilities, including tennis courts and a large swimming pool. [근거2] Secondly, the park has beautiful scenery, and you can enjoy it while jogging. [마무리] Therefore, I recommend that you go to Olympic Park when you visit me.

어휘 **exercise**[éksərsàiz] 운동하다 **recommend**[rèkəménd] 추천하다, 권고하다
facility[fəsíləti] 시설, 설비 **scenery**[síːnəri] 경치, 풍경

Q: 내가 너를 방문할 때 공원에서 운동을 하고 싶어. 내가 어디에 가기를 추천하니?

A: 운동하기 위해서 네가 Olympic 공원에 가기를 추천해. 첫째로, Olympic 공원은 테니스 코트와 큰 수영장을 포함한 많은 훌륭한 운동 시설들을 갖추고 있어. 둘째로, 그 공원은 경치가 좋아서, 네가 조깅하면서 경치를 즐길 수 있어. 따라서, 네가 방문할 때 Olympic 공원에 가는 것을 추천해.

5 전화 설문: 지역 도서관

Imagine that a community newsletter is writing an article about libraries. You have agreed to participate in a telephone interview about your <u>local library</u>. ↱ 질문 토픽: 지역 도서관	지역사회 소식지에서 도서관에 대한 기사를 쓰고 있다고 가정해 봅시다. 당신은 지역 도서관에 대한 전화 인터뷰에 참여하기로 동의했습니다.

▶ 설문 조사의 주제인 local library(지역 도서관)에 대해 얼마나 자주/일주일에 한 번, 얼마나 오래/걸어서 15분 정도 걸리는, 누구와/가장 친한 친구와, 무엇을/소설책 대출받기, 왜(도서관에 바라는 서비스가 도서 추천 제도인 이유)/책을 고르는 것이 어렵고 대안이 되는 제안이 필요해서와 같이 질문과 답변을 예상해봅니다.

Question 5

↱ 얼마나 자주 도서관을 방문하는지 묻고 있음

🎧 **Q:** How often **do** you visit a library?

미국식 발음

🎤 **A:** I visit a library once a week. It's easy to visit because it's close to my home.

어휘   library [láibrèri] 도서관

Q: 도서관에 얼마나 자주 방문하나요?

A: 저는 도서관을 일주일에 한 번 방문합니다. 저희 집에서 가까워서 방문하기 쉽습니다.

Question 6

↱ 도서관에서 보통 무엇을 하는지, 주로 누구와 가는지 묻고 있음

🎧 **Q:** What **do** you normally do at the library? **And** who **do** you usually go with?

미국식 발음

🎤 **A:** I normally borrow some novels at the library because I like to read novels at night. I usually go to the library with my best friend, Jina.

어휘   borrow [bárou] 빌리다   novel [návəl] 소설

Q: 도서관에서 보통 무엇을 하나요? 그리고 주로 누구와 함께 가나요?

A: 저는 도서관에서 보통 소설을 몇 권 빌리는데, 밤에 소설 읽는 것을 좋아하기 때문이에요. 저는 주로 저의 가장 친한 친구 Jina와 도서관에 갑니다.

Question 7

↱ 도서관이 제공해야 하는 서비스가 무엇인지 묻고 있음

🎧 **Q:** What services **do** you think a library should offer to improve the visitor experience? Why?

미국식 발음

🎤 **A:** [핵심 응답] I think a library should offer a book recommendation system. [근거1] That's because there are many books in a library, and it can be hard to choose one to read. [근거2] Secondly, sometimes the book a visitor wants is already checked out, and the visitor needs a suggestion for an alternative choice. [마무리] Therefore, I think a library should offer a book recommendation system to improve the visitor experience.

어휘   improve [imprú:v] 개선하다, 향상시키다   recommendation [rèkəməndéiʃən] 추천
check out 대출받다   suggestion [səgdʒéstʃən] 제안, 의견
alternative [ɔːltə́ːrnətiv] 대안이 되는, 대체의

Q: 도서관이 방문객 경험을 개선하기 위해 제공해야 하는 서비스는 무엇이라고 생각하나요? 이유는 무엇인가요?

A: 저는 도서관이 도서 추천 제도를 제공해야 한다고 생각합니다. 도서관에 많은 책들이 있고, 읽을 책을 고르는 것이 어려울 수 있기 때문입니다. 둘째로, 가끔 방문객이 원하는 도서가 이미 대출되어서, 방문객은 대안이 되는 선택을 위한 제안이 필요합니다. 그러므로, 저는 방문객 경험을 개선하기 위해 도서관이 도서 추천 제도를 제공해야 한다고 생각합니다.

6 전화 설문: 인터넷 서비스 제공업체

Imagine that newspaper is writing an article about Internet services in your country. You have agreed to participate in a telephone interview about Internet service providers. ↗ 질문 토픽: 인터넷 서비스 제공업체

신문사에서 당신 나라의 인터넷 서비스에 대한 기사를 쓰고 있다고 가정해 봅시다. 당신은 인터넷 서비스 제공업체에 대한 전화 인터뷰에 참여하기로 동의했습니다.

▶ 설문 조사의 주제인 Internet service providers(인터넷 서비스 제공업체)에 대해 얼마나 오래/3개월 동안, 무엇을/OneLink Telecom 이라는 업체, 왜(속도를 가장 고려하는 이유)/집에서 일하고 스트리밍 영상을 보기 위해서와 같이 질문과 답변을 예상해봅니다.

Question 5

↗ 어떤 인터넷 서비스 제공업체를 이용하고, 얼마나 오래 이용해 왔는지 묻고 있음

🎧 Q: (영국식 발음) Which Internet service provider **do** you use, **and how long** have you used it?

🎤 A: The Internet service provider I use is OneLink Telecom, **and** I've used it for three months.

어휘　provider[prəváidər] 제공업체, 공급자

Q: 어떤 인터넷 서비스 제공업체를 이용하나요, 그리고 얼마나 오래 이용해 왔나요?

A: 제가 이용하는 인터넷 서비스 제공업체는 OneLink Telecom이고, 3개월 동안 이용해 왔습니다.

Question 6

↗ 인터넷 서비스 제공업체에 만족하는지 묻고 있음

🎧 Q: (영국식 발음) Are you satisfied with your Internet service provider? **Why or why not?**

🎤 A: I'm satisfied with my Internet service provider. **That's because it offers very fast and reliable service.**

어휘　satisfied[sǽtisfàid] 만족하는　reliable[riláiəbl] 확실한, 믿을 만한

Q: 당신의 인터넷 서비스 제공업체에 만족하나요? 그 이유는 무엇인가요?

A: 저는 제 인터넷 서비스 제공업체에 만족합니다. 매우 빠르고 확실한 서비스를 제공하기 때문입니다.

Question 7

↗ 인터넷 서비스 제공업체를 고를 때 어떤 것을 가장 고려하는지 묻고 있음

🎧 Q: (영국식 발음) Which factor **do** you consider the most when choosing an Internet service provider? **Why?**

🎤 A: [핵심 응답] I consider speed the most when choosing an Internet service provider. [근거1] First, I work at home and use the Internet every day. So, I need to have a fast Internet connection. [근거2] Also, I like to watch streaming videos on my laptop computer, and this requires high-speed Internet. [마무리] So, I consider speed the most when choosing an Internet service provider.

어휘　streaming[strí:miŋ] 스트리밍(인터넷상에서 음성이나 동영상 등을 실시간으로 재생하는 기술)
laptop computer 노트북 컴퓨터　require[rikwáiər] 필요로 하다, 요구하다

Q: 인터넷 서비스 제공업체를 고를 때 어떤 요소를 가장 고려하나요? 이유는 무엇인가요?

A: 저는 인터넷 서비스 제공업체를 고를 때 속도를 가장 고려합니다. 첫째로, 저는 집에서 일해서 매일 인터넷을 사용합니다. 그래서, 빠른 인터넷 연결이 있어야 합니다. 또한, 저는 노트북 컴퓨터에서 스트리밍 영상 보는 것을 좋아하고, 이것은 빠른 인터넷 속도를 필요로 합니다. 그래서, 저는 인터넷 서비스 제공업체를 고를 때 속도를 가장 고려합니다.

7 지인과 통화: 선물 사는 것

Imagine that you are talking to a friend on the telephone. You are having a conversation about <u>buying gifts</u>. ↗ 질문 토픽: 선물 사는 것	당신이 친구와 통화를 하고 있다고 가정해 봅시다. 당신은 선물 사는 것에 대한 대화를 하고 있습니다.

▶ 전화 통화의 주제인 buying gifts(선물 사는 것)에 대해 얼마나 자주/특별한 날에만, 언제/한 달 전에, 어디에서/Everyday Presents 라는 상점에서, 무엇을/목걸이를, 왜(친구에게 책을 선물로 주고 싶은 이유)/감명받은 책을 공유할 수 있고 옷 선물은 어려워서와 같이 질문과 답변을 예상해봅니다.

Question 5

↗ 마지막으로 언제 선물을 샀고, 무엇을 샀는지 묻고 있음

🎧 **Q:** When was the last time you bought a gift, and what did you buy?
호주식 발음

🎤 **A:** The last time I bought a gift was a month ago, and I bought a necklace for my sister.

어휘 gift[gift] 선물 necklace[néklis] 목걸이

Q: 마지막으로 선물을 산 것이 언제였고, 무엇을 샀니?

A: 마지막으로 선물을 산 것은 한 달 전이고, 여동생에게 줄 목걸이를 샀어.

Question 6

↗ 보통 어디에서 선물을 사는지 묻고 있음

🎧 **Q:** Where do you normally buy gifts?
호주식 발음

🎤 **A:** [핵심 응답] I normally buy gifts at a store called Everyday Presents. [이유] I like this store because it has so many unique items.

어휘 unique[juːníːk] 독특한, 특이한 item[áitəm] 물건, 품목

Q: 보통 어디에서 선물을 사니?

A: 나는 보통 Everyday Presents라고 불리는 한 상점에서 선물을 사. 이 상점에는 아주 많은 독특한 물건들이 있어서 좋아.

Question 7

↗ 친구에게 책 아니면 옷 중에 어떤 것을 선물로 줄 건지 묻고 있음

🎧 **Q:** I need to buy a gift for a friend. Which would you give to a friend as a gift, a book or clothes?
호주식 발음

🎤 **A:** [핵심 응답] I would give a book to a friend. [근거1] First of all, I can share a book that impressed me a lot. Whenever I read a book with a good message, I want to introduce it to others. [근거2] Secondly, it's hard to choose clothes for someone else because people usually have their own personal taste. [마무리] So, I would give a book to a friend as a gift.

어휘 taste[teist] 취향, 입맛

Q: 친구에게 줄 선물을 사야 해. 책이나 옷 중에 친구에게 어떤 것을 선물로 줄 것이니?

A: 나는 친구에게 책을 선물로 줄 것 같아. 첫째로, 나에게 크게 감명을 준 책을 공유할 수 있어. 좋은 메시지를 담고 있는 책을 읽을 때마다, 나는 다른 사람들에게 그 책을 소개하고 싶어. 둘째로, 사람들은 보통 자신만의 개인적인 취향이 있기 때문에 다른 사람을 위한 옷을 고르는 것은 어려워. 그래서 나는 친구에게 책을 선물로 줄 것 같아.

8 전화 설문: 사탕

Imagine that a marketing firm is doing some research. You have agreed to participate in a telephone interview about candit.→ 질문 토픽: 사탕

한 마케팅 회사가 조사를 하고 있다고 가정해 봅시다. 당신은 사탕에 대한 전화 인터뷰에 참여하기로 동의했습니다.

▶ 설문 조사의 주제인 candy(사탕)에 대해 얼마나 자주/거의 매일, 언제/업무 중에, 어디에서/회사에서, 무엇을/캐러멜 같은 부드러운 사탕을, 왜(영양 정보에 영향을 받는 이유)/너무 많은 당분이 없는 사탕을 사고 견과류를 피하기 위해서와 같이 질문과 답변을 예상해봅니다.

Q1-2
Q3-4
Q5-7
Q8-10
Q11
10일 만에 끝나는 해커스 토익스피킹 스타트

Question 5

↗ 얼마나 자주, 어떤 사탕을 즐겨 먹는지 묻고 있음

🎧 Q: How often do you eat candy, and what kind of candy do you enjoy?
미국식 발음

🎙 A: I eat candy almost every day, and I usually enjoy soft candy like caramel.

어휘 almost[ɔ́:lmoust] 거의, 대부분 soft[sɔ:ft] 부드러운, 연한

Q: 사탕을 얼마나 자주 먹고, 어떤 종류의 사탕을 즐겨 먹나요?

A: 저는 거의 매일 사탕을 먹고, 캐러멜 같은 부드러운 사탕을 주로 즐겨 먹어요.

Question 6

↗ 새로운 맛의 사탕을 먹어보는지 혹은 주로 먹는 사탕을 즐겨 먹는지 묻고 있음

🎧 Q: Do you prefer trying new flavors of candy or enjoying the candy that you usually eat? Why?
미국식 발음

🎙 A: I prefer trying new flavors of candy because there are so many different types of soft candy.

어휘 flavor[fléivər] 맛

Q: 새로운 맛의 사탕을 먹어보는 것을 좋아하나요, 주로 먹는 사탕을 즐겨 먹는 것을 좋아하나요? 이유는 무엇인가요?

A: 부드러운 사탕에는 아주 많은 다른 종류가 있기 때문에 저는 새로운 맛의 사탕을 먹어보는 것을 좋아해요.

Question 7

↗ 사탕을 살 때 어떤 것에 가장 영향을 받는지 묻고 있음

🎧 Q: When you buy some candy, which factor are you most influenced by?
미국식 발음

· Package designs · Advertisements · Nutritional information

🎙 A: [핵심 응답] When I buy some candy, I am most influenced by the nutritional information. [근거1] First, eating too much sugar is unhealthy. So, I like to buy candy that doesn't have too much sugar. [근거2] Second, I am allergic to nuts, so I have to read the nutritional information carefully to avoid eating them. [마무리] Therefore, I'm most influenced by nutritional information when I buy candy.

어휘 be influenced by ~에 영향을 받다 package[pǽkidʒ] 포장
nutritional[nju:tríʃənl] 영양의, 영양물의 unhealthy[ənhélθi] 건강에 좋지 않은
allergic[əlɔ́:rdʒik] 알레르기가 있는 nut[nʌt] 견과류

Q: 사탕을 살 때, 어떤 요소에 가장 영향을 받나요?
· 포장 디자인 · 광고 · 영양 정보

A: 저는 사탕을 살 때, 영양 정보에 가장 영향을 받아요. 첫째로, 너무 많은 당분을 먹는 것은 건강에 좋지 않아요. 그래서, 저는 너무 많은 당분이 없는 사탕을 사는 것을 좋아해요. 둘째로, 저는 견과류에 알레르기가 있어서, 그것들을 먹는 것을 피하기 위해 주의 깊게 영양 정보를 읽어야 해요. 따라서, 저는 사탕을 살 때 영양 정보에 가장 영향을 받아요.

체크포인트 1번부터 8번까지 자신이 녹음한 답변을 다시 들으며 아래의 체크포인트를 통해 자신의 답변을 점검해 보세요.

· 세 개의 질문 모두에서 묻는 내용에 맞게 답변하였다. ① ② ③ ④ ⑤ ⑥ ⑦ ⑧
· Question 5, 6에서 두 가지를 묻는 경우에는 각각에 대해 차례대로 답변하고, 한 가지를 묻는 경우에는 핵심 응답에 관련된 내용을 덧붙여 말하였다. ① ② ③ ④ ⑤ ⑥ ⑦ ⑧
· Question 7에서 핵심 응답에 대한 적절한 근거를 제시하였다. ① ② ③ ④ ⑤ ⑥ ⑦ ⑧

➡ 체크되지 않은 항목이 있는 문제는 자신이 부족했던 부분에 유의하며 모범답변을 다시 여러 번 듣고 따라 말해보세요.

🎧 (Q56&7_유형) 10

전화 설문: 전자 기기 구매

Imagine that a marketing firm is preparing a report about electronic devices. You have agreed to participate in a telephone interview about <u>buying electronic devices</u> such as smartphones or laptops. └ 질문 토픽: 전자 기기 구매	한 마케팅 회사가 전자 기기에 대한 보고서를 준비하고 있다고 가정해 봅시다. 당신은 스마트폰이나 노트북 컴퓨터와 같은 전자 기기 구매에 대한 전화 인터뷰에 참여하기로 동의했습니다.

▶ 설문 조사의 주제인 buying electronic devices(전자 기기 구매)에 대해 얼마나 자주/한 달에 두 번, 언제/최근에, 어디서/집 근처 쇼핑 센터에서, 무엇을/태블릿을, 왜(실제 상점에서 구매하는 것이 장점인 이유)/시험적으로 사용해 볼 수 있고 유용한 정보를 얻을 수 있어서와 같이 질문과 응답을 예상해봅니다.

Question 5

💬 어마나 자주 전자 제품 상점에 방문하는지 묻고 있음

🎧 Q: How often do you visit electronics stores?
미국식 발음

🎤 A: I visit electronics stores twice a month, and I visit them to check out new devices.

어휘 electronics[ilektrániks] 전자 제품 device[diváis] 기기, 장치

Q: 얼마나 자주 전자 제품 상점에 방문하나요?

A: 저는 전자 제품 상점을 한 달에 두 번 방문하고, 새로운 기기들을 살펴보기 위해 그곳을 방문합니다.

Question 6

💬 최근에 어떤 전자 기기를 샀는지 묻고 있음

🎧 Q: What types of electronic devices did you purchase recently?
미국식 발음

🎤 A: [핵심 응답] I recently purchased a new tablet. [추가 핵심 응답] It has a nice design and works very well.

어휘 purchase[pə́ːrtʃəs] 사다, 구매하다 work[wəːrk] 작동하다

Q: 최근에 어떤 종류의 전자 기기를 샀나요?

A: 저는 최근에 새 태블릿을 샀습니다. 그것은 멋진 디자인을 가지고 있고 매우 잘 작동합니다.

Question 7

💬 실제 상점에서 전자 기기를 구매하는 것의 장점을 묻고 있음

🎧 Q: What are some advantages of buying electronic devices at an actual store instead of online?
미국식 발음

🎤 A: [핵심 응답] There are several advantages of buying electronic devices at an actual store instead of online. [근거1] First, I can try out devices and see how they work at a store. [근거2] Second, sales staff can give me useful information about the products. They can show me the differences between different items. [마무리] Therefore, buying electronic devices at a store has many advantages.

어휘 actual[ǽktʃuəl] 실제의 try out 시험적으로 사용해 보다 sales staff 판매 직원

Q: 온라인 대신에 실제 상점에서 전자 기기를 구매하는 것의 장점들은 무엇인가요?

A: 온라인 대신에 실제 상점에서 전자 기기를 구매하는 것의 몇 가지 장점들이 있습니다. 첫째로, 상점에서 기기들을 시험적으로 사용해 볼 수 있고 어떻게 작동하는지 확인할 수 있습니다. 둘째로, 판매 직원이 제품들에 대한 유용한 정보를 줄 수 있습니다. 그들은 다른 제품들 간의 차이점을 보여줄 수 있습니다. 따라서, 상점에서 전자 기기를 사는 것은 많은 장점을 가지고 있습니다.

체크포인트 자신이 녹음한 답변을 다시 들으며 아래의 체크포인트를 통해 자신의 답변을 점검해 보세요.

- 세 개의 질문 모두에서 묻는 내용에 맞게 답변하였다. ☐
- Question 5, 6에서 두 가지를 묻는 경우에는 각각에 대해 차례대로 답변하고, 한 가지를 묻는 경우에는 핵심 응답에 관련된 내용을 덧붙여 말하였다. ☐
- Question 7에서 핵심 응답에 대한 적절한 근거를 제시하였다. ☐

➡ 체크되지 않은 항목이 있으면 자신이 부족했던 부분에 유의하며 모범답변을 다시 여러 번 듣고 따라 말해보세요.

🎧 (Q56&7_리뷰테스트) 11

Q 8-10 표 보고 질문에 답하기

기초 쌓기

1 질문 내용 정확히 파악하기 p.169 🎧 (Q89&10_기초) 02

1 ① 금요일에는 Stanley Park를 방문할 것입니다.

🎙 <u>What sites</u> will we <u>visit</u> on Friday? 금요일에 저희는 어떤 장소를 방문하나요?

어휘   site[sait] 장소

2 ③ 네, 매주 월요일에 개별 수업을 들을 수 있을 것입니다.

🎙 I heard you offer <u>private</u> training sessions. Is that <u>correct</u>? 개인 교육 과정을 제공한다고 들었어요. 맞나요?

어휘   private[práivət] 개인의 training session 교육 과정

3 ② 6월 7일 9시에 공장을 방문할 것입니다.

🎙 <u>When</u> will we be <u>visiting</u> the <u>factory</u>? 저희는 언제 공장을 방문하나요?

어휘   factory[fǽktəri] 공장

4 ④ 네, 수업이 끝나고 질문할 수 있을 것입니다.

🎙 Will there be an <u>opportunity</u> to ask <u>questions</u>? 질문을 할 기회가 있나요?

어휘   opportunity[ὰpərtjúːnəti] 기회

5 ⑤ 마케팅 이사님은 Andrea Howard입니다.

🎙 Could you tell me <u>who</u> the <u>marketing director</u> is? 누가 마케팅 이사님인지 말씀해 주시겠어요?

어휘   director[diréktər] 이사

6 ⑥ 참가비는 재료비 포함 120달러입니다.

🎙 <u>How much</u> do you <u>charge</u> for <u>attendance</u>? 참가를 위해 얼마나 청구하시나요?

어휘   charge[tʃɑːrdʒ] 청구하다 attendance[ətÉndəns] 참가

7 ① Our regular business hours are from 10:00 A.M. to 7:30 P.M., Monday through Saturday.

저희의 정규 영업시간은 월요일부터 토요일까지, 오전 10시에서 오후 7시 30분까지입니다.

🎙 <u>What</u> are your regular <u>business hours</u>? 정규 영업시간은 어떻게 되나요?

어휘   regular[régjulər] 정규의 business hours 영업시간

8 ③ The interview is supposed to finish at 12:00 P.M. 면접은 오후 12시에 끝나기로 되어 있습니다.

🎙 <u>When</u> is the interview session supposed to finish? 면접이 언제 끝나기로 되어 있죠?

어휘   be supposed to ~하기로 되어 있다

9 ② Registration is at 8:30 A.M., and you need to go to the administration office.

등록은 오전 8시 30분이고, 행정실로 가셔야 합니다.

🎙 <u>What time</u> is <u>registration</u>, and <u>where</u> do I need to go? 등록은 몇 시이고, 제가 어디로 가야 하나요?

어휘   registration[rèdʒistréiʃən] 등록 administration[ədmìnistréiʃən] 행정

10 ④ I'm sorry, but there are no seats available for the nine o'clock show.

죄송하지만, 9시 쇼에 이용 가능한 좌석이 없습니다.

🎙 Do you have any <u>available seats</u> for the <u>nine o'clock show</u>? 9시 쇼에 이용 가능한 좌석이 있나요?

어휘   available[əvéiləbl] 이용 가능한

② 숫자 읽는 방법 익히기 p.173 🎧 (Q89&10_기초) 04

1 🎙 four thirty-five A.M. 오전 4시 35분

2 🎙 flight number two nine three 비행편 번호 293

3 🎙 November (the) twenty-second, two thousand (and) nineteen 2019년 11월 22일

4 🎙 fifteen dollars (and) sixty-five cents 15달러 65센트

5 🎙 from eleven o'clock until two o'clock 11시에서 2시까지

6 🎙 July (the) eighth 7월 8일

7 🎙 from ten thirty A.M. until twelve P.M. 오전 10시 30분에서 오후 12시까지

8 🎙 room number seven one nine 방 번호 719

9 🎙 October (the) thirteenth, two thousand (and) eighteen 2018년 10월 13일

10 🎙 five five five three four nine seven 555-3497

11 🎙 from nineteen ninety-nine until two thousand (and) ten 1999년에서 2010년까지

12 🎙 room two one nine 219호

13 🎙 from August (the) tenth until the twenty-first 8월 10일에서 21일까지

14 🎙 Thursday, December thirty-first, two thousand (and) seventeen 2017년 12월 31일 목요일

15 🎙 one thousand four hundred fifty-four dollars (and) twenty-one cents 1454달러 21센트

③ 답변에 자주 사용되는 표현 익히기 p.177 🎧 (Q89&10_기초) 06

1 🎙 The banquet will be held on December 20. 연회는 12월 20일에 열릴 것입니다.
어휘 banquet[bǽŋkwit] 연회

2 🎙 The gym membership fee is $119.99 per month. 체육관 회원권 비용은 한 달에 119.99달러입니다.
어휘 gym[dʒim] 체육관 membership[mémbərʃip] 회원권

3 🎙 The speech will be given by the company president. 연설은 회사 사장에 의해 진행될 것입니다.
어휘 speech[spiːtʃ] 연설 president[prézədənt] 사장

4 🎙 I'm sorry, but there are no vacancies. 죄송하지만, 빈자리가 없습니다.
어휘 vacancy[véikənsi] 빈자리

5 🎙 There are three different options. 세 가지 다른 선택 사항들이 있습니다.
어휘 option[ápʃən] 선택 사항, 선택권

6 🎙 The floral arrangement workshop will take place on May 19. 꽃꽂이 워크숍은 5월 19일에 개최될 것입니다.
어휘 floral arrangement 꽃꽂이

7 🎙 The marketing seminar will be conducted by Keiko Ishioka. 마케팅 세미나는 Keiko Ishioka에 의해 지휘될 것입니다.

8 🎙 I'm sorry, but we already have enough volunteers for the balloon booth.
죄송하지만, 저희는 이미 풍선 부스에 필요한 충분한 지원자들을 확보했어요.
어휘 volunteer[vàləntíər] 지원자

9 🎙 The fee is $70 per person, including supplies. 비용은 자재를 포함하여 1인당 70달러입니다.
어휘 include[inklúːd] 포함하다 supply[səplái] 자재

10 🎙 There are three different sessions you can attend. 귀하가 참석할 수 있는 세 가지 다른 수업이 있습니다.
어휘 attend[əténd] 참석하다

문제집 p.178-181에서 배운 스텝별 전략을 적용하여, 실제 시험 문제를 푼다는 생각으로 음성을 들으며 준비 시간과 답변 시간을 지켜 아래의 문제를 풀어보세요.

📖 **STEP 1** 표 내용 파악하기

Astoria Small Business Association Meeting January 21, Queens Convention Center		
TIME	**TOPIC**	**SPEAKER**
9:00 A.M.-9:50 A.M.	Understanding Customers	Joan Henderson
10:00 A.M.-10:50 A.M.	Marketing Strategies	Claire Hadley
11:00 A.M.-12:50 P.M.	LUNCH*	
1:00 P.M.-1:30 P.M.	Greetings: Welcoming new members	Leah Heather
1:30 P.M.-2:30 P.M.	Voting: Our next president	Paul Morris

*Lunch will be provided.
Fee: $35 for members, $50 for nonmembers

Astoria 소기업 연합 회의 1월 21일, Queens 컨벤션 센터		
시간	주제	강연자
오전 9시~ 오전 9시 50분	고객 이해	Joan Henderson
오전 10시~ 오전 10시 50분	마케팅 전략	Claire Hadley
오전 11시~ 오후 12시 50분	점심 식사*	
오후 1시~ 오후 1시 30분	인사: 새로운 회원들 환영	Leah Heather
오후 1시 30분~ 오후 2시 30분	투표: 우리의 차기 회장	Paul Morris

*점심 식사가 제공될 것임.
비용: 회원 35달러, 비회원 50달러

미국식 발음

Hi. My name is Lance Kirby. I have a few questions about the upcoming meeting.	안녕하세요. 제 이름은 Lance Kirby입니다. 곧 있을 회의에 대해 몇 가지 질문이 있어요.

Question 8

🎧 Q: When is the meeting, and where will it be held?
미국식 발음

🎤 A: The meeting is on January 21, and it will be held at Queens Convention Center.

Q: 회의는 언제인가요, 그리고 어디에서 열리나요?

A: 회의는 1월 21일이고, Queens 컨벤션 센터에서 열릴 것입니다.

Question 9

🎧 Q: I heard that lunch is not included. Is that correct?
미국식 발음

🎤 A: I'm sorry, but you have the wrong information. Lunch will be provided.

Q: 점심 식사가 포함되지 않는다고 들었어요. 맞나요?

A: 죄송하지만, 잘못된 정보를 가지고 계십니다. 점심 식사는 제공될 것입니다.

Question 10

🎧 Q: What topics will be discussed in the morning?
미국식 발음

🎤 A: There are two topics that will be discussed in the morning. The first is "Understanding Customers" by Joan Henderson. It will begin at 9:00 A.M. and finish at 9:50 A.M. After that, "Marketing Strategies" by Claire Hadley will start at 10:00 A.M. and finish at 10:50 A.M.

어휘　strategy[strǽtədʒi] 전략

Q: 어떤 주제들이 오전에 논의될 것인가요?

A: 오전에 논의될 두 가지 주제가 있습니다. 첫 번째는 Joan Henderson의 '고객 이해'입니다. 오전 9시에 시작하여 오전 9시 50분에 끝납니다. 그 뒤에, Claire Hadley의 '마케팅 전략'이 오전 10시에 시작하고 오전 10시 50분에 끝납니다.

1

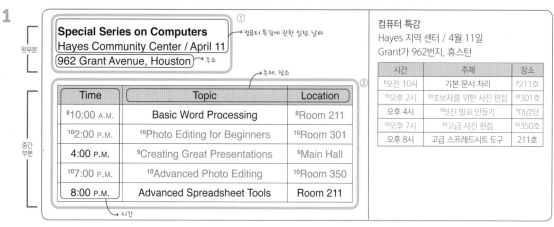

윗부분

Special Series on Computers
Hayes Community Center / April 11
962 Grant Avenue, Houston

① → 컴퓨터 특강에 관한 일정, 날짜
→ 주소
→ 주제, 장소

중간
부분

Time	Topic	Location
⁸10:00 A.M.	Basic Word Processing	⁸Room 211
¹⁰2:00 P.M.	¹⁰Photo Editing for Beginners	¹⁰Room 301
4:00 P.M.	⁹Creating Great Presentations	⁹Main Hall
¹⁰7:00 P.M.	¹⁰Advanced Photo Editing	¹⁰Room 350
8:00 P.M.	Advanced Spreadsheet Tools	Room 211

→ 시간

컴퓨터 특강
Hayes 지역 센터 / 4월 11일
Grant가 962번지, 휴스턴

②

시간	주제	장소
⁸오전 10시	기본 문서 처리	⁸211호
¹⁰오후 2시	¹⁰초보자를 위한 사진 편집	¹⁰301호
오후 4시	⁹멋진 발표 만들기	⁹대강당
¹⁰오후 7시	¹⁰고급 사진 편집	¹⁰350호
오후 8시	고급 스프레드시트 도구	211호

미국식 발음

Hello, I heard that there will be a special series on computers. I'd like to ask for some more information.

안녕하세요, 컴퓨터 특강이 있을 예정이라고 들었습니다. 정보를 좀 더 요청하고 싶어요.

어휘 word processing 문서 처리 editing [éditiŋ] 편집 advanced [ædvǽnst] 고급의, 상급의

STEP 1 표 내용 파악하기

① 무엇에 관한 표인가요? 지역 센터 컴퓨터 특강 일정

② 어떤 방식으로 정리되어 있나요? 시간에 따른 수업 주제, 장소

Q1-2

Q3-4

Q5-7

Q8-10

Q11

10일 만에 끝내는 해커스 토익스피킹 스타트

Question 8

↱ 첫 번째 수업이 언제 시작하고 어디서 열리는지 묻고 있음

🎧 Q: When does the first class start, and where will it be held?

미국식 발음

🎤 A: Our first class starts at ③ 10 A.M., and it will be held in ④ Room 211.

Q: 첫 번째 수업은 언제 시작하고, 어디서 열리나요?

A: 첫 번째 수업은 오전 10시에 시작하고, 211호에서 열립니다.

Question 9

↱ 대강당에서 열리는 수업이 없는지 확인하고 있음

🎧 Q: I heard that no classes will be held in the Main Hall. Is this correct?

미국식 발음

🎤 A: I'm sorry, but that information is incorrect. ⑤ Creating Great Presentations will be offered in the ⑥ Main Hall.

Q: 대강당에서 열리는 수업이 없다고 들었어요. 맞나요?

A: 죄송하지만, 그 정보는 맞지 않습니다. 멋진 발표 만들기가 대강당에서 제공될 것입니다.

Question 10

↱ 사진 편집에 관한 모든 수업에 대해 묻고 있음

🎧 Q: Can you tell me about the classes on editing photos?

미국식 발음

🎤 A: Sure. 도입 ⑦ **There are** two classes on editing photos. 첫 번째 항목 ⑧ **The first is** Photo Editing for Beginners, which starts at 2 P.M. in Room 301. 두 번째 항목 ⑨ **Also,** there is Advanced Photo Editing. It starts at 7 P.M. and is held in Room 350.

Q: 사진 편집에 관한 모든 수업을 말해주시겠어요?

A: 물론입니다. 사진 편집에 대한 두 개의 수업이 있습니다. 첫 번째는 초보자를 위한 사진 편집으로, 301호에서 오후 2시에 시작합니다. 또한, 고급 사진 편집이 있습니다. 이것은 오후 7시에 시작하고 350호에서 열립니다.

2

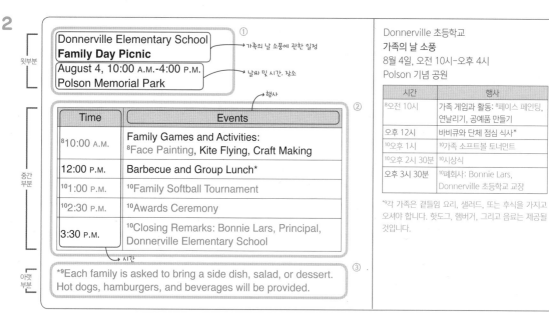

윗부분

Donnerville Elementary School
Family Day Picnic
August 4, 10:00 A.M.-4:00 P.M.
Polson Memorial Park

① → 가족의 날 소풍에 관한 일정
→ 날짜 및 시간, 장소

→ 행사 ②

중간
부분

Time	Events
[8]10:00 A.M.	Family Games and Activities: [8]Face Painting, Kite Flying, Craft Making
12:00 P.M.	Barbecue and Group Lunch*
[10]1:00 P.M.	[10]Family Softball Tournament
[10]2:30 P.M.	[10]Awards Ceremony
3:30 P.M.	[10]Closing Remarks: Bonnie Lars, Principal, Donnerville Elementary School

└ 시간

아랫
부분

*[9]Each family is asked to bring a side dish, salad, or dessert. Hot dogs, hamburgers, and beverages will be provided.

③

Donnerville 초등학교
가족의 날 소풍
8월 4일, 오전 10시-오후 4시
Polson 기념 공원

시간	행사
[8]오전 10시	가족 게임과 활동: [8]페이스 페인팅, 연날리기, 공예품 만들기
오후 12시	바비큐와 단체 점심 식사*
[10]오후 1시	[10]가족 소프트볼 토너먼트
[10]오후 2시 30분	[10]시상식
오후 3시 30분	[10]폐회사: Bonnie Lars, Donnerville 초등학교 교장

*[9]각 가족은 곁들임 요리, 샐러드, 또는 후식을 가지고 오셔야 합니다. 핫도그, 햄버거, 그리고 음료는 제공될 것입니다.

영국식 발음

Hello, my daughter is a student at Donnerville Elementary School. She told me there is going to be a family picnic this weekend, and I'd like to get some information about it.

안녕하세요, 제 딸이 Donnerville 초등학교의 학생입니다. 그녀가 제게 말하길 이번 주말에 가족 소풍이 있다고 하던데, 그것에 관해서 정보를 좀 얻고 싶어요.

어휘 memorial [məmɔ́ːriəl] 기념의 craft [kræft] 공예품 closing remarks 폐회사, 마무리 발언

STEP 1 표 내용 파악하기

① 무엇에 관한 표인가요? 가족의 날 소풍 일정

② 어떤 방식으로 정리되어 있나요? 시간에 따른 행사

③ 어떤 기타 정보를 제공하고 있나요? 준비물 및 제공품

Q1-2

Q3-4

Q5-7

Q8-10

Q11

10일 만에 끝내는 해커스 토익스피킹 스타트

Question 8

↱ 페이스 페인팅이 언제 시작하는지 묻고 있음

🎧 Q: When does the face painting begin?

영국식 발음

🎙 A: The face painting begins at ④ **10 A.M.** You can also fly kites and ⑤ **make crafts** at that time.

Q: 페이스 페인팅은 언제 시작하나요?

A: 페이스 페인팅은 오전 10시에 시작합니다. 또한 그 시간에 연을 날리거나 공예품을 만들 수도 있습니다.

Question 9

↱ 모든 점심 식사 품목들이 제공되는지 확인하고 있음

🎧 Q: I heard that all lunch items will be provided. Is that correct?

영국식 발음

🎙 A: ⑥ **I'm sorry, but you're mistaken.** Hot dogs, hamburgers, and beverages will be provided. But each family is asked to bring a side dish, salad, or dessert.

Q: 모든 점심 식사 품목들이 제공될 것이라고 들었어요. 맞나요?

A: 죄송합니다만, 잘못 알고 계십니다. 핫도그, 햄버거, 그리고 음료는 제공될 것입니다. 하지만 각 가족은 곁들임 요리, 샐러드, 또는 후식을 가지고 오셔야 합니다.

Question 10

↱ 점심 식사 이후에 어떤 행사가 열리는지 묻고 있음

🎧 Q: What events will be taking place after lunch?

영국식 발음

🎙 A: [도입] There are three events taking place after lunch. [첫 번째 항목] The first is a ⑦ **family softball tournament**, which will be held at 1 P.M. [두 번째 항목] Also, there will be an ⑧ **awards ceremony** at 2:30 P.M. [마지막 항목] Finally, the last event will be some ⑨ **closing remarks** from Bonnie Lars, the principal of Donnerville Elementary School.

Q: 점심 식사 후에는 어떤 행사가 열리나요?

A: 점심 식사 후에 열리는 세 개의 행사가 있습니다. 첫 번째는 오후 1시에 열리는 가족 소프트볼 토너먼트입니다. 또한, 오후 2시 30분에는 시상식이 있을 것입니다. 마지막으로, 최종 행사는 Donnerville 초등학교의 교장이신 Bonnie Lars의 폐회사가 될 것입니다.

어휘　take place 열리다, 일어나다

3

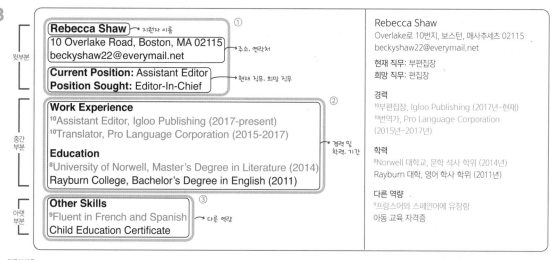

미국식 발음

Good morning. I am supposed to see Rebecca Shaw for her interview this afternoon, but I think I misplaced her résumé. Would you fill me in with some details?

안녕하세요. 저는 오늘 오후에 면접을 위해 Rebecca Shaw를 만날 예정인데, 그녀의 이력서를 둔 곳을 잊어버렸어요. 세부 사항을 알려주실 수 있나요?

어휘   **editor**[édətər] 편집장, 편집자   **translator**[trænsléitər] 번역가   **master's degree** 석사 학위   **bachelor's degree** 학사 학위
fluent[flúːənt] 유창한   **certificate**[sərtífikət] 자격증   **misplace**[mispléis] 둔 곳을 잊다, 잘못 두다

STEP 1   표 내용 파악하기

① 무엇에 관한 표인가요? Rebecca Shaw의 이력서

② 어떤 방식으로 정리되어 있나요? 경력 및 학력에 관한 세부 사항

③ 어떤 기타 정보를 제공하고 있나요? 언어 및 자격증

10일 만에 끝내는 해커스 토익스피킹 스타트

Question 8

↗ 석사 학위를 어디서 받았고, 무엇을 공부했는지 묻고 있음

🎧 Q: Where did she earn her master's degree, and what did she study?
미국식 발음

🎤 A: She earned her master's degree from the ④ University of Norwell, and she studied ⑤ Literature.

Q: 그녀는 석사 학위를 어디서 받았나요, 그리고 그녀는 무엇을 공부했나요?

A: 그녀는 Norwell 대학교에서 석사 학위를 받았고, 문학을 공부했습니다.

Question 9

↗ 프랑스어를 말할 수 있는지 묻고 있음

🎧 Q: We plan to begin working with French authors. Does she speak French?
미국식 발음

🎤 A: Yes, she does. She is ⑥ fluent in French.

어휘 fluent[flúːənt] 유창한

Q: 우리는 프랑스 작가들과 일하기 시작할 예정입니다. 그녀가 프랑스어를 할 수 있나요?

A: 네, 그렇습니다. 그녀는 프랑스어에 유창합니다.

Question 10

↗ 이전 경력의 세부 사항에 대해 묻고 있음

🎧 Q: Could you tell me about her previous work experience in detail?
미국식 발음

🎤 A: 도입 She has worked for two companies. 첫 번째 항목 ⑦ First, she worked as a translator for Pro Language Corporation. She had this job for two years, starting from 2015. 두 번째 항목 ⑧ Also, she has worked as ⑨ an assistant editor for Igloo Publishing. She has been working for them since 2017.

어휘 previous[príːviəs] 이전의

Q: 그녀의 이전 경력에 대해 자세히 말해줄 수 있나요?

A: 그녀는 두 군데의 회사에서 일했습니다. 첫째로, 그녀는 Pro Language Corporation에서 번역가로 일했습니다. 2015에 시작하여, 그 일을 2년 동안 했습니다. 또한, 그녀는 Igloo Publishing에서 부편집장으로 일했습니다. 2017년 이후로 그들을 위해 일해 오고 있습니다.

4

Q1-2

Q3-4

Q5-7

Q8-10

Q11

10일 만에 끝내는 해커스 토익스피킹 스타트

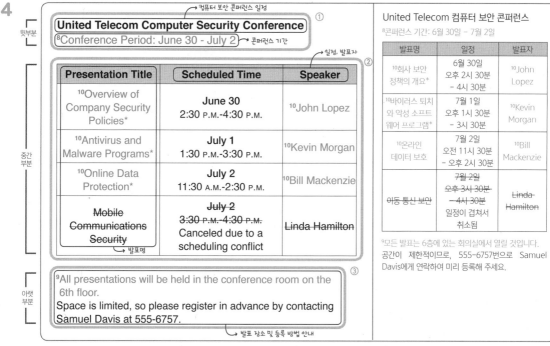

윗부분

→ 컴퓨터 보안 콘퍼런스 일정

United Telecom Computer Security Conference ①
⁸Conference Period: June 30 - July 2 → 콘퍼런스 기간

→ 일정, 발표자 ②

중간
부분

Presentation Title	Scheduled Time	Speaker
¹⁰Overview of Company Security Policies*	June 30 2:30 P.M.-4:30 P.M.	¹⁰John Lopez
¹⁰Antivirus and Malware Programs*	July 1 1:30 P.M.-3:30 P.M.	¹⁰Kevin Morgan
¹⁰Online Data Protection*	July 2 11:30 A.M.-2:30 P.M.	¹⁰Bill Mackenzie
~~Mobile Communications Security~~	~~July 2~~ ~~3:30 P.M.-4:30 P.M.~~ Canceled due to a scheduling conflict	~~Linda Hamilton~~

→ 발표명

아랫
부분

⁹All presentations will be held in the conference room on the 6th floor.
Space is limited, so please register in advance by contacting Samuel Davis at 555-6757. ③

→ 발표 장소 및 등록 방법 안내

United Telecom 컴퓨터 보안 콘퍼런스

⁸콘퍼런스 기간: 6월 30일 – 7월 2일

발표명	일정	발표자
¹⁰회사 보안 정책의 개요*	6월 30일 오후 2시 30분 – 4시 30분	¹⁰John Lopez
¹⁰바이러스 퇴치와 악성 소프트웨어 프로그램*	7월 1일 오후 1시 30분 – 3시 30분	¹⁰Kevin Morgan
¹⁰온라인 데이터 보호	7월 2일 오전 11시 30분 – 오후 2시 30분	¹⁰Bill Mackenzie
~~이동 통신 보안~~	~~7월 2일~~ ~~오후 3시 30분~~ ~~– 4시 30분~~ 일정이 겹쳐서 취소됨	~~Linda Hamilton~~

⁹모든 발표는 6층에 있는 회의실에서 열릴 것입니다. 공간이 제한적이므로, 555-6757번으로 Samuel Davis에게 연락하여 미리 등록해 주세요.

미국식 발음

Good morning. My name is Ted Stevens from the accounting department and I am planning to participate in the computer security conference next week. Would you mind answering a few questions?

안녕하세요. 제 이름은 회계부의 Ted Stevens 이고 저는 다음 주에 컴퓨터 보안 콘퍼런스에 참석할 예정입니다. 몇 가지 질문을 해도 될까요?

어휘 security[sikjúərəti] 보안 overview[óuvərvjuː] 개요, 개관 malware[mǽlwɛər] 악성 소프트웨어 conflict[kánflikt] 겹침, 상충
limit[límit] 제한하다 in advance 미리

STEP 1 표 내용 파악하기

① 무엇에 관한 표인가요? 컴퓨터 보안 콘퍼런스 일정
② 어떤 방식으로 정리되어 있나요? 발표 내용에 따른 콘퍼런스 일정
③ 어떤 기타 정보를 제공하고 있나요? 발표 장소 및 등록 방법 안내

Question 8

🎧 Q: <small>↗ 보안 콘퍼런스가 언제 시작하고 끝나는지 묻고 있음</small>
미국식 발음   When is the security conference scheduled to begin and end?

🎤 A: The security conference is scheduled to begin on ④ **June 30** and end on ⑤ **July 2.**

Q: 언제 보안 콘퍼런스가 시작하고 끝날 예정인가요?

A: 보안 콘퍼런스는 6월 30일에 시작하고 7월 2일에 끝날 예정입니다.

Question 9

🎧 Q: <small>↗ 발표가 IT 부서의 회의실에서 열리는지 확인하고 있음</small>
미국식 발음   I heard the presentations will be held in the IT department's meeting room. Is this correct?

🎤 A: I'm sorry, but you are mistaken. All of the presentations will be held in ⑥ **the conference room on the 6th floor.**

Q: 발표가 IT 부서의 회의실에서 열린다고 들었습니다. 맞나요?

A: 죄송하지만, 잘못 알고 계시네요. 모든 발표는 6층에 있는 회의실에서 열릴 것입니다.

Question 10

🎧 Q: <small>↗ 콘퍼런스에서 누가 발표하는지 묻고 있음</small>
미국식 발음   Who will be giving the presentations during the conference?

🎤 A: [도입] There are three speakers who will be giving presentations during the conference. [첫 번째 항목] ⑦ **The first** is John Lopez, who will provide an overview of company security policies. [두 번째 항목] ⑧ **Also,** Kevin Morgan will be discussing antivirus and malware programs. [마지막 항목] ⑨ **Finally,** Bill Mackenzie will give a presentation on online data protection.

어휘   **discuss**[diskʌ́s] 논의하다, 토론하다

Q: 콘퍼런스 동안에 누가 발표를 하나요?

A: 콘퍼런스 동안 발표를 하는 3명의 연설자가 있을 것입니다. 첫 번째는 회사 보안 정책의 개요를 제공할 John Lopez입니다. 또한, Kevin Morgan이 바이러스 퇴치와 악성 소프트웨어 프로그램에 대해 논의할 것입니다. 마지막으로, Bill Mackenzie가 온라인 데이터 보호에 대한 발표를 할 것입니다.

1

윗부분

Regency Dance Academy Southeast Asian Dance Seminar
[8]Friday, April 28 [8]Location: RSD Building, 294 Dayton Avenue

무용 세미나에 대한 일정
날짜, 장소
세션, 설명
시간

중간부분

TIME	SESSION	DESCRIPTION
9:00 A.M.-10:30 A.M.	Session 1	Vietnamese Theatrical Dancing
10:30 A.M.-11:30 A.M.	Session 2	Traditional Balinese Movement
[10]2:00 P.M.-3:30 P.M.	[10]Session 3	[10]Thai Rhythmic Dancing
[10]3:30 P.M.-5:30 P.M.	[10]Session 4	[10]Malay Folk Dance

아랫부분

[9]Everyone must register at the administration office before attending a session.

등록 방법

Regency 무용 예술원
동남 아시아 무용 세미나
[8]4월 28일, 금요일
[8]장소: RSD 빌딩, Dayton가 294번지

시간	세션	설명
오전 9시 – 오전 10시 30분	세션 1	베트남 연극 무용
오전 10시 30분 – 오전 11시 30분	세션 2	발리의 전통 동작
[10]오후 2시 – 오후 3시 30분	[10]세션 3	[10]태국의 리듬 무용
[10]오후 3시 30분 – 오후 5시 30분	[10]세션 4	[10]말레이의 민속 무용

[9]모든 사람들은 세션에 참석하기 전에 행정실에서 등록해야 합니다.

미국식 발음

Hello, my name is Richard Collins. I was told your academy will be having a dance seminar soon, and I was wondering if I could get some information about it.

안녕하세요, 제 이름은 Richard Collins입니다. 당신의 예술원이 무용 세미나를 곧 연다고 들었는데요, 그것에 대해서 정보를 좀 얻을 수 있을지 궁금합니다.

어휘 Southeast Asia 동남 아시아 description[diskrípʃən] 설명, 묘사 Vietnamese[viètnəːmíːz] 베트남의 theatrical[θiǽtrikəl] 연극의, 극장의 traditional[trədíʃən] 전통의 Balinese[báːləníːz] 발리의 folk[fouk] 민속 administration office 행정실

Question 8

🎧 Q: When and where will the seminar take place?

세미나가 언제, 어디서 열리는지 묻고 있음

미국식 발음

🎙 A: The seminar will take place on Friday, April 28, at the RSD Building. The building is at 294 Dayton Avenue.

Q: 세미나는 언제 어디서 열리나요?

A: 세미나는 4월 28일 금요일에, RSD 빌딩에서 열립니다. 빌딩은 Dayton가 294번지에 있습니다.

Question 9

🎧 Q: I heard that I can just show up at a session without a reservation. Is that correct?

예약 없이 참석 가능한지 확인하고 있음

미국식 발음

🎙 A: I'm sorry, but you're mistaken. You must register at the administration office before attending a session.

Q: 예약 없이 그냥 참석할 수 있다고 들었어요. 맞나요?

A: 죄송하지만, 잘못 알고 계시네요. 세션에 참석하기 전에 행정실에서 등록하셔야 합니다.

어휘 show up 참석하다 reservation[rèzərvéiʃən] 예약

Question 10

🎧 Q: What sessions do you offer in the afternoon?

오후에 제공하는 세션이 무엇인지 묻고 있음

미국식 발음

🎙 A: [도입] There are two sessions we offer in the afternoon. [첫 번째 항목] The first is Session 3, from 2:00 P.M. until 3:30 P.M. It is on Thai Rhythmic Dancing. [두 번째 항목] Also, we have Session 4, from 3:30 P.M. until 5:30 P.M. Malay Folk Dance will be taught during that session.

Q: 오후에는 어떤 세션을 제공하시나요?

A: 저희가 오후에 제공하는 2개의 세션이 있습니다. 첫 번째는 오후 2시부터 오후 3시 30분까지 있는 세션 3입니다. 이것은 태국의 리듬 무용에 관한 것입니다. 또한, 오후 3시 30분부터 오후 5시 30분까지 세션 4가 있습니다. 말레이의 민속 무용이 그 세션에서 가르쳐질 것입니다.

2

윗부분
중간
부분

직원 개발의 날에
대한 일정

Giganto Corp.'s Staff Development Day		
Conference Room 4, ⁸June 13		
Time	**Events**	**Speaker**
⁸9 A.M.-10 A.M.	Opening speech: Review of recent achievements	Marissa Garcia
¹⁰10 A.M.-12 P.M.	¹⁰Talk: Administration & employee benefits	¹⁰Jennifer White
12 P.M.-1:30 P.M.	Lunch *Will be served in the cafeteria	
¹⁰1:30 P.M.-3 P.M.	¹⁰Talk: The power of team building	¹⁰Jennifer White
3 P.M.-4 P.M.	⁹Closing speech: The company's future plans	⁹David Long

위치, 날짜
행사 및 발표자
시간

Giganto사 직원 개발의 날
4호 회의실, ⁸6월 13일

시간	행사	발표자
⁸오전 9시 -오전 10시	개회사: 최근 성과 검토	Marissa Garcia
¹⁰오전 10시 -오후 12시	¹⁰담화: 경영 & 직원 복리 후생 급부	¹⁰Jennifer White
오후 12시 -오후 1시 30분	점심 식사 *구내 식당에서 제공될 것입니다	
¹⁰오후 1시 30분 -오후 3시	¹⁰담화: 팀 단합의 힘	¹⁰Jennifer White
오후 3시 -오후 4시	⁹폐회사: 회사의 미래 계획	⁹David Long

미국식 발음

Hi. I'm Todd Harrison from the marketing team. I'd like to get some information about the Staff Development Day.	안녕하세요. 저는 마케팅 팀의 Todd Harrison 입니다. 직원 개발의 날에 대한 정보를 좀 얻고 싶습니다.

어휘 **development**[divéləpmənt] 개발, 발전 **review**[rivjú:] 검토, 평가 **achievement**[ətʃí:vmənt] 성과, 달성
administration[ədmìnistréiʃən] 경영, 운영

Question 8

직원 개발의 날이 언제 열리고, 첫 번째 세션은 몇 시에 시작하는지를 묻고 있음

🎧 미국식 발음 Q: What date is the Staff Development Day scheduled to take place, and what time does the first session start?

🎙 A: The Staff Development Day is scheduled to take place on June 13, and the first session starts at 9 A.M.

어휘 **take place** 열리다, 개최되다

Q: 어느 날짜에 직원 개발의 날이 열리기로 예정되었나요, 그리고 첫 번째 세션은 몇 시에 시작하나요?

A: 직원 개발의 날은 6월 13일에 열리기로 예정되어있고, 첫 번째 세션은 오전 9시에 시작합니다.

Question 9

오후 3시에 출발하는 경우 행사를 놓치게 되는지를 묻고 있음

🎧 미국식 발음 Q: I am supposed to meet some of my clients on that day, and I have to leave the building at 3 P.M. Will I miss any of the events?

🎙 A: Yes, unfortunately you'll miss the speech on the company's future plans by David Long.

어휘 **client**[kláiənt] 고객

Q: 저는 그 날 제 고객들을 만나기로 되어있고 오후 3시에 빌딩에서 출발해야 합니다. 제가 어떤 행사를 놓치게 될까요?

A: 네, 안타깝게도 David Long의 회사의 미래 계획에 대한 연설을 놓칠 것입니다.

Question 10

Jennifer White가 하는 담화에 대해 묻고 있음

🎧 미국식 발음 Q: Last year, I went to a talk by Jennifer White, and it was really interesting. Will she be giving any talks this year?

🎙 A: Sure. [도입] There are two talks by Jennifer White. [첫 번째 항목] First, she will talk about administration and employee benefits from 10 A.M. to noon. [두 번째 항목] Also, she will give a talk on the power of team building. It will be held from 1:30 P.M. to 3:00 P.M.

Q: 작년에, Jennifer White의 담화에 갔고, 그것은 매우 흥미로웠습니다. 그녀가 올해 담화를 할 것인가요?

A: 물론입니다. Jennifer White가 하는 두 개의 담화가 있습니다. 첫째로, 그녀는 오전 10시부터 정오까지 경영과 직원 복리 후생 급부에 대해 이야기할 것입니다. 또한, 그녀는 팀 단합의 힘에 대해 담화를 할 것입니다. 그것은 오후 1시 30분부터 오후 3시까지 열릴 것입니다.

3

Q1-2

윗부분

Heesoo Kim → 지원자 이름

143 Java Road, Apt. 3A | hskim@fastmail.com → 주소, 연락처

Current Position: Associate Engineer
Position Sought: Senior Engineer → 현재 직무, 희망 직무

→ 경력 및 학력, 기간

중간부분

Work Experience
[10]Associate Engineer, WTM Engineering (2016-present)
[10]Trainee, WTM Engineering (2015-2016)
[10]Lab Assistant, University of Clarins (2014-2015)

Education
[8]University of Clarins, Bachelor's Degree (2015)
[8]Major: Engineering

아랫부분

Other Skills
[9]Fluent in English & Chinese
Certificate in Electrical Engineering → 다른 역량

Heesoo Kim
Java로 143번지, 아파트 3A
hskim@fastmail.com

현재 직무: 보조 엔지니어
희망 직무: 선임 엔지니어

경력
[10]보조 엔지니어, WTM Engineering (2016-현재)
[10]수습 직원, WTM Engineering (2015-2016)
[10]연구실 보조, Clarins 대학교 (2014-2015)

학력
[8]Clarins 대학교, 학사 학위 (2015)
[8]전공: 공학

다른 역량
[9]영어와 중국어에 유창함
전기 공학 자격증

Q1-2 Q3-4 Q5-7 Q8-10 Q11

10일 만에 끝내는 해커스 토익스피킹 스타트

미국식 발음

Hello, I'm going to interview Heesoo Kim in a few hours, but I misplaced his résumé. Can you help me get some information about him?

안녕하세요, 저는 몇 시간 후에 Heesoo Kim 과 면접을 보는데, 그의 이력서를 둔 곳을 잊어 버렸어요. 그에 대한 정보를 얻도록 도와주실 수 있나요?

어휘 trainee[treiníː] 수습 직원 lab[læb] 연구실 engineering[èndʒiníəriŋ] 공학 certificate[sərtífikeit] 자격증 electrical[iléktrikəl] 전기의

Question 8

→ 대학교에서 무엇을 공부했고, 언제 졸업했는지 묻고 있음

미국식 발음

🎧 Q: What did he study at university and when did he graduate?

🎤 A: He studied engineering at the University of Clarins, and he graduated in 2015.

Q: 그는 대학교에서 무엇을 공부했고 언제 졸업했나요?

A: 그는 Clarins 대학교에서 공학을 공부했고, 2015년에 졸업했습니다.

Question 9

→ 영어 외에 유창한 다른 언어가 있는지 묻고 있음

미국식 발음

🎧 Q: I would like to know about his language skills. Is he fluent in any other languages besides English?

🎤 A: Yes, he can speak another language besides English. He is also fluent in Chinese.

Q: 그의 언어 능력에 대해 알고 싶어요. 그가 영어 외에 유창한 다른 언어가 있나요?

A: 네, 그는 영어 외에 다른 언어를 할 수 있습니다. 그는 중국어에도 유창합니다.

어휘 besides[bisáidz] ~ 외에 fluent in ~에 유창한

Question 10

→ 그의 경력에 대해 묻고 있음

미국식 발음

🎧 Q: I am curious about his career. Where has he worked?

🎤 A: [도입] He has worked for a university and for a company. [첫 번째 항목] First, he worked as a lab assistant at the University of Clarins from 2014 to 2015. [두 번째 항목] After that, he worked at WTM Engineering as a trainee. [마지막 항목] Now, he is working as an associate engineer at the same company.

Q: 그의 경력이 궁금합니다. 그가 어디에서 일해왔나요?

A: 그는 대학교와 회사에서 일해왔습니다. 첫째로, 그는 2014년부터 2015년까지 Clarins 대학교에서 연구실 보조로 일했습니다. 그 후에, 그는 WTM Engineering 에서 수습 직원으로 일했습니다. 현재, 그는 같은 회사에서 보조 엔지니어로 일하고 있습니다.

어휘 curious[kjúəriəs] 궁금한 career[kəríər] 경력

4

윗부분

Interview Schedule for IT Department, Sheldon Company
[8]Date: May 9 → 날짜, 장소
[8]Location: Conference Room D

→ 면접 일정표

→ 지원자, 현재 직장, 업무 경력

중간부분

Time	Applicant	Current workplace	Work experience
9:30 A.M.	Janet Morrison	Eagle Electronics	3 years
10:00 A.M.	Philip Jenkins	None	Recent graduate
10:30 A.M.	[10]Jason Patterson	[10]Micro Systems	[10]6 years
[9]11:00 A.M.	[9]Beth Williams *canceled*	[9]Teleman Industries	2 years
[10]11:30 A.M.	[10]Anne Collins	[10]Bates Corporation	[10]7 years

→ 시간

Sheldon사 IT 부서 면접 일정
[8]날짜: 5월 9일
[8]장소: D 회의실

시간	지원자	현재 직장	업무 경력
오전 9시 30분	Janet Morrison	Eagle Electronics사	3년
오전 10시	Philip Jenkins	없음	최근 졸업자
오전 10시 30분	[10]Jason Patterson	[10]Micro Systems사	[10]6년
[9]오전 11시	[9]Beth Williams 취소됨	[9]Teleman사	2년
[10]오전 11시 30분	[10]Anne Collins	[10]Bates사	[10]7년

영국식 발음

Hello, my name is Rebecca. I am supposed to do the interviews for the IT department, but I lost the interview schedule. Can you give me some information about the upcoming interviews?

안녕하세요, 제 이름은 Rebecca입니다. 저는 IT 부서의 면접을 할 예정인데, 면접 일정표를 잃어버렸습니다. 곧 있을 면접에 대한 정보를 주실 수 있나요?

어휘   applicant[金pikənt] 지원자   graduate[grǽdʒuət] 졸업자   cancel[kǽnsəl] 취소하다   upcoming[ʌ́pkʌmiŋ] 곧 있을, 다가오는

Question 8

영국식 발음

↗ 면접이 언제, 어디에서 열리는지 묻고 있음

🎧 Q: When and where will the interviews take place?

🎤 A: The interviews will take place on May 9, and they will be held in Conference Room D.

Q: 언제 그리고 어디서 면접이 열리나요?

A: 면접은 5월 9일에 열릴 것이고, D 회의실에서 시행될 것입니다.

Question 9

영국식 발음

↗ Teleman사의 지원자를 면접하게 될 것인지 확인하고 있음

🎧 Q: I understand I will be interviewing an applicant from Teleman Industries. Is that correct?

🎤 A: I'm sorry, but you're mistaken. The interview at 11:00 A.M. with Beth Williams from Teleman Industries was canceled.

어휘   mistaken[mistéikən] 잘못 알고 있는

Q: Teleman사의 한 지원자를 면접할 것이라고 알고 있어요. 맞나요?

A: 죄송하지만, 잘못 알고 계시네요. Teleman사의 Beth Williams와의 오전 11시 면접은 취소되었습니다.

Question 10

영국식 발음

↗ 5년 이상의 경력을 가진 지원자들에 대해 묻고 있음

🎧 Q: I'd like to know about the applicants who have more than five years of experience. Can you tell me some information about them in detail?

🎤 A: Of course. 도입 There are two applicants who have more than five years of experience. 첫 번째 항목 The first is Jason Patterson. His current workplace is Micro Systems, and he has six years of work experience. 두 번째 항목 Also, you'll meet Anne Collins at 11:30 A.M. Her current workplace is Bates Corporation. She has 7 years of work experience.

Q: 5년 이상의 경력을 가진 지원자들에 대해 알고 싶습니다. 그들에 대한 정보를 자세히 말해줄 수 있나요?

A: 물론이죠. 5년 이상의 경력을 가진 두 명의 지원자가 있습니다. 첫 번째는 Jason Patterson입니다. 그의 현재 직장은 Micro Systems사이고, 6년의 업무 경력을 가지고 있습니다. 또한, 당신은 오전 11시 30분에 Anne Collins를 만날 것입니다. 그녀의 현재 직장은 Bates사입니다. 그녀는 7년의 업무 경력을 가지고 있습니다.

Q1-2
Q3-4
Q5-7
Q8-10
Q11

10일 만에 끝내는 해커스 토익스피킹 스타트

체크포인트   1번부터 4번까지 자신이 녹음한 답변을 다시 들으며 아래의 체크포인트를 통해 자신의 답변을 점검해 보세요.

· 세 개의 질문 모두에서 묻는 내용에 맞게 답변하였다.   ① ② ③ ④

· Question 8, 9에서 질문에서 사용된 표현, 또는 질문의 내용이 표와 다르거나 같다고 알려주는 표현을 사용하여 답변하였다.   ① ② ③ ④

· Question 10에서 답변 템플릿에 맞추어 답변하였다.   ① ② ③ ④

▶ 체크되지 않은 항목이 있으면 자신이 부족했던 부분에 유의하며 모범답변을 다시 여러 번 듣고 따라 말해보세요.

🎧 (Q89&10_스텝) 09

Hackers Test

p.196 🎧 (Q89&10_유형) 10

1 자동차 쇼 일정표

윗부분
중간부분
아랫부분

Date	Time	Event	Location
August 3 ¹⁰Saturday	¹⁰11:00 A.M.	¹⁰Opening Ceremony	¹⁰Center Stage
	¹⁰11:30 A.M.	¹⁰Car Show	¹⁰Main Exhibition Hall
	¹⁰1:00 P.M.	¹⁰Parade	¹⁰Main Street
August 4 Sunday	1:30 P.M.	Car Races	Terrance Field
	4:00 P.M.	⁹Awards Presentation	⁹Center Stage

Terrance County Auto Show → 자동차 쇼에 대한 일정
⁸August 3-4, ⁸Conrad City Fairgrounds → 날짜, 장소
→ 시간, 행사 내용, 장소
→ 날짜

Admission: $20 for one-day pass, $35 for two-day pass
→ 입장료 및 점심 시사 요금

Terrance주 자동차 쇼
⁸8월 3일~4일, ⁸Conrad시 박람회장

날짜	시간	행사	장소
8월 3일 ¹⁰토요일	¹⁰오전 11시	¹⁰개막식	¹⁰중앙 무대
	¹⁰오전 11시 30분	¹⁰자동차 쇼	¹⁰주 전시관
	¹⁰오후 1시	¹⁰퍼레이드	¹⁰중심가
8월 4일 일요일	오후 1시 30분	자동차 경주	Terrance 경기장
	오후 4시	⁹시상식	⁹중앙 무대

입장료: 1일 출입증 20달러, 2일 출입증 35달러

미국식 발음

Hello, this is Andy Thompson calling. I had a brochure about the auto show, but I've lost it. I would appreciate it if you could answer a few questions.

안녕하세요, Andy Thompson입니다. 자동차 쇼에 관한 소책자가 있었는데, 잃어버렸습니다. 몇 가지 질문에 대해 답변해 주시면 감사하겠습니다.

어휘 county[káunti] 주 auto[ɔ́ːtou] 자동차 fairground[féərgràund] 박람회장 admission[ædmíʃən] 입장료 charge[tʃɑːrdʒ] 청구하다

Question 8

🎧 Q: When and where will the auto show take place? → 자동차 쇼가 언제, 어디서 열리는지 묻고 있음
미국식 발음

🎙 A: The auto show will take place on August 3 and 4 at the Conrad City Fairgrounds.

Q: 자동차 쇼가 언제 그리고 어디서 개최되나요?

A: 자동차 쇼는 8월 3일과 4일에 Conrad시 박람회장에서 개최됩니다.

Question 9

🎧 Q: I understand that the awards presentation will be held at the Main Exhibition Hall, like last year. Can you confirm this? → 시상식이 주 전시관에서 열리는지 확인하고 있음

🎙 A: I'm sorry, but you have the wrong information. The awards presentation will be held at the Center Stage.

Q: 시상식은 작년처럼 주 전시관에서 열릴 것이라고 알고 있습니다. 이것을 확인해 주실 수 있나요?

A: 죄송하지만, 잘못된 정보를 갖고 계시네요. 시상식은 중앙 무대에서 열릴 것입니다.

Question 10

🎧 Q: What events will be held on Saturday? → 토요일에 열리는 행사가 무엇인지 묻고 있음
미국식 발음

🎙 A: 도입 There are three events that will be held on Saturday. 첫 번째 항목 The first is the opening ceremony at 11:00 A.M. at the Center Stage. 두 번째 항목 Also, there will be a car show at 11:30 A.M. in the Main Exhibition Hall. 마지막 항목 Finally, a parade will be held on Main Street at 1:00 P.M.

Q: 토요일에는 어떤 행사가 열리나요?

A: 토요일에 열리는 세 개의 행사가 있습니다. 첫 번째는 오전 11시에 중앙 무대에서의 개막식입니다. 또한, 오전 11시 30분에 주 전시관에서는 자동차 쇼가 있을 것입니다. 마지막으로, 오후 1시에 중심가에서 퍼레이드가 열릴 것입니다.

2 보트 대여 예약표

Q1-2

Q3-4

Q5-7

Q8-10

Q11

10일 만에 끝내는 해커스 토익스피킹 스타트

윗부분

Aqua-Navi Boat Rentals → 보트 대여표

→ 주소, 영업시간

[8]Address: 538 Seashore Drive, Miami

[8]Business hours: 8 A.M. to 7 P.M., Tuesday through Saturday

→ 물품

→ 좌석 수, 시간당 요금, 하루당 요금

중간부분

Item	Seating Capacity	Hourly Rate	Daily Rate
Blaster jet ski	2 people	$12	$52
Rawlings motorboat	4 people	$24	$110
[10]Turbo-Go speedboat	[10]6 people	[10]$38	[10]$164
[10]Watercraft sailboat	[10]8 people	[10]$46	[10]$185

아랫부분

[9]All rentals are available between June and August. Visit our Web site for more information.

→ 보트 대여 가능 시기, 추가 정보

Aqua-Navi 보트 대여

[8]주소: Seashore 도로 538번지, 마이애미

[8]영업시간: 오전 8시부터 오후 7시, 화요일부터 토요일

물품	좌석 수	시간당 요금	하루당 요금
Blaster 제트스키	2인	12달러	52달러
Rawlings 모터보트	4인	24달러	110달러
[10]Turbo-Go 쾌속보트	[10]6인	[10]38달러	[10]164달러
[10]Watercraft 범선	[10]8인	[10]46달러	[10]185달러

[9]모든 대여는 6월과 8월 사이에 가능합니다. 더 많은 정보를 위해 저희의 웹사이트를 방문하세요.

미국식 발음

Hello, my name is Riley. My friends and I will be visiting Miami this summer, and I was hoping you could give me some information about your boat rental services.

안녕하세요, 제 이름은 Riley입니다. 제 친구들과 제가 이번 여름에 마이애미를 방문할 예정인데요, 당신의 보트 대여 서비스에 대해 정보를 좀 주시면 좋겠습니다.

어휘   rental[réntl] 대여   seating capacity 좌석 수   rate[reit] 요금, 가격   speedboat[spídbòut] 쾌속보트   sailboat[séilbòut] 범선

Question 8

→ 사무실의 위치와 영업시간을 묻고 있음

🎧 Q: Where is your office located, and what are your business hours?

미국식 발음

🎙 A: Our office is located at 538 Seashore Drive, in Miami. And our business hours are 8 A.M. to 7 P.M., from Tuesday through Saturday.

Q: 당신의 사무실은 어디에 있고, 영업시간은 언제인가요?

A: 우리의 사무실은 마이애미의 Seashore 도로 538번지에 있습니다. 그리고 영업시간은 오전 8시부터 오후 7시, 화요일부터 토요일입니다.

Question 9

→ 대여 서비스가 5월부터 가능한지 확인하고 있음

🎧 Q: When I checked your services online, I saw that your boats are available starting in May. Is this right?

미국식 발음

🎙 A: I'm sorry, but you have the wrong information. Our boats are available between June and August.

Q: 제가 온라인에서 서비스를 확인했을 때, 당신의 보트들은 5월부터 이용 가능하다고 봤어요. 맞나요?

A: 죄송하지만, 잘못된 정보를 가지고 계십니다. 저희 보트는 6월과 8월 사이에 이용 가능합니다.

Question 10

→ 5명 이상을 수용할 수 있는 보트에 대해 묻고 있음

🎧 Q: Could you give me some details about your boats for five or more people?

미국식 발음

🎙 A: [도입] Yes, there are two boats for five or more people. [첫 번째 항목] The first is the Turbo-Go speedboat. Its seating capacity is six. It costs $38 per hour or $164 per day. [두 번째 항목] Also, we have the Watercraft sailboat. Its seating capacity is eight. It costs $46 per hour or $185 per day.

Q: 5명 이상을 수용할 수 있는 보트에 관한 세부 사항을 좀 주시겠어요?

A: 네, 5명 이상을 수용할 수 있는 두 개의 보트가 있습니다. 첫 번째는 Turbo-Go 쾌속보트입니다. 이것의 좌석 수는 여섯 개입니다. 시간당 38달러 혹은 하루당 164달러 입니다. 또한, 저희는 Watercraft 범선을 가지고 있습니다. 이것의 좌석 수는 여덟 개입니다. 시간당 46달러 혹은 하루당 185달러 입니다.

3 학생 리더십 워크숍 일정표

윗부분

Student Leadership Workshop → 학생 리더십 워크숍 일정
[8]Plainfield College Library, March 23rd → 장소, 날짜
→ 주제, 연설자, 장소

중간부분

Time	Topic	Speaker	Place
9:00 A.M.	Encouraging Diversity	Kelly Stevens	Room B
[10]10:00 A.M.	[10]Ethical Leadership	[10]Cassandra Meyer	[10]Room A
[10]11:00 A.M.	[10]Giving Feedback Effectively	[10]Joseph Lee	[10]Room A
12:00 P.M.	Lunch Break*		Cafeteria
1:30 P.M.	What's Your Leadership Style?	David Hall	Room C
[9]2:30 P.M.	Motivating Your Team	[9]Tim Cullen	Room B

→ 시간

아랫부분

*Sandwiches and drinks are available for purchase. → 샌드위치와 음료 구매 가능

학생 리더십 워크숍
[8]Plainfield 대학 도서관, 3월 23일

시간	주제	연설자	장소
오전 9시	다양성 장려하기	Kelly Stevens	B실
[10]오전 10시	[10]윤리적 리더십	[10]Cassandra Meyer	[10]A실
[10]오전 11시	[10]효과적으로 피드백 주기	[10]Joseph Lee	[10]A실
오후 12시	점심시간*		식당
오후 1시 30분	당신의 리더십 스타일은 무엇인가?	David Hall	C실
[9]오후 2시 30분	팀에 동기 부여하기	[9]Tim Cullen	B실

*샌드위치와 음료가 구매 가능합니다.

미국식 발음

Hi there. My name is Tim Cullen, and I will be a presenter at the student leadership workshop. Can I ask you some questions about the workshop?	안녕하세요. 제 이름은 Tim Cullen이고, 저는 학생 리더십 워크숍에서 발표자가 될 것입니다. 워크숍에 대해 몇 가지 질문을 해도 될까요?

어휘 encourage[inkɔ́:riʤ] 장려하다 diversity[divə́:rsəti] 다양성 ethical[éθikəl] 윤리적인 effectively[iféktivli] 효과적으로
motivate[móutəvèit] 동기를 부여하다

Question 8

→ 워크숍이 언제, 어디서 열리는지 묻고 있음

미국식 발음
Q: When and where will the workshop be held?

A: The workshop will be held on March 23rd at Plainfield College Library.

Q: 언제 그리고 어디서 워크숍이 열리나요?

A: 워크숍은 3월 23일에 Plainfield 대학 도서관에서 열릴 것입니다.

Question 9

→ 자신의 세션이 오후 1시 30분인지를 확인하고 있음

미국식 발음
Q: I am leading a session in the afternoon, and I think my session is supposed to start at 1:30 P.M., right after the lunch break. Is this correct? Again, it's Tim Cullen.

A: I'm sorry, but you're mistaken. Your session starts at 2:30 P.M., not 1:30 P.M.

어휘 lead[li:d] 이끌다, 주도하다

Q: 저는 오후에 한 세션을 이끄는데, 제 세션은 오후 1시 30분, 점심시간 직후에 시작할 예정인 것으로 알고 있습니다. 맞나요? 다시 한번, 저는 Tim Cullen입니다.

A: 죄송하지만, 잘못 알고 계시네요. 당신의 세션은 오후 1시 30분이 아닌, 오후 2시 30분에 시작합니다.

Question 10

→ A실에서 열리는 모든 세션에 대해 묻고 있음

미국식 발음
Q: I'd like to know about all the sessions that take place in Room A. Can you tell me about those sessions?

A: [도입] There are two sessions that take place in Room A. [첫 번째 항목] The first is on ethical leadership. It will be led by Cassandra Meyer, and it starts at 10:00 A.M. [두 번째 항목] Also, Joseph Lee is leading a session in Room A at 11:00 A.M. It is on giving feedback effectively.

Q: A실에서 열리는 모든 세션에 대해 알고 싶어요. 그 세션들에 대해 말해주실 수 있나요?

A: A실에서 열리는 두 개의 세션이 있습니다. 첫 번째는 윤리적 리더십에 대한 것입니다. 그것은 Cassandra Meyer에 의해 이끌어질 것이고, 오전 10시에 시작합니다. 또한, Joseph Lee가 A실에서 오전 11시에 세션을 이끕니다. 그것은 효과적으로 피드백 주기에 관한 것입니다.

4 지점장 출장 일정표

윗부분

Business Trip for Ron Evans, Branch Manager → 지점장 출장 일정

중간부분

¹⁰**Tuesday, July 23** → 요일, 날짜

1:00 P.M.	⁸Departure from Pittsburgh (Olympia Airlines 780)
3:00 P.M.	Arrival in Washington (Bloom Hotel) → 세부 일정
¹⁰4:00 P.M.	¹⁰Meeting with Surrey Company representatives
¹⁰6:00 P.M.	¹⁰Dinner with Washington branch managers

↳ 시간

⁹**Wednesday, July 24**

10:00 A.M.	Attendance of a presentation on new marketing project
⁹12:00 P.M.	⁹Lunch with team leaders
3:00 P.M.	Departure from Washington (Olympia Airlines 324)
5:00 P.M.	Arrival in Pittsburgh

지점장 Ron Evans 출장

¹⁰**7월 23일 화요일**

오후 1시	⁸피츠버그 출발 (Olympia 항공 780편)
오후 3시	워싱턴 도착 (Bloom 호텔)
¹⁰오후 4시	¹⁰Surrey사 대표자들과의 회의
¹⁰오후 6시	¹⁰워싱턴 지점장들과 저녁 식사

7월 24일 ⁹**수요일**

오전 10시	새로운 마케팅 프로젝트 발표 참석
⁹오후 12시	⁹팀장들과 점심 식사
오후 3시	워싱턴 출발 (Olympia 항공 324편)
오후 5시	피츠버그 도착

미국식 발음

Good afternoon. This is Ron Evans. I'm hoping that you can answer some questions about my upcoming business trip.

안녕하세요. 저는 Ron Evans입니다. 곧 있을 제 출장에 대한 몇 가지 질문에 답변해 주시면 좋겠습니다.

어휘 business trip 출장 branch[bræntʃ] 지점, 분점 departure[dipáːrtʃər] 출발 airline[érlain] 항공(사) representative[rèprizéntətiv] 대표자
attendance[əténdəns] 참석 presentation[prìːzentéiʃən] 발표 arrival[əráivəl] 도착

Question 8

→ 무슨 항공사를 타고 가고, 항공편 번호는 무엇인지 묻고 있음

🎧 미국식 발음 **Q:** Which airline will I fly with when I depart from Pittsburgh, and what is the flight number?

🎤 **A:** You will be flying with Olympia Airlines when you depart from Pittsburgh, and the fight number is 780.

Q: 제가 피츠버그에서 출발할 때 어떤 항공사를 타고 가고, 항공편 번호는 무엇인가요?

A: 당신은 피츠버그를 출발할 때 Olympia 항공을 타고 갈 것이고, 항공편 번호는 780입니다.

Question 9

→ 수요일 정오의 스케줄에 대해 확인하고 있음

🎧 미국식 발음 **Q:** There's nothing planned on Wednesday at noon, right? I would like to see a friend who lives in Washington at that time.

🎤 **A:** I'm sorry, but you're mistaken. There is a lunch with team leaders on Wednesday at noon, and you will have to go to that.

Q: 수요일 정오에 예정된 것이 없죠, 맞나요? 그 시간에 워싱턴에 사는 제 친구를 만나고 싶습니다.

A: 죄송하지만, 잘못 알고 계시네요. 수요일 정오에는 팀장들과의 점심 식사가 있고, 당신은 거기에 가야 할 것입니다.

Question 10

→ 워싱턴에 도착한 후 화요일에 무엇이 예정되어 있는지 묻고 있음

🎧 미국식 발음 **Q:** What events have been planned for Tuesday, July 23, after my arrival in Washington?

🎤 **A:** 도입 There are two events planned for Tuesday, July 23, after your arrival in Washington. 첫 번째 항목 First, at 4:00 P.M., you will have a meeting with Surrey Company representatives. 두 번째 항목 After that, you are going to have dinner with the Washington branch managers.

Q: 워싱턴에 도착 후 7월 23일 화요일에는 어떤 행사들이 예정되어 있나요?

A: 워싱턴에 도착 후 7월 23일 화요일에는 두 개의 행사가 예정되어 있습니다. 첫째로, 오후 4시에, Surrey사 대표자들과의 회의가 있을 것입니다. 그 후, 워싱턴 지점장들과 저녁 식사를 할 것입니다.

5 마케팅 부서 면접 일정표

윗부분

Interview Schedule for Dorsey Corporation, Marketing Department → 마케팅 부서 면접 일정

May 14, Meeting Room C → 날짜, 장소

→ 지원자, 희망 직무, 관련 경험

중간부분

Time	Applicant	Position Sought	Relevant Experience
[8]10:00 A.M.	[8]Dianne Dickens	Web Marketing Manager	7 years
[10]11:00 A.M.	[10]David Anderson	[10]Marketing Assistant	[10]1 year
1:00 P.M.	~~Raymon Lee~~ *canceled*	~~Assistant to the Director~~	~~2 years 6 months~~
[10]2:00 P.M.	[10]Alice Walter	[10]Marketing Assistant	[10]6 months
[9]3:00 P.M.	[9]Rachel Conner	Receptionist	None
4:00 P.M.	Nadia Ellis	Assistant to the Director	1 year

→ 시간

Dorsey사 면접 일정,
마케팅 부서
5월 14일, 회의실 C

시간	지원자	희망 직무	관련 경험
[8]오전 10시	[8]Dianne Dickens	웹 마케팅 부장	7년
[10]오전 11시	[10]David Anderson	[10]마케팅 보조	[10]1년
~~오후 1시~~	~~Raymon Lee~~ 취소됨	임원 보조	~~2년 6개월~~
[10]오후 2시	[10]Alice Walter	[10]마케팅 보조	[10]6개월
[9]오후 3시	[9]Rachel Conner	접수 담당자	없음
오후 4시	Nadia Ellis	임원 보조	1년

미국식 발음

Hi. I need some information about the candidates I am interviewing for the marketing department. Can you help me?

안녕하세요. 제가 면접을 보는 마케팅 부서 지원자들에 대한 몇 가지 정보가 필요합니다. 도와주실 수 있나요?

어휘 applicant[ǽplikənt] 지원자 receptionist[risépʃənist] 접수 담당자 relevant[réləvənt] 관련의 candidate[kǽndidèit] 지원자, 후보자

Question 8

→ 첫 번째 면접 시간과 지원자를 묻고 있음

미국식 발음 **Q:** What time is the first interview scheduled for, and who is the applicant?

A: The first interview is scheduled for 10:00 A.M., and the applicant is Dianne Dickens.

Q: 첫 번째 면접은 몇 시에 예정되어 있고, 지원자는 누구인가요?

A: 첫 번째 면접은 오전 10시에 예정되어 있고, 지원자는 Dianne Dickens입니다.

Question 9

→ Rachel Conner의 면접 시간에 대해 확인하고 있음

미국식 발음 **Q:** I think one of the applicants, named Rachel Conner, has an interview in the morning. Is this correct?

A: I'm sorry, but that information is incorrect. Rachel Conner will have an interview in the afternoon, at 3:00 P.M.

Q: 지원자 중 한 명인 Rachel Conner라는 사람이 아침에 면접을 보는 것으로 알고 있어요. 맞나요?

A: 죄송하지만, 그 정보는 맞지 않습니다. Rachel Conner는 오후 3시에 면접을 볼 것입니다.

Question 10

→ 마케팅 보조직에 지원한 사람들에 대해 묻고 있음

미국식 발음 **Q:** How many applicants are there for the marketing assistant position? Please tell me about them in detail.

A: 도입 There are two applicants for the marketing assistant position. 첫 번째 항목 The first is David Anderson. He is interviewing at 11:00 A.M., and he has one year of experience. 두 번째 항목 Also, at 2:00 P.M., you are interviewing Alice Walter, who has six months of experience.

Q: 마케팅 보조직에 얼마나 많은 지원자가 있나요? 그들에 대해 자세히 말해주세요.

A: 마케팅 보조직에 두 명의 지원자가 있습니다. 첫째는 David Anderson입니다. 그는 오전 11시에 면접을 볼 것이며, 1년의 경력이 있습니다. 또한, 오후 2시에 당신은 6개월의 경력이 있는 Alice Walter와 면접을 볼 것입니다.

6 청소년 축제 일정표

윗부분

Harrison Youth Festival → 청소년 축제 일정표
Friday, July 7, 9 A.M.-9 P.M. → 날짜, 시간, 장소
Harrison Central Park

→ 행사 내용, 장소

중간부분

TIME	EVENT	LOCATION
9:00 A.M.-9:30 A.M.	Opening Speech	Harrison Park Stage
¹⁰9:30 A.M.-12:30 P.M.	¹⁰Soccer Tournament	¹⁰Grass Field
⁹12:30 P.M.-1:30 P.M.	⁹Family Barbecue*	⁹East Picnic Area
⁸2:00 P.M.-4:30 P.M.	⁸Singing Competition	⁸Harrison Park Stage
5:00 P.M.-7:30 P.M.	Charity Concert	Harrison Park Stage
¹⁰8:00 P.M.-9:00 P.M.	¹⁰Fireworks Display	¹⁰Grass Field

→ 시간

아랫부분 *⁹**Food will be provided.** → 음식 제공

Harrison 청소년 축제
7월 7일 금요일 오전 9시-오후 9시
Harrison 중앙 공원

시간	행사	장소
오전 9시-오전 9시 30분	개회사	Harrison 공원 무대
¹⁰오전 9시 30분-오후 12시 30분	¹⁰축구 토너먼트	¹⁰잔디 경기장
⁹오후 12시 30분-오후 1시 30분	⁹가족 바비큐*	⁹동쪽 피크닉장
⁸오후 2시-오후 4시 30분	⁸노래 경연	⁸Harrison 공원 무대
오후 5시-오후 7시 30분	자선 콘서트	Harrison 공원 무대
¹⁰오후 8시-오후 9시	¹⁰불꽃놀이	¹⁰잔디 경기장

*⁹음식이 제공될 것입니다.

호주식 발음

My friends and I are planning to go to the Harrison Youth Festival. I'd like to ask some questions about it.

제 친구들과 저는 Harrison 청소년 축제에 갈 예정입니다. 축제에 대해 몇 가지 질문을 하고 싶어요.

어휘　competition[kàmpətíʃən] 경연, 시합　charity[tʃǽrəti] 자선　fireworks display 불꽃놀이　provide[prəváid] 제공하다

Question 8

→ 노래 경연이 언제, 어디서 열리는지 묻고 있음

호주식 발음
Q: I'd like to cheer for someone I know who's taking part in the singing competition. Can you tell me when and where it will be held?

A: The singing competition will be held from 2:00 P.M. to 4:30 P.M. at the Harrison Park Stage.

어휘　take part in ~에 참가하다

Q: 노래 경연에 참가하는 제가 아는 누군가를 위해 응원하고 싶습니다. 그것이 언제 그리고 어디에서 열리는지 말해줄 수 있나요?

A: 노래 경연은 오후 2시부터 오후 4시 30분까지 Harrison 공원 무대에서 열릴 것입니다.

Question 9

→ 축제 중 음식이 제공되는지에 대해 확인하고 있음

호주식 발음
Q: My friends told me that food will be served during the festival. Is this correct?

A: Yes, that's correct. There will be a family barbecue in the East Picnic Area from 12:30 P.M. to 1:30 P.M., and food will be provided.

어휘　serve[səːrv] 제공하다, 차려 주다

Q: 제 친구들이 축제 동안 음식이 제공될 것이라고 말했어요. 맞나요?

A: 네, 맞습니다. 오후 12시 30분부터 1시 30분까지 동쪽 피크닉장에서 가족 바비큐가 있을 것이고, 음식이 제공될 것입니다.

Question 10

→ 잔디 경기장에서 개최될 행사들에 대해 묻고 있음

호주식 발음
Q: What events will be held on the Grass Field?

A: 도입 There are two events that will be held on the Grass Field. 첫 번째 항목 The first is a soccer tournament, and it will take place from 9:30 A.M. until 12:30 P.M. 두 번째 항목 Also, there will be a fireworks display, which will take place from 8:00 P.M. until 9:00 P.M. It is the final event of the day.

Q: 잔디 경기장에서 어떤 행사들이 개최될 것인가요?

A: 잔디 경기장에서 개최될 두 개의 행사가 있습니다. 첫 번째는 축구 토너먼트이고, 오전 9시 30분부터 오후 12시 30분까지 열릴 것입니다. 또한, 오후 8시부터 오후 9시까지 열리는 불꽃놀이가 있을 것입니다. 이것은 그 날의 마지막 행사입니다.

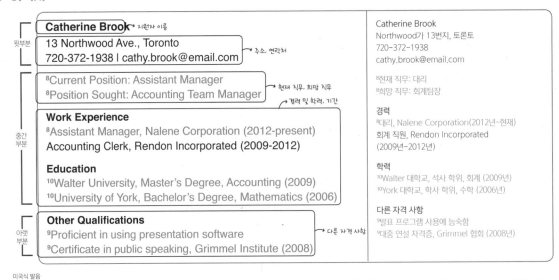

윗부분

Catherine Brook → 지원자 이름

13 Northwood Ave., Toronto

720-372-1938 | cathy.brook@email.com → 주소, 연락처

중간부분

⁸Current Position: Assistant Manager
⁸Position Sought: Accounting Team Manager → 현재 직무, 희망 직무

→ 경력 및 학력, 기간

Work Experience
⁸Assistant Manager, Nalene Corporation (2012-present)
Accounting Clerk, Rendon Incorporated (2009-2012)

Education
¹⁰Walter University, Master's Degree, Accounting (2009)
¹⁰University of York, Bachelor's Degree, Mathematics (2006)

아랫부분

Other Qualifications
⁹Proficient in using presentation software
⁹Certificate in public speaking, Grimmel Institute (2008) → 다른 자격 사항

Catherine Brook
Northwood가 13번지, 토론토
720-372-1938
cathy.brook@email.com

⁸현재 직무: 대리
⁸희망 직무: 회계팀장

경력
⁸대리, Nalene Corporation(2012년-현재)
회계 직원, Rendon Incorporated
(2009년-2012년)

학력
¹⁰Walter 대학교, 석사 학위, 회계 (2009년)
¹⁰York 대학교, 학사 학위, 수학 (2006년)

다른 자격 사항
⁹발표 프로그램 사용에 능숙함
⁹대중 연설 자격증, Grimmel 협회 (2008년)

미국식 발음

Hello, I am interviewing Catherine Brook today, but I forgot to bring her résumé. Can you give me some information about her?	안녕하세요, 저는 오늘 Catherine Brook을 면접하는데, 그녀의 이력서를 가져오는 것을 잊어버렸습니다. 그녀에 대한 몇 가지 정보를 주실 수 있나요?

어휘　assistant manager 대리, 부장 보조　proficient[prəfíʃənt] 능숙한　certificate[sərtífikeit] 자격증

Question 8

→ 현재 직무와 지원한 직무를 묻고 있음

Q: What is her current position and which position did she apply for?
미국식 발음

A: Her current position is assistant manager at Nalene Corporation, and she applied for the accounting team manager position.

Q: 그녀의 현재 직무는 무엇이고 어떤 직무에 지원했나요?

A: 그녀의 현재 직무는 Nalene Corporation 대리이고, 회계팀장직에 지원했습니다.

Question 9

→ 발표를 준비하기에 적합한지 묻고 있음

Q: Our department does a lot of presentations. Do you think she is qualified to prepare good presentations?
미국식 발음

A: Yes, I think so. She is proficient in using presentation software, and she also has a certificate in public speaking from Grimmel Institute.

어휘　qualified[kwáləfàid] 적합한, 적격의

Q: 우리 부서는 발표를 많이 합니다. 그녀가 훌륭한 발표를 준비하기에 적합하다고 생각하나요?

A: 네, 그렇다고 생각합니다. 그녀는 발표 프로그램을 사용하는 것에 능숙하고, Grimmel 협회의 대중 연설 자격증을 가지고 있습니다.

Question 10

→ 학력에 대해 묻고 있음

Q: Can you tell me about her educational background in detail?
미국식 발음

A: [도입] She listed two schools under her educational background. [첫 번째 항목] First, she got her bachelor's degree in Mathematics in 2006 from the University of York. [두 번째 항목] Also, she earned her master's degree in accounting in 2009 from Walter University.

Q: 그녀의 학력에 대해 자세히 말해줄 수 있나요?

A: 그녀는 학력으로 두 개의 학교를 기재했습니다. 첫째로, 그녀는 2006년에 York 대학교에서 수학 학사 학위를 받았습니다. 또한, 2009년에 Walter 대학교에서 회계 석사 학위를 받았습니다.

8 요리 학원 수업 일정표

윗부분

중간
부분

아랫
부분

Montpelier Cooking Academy
Class Schedule for September

요리 학원 수업 일정표

[8]**Class Registration Period:** August 1 – August 20
[9]**Registration Fee:** $150 per class

등록 기간, 등록 요금

수업명, 강사

Time	Class Name	Instructor
Mondays, 10 A.M. – 11 A.M.	**Italian Secrets:** learn to make colorful pasta and various sauces	Kelly Frazier
[10]Mondays, 2 P.M. – 3 P.M.	[10]**Perfect Stir-Fries:** learn to cook stir-fry dishes from across Asia	[10]Robert Nolan
Thursdays, 11 A.M. – 12 P.M.	**Dessert Lover:** learn to make your own dessert at home	Kelly Frazier
Thursdays, 4 P.M. – 5 P.M.	**Barbecue:** learn to grill a variety of meats	Sam Davis
[10]Fridays, 7 P.M. – 8 P.M.	[10]**Cheese, Please:** learn to prepare various cheese-based cuisines	[10]Robert Nolan

시간

Location: All the classes will take place at our facility at 43 Green Street.

장소

Montpelier 요리 학원
9월 수업 일정

[8]수업 등록 기간: 8월 1일 – 8월 20일
[9]등록 요금: 수업당 150달러

시간	수업명	강사
월요일 오전 10시- 오전 11시	이탈리아의 비밀: 형형색색 파스타와 다양한 소스 만드는 법 배우기	Kelly Frazier
[10]월요일 오후 2시- 오후 3시	[10]완벽한 볶음 요리: 아시아 전역의 볶음 요리 만드는 법 배우기	[10]Robert Nolan
목요일 오전 11시- 오후 12시	디저트 애호가: 집에서 당신만의 디저트를 만드는 법 배우기	Kelly Frazier
목요일 오후 4시- 오후 5시	바비큐: 다양한 고기를 굽는 법 배우기	Sam Davis
[10]금요일 오후 7시- 오후 8시	[10]치즈 주세요: 다양한 치즈를 기본으로 한 요리를 조리하는 법 배우기	[10]Robert Nolan

장소: 모든 수업은 Green가 43번지의 저희 기관에서 열릴 것입니다.

Q1-2

Q3-4

Q5-7

Q8-10

Q11

미국식 발음

Hello. I saw your class schedules for September online, and I am interested in taking some of the classes. I would like to ask several questions before I register though.

안녕하세요. 제가 온라인에서 당신의 9월 수업 일정을 보았는데요, 몇몇 수업들을 듣는 것에 관심이 있습니다. 그런데 제가 등록하기 전에 몇 가지 질문을 하고 싶습니다.

어휘 registration[rèdʒistréiʃən] 등록 fee[fiː] 요금 stir-fry 볶음 요리 prepare[pripέər] (음식 등을) 조리하다, 준비하다 cuisine[kwizíːn] 요리
facility[fəsíləti] 기관

10일 만에 끝내는 해커스 토익스피킹 스타트

Question 8

🎧 Q: When does the registration period for September classes start and when does it end?

미국식 발음 → 9월 수업 등록 기간이 언제 시작하고 언제 끝나는지 묻고 있음

🎤 A: The registration period for September classes starts on August 1 and ends on August 20.

Q: 9월 수업을 위한 등록 기간이 언제 시작하고 언제 끝나나요?

A: 9월 수업을 위한 등록 기간은 8월 1일에 시작하고 8월 20일에 끝납니다.

Question 9

🎧 Q: When I searched online, I saw that the registration fee for each class was $100. Is this correct?

미국식 발음 → 등록 요금이 100달러인지 확인하고 있음

🎤 A: I'm sorry, but you have the wrong information. The registration fee for each class is $150.

Q: 온라인에서 검색했을 때, 각 수업의 등록 요금이 100달러라고 봤어요. 맞나요?

A: 죄송하지만, 잘못된 정보를 갖고 계시네요. 각 수업의 등록 요금은 150달러입니다.

Question 10

🎧 Q: I heard that the classes taught by Robert Nolan are excellent. Can you please tell me about his classes?

미국식 발음 → Robert Nolan의 수업에 대해 묻고 있음

🎤 A: 도입 There are two classes taught by Robert Nolan. 첫 번째 항목 The first is Perfect Stir-Fries. Students learn to cook stir-fry dishes from across Asia. It takes place on Mondays from 2 P.M. to 3 P.M. 두 번째 항목 Also, he teaches another class, Cheese, Please. Students learn to prepare various cheese-based cuisines. This class takes place on Fridays from 7 P.M. to 8 P.M.

Q: Robert Nolan이 가르치는 수업들이 훌륭하다고 들었어요. 그의 수업들에 대해 말해 주실 수 있나요?

A: Robert Nolan이 가르치는 두 개의 수업이 있습니다. 첫 번째는 완벽한 볶음 요리입니다. 학생들은 아시아 전역의 볶음 요리 만드는 법을 배웁니다. 이 수업은 월요일 오후 2시부터 오후 3시까지 열립니다. 또한, 그는 또 다른 수업인 치즈 주세요를 가르칩니다. 학생들은 다양한 치즈를 기본으로 한 요리를 조리하는 법을 배웁니다. 이 수업은 금요일 오후 7시부터 오후 8시까지 열립니다.

체크포인트 1번부터 8번까지 자신이 녹음한 답변을 다시 들으며 아래의 체크포인트를 통해 자신의 답변을 점검해 보세요.

· 세 개의 질문 모두에서 묻는 내용에 맞게 답변하였다. ① ② ③ ④ ⑤ ⑥ ⑦ ⑧

· Question 8, 9에서 질문에서 사용된 표현, 또는 질문의 내용이 표와 다르거나 같다고 알려주는 표현을 사용하여 답변하였다. ① ② ③ ④ ⑤ ⑥ ⑦ ⑧

· Question 10에서 답변 템플릿에 맞추어 답변하였다. ① ② ③ ④ ⑤ ⑥ ⑦ ⑧

▶ 체크되지 않은 항목이 있으면 자신이 부족했던 부분에 유의하며 모범답변을 다시 여러 번 듣고 따라 말해보세요.

🎧 (Q89&10_유형) 10

세미나 일정표

윗부분

중간부분

아랫부분

첫 집 구매에 대한 세미나 일정

Seminar: Purchasing Your First Home

[8]Date: January 19, 10:00 A.M.-4:00 P.M.
[8]Location: Capitol Realtors, 489 Lexington Street

날짜 및 시간, 장소

활동, 강연자

Time	Activity	Speaker
10:00 A.M.-10:30 A.M.	Opening Remarks	Gloria Stewart, Director
[10]10:30 A.M.-11:30 A.M.	[10]Presentation: Choosing a Property*	[10]Jonathan Majors, Realtor
11:30 A.M.-12:30 P.M.	Video: Negotiating Strategies	Louise Broadbent, Director
12:30 P.M.-1:30 P.M.	Lunch Break	
[10]1:30 P.M.-3:00 P.M.	[10]Presentation: Financing Mortgage Options*	[10]Orlando Vinti, Mortgage Specialist
3:00 P.M.-3:30 P.M.	[9]Closing Speech	Conrad Darling, President
3:30 P.M.-4:00 P.M.	[9]Prize Draw	Jennifer Collins, Secretary

시간

*A short question period will follow each presentation.
If you would like more information, visit www.capitolrealtors.com.

질의응답 시간, 웹사이트 주소

세미나: 첫 집 구매하기
[8]날짜: 1월 19일, 오전 10시 - 오후 4시
[8]장소: Capitol 부동산, Lexington가 489번지

시간	활동	강연자
오전 10시 - 오전 10시 30분	개회사	Gloria Stewart, 임원
[10]오전 10시 30분 - 오전 11시 30분	[10]발표: 부동산 선택*	[10]Jonathan Majors, 부동산 업자
오전 11시 30분 - 오후 12시 30분	영상: 협상 전략	Louise Broadbent, 임원
오후 12시 30분 - 오후 1시 30분	점심시간	
[10]오후 1시 30분 - 오후 3시	[10]발표: 주택담보 대출 융자 옵션*	[10]Orlando Vinti, 주택담보대출 전문가
오후 3시 - 오후 3시 30분	[9]폐회사	Conrad Darling, 회장
오후 3시 30분 - 오후 4시	[9]상품 추첨	Jennifer Collins, 비서

*각 발표 후에 짧은 질의응답 시간이 있을 것입니다.
더 많은 정보를 원하시면, www.capitolrealtors.com을 방문하세요.

Q1-2

Q3-4

Q5-7

Q8-10

Q11

10일 만에 끝내는 해커스 토익스피킹 스타트

영국식 발음

I am interested in participating in your upcoming seminar on purchasing a home. Could you answer a few questions about the event?	저는 곧 있을 집 구매에 대한 당신의 세미나에 참석하는 것에 관심이 있습니다. 행사에 대한 몇 가지 질문에 대답해 주실 수 있나요?

어휘 realtor [ríːəltər] 부동산, 부동산 업자 property [prápərti] 부동산 negotiate [nigóuʃièit] 협상하다 strategy [strǽtədʒi] 전략
financing [finǽnsiŋ] 융자 mortgage [mɔ́ːrgidʒ] 주택 담보대출 specialist [spéʃəlist] 전문가 prize draw 상품 추첨 secretary [sékrətèri] 비서

Question 8

🎧 Q: When and where will the seminar be held?

영국식 발음 　　　　　　↗ 세미나가 언제, 어디서 열리는지 묻고 있음

🎙 A: The seminar will be held on January 19, from 10 A.M. to 4 P.M. It will take place at Capitol Realtors, 489 Lexington Street.

Q: 언제 그리고 어디서 세미나가 열리나요?

A: 세미나는 1월 19일 오전 10시부터 오후 4시까지 열립니다. 그것은 Lexington가 489번지에 있는 Capitol 부동산에서 개최될 것입니다.

Question 9

🎧 Q: I heard that there will be a prize draw before the closing speech. Is that correct?

영국식 발음 　　　　　　↗ 폐회사 전에 상품 추첨을 하는지 확인하고 있음

🎙 A: I'm sorry, but you're mistaken. The prize draw will take place after the closing speech.

Q: 폐회사 전에 상품 추첨이 있을 예정이라고 들었습니다. 맞나요?

A: 죄송하지만, 잘못 알고 계시네요. 상품 추첨은 폐회사 이후에 있을 것입니다.

Question 10

🎧 Q: Could you tell me about the presentations that will be given during the seminar?

영국식 발음 　　　　　　↗ 세미나 중에 있는 발표에 대해 묻고 있음

🎙 A: 도입 There are two presentations that will be given during the seminar. 첫 번째 항목 The first is on choosing a property and will start at 10:30 A.M. and end at 11:30 A.M. It will be given by Jonathan Majors. 두 번째 항목 Also, Orlando Vinti will give a presentation on financing mortgage options. It will start at 1:30 P.M. and end at 3:00 P.M.

Q: 세미나 중에 진행될 발표에 대해 말해주실 수 있나요?

A: 세미나 중에 진행될 두 개의 발표가 있습니다. 첫 번째는 부동산 선택에 대한 것으로 오전 10시 30분에 시작하고 오전 11시 30분에 끝납니다. 이것은 Jonathan Majors에 의해 진행될 것입니다. 또한, Orlando Vinti가 주택담보대출 융자 옵션에 대해 발표를 할 것입니다. 이것은 오후 1시 30분에 시작하고, 오후 3시에 끝날 것입니다.

체크포인트 자신이 녹음한 답변을 다시 들으며 아래의 체크포인트를 통해 자신의 답변을 점검해 보세요.

· 세 개의 질문 모두에서 묻는 내용에 맞게 답변하였다. ☐
· Question 8, 9에서 질문에서 사용된 표현, 또는 질문의 내용이 표와 다르거나 같다고
　알려주는 표현을 사용하여 답변하였다. ☐
· Question 10에서 답변 템플릿에 맞추어 답변하였다. ☐

▶ 체크되지 않은 항목이 있으면 자신이 부족했던 부분에 유의하며 모범답변을 다시 여러 번 듣고 따라 말해보세요.

🎧 (Q89&10_리뷰테스트) 11

Q1-2

Q3-4

Q5-7

Q8-10

Q11

10일 만에 끝내는 해커스 토익스피킹 스타트

Q 11 의견 제시하기

기초 쌓기

1 답변에 자주 사용되는 표현 익히기 p.215 🎧 (Q11_기초) 02

1 🎙 I think that people should pay a fine for not recycling.

저는 사람들이 재활용을 하지 않는 것에 대해 벌금을 물어야 한다고 생각합니다.

어휘 fine[fain] 벌금 recycling[risáikliŋ] 재활용

2 🎙 Food cooked at home is better than food served at restaurants.

집에서 조리된 음식이 식당에서 제공되는 음식보다 낫습니다.

어휘 serve[səːrv] 제공하다

3 🎙 In my opinion, all education should be free.

제 생각에는 모든 교육이 무상이어야 합니다.

어휘 education[èdʒukéiʃən] 교육

4 🎙 I prefer taking public transportation to driving a car.

저는 차를 운전하는 것보다 대중교통을 이용하는 것을 더 좋아합니다.

어휘 public transportation 대중교통

5 🎙 I disagree that children and senior citizens shouldn't have to pay to use public transportation.

저는 어린이들과 노인들이 대중교통을 이용할 때 비용을 지불하면 안 된다는 것에 반대합니다.

어휘 senior[síːnjər] 노인, 연장자

6 🎙 First, all people should be treated equally. A person should not receive benefits simply because they are young or old.

첫째로, 모든 사람은 동등하게 대우받아야 합니다. 단지 어리거나 나이가 많다고 해서 혜택을 받아서는 안 됩니다.

어휘 treat[triːt] 대우하다 equally[íːkwəli] 동등하게 benefit[bénəfit] 혜택

7 🎙 Secondly, public transportation is cheap to use anyway. Prices are kept low so that most people can afford to take a bus or the subway.

둘째로, 대중교통은 이용료가 저렴합니다. 대부분의 사람들이 버스나 지하철을 이용할 수 있도록 가격이 저렴하게 유지됩니다.

어휘 can afford to ~할 수 있다

② 주제별로 자주 사용되는 표현 익히기 p.219 🎧 (Q11_기초) 04

1 🎙 <u>Learning how to</u> speak another language allows people to understand different cultures.

다른 언어를 말하는 방법을 배우는 것은 사람들이 다른 문화를 더 잘 이해하도록 합니다.

어휘 language[lǽŋgwidʒ] 언어 allow[əláu] ~을 하도록 하다, 허락하다 culture[kʌ́ltʃər] 문화

2 🎙 People can <u>save money</u> by cooking at home.

사람들은 집에서 요리함으로써 돈을 절약할 수 있습니다.

3 🎙 I prefer <u>working with a team</u> as it helps me get different points of view.

다른 관점을 얻도록 돕기 때문에 저는 팀으로 일하는 것을 선호합니다.

어휘 point of view 관점

4 🎙 People can <u>develop their career</u> by doing an internship.

사람들은 인턴직을 함으로써 그들의 경력을 개발할 수 있습니다.

5 🎙 When people <u>make a mistake</u>, they learn not to do the same thing again.

사람들은 실수를 할 때, 같은 실수를 다시 하지 말아야 하는 것을 배웁니다.

어휘 same[seim] 같은

6 🎙 Joining a volunteer group is a good way to <u>have a new experience</u>.

자원봉사 모임에 참여하는 것은 새로운 경험을 할 수 있는 좋은 방법입니다.

어휘 join[dʒɔin] 참여하다

7 🎙 All students should <u>be required to</u> attend art class.

모든 학생들은 미술 수업을 들어야 합니다.

문제집 p.220~223에서 배운 스텝별 전략을 적용하여, 실제 시험 문제를 푼다는 생각으로 음성을 들으며 준비 시간과 답변 시간을 지켜 아래의 문제를 풀어보세요.

예 **STEP 1 질문 파악하기**

미국식 발음

Do you agree or disagree with the following statement? *It is necessary for leaders to have a good sense of humor.* Use specific reasons and details to support your opinion.	다음의 진술에 찬성하시나요, 반대하시나요? 지도자들은 훌륭한 유머 감각을 가지는 것이 필요하다. 당신의 의견을 뒷받침하기 위해 구체적인 이유와 설명을 사용하세요.

STEP 2 의견 정하고 이유와 근거 떠올리기

STEP 3 의견, 이유, 근거를 템플릿에 넣어 답변하기

나의 의견	🎤 I agree that it is necessary for leaders to have a good sense of humor for several reasons.	저는 몇 가지 이유로 지도자들은 훌륭한 유머 감각을 가지는 것이 필요하다는 것에 찬성합니다.
이유 1 + 근거	🎤 First, leaders can improve their team's creativity by using humor. To be specific, humor creates a comfortable work atmosphere. In this kind of environment, people ask more questions and share ideas freely.	첫째로, 지도자들은 유머를 사용함으로써 팀의 창의성을 증진할 수 있습니다. 구체적으로 말하면, 유머는 편안한 근무 분위기를 조성합니다. 이런 종류의 환경에서, 사람들은 더 많은 질문을 하고 의견을 자유롭게 공유합니다.
이유 2 + 근거	🎤 Secondly, leaders can build good relationships with their team members. For example, my boss at my previous company was very humorous. I enjoyed working with him. We achieved excellent results on several projects through our great teamwork.	둘째로, 지도자들은 그들의 팀원들과 좋은 관계를 구축할 수 있습니다. 예를 들어, 제 전 직장 상사는 매우 유머러스했습니다. 저는 그와 일하는 것을 좋아했습니다. 저희는 뛰어난 팀워크를 통해 몇몇 프로젝트에서 탁월한 결과를 냈습니다.
마무리	🎤 Therefore, I think it's necessary for leaders to have a good sense of humor.	그러므로, 저는 지도자들은 훌륭한 유머 감각을 가지는 것이 필요하다고 생각합니다.

어휘 sense[sens] 감각 comfortable[kʌ́mfərtəbl] 편안한 atmosphere[ǽtməsfìər] 분위기, 대기 share[ʃɛər] 공유하다

Q1-2

Q3-4

Q5-7

Q8-10

Q11

10일 만에 끝내는 해커스 토익스피킹 스타트

1

미국식 발음

> Some people like taking vacations in the countryside. Other people enjoy going to a large city on vacation. **Which do you prefer and why?** ┗→ 선택 사항을 묻는 질문
> ┗→ 시골에서 휴가를 보내는 것과 큰 도시로 휴가를 가는 것에 대해 묻고 있음

① 어떤 사람들은 시골에서 휴가를 보내는 것을 좋아합니다. 또 다른 사람들은 큰 도시로 휴가를 가는 것을 즐깁니다. 당신은 어떤 것을 더 선호하며 이유는 무엇인가요?

STEP 1 질문 파악하기

① 무엇에 대해 묻는 질문인가요? 시골에서 휴가를 보내는 것과 큰 도시로 휴가를 가는 것 중 선호하는 것

STEP 2 의견 정하고 이유와 근거 떠올리기

② 나의 의견 ┃ 큰 도시로 휴가를 가는 것을 선호
　　　　　　→ going to a large city on vacation

③ 이유 1 ┃ 큰 도시에 볼거리가 더 많음
　　　　　→ more to see in a large city

④ 근거 ┃ 박물관, 미술관, 공연들이 있음
　　　　→ museums, galleries, and shows

⑤ 이유 2 ┃ 새로운 것들을 시도하는 것을 좋아함
　　　　　→ like trying new things

⑥ 근거 ┃ 큰 도시는 다양한 음식, 상점들, 그리고 활동들을 제공함
　　　　→ a large city offers a wide range of food, shops, and activities

STEP 3 의견, 이유, 근거를 템플릿에 넣어 답변하기

나의 의견	🎤 ⑦ **I prefer** going to a large city on vacation rather than taking vacations in the countryside for several reasons.	저는 몇 가지 이유로 큰 도시로 휴가를 가는 것을 시골에서 휴가를 보내는 것보다 더 선호합니다.
이유 1 + 근거	🎤 ⑧ **First**, there is more to see in a large city. ⑨ **For example**, there are museums, galleries, and shows. These are things which you cannot find easily in the countryside.	첫째로, 큰 도시에는 볼거리가 더 많습니다. 예를 들어, 박물관과 미술관, 공연들이 있습니다. 이러한 것들은 시골에서는 쉽게 찾을 수 없는 것들입니다.
이유 2 + 근거	🎤 ⑩ **Secondly**, I like trying new things during my vacation. ⑪ **To be specific**, a large city offers a wide range of food, shops, and activities. The countryside may be relaxing, but there is not much to do there.	둘째로, 저는 휴가 동안에 새로운 것들을 시도하는 것을 좋아합니다. 구체적으로 말하면, 큰 도시는 다양한 음식, 상점들, 그리고 활동들을 제공합니다. 시골이 편안할지는 모르지만, 그곳에서 할 일이 그렇게 많지는 않습니다.
마무리	🎤 ⑫ **For these reasons**, I prefer going to a large city on vacation.	이러한 이유로, 저는 큰 도시로 휴가를 가는 것을 선호합니다.

어휘　vacation [veikéiʃən] 휴가　countryside [kʌ́ntrisàid] 시골, 지방　a wide range of 다양한　relaxing [rilǽksiŋ] 편안한

2

Do you agree or disagree with the following statement?

↳ 찬성/반대를 묻는 질문

Parents should always give their children advice or suggestions.

↳ 부모가 자녀에게 충고나 제안을 하는 것에 대해 묻고 있음

Use specific reasons and details to support your opinion.

① 다음의 진술에 찬성하시나요, 반대하시나요?

부모들은 항상 그들의 자녀에게 충고나 제안을 해 주어야 한다.

당신의 의견을 뒷받침하기 위해 구체적인 이유와 설명을 사용하세요.

STEP 1 질문 파악하기

① 무엇에 대해 묻는 질문인가요? 부모들은 항상 그들의 자녀에게 충고나 제안을 해 주어야 한다는 진술에 대한 찬성/반대

STEP 2 의견 정하고 이유와 근거 떠올리기

② 나의 의견 | 부모들이 항상 그들의 자녀에게 충고나 제안을 해 주어야 한다는 것에 찬성
→ agree

③ 이유 1 | 부모들은 연장자이며 인생에 대한 경험이 더 많음
→ parents are older; have more experience in life

④ 근거 | 실수를 통해 배워왔음, 자녀들이 똑같은 실수를 하지 않도록 도울 수 있음
→ learned from the mistakes they made; can help their children not to make the same errors

⑤ 이유 2 | 아이들은 중요한 결정을 내릴 때 도움이 필요함
→ children need help with making important decisions

⑥ 근거 | 부모님이 나를 더 잘 이해하셔서, 그들의 충고가 종종 도움이 되었음
→ parents understand me better; their advice was often useful

STEP 3 의견, 이유, 근거를 템플릿에 넣어 답변하기

나의 의견	🎙	I agree that parents should always give their children advice or suggestions ⑦ **for several reasons**.	저는 몇 가지 이유로 부모들이 항상 그들의 자녀에게 충고나 제안을 해 주어야 한다는 것에 찬성합니다.
이유 1 + 근거	🎙	⑧ **First of all**, parents are older and have more experience in life. To be specific, they have ⑨ **learned from the mistakes** they made and can help their children not to make the same errors.	첫째로, 부모들은 연장자이며 인생에 대한 경험이 더 많습니다. 구체적으로 말하면, 그들은 자신들이 한 실수를 통해 배워왔고, 그래서 그들의 자녀들이 똑같은 실수를 하지 않도록 도울 수 있습니다.
이유 2 + 근거	🎙	⑩ **Second**, children need help with making important decisions. ⑪ **For example**, when I was a child, I was unable to make some decisions by myself and needed help. Because my parents understand me better than other people, their advice was often useful.	둘째로, 아이들은 중요한 결정을 내릴 때 도움이 필요합니다. 예를 들어, 제가 어렸을 때, 저는 스스로 결정을 내릴 수 없어서 도움이 필요했습니다. 부모님이 다른 사람들보다 저를 더 잘 이해하셨기 때문에, 그들의 충고는 종종 도움이 되었습니다.
마무리	🎙	For these reasons, ⑫ **I think** parents should always offer advice or suggestions to their children.	이러한 이유로, 저는 부모들이 항상 그들의 자녀들에게 충고나 제안을 해 주어야 한다고 생각합니다.

어휘 suggestion [səgdʒéstʃən] 제안 decision [disíʒən] 결정 unable [ʌnéibl] ~할 수 없는

3

미국식 발음

What are the advantages of starting your own company instead
of being employed by a company?
→장점을 묻는 질문

→회사에 고용되는 것 대신에 자기 사업을 시작하는 것에 대해 묻고 있음

Use specific ideas and examples to support your opinion.

①

회사에 고용되는 것 대신에 자신의 사업을 시작
하는 것의 장점은 무엇인가요?

당신의 의견을 뒷받침하기 위해 구체적인 이유
와 예를 사용하세요.

STEP 1 질문 파악하기

① 무엇에 대해 묻는 질문인가요? 회사에 고용되는 것 대신에 자신의 사업을 시작하는 것의 장점

STEP 2 의견 정하고 이유와 근거 떠올리기

② 나의 의견 ┃ 회사에 고용되는 것 대신에 나의 사업을 시작하는 것에 몇 가지 장점이 있음
→ there are some advantages of starting my own company instead of being employed by
a company

③ 장점 1 ┃ 회사를 소유한다면 내 일에 대해 더욱 열정적일 것임
→ would be more passionate about my job if I owned my own company

④ 근거 ┃ 더 열심히 일할 것이고 업무에 더 많은 에너지를 쏟을 것임
→ would work harder and invest more energy in projects

⑤ 장점 2 ┃ 꿈을 실현하도록 할 것임
→ would allow me to realize my dream

⑥ 근거 ┃ 항상 사업을 소유하고 싶었으므로, 큰 성취가 될 것임
→ always wanted to own a business, so it'd be a major accomplishment for me

---

STEP 3 의견, 이유, 근거를 템플릿에 넣어 답변하기

나의 의견	🎤 I think ⑦ **there are some advantages of** starting my own company instead of being employed by a company.
장점 1 + 근거	🎤 ⑧ **First**, I would be more passionate about my job if I owned my own company. I would ⑨ **work harder** and invest more energy in projects.
장점 2 + 근거	🎤 ⑩ **Second**, running my own company would allow me to realize my dream. ⑪ **To be specific**, I've always wanted to own a business, so it'd be a major accomplishment for me. Going to work would be exciting and very rewarding.
마무리	🎤 ⑫ **Therefore**, I think these are some advantages of starting my own company.

저는 회사에 고용되는 것 대신에 제 사업을 시작하는 것에 몇 가지 장점이 있다고 생각합니다.

첫째로, 저는 회사를 소유한다면 제 일에 대해 더욱 열정적일 것입니다. 저는 더 열심히 일할 것이고 업무에 더 많은 에너지를 쏟을 것입니다.

둘째로, 제 회사를 운영하는 것은 제 꿈을 실현하도록 할 것입니다. 구체적으로 말하면, 저는 항상 사업을 소유하고 싶었으므로, 그것은 저에게 큰 성취가 될 것입니다. 일하러 가는 것이 흥미롭고 매우 보람 있을 것입니다.

그러므로, 저는 이것들이 제 사업을 시작하는 것의 몇 가지 장점이라고 생각합니다.

어휘 employ [implɔ́i] 고용하다 passionate [pǽʃənət] 열정적인, 열렬적인 invest [invést] 쏟다, 투자하다 realize [ríːəlàiz] 실현하다, 달성하다
accomplishment [əkámpliʃmənt] 성취, 업적 rewarding [riwɔ́ːrdiŋ] 보람 있는, 가치가 있는

Do you agree or disagree with the following statement?

└→ 찬성/반대를 묻는 질문

Social media has improved communication between people.

└→ 소셜 미디어가 사람들 간에 의사소통을 증진했는지 묻고 있음

Use specific ideas and examples to support your opinion.

① 다음의 진술에 찬성하시나요, 반대하시나요?

소셜 미디어는 사람들 간에 의사소통을 증진했다.

당신의 의견을 뒷받침하기 위해 구체적인 이유와 예를 사용하세요.

STEP 1 질문 파악하기

① 무엇에 대해 묻는 질문인가요? 소셜 미디어는 사람들 간에 의사소통을 증진했다는 진술에 대한 찬성/반대

STEP 2 의견 정하고 이유와 근거 떠올리기

② 나의 의견 | 소셜 미디어가 사람들 간에 의사소통을 증진했다는 것에 찬성
→ agree

③ 이유 1 | 소셜 미디어를 통해 동시에 많은 사람들과 내 인생에 대한 것들을 공유할 수 있음
→ can share things about my life with many people at the same time through social media

④ 근거 | 최근 소셜 미디어에 나의 새로운 직업을 알렸고 많은 사람들이 축하해 줌
→ recently announced my new job on social media and many people congratulated me

⑤ 이유 2 | 소셜 미디어를 통해 더 빠르고 보다 저렴한 비용으로 의사소통할 수 있음
→ can communicate faster and less expensively through social media

⑥ 근거 | 친구들이 어디에 있건 몇 초 내에 무료로 메시지를 보낼 수 있음
→ can send messages to my friends everywhere within a few seconds for free

STEP 3 의견, 이유, 근거를 템플릿에 넣어 답변하기

나의 의견	⑦ **I agree** that social media has improved communication between people for several reasons.	저는 몇 가지 이유로 소셜 미디어가 사람들 간에 의사소통을 증진했다는 것에 찬성합니다.
이유 1 + 근거	⑧ **First**, I can share things about my life with many people at the same time through social media. ⑨ **To be specific**, I recently announced my new job on social media and many people congratulated me.	첫째로, 저는 소셜 미디어를 통해 동시에 많은 사람들과 제 인생에 대한 것들을 공유할 수 있습니다. 구체적으로 말하면, 저는 최근 소셜 미디어에 저의 새로운 직업을 알렸고 많은 사람들이 저를 축하해 주었습니다.
이유 2 + 근거	⑩ **Secondly**, people can communicate faster and less expensively through social media. Previously, I had to send letters to friends overseas. It took at least a month to get a reply, and I had to buy stamps. But now I can send messages to my friends everywhere within a few seconds for free.	둘째로, 사람들은 소셜 미디어를 통해 더 빠르고 보다 저렴한 비용으로 의사소통할 수 있습니다. 이전에, 저는 해외에 있는 친구들에게 편지를 보내야 했습니다. 답장을 받는 데 최소한 한 달이 걸렸고, 저는 우표를 사야 했습니다. 하지만 이제 저는 친구들이 어디에 있건 몇 초 내에 무료로 메시지를 보낼 수 있습니다.
마무리	⑪ **For these reasons**, I think social media has improved communication.	이러한 이유로, 저는 소셜 미디어가 의사소통을 증진했다고 생각합니다.

어휘 **improve**[imprúːv] 증진하다, 개선하다 **communication**[kəmjùːnəkéiʃən] 의사소통 **announce**[ənáuns] 알리다, 발표하다 **congratulate**[kəngrǽtʃulèit] 축하하다 **at least** 최소한 **reply**[riplái] 답장 **stamp**[stæmp] 우표 **for free** 무료로

1

미국식 발음

→ 집에서 혼자 일하는 것과 사무실에서 팀과 일하는 것에 대해 묻고 있음

Some people prefer to work alone at home, and others prefer to work with a team in an office. Which do you prefer and why?

↳ 선택 사항을 묻는 질문

Use specific reasons and details to support your opinion.

어떤 사람들은 집에서 혼자 일하는 것을 선호하고, 어떤 사람들은 사무실에서 팀과 일하는 것을 선호합니다. 당신은 어떤 것을 선호하며 이유는 무엇인가요?

당신의 의견을 뒷받침하기 위해 구체적인 이유와 설명을 사용하세요.

나의 의견	사무실에서 팀과 일하는 것을 선호한다.
이유 1	easily get advice 쉽게 조언을 얻는다
근거	ask a coworker who's sitting nearby 근처에 앉은 동료에게 물어본다
이유 2	enjoy spending time with other people 다른 사람들과 함께 시간 보내는 것을 좋아한다
근거	go for lunch with my coworkers 동료들과 함께 점심을 먹으러 간다

나의 의견	🎙 I prefer to work with a team in an office for several reasons.	저는 몇 가지 이유로 사무실에서 팀과 일하는 것을 선호합니다.
이유 1 + 근거	🎙 First of all, I can easily get advice if I work with a team in an office. For example, if I want some feedback about a report I'm writing, I can ask a coworker who's sitting nearby. This saves me time.	첫째로, 사무실에서 팀과 일하면 저는 쉽게 조언을 얻을 수 있습니다. 예를 들어, 제가 작성하고 있는 보고서에 대해 피드백이 필요할 때, 저는 근처에 앉은 동료에게 물어볼 수 있습니다. 이것은 제 시간을 절약해 줍니다.
이유 2 + 근거	🎙 Secondly, I enjoy spending time with other people when I have a break. To be specific, I can go for lunch with my coworkers if I work in an office. People who work alone at home don't have many chances to chat with others during break times.	둘째로, 저는 휴식을 취할 때 다른 사람들과 함께 시간을 보내는 것을 좋아합니다. 구체적으로 말하면, 사무실에서 일하면 동료들과 함께 점심을 먹으러 갈 수 있습니다. 집에서 혼자 일하는 사람들은 휴식 시간 중에 다른 사람들과 이야기할 기회가 많이 없습니다.
마무리	🎙 For these reasons, I prefer to work with a team in an office.	이러한 이유로, 저는 사무실에서 팀과 일하는 것을 선호합니다.

어휘 advice[ædváis] 조언 coworker[kóuwə̀:rkər] 동료 nearby[nìərbái] 근처에 have a break 휴식을 취하다 chat[tʃæt] 이야기하다

2

호주식 발음

What are the advantages of being able to cook?
　↳ 장점을 묻는 질문　　　　　　↳ 요리할 줄 아는 것에 대해 묻고 있음

Give specific reasons and examples to support your opinion.

요리할 줄 아는 것의 장점은 무엇인가요?

당신의 의견을 뒷받침하기 위해 구체적인 이유와 예를 제시하세요.

나의 의견	요리할 줄 아는 것에 몇 가지 장점이 있다.
장점 1	helps me save money 돈을 절약하는 데 도움이 됨
근거	it is expensive to have meals at restaurants all the time 항상 식당에서 식사를 하는 것은 비용이 많이 듦
장점 2	helps me stay healthy 건강을 유지하는 데 도움이 됨
근거	I cook with fresh ingredients, and I feel much healthier 신선한 재료로 요리를 하고, 훨씬 건강하다고 느낌

나의 의견	🎤 I think that there are some advantages of being able to cook.	저는 요리할 줄 아는 것에 몇 가지 장점이 있다고 생각합니다.
장점 1 + 근거	🎤 First of all, being able to cook helps me save money. To be specific, it is expensive to have meals at restaurants all the time. If I go grocery shopping, I can cook affordable meals at home.	첫째로, 요리할 줄 아는 것은 제가 돈을 절약하는 데 도움이 됩니다. 구체적으로 말하면, 항상 식당에서 식사를 하는 것은 비용이 많이 듭니다. 제가 장을 본다면, 집에서 저렴한 식사를 준비할 수 있습니다.
장점 2 + 근거	🎤 Secondly, being able to cook helps me stay healthy. For example, when I was in college, I lived in a dormitory, and I didn't know how to cook. At that time, I often ordered junk food. But now I cook with fresh ingredients, and I feel much healthier.	둘째로, 요리할 줄 아는 것은 제가 건강을 유지하는 데 도움이 됩니다. 예를 들어, 저는 대학에 있을 때 기숙사에 살았는데, 요리를 할 줄 몰랐습니다. 그때, 저는 주로 인스턴트 식품을 주문했습니다. 하지만 이제 저는 신선한 재료로 요리를 하고, 훨씬 건강하다고 느낍니다.
마무리	🎤 Therefore, I think these are some advantages of being able to cook.	그러므로, 저는 이것들이 요리할 줄 아는 것의 몇 가지 장점이라고 생각합니다.

어휘 cook[kuk] 요리하다, (식사를) 준비하다 save[seiv] 절약하다, 아끼다 grocery shopping 장보기 affordable[əfɔ́ːrdəbl] 저렴한, 가격이 적당한
dormitory[dɔ́ːrmətɔ̀ːri] 기숙사 junk food 인스턴트 식품 ingredient[ingríːdiənt] 재료

3 미국식 발음
Do you agree or disagree with the following statement?
└→ 찬성/반대를 묻는 질문

All university students should be required to participate in community
└→ 모든 대학생들이 지역 봉사 활동에 참여해야 하는지 묻고 있음
service.

Give specific reasons and examples to support your opinion.

다음의 진술에 찬성하시나요, 반대하시나요?

모든 대학생들이 지역 봉사 활동에 참여하도록 해야 한다.

당신의 의견을 뒷받침하기 위해 구체적인 이유와 예를 제시하세요.

나의 의견	모든 대학생들이 지역 봉사 활동에 참여하도록 해야 한다는 것에 반대한다.
이유 1	should focus on studying 학업에 집중해야 함
근거	in university, I was busy and had little free time 대학교 때 바쁘고 여가 시간이 거의 없었음
이유 2	should not force people to do community service 사람들에게 지역 봉사를 하도록 강요해서는 안 됨
근거	people who are happy to do the work do a better job 기꺼이 그 일을 하기 원하는 사람들이 더 일을 잘함

나의 의견	🎤 I disagree that all university students should be required to participate in community service for several reasons.	저는 몇 가지 이유로 모든 대학생들이 지역 봉사 활동에 참여하도록 해야 한다는 것에 반대합니다.
이유 1 + 근거	🎤 First of all, university students should focus on studying. For example, when I was in university, I was busy and had little free time. If I did community service, I wouldn't have had time to study.	첫째로, 대학생들은 그들의 학업에 집중해야 합니다. 예를 들어, 제가 대학교에 다닐 때, 저는 바빴고 여가 시간이 거의 없었습니다. 만약 제가 지역 봉사를 했다면, 공부할 시간이 없었을 것입니다.
이유 2 + 근거	🎤 Secondly, we should not force people to do community service. To be specific, people who are happy to do the work do a better job. Their work is more helpful to the community.	둘째로, 우리는 사람들에게 지역 봉사를 하도록 강요해서는 안 됩니다. 구체적으로 말하면, 기꺼이 그 일을 하기 원하는 사람들이 더 일을 잘합니다. 그들의 일은 지역 사회에 더 도움이 됩니다.
마무리	🎤 For these reasons, I don't think that all university students should be required to participate in community service.	이러한 이유로, 저는 모든 대학생들이 지역 봉사 활동에 참여하도록 해야 한다고 생각하지 않습니다.

어휘 participate in ~에 참여하다 community service 지역 봉사 활동 focus on ~에 집중하다 volunteer[vὰləntíər] 자원하다 force[fɔːrs] 강요하다

4

미국식 발음 ⌒ 선택 사항을 묻는 질문

Which of the following do you think is the best way to obtain information if you plan to buy a car ?

⌎ 차를 살 때 정보를 얻는 가장 좋은 방법에 대해 묻고 있음

· Talking to a salesperson
· Reading customer reviews online
· Visiting a car company's Web site

Choose ONE of the options and give specific reasons and details to support your opinion.

다음 중 당신이 차를 사는 것을 계획한다면 정보를 얻는 가장 좋은 방법은 무엇이라고 생각하시나요?

· 판매원에게 말하기
· 온라인으로 고객 후기 읽기
· 자동차 회사의 웹사이트 방문하기

보기 중 하나를 선택하고 당신의 의견을 뒷받침하기 위해 구체적인 이유와 설명을 제시하세요.

Q1-2
Q3-4
Q5-7
Q8-10
Q11
10일 만에 끝내는 해커스 토익스피킹 스타트

나의 의견	온라인으로 고객 후기를 읽는 것이 정보를 얻는 가장 좋은 방법이라고 믿는다.
이유 1	reviews are more reliable than other sources 후기는 다른 출처보다 더 믿을 만함
근거	salespeople and company Web sites usually only mention positive points 판매원과 회사 웹사이트는 주로 긍정적인 요소만을 언급함
이유 2	get advice on saving money 돈을 아끼는 것에 관한 조언을 얻을 수 있음
근거	By reading reviews, he found out about a discount at a dealership 후기를 읽음으로써, 대리점 할인에 대해 알게 됨

나의 의견	🎤 I believe that reading customer reviews online is the best way to obtain information if I plan to buy a car for several reasons.	저는 몇 가지 이유로 차를 사는 것을 계획한다면 온라인으로 고객 후기를 읽는 것이 정보를 얻는 가장 좋은 방법이라고 믿습니다.
이유 1 + 근거	🎤 First of all, reviews are more reliable than other sources. To be specific, salespeople and company Web sites usually only mention positive points about a car. But I can learn about negative points from reviews.	첫째로, 후기는 다른 출처보다 더 믿을 만합니다. 구체적으로 말하면, 판매원과 회사 웹사이트는 주로 차에 대한 긍정적인 요소만을 언급합니다. 하지만 후기로부터는 부정적인 요소에 대해서 알 수 있습니다.
이유 2 + 근거	🎤 Secondly, I can get advice on saving money if I read customer reviews online. For example, my father recently bought an SUV. By reading reviews, he found out about a discount at a dealership.	둘째로, 온라인 고객후기를 읽으면 돈을 아끼는 것에 관한 조언을 얻을 수 있습니다. 예를 들어, 저희 아버지께서는 최근 SUV를 구매하셨습니다. 후기를 읽음으로써, 아버지는 대리점 할인에 대해 알게 되었습니다.
마무리	🎤 For these reasons, I think it is best to read customer reviews online before buying a car.	이러한 이유로, 저는 차를 사기 전에 온라인으로 고객 후기를 읽는 것이 가장 좋다고 생각합니다.

어휘 obtain [əbtéin] 얻다, 입수하다 reliable [riláiəbl] 믿을 만한, 신뢰할 만한 mention [ménʃən] 언급하다, 말하다 dealership [díːlərʃîp] 대리점

체크포인트 1번부터 4번까지 자신이 녹음한 답변을 다시 들으며 아래의 체크포인트를 통해 자신의 답변을 점검해 보세요.

· 찬성/반대, 선택 사항, 장·단점 등에 대한 나의 의견을 말하였다. ☐1 ☐2 ☐3 ☐4
· 두 가지 정도의 이유를 구체적인 설명과 예시를 들어 말하였다. ☐1 ☐2 ☐3 ☐4
· 나의 의견을 다시 한번 말하면서 답변을 마무리하였다. ☐1 ☐2 ☐3 ☐4

▶ 체크되지 않은 항목이 있는 문제는 자신이 부족했던 부분에 유의하며 모범답변을 다시 여러 번 듣고 따라 말해보세요.

🎧 (Q11_스텝) 07

Q11 의견 제시하기 **99**

Hackers Test

p.238 🎧 (Q11_유형) 08

1 선택 사항을 묻는 질문

미국식 발음   ↗ 선택 사항을 묻는 질문
Do you prefer to take a guided group tour or travel by yourself when sightseeing in a foreign country?
└ 외국 관광 시, 가이드가 있는 단체 관광과 혼자 여행하는 것에 대해 묻고 있음
Use specific reasons and details to support your opinion.

외국을 관광할 때 가이드가 인솔하는 단체 관광을 하는 것을 더 선호하시나요, 아니면 혼자서 여행하는 것을 더 선호하시나요?

당신의 의견을 뒷받침하기 위해 구체적인 이유와 설명을 사용하세요.

나의 의견	가이드가 인솔하는 단체 관광을 하는 것을 더 선호한다.
이유 1	don't need to spend time planning sightseeing activities 관광 활동을 계획하는 데 시간을 들일 필요가 없음
근거	the tour guide prepares the entire schedule 관광 가이드가 전체 일정을 준비함
이유 2	like to listen to the information given by tour guides and learn new things 단체 관광 중에 가이드가 주는 정보를 듣고 새로운 것을 배우는 것을 좋아함
근거	on my trip to Athens, I learned about Greek culture by listening to my tour guide 아테네 여행에서, 관광 가이드의 말을 경청함으로써 그리스 문화에 대해 배웠음

나의 의견	🎤 I prefer to take a guided group tour when sightseeing in a foreign country for several reasons.	저는 몇 가지 이유로 외국을 관광할 때 가이드가 인솔하는 단체 관광을 하는 것을 더 선호합니다.
이유 1 + 근거	🎤 First, if I take a guided group tour, I don't need to spend time planning sightseeing activities. To be specific, the tour guide prepares the entire schedule. Plus, most group tours include meals. So, I usually don't have to worry about those either.	첫째로, 제가 가이드가 인솔하는 단체 관광을 한다면, 관광 활동을 계획하는 데 시간을 들일 필요가 없습니다. 구체적으로 말하면, 관광 가이드가 전체 일정을 준비합니다. 게다가, 대부분의 단체 관광은 식사를 포함합니다. 그래서, 저는 보통 그것들에 대해서도 걱정할 필요가 없습니다.
이유 2 + 근거	🎤 Secondly, I like to listen to the information given by tour guides and learn new things. For example, on my trip to Athens, I learned about Greek culture by listening to my tour guide.	둘째로, 저는 가이드가 주는 정보를 듣고 새로운 것을 배우는 것을 좋아합니다. 예를 들어, 아테네 여행에서, 저는 관광 가이드의 말을 경청함으로써 그리스 문화에 대해 배웠습니다.
마무리	🎤 For these reasons, I think that taking a guided group tour is better than traveling alone.	이러한 이유로, 저는 가이드가 인솔하는 단체 관광을 하는 것이 혼자서 여행하는 것보다 더 낫다고 생각합니다.

어휘   **guided** [gáidid] 가이드가 인솔하는   **group tour** 단체 관광   **sightseeing** [sáitsìːiŋ] 관광, 유람   **entire** [intáiər] 전체의

2 찬성/반대를 묻는 질문

미국식 발음
Do you agree or disagree with the following statement?
↳찬성/반대를 묻는 질문

High school students should be able to choose which subjects they want to study. ↳고등학생들이 과목을 선택하는 것에 대해 묻고 있음

Use specific reasons and details to support your answer.

다음의 진술에 찬성하시나요, 반대하시나요?

고등학교 학생들은 그들이 어떤 과목을 공부하고 싶은지 선택할 수 있어야 한다.

당신의 의견을 뒷받침하기 위해 구체적인 이유와 설명을 사용하세요.

나의 의견	고등학교 학생들은 그들이 어떤 과목을 공부하고 싶은지 선택할 수 있어야 한다는 것에 찬성한다.
이유 1	students study harder for subjects that they enjoy 학생들은 그들이 즐겁게 공부하는 과목은 더 열심히 공부함
근거	really enjoyed history when I was in high school; I studied harder and got good grades 고등학교를 다닐 때 역사 과목을 정말 좋아했음. 더 열심히 공부했고 좋은 성적을 받았음
이유 2	will help students' future careers 그들의 미래 직업에 도움이 될 것임
근거	if students plan to become doctors, they can take a lot of science classes 의사가 되기로 계획한 학생들이라면, 그들은 많은 과학 수업을 들을 수 있음

나의 의견	I agree that high school students should be able to choose which subjects they want to study for several reasons.	저는 몇 가지 이유로 고등학교 학생들은 그들이 어떤 과목을 공부하고 싶은지 선택할 수 있어야 한다는 것에 찬성합니다.
이유 1 + 근거	First of all, students study harder for subjects that they enjoy. For example, I really enjoyed history when I was in high school. Because of that, I studied harder and got good grades.	첫째로, 학생들은 그들이 즐겁게 공부하는 과목은 더 열심히 공부합니다. 예를 들어, 저는 고등학교를 다닐 때 역사 과목을 정말 좋아했습니다. 그랬기 때문에, 저는 더 열심히 공부했고 좋은 성적을 받았습니다.
이유 2 + 근거	Second, it will help students' future careers. To be specific, if students plan to become doctors, they can take a lot of science classes. This will certainly be helpful for them.	둘째로, 이것은 그들의 미래 직업에 도움이 될 것입니다. 구체적으로 말하면, 의사가 되기로 계획한 학생들이라면, 그들은 많은 과학 수업을 들을 수 있습니다. 이것은 그들에게 분명히 도움이 될 것입니다.
마무리	For these reasons, I think that high school students should be able to choose the subjects they want to study.	이러한 이유로, 저는 고등학교 학생들이 그들이 공부하기 원하는 과목을 선택할 수 있어야 한다고 생각합니다.

어휘 **subject**[sʌ́bdʒikt] 과목 **grade**[greid] 점수, 등급 **career**[kəríər] 직업, 진로 **certainly**[sə́ːrtnli] 분명히, 확실히
helpful[hélpfəl] 도움이 되는, 유용한

3 찬성/반대를 묻는 질문

미국식 발음
Do you agree or disagree with the following statement?
　　　　　　　　↳ 찬성/반대를 묻는 질문
Advanced technologies have improved the quality of education.
　　　↳ 선진 기술이 교육의 질을 향상시켰는지 묻고 있음
Use specific ideas and examples to support your opinion.

다음의 진술에 찬성하시나요, 반대하시나요?
선진 기술은 교육의 질을 향상시켰다.
당신의 의견을 뒷받침하기 위해 구체적인 이유와 예를 사용하세요.

나의 의견	선진 기술이 교육의 질을 향상시켰다는 것에 찬성한다.
이유 1	give people access to a lot of information 사람들에게 많은 정보에의 접근권을 주었음
근거	can get answers on the Internet whenever they want to check something 어떤 것을 확인하고 싶을 때마다 인터넷에서 답을 얻을 수 있음
이유 2	have led to better classroom materials 더 나은 수업 자료로 이어짐
근거	teachers can play 3-D videos during science classes 선생님들은 과학수업 동안 입체 비디오를 재생할 수 있음

나의 의견	🎙 I agree that advanced technologies have improved the quality of education for several reasons.	저는 몇 가지 이유로 선진 기술이 교육의 질을 향상시켰다는 것에 찬성합니다.
이유 1 + 근거	🎙 First, advanced technologies give people access to a lot of information. For example, the Internet allows people to find information on almost any topic. Teachers can get answers on the Internet whenever they want to check something.	첫째로, 선진 기술은 사람들에게 많은 정보에의 접근권을 주었습니다. 예를 들어, 인터넷은 사람들이 거의 어떤 주제에 대한 정보라도 찾을 수 있도록 합니다. 선생님들은 어떤 것을 확인하고 싶을 때마다 인터넷에서 답을 얻을 수 있습니다.
이유 2 + 근거	🎙 Second, advanced technologies have led to better classroom materials. To be specific, teachers can play 3-D videos during science classes. In the past, there were only books and printouts. Now, teachers can easily catch students' interest using a variety of materials.	둘째로, 선진 기술은 더 나은 수업 자료로 이어졌습니다. 구체적으로 말하면, 선생님들은 과학수업 동안 입체 비디오를 재생할 수 있습니다. 과거에는, 책과 인쇄물뿐이었습니다. 현재는, 선생님들이 다양한 자료를 사용하여 쉽게 학생들의 흥미를 끌 수 있습니다.
마무리	🎙 Therefore, I think advanced technologies have definitely improved the quality of education.	그러므로, 저는 선진 기술이 확실히 교육의 질을 향상시켰다고 생각합니다.

어휘　advanced [ædvǽnst] 선진의, 고급의　access [ǽkses] 접근권, 이용　material [mətíəriəl] 자료, 재료　3-D 입체의　printout [príntàut] 인쇄물
a variety of 다양한　definitely [défənitli] 확실히, 분명히

4 선택 사항을 묻는 질문

Q1-2

Q3-4

Q5-7

Q8-10

Q11

10일 만에 끝내는 해커스 토익스피킹 스타트

미국식 발음

When learning another language, some people visit another country to improve their skills, and others study in their own country. Which do you prefer and why?

선택 사항을 묻는 질문 ↵

ㄴ 언어를 배우기 위해 다른 나라에 가는 것과 자기 나라에서 공부하는 것에 대해 묻고 있음

Give specific reasons and examples to support your opinion.

다른 언어를 배울 때, 어떤 사람들은 그들의 역량을 향상시키기 위해 다른 나라를 방문하고, 다른 사람들은 그들의 나라에서 공부를 합니다. 당신은 어떤 것을 더 선호하며 이유는 무엇인가요?

당신의 의견을 뒷받침하기 위해 구체적인 이유와 예를 제시하세요.

나의 의견	다른 나라를 방문하는 것을 선호한다.
이유 1	can practice the language in my daily life 일상 생활에서 그 언어를 연습할 수 있음
근거	when I go shopping or to a restaurant, I have to speak to people; learn more quickly 쇼핑을 가거나 식당에 갈 때, 사람들과 이야기를 해야 함. 더 빨리 배움
이유 2	listen to how native speakers use the language 원어민들이 어떻게 언어를 사용하는지 들을 수 있음
근거	if I study in my own country, I don't get many chances to hear how native speakers talk 내 나라에서 공부하면, 원어민이 어떻게 말하는지 들을 기회를 많이 얻지 못함

나의 의견	🎤 I prefer visiting another country to learn a language rather than studying in my own country for several reasons.	저는 몇 가지 이유로 언어를 배우기 위해 다른 나라를 방문하는 것을 저의 나라에서 공부하는 것보다 더 선호합니다.
이유 1 + 근거	🎤 First of all, I can practice the language in my daily life. For example, when I go shopping or to a restaurant, I have to speak to people. This helps me learn more quickly.	첫째로, 일상 생활에서 그 언어를 연습할 수 있습니다. 예를 들어, 제가 쇼핑을 가거나 식당에 갈 때, 저는 사람들과 이야기를 해야만 합니다. 이것은 제가 더 빨리 배우도록 돕습니다.
이유 2 + 근거	🎤 Second, I can listen to how native speakers use the language. To be specific, if I study in my own country, I don't get many chances to hear how native speakers talk. Living in another country gives me more opportunities to do that.	둘째로, 저는 원어민들이 어떻게 그 언어를 사용하는지 들을 수 있습니다. 구체적으로 말하면, 만일 제가 저의 나라에서 공부를 한다면, 원어민들이 어떻게 말하는지 들을 기회를 많이 얻지 못합니다. 다른 나라에 사는 것은 저에게 그렇게 할 더 많은 기회를 제공합니다.
마무리	🎤 For these reasons, I prefer learning a language in another country.	이러한 이유로, 저는 다른 나라에서 언어를 배우는 것을 선호합니다.

어휘 practice [prǽktis] 연습하다 native speaker 원어민 opportunity [ὰpərtjúːnəti] 기회

5 선택 사항을 묻는 질문

<table>
<tr><td colspan="2">

미국식 발음 　⌒ 선택 사항을 묻는 질문

Which of the following is the most important thing to consider when looking for a new job?

　└→ 새 직장을 찾을 때 가장 중요하게 고려하는 사항에 대해 묻고 있음

· Salary Amount

· Employee Benefits

· Promotion Opportunities

Choose ONE of the options and use specific reasons and examples to support your opinion.

</td><td>

다음 중 새 직장을 찾을 때 고려할 가장 중요한 사항은 무엇인가요?

· 급여 액수

· 직원 복지

· 승진 기회

보기 중 하나를 선택하고 당신의 의견을 뒷받침하기 위해 구체적인 이유와 예를 사용하세요.

</td></tr>
</table>

나의 의견	직원 복지가 새 직장을 찾을 때 고려할 가장 중요한 사항이라고 믿는다.
이유 1	good employee benefits can help reduce workers' stress 좋은 직원 복지는 직원들의 스트레스를 낮추는 데 도움이 될 수 있음
근거	if a company gives a lot of vacation days as a benefit, I can take more time off 회사가 복지로써 많은 휴가 일수를 준다면, 휴식을 더 취할 수 있음
이유 2	will work longer for a company if it offers good employee benefits 회사가 좋은 직원 복지를 제공한다면 한 회사를 위해 더 오래 일할 것임
근거	will be more thankful for the wonderful benefits that the company offers 회사가 제공하는 훌륭한 복지에 더욱 고마움을 느낄 것임

나의 의견	🎤 I believe that employee benefits are the most important thing to consider when looking for a new job.	저는 직원 복지가 새 직장을 찾을 때 고려할 가장 중요한 사항이라고 믿습니다.
이유 1 + 근거	🎤 First, good employee benefits can help reduce workers' stress. To be specific, if a company gives a lot of vacation days as a benefit, I can take more time off. This will help me remain positive.	첫째로, 좋은 직원 복지는 직원들의 스트레스를 낮추는 데 도움이 될 수 있습니다. 구체적으로 말하면, 회사가 복지로써 많은 휴가 일수를 준다면, 저는 휴식을 더 취할 수 있습니다. 이것은 제가 계속 긍정적이도록 도울 것입니다.
이유 2 + 근거	🎤 Secondly, I will work longer for a company if it offers good employee benefits. This is because I will be more thankful for the wonderful benefits that the company offers.	둘째로, 회사가 좋은 직원 복지를 제공한다면 저는 한 회사를 위해 더 오래 일할 것입니다. 이것은 회사가 제공하는 훌륭한 복지에 더욱 고마움을 느낄 것이기 때문입니다.
마무리	🎤 For these reasons, I think that a company's employee benefits are very important when looking for a new job.	이러한 이유로, 저는 새 직장을 찾을 때 회사의 직원 복지가 매우 중요하다고 생각합니다.

어휘　reduce[ridjúːs] 낮추다, 줄이다　time off 휴식　remain[riméin] 계속 ~이다, 여전히 ~이다　positive[pázətiv] 긍정적인, 적극적인
　　　offer[ɔ́ːfər] 제공하다, 주다　thankful[θǽŋkfəl] 고마움을 느끼는, 감사하는　wonderful[wʌ́ndərfəl] 훌륭한, 아주 멋진

6 찬성/반대를 묻는 질문

Q1-2

Q3-4

Q5-7

Q8-10

Q11

10일 만에 끝내는 해커스 토익스피킹 스타트

영국식 발음
Do you agree or disagree with the following statement?
　　　　　　　　↳찬성/반대를 묻는 질문
Students should get free admission to museums.
　　　↳학생들의 박물관 무료입장에 대해 묻고 있음
Give specific reasons and examples to support your opinion.

다음의 진술에 찬성하시나요, 반대하시나요?

학생들이 박물관에 무료로 입장해야 한다.

당신의 의견을 뒷받침하기 위해 구체적인 이유와 예를 제시하세요.

나의 의견	학생들이 박물관에 무료로 입장해야 한다는 것에 찬성한다.
이유 1	help them learn more about the subjects they study at school 학생들이 학교에서 공부하는 과목에 대해 더 배울 수 있도록 도와줌
근거	will help them enjoy their classes more 학생들이 수업을 더욱 즐기도록 도와줄 것임
이유 2	most students only have a small amount of money to spend on cultural activities 대부분의 학생들은 문화 활동에 소비할 돈이 조금밖에 없음
근거	if students can go to exhibits without having to pay, they'll be able to experience a lot of great artwork 만일 학생들이 지불할 필요 없이 전시회에 갈 수 있다면, 그들은 많은 훌륭한 예술작품을 경험할 수 있음

나의 의견	🎤	I agree that students should get free admission to museums for several reasons.	저는 몇 가지 이유로 학생들이 박물관에 무료로 입장해야 한다는 것에 찬성합니다.
이유 1 + 근거	🎤	First of all, free admission for students can help them learn more about the subjects they study at school. For example, students who are studying art can visit museums to learn about different painters. This will help them enjoy their classes more.	첫째로, 학생들이 무료로 입장하는 것은 그들이 학교에서 공부하는 과목에 대해 더 배울 수 있도록 도와줄 수 있습니다. 예를 들어, 예술을 공부하는 학생들은 다른 화가들에 대해 배우기 위해 박물관을 방문할 수 있습니다. 이것은 그들이 수업을 더욱 즐기도록 도와줄 것입니다.
이유 2 + 근거	🎤	Second, most students only have a small amount of money to spend on cultural activities. If students can go to exhibits without having to pay, they'll be able to experience a lot of great artwork.	둘째로, 대부분의 학생들은 문화 활동에 소비할 돈이 조금밖에 없습니다. 만일 학생들이 지불할 필요 없이 전시회에 갈 수 있다면, 그들은 많은 훌륭한 예술작품을 경험할 수 있을 것입니다.
마무리	🎤	Therefore, I think that students should get free admission to museums.	그러므로, 저는 학생들이 박물관에 무료로 입장해야 한다고 생각합니다.

어휘　admission [ædmíʃən] 입장, 들어감　painter [péintər] 화가　exhibit [igzíbit] 전시회　artwork [áːrtwəːrk] 예술작품

7 장·단점을 묻는 질문

미국식 발음
What are some advantages of watching a movie in a theater compared
↳ 장점을 묻는 질문
to at home?
↳ 집이 아닌 영화관에서 영화 보는 것에 대해 묻고 있음
Use specific ideas and examples to support your opinion.

집에 비해 영화관에서 영화를 보는 것의 장점은 무엇인가요?

당신의 의견을 뒷받침하기 위해 구체적인 이유와 예를 사용하세요.

나의 의견	집에 비해 영화관에서 영화를 보는 것에 몇 가지 장점이 있다.
장점 1	other things I enjoy at a movie theater 영화관에서 즐기는 다른 것들이 있음
근거	go with friends and eat snacks like popcorn 친구들과 가서 팝콘 같은 간식을 먹음
장점 2	better to see some movies in a theater 어떤 영화들은 영화관에서 보는 것이 나음
근거	fantasy and action films are always more exciting in a theater 공상 영화와 액션 영화는 언제나 영화관에서 더 재미있음

나의 의견	🎤	I think there are some advantages of watching a movie in a theater compared to at home.	저는 집에 비해 영화관에서 영화를 보는 것에 몇 가지 장점이 있다고 생각합니다.
장점 1 + 근거	🎤	First of all, there are other things I enjoy at a movie theater in addition to the movie. To be specific, I usually go with friends and eat snacks like popcorn. I don't often eat snacks, but I always eat them at the movies.	첫째로, 저는 영화 이외에도 영화관에서 즐기는 다른 것들이 있습니다. 구체적으로 말하면, 저는 주로 친구들과 가서 팝콘 같은 간식을 먹습니다. 저는 간식을 자주 먹지 않지만, 영화관에서는 항상 그것들을 먹습니다.
장점 2 + 근거	🎤	Secondly, it is better to see some movies in a theater. For example, fantasy and action films are always more exciting in a theater. The high sound quality and big screen are perfect for these movies.	둘째로, 어떤 영화들은 영화관에서 보는 것이 낫습니다. 예를 들어, 공상 영화와 액션 영화는 언제나 영화관에서 더 재미있습니다. 뛰어난 음질과 큰 화면은 이러한 영화들에 최적입니다.
마무리	🎤	Therefore, I think these are some advantages of watching a movie in a theater.	그러므로, 저는 이것들이 영화관에서 영화를 보는 것의 몇 가지 장점이라고 생각합니다.

어휘 in addition to ~ 이외에도 fantasy [fǽntəsi] 공상 quality [kwάləti] 질, 품질

8 장·단점을 묻는 질문

↱ 단점을 묻는 질문

What are some disadvantages of including the opinions of colleagues when evaluating an employee?

↳ 직원 평가 시 동료의 의견을 포함하는 것에 대해 묻고 있음

Use specific reasons and examples to support your opinion.

직원을 평가할 때 동료들의 의견을 포함하는 것의 단점은 무엇인가요?

당신의 의견을 뒷받침하기 위해 구체적인 이유와 예를 사용하세요.

나의 의견	직원을 평가할 때 동료들의 의견을 포함하는 것에 몇 가지 단점이 있다.
단점 1	could be subjective 주관적일 수 있음
근거	if coworkers have developed close relationships, may give each other positive evaluations 동료들이 가까운 관계를 만들어 왔다면 서로에게 긍정적인 평가를 줄 수 있음
단점 2	takes a long time to complete an evaluation 평가를 완료하는 데 시간이 오래 걸림
근거	many people's opinions must be considered for an employee evaluation 직원 평가를 위해 많은 사람들의 의견이 고려되어야 하기 때문임

나의 의견	🎤 I think there are some disadvantages of including the opinions of colleagues when evaluating an employee.	저는 직원을 평가할 때 동료들의 의견을 포함하는 것에 몇 가지 단점이 있다고 생각합니다.
단점 1 + 근거	🎤 First, the opinions could be subjective. For example, if coworkers have developed close relationships, they may give each other positive evaluations. And if they are not close, they may give negative evaluations to each other.	첫째로, 그 의견들은 주관적일 수 있습니다. 예를 들어, 만일 동료들이 가까운 관계를 만들어 왔다면 서로에게 긍정적인 평가를 줄 수 있습니다. 그리고 만일 그들이 가깝지 않다면, 서로에게 부정적인 평가를 줄지도 모릅니다.
단점 2 + 근거	🎤 Secondly, it takes a long time to complete an evaluation. This is because many people's opinions must be considered for an employee evaluation.	둘째로, 평가를 완료하는 데 시간이 오래 걸립니다. 이는 직원 평가를 위해 많은 사람들의 의견이 고려되어야 하기 때문입니다.
마무리	🎤 Therefore, I think these are some disadvantages of including the opinions of colleagues when evaluating an employee.	그러므로, 저는 이것들이 직원을 평가할 때 동료들의 의견을 포함하는 것의 몇 가지 단점이라고 생각합니다.

어휘   colleague[káli:g] 동료   evaluate[ivǽljuèit] 평가하다, 측정하다   subjective[səbdʒéktiv] 주관적인   coworker[kóuwə̀:rkər] (직장) 동료
positive[pázətiv] 긍정적인   complete[kəmplí:t] 완료하다, 끝마치다   consider[kənsídər] 고려하다, 숙고하다

체크포인트 | 1번부터 8번까지 자신이 녹음한 답변을 다시 들으며 아래의 체크포인트를 통해 자신의 답변을 점검해 보세요.

· 찬성/반대, 선택 사항, 장·단점 등에 대한 나의 의견을 말하였다.   ☐ 2 3 4 5 6 7 8
· 두 가지 정도의 이유를 구체적인 설명과 예시를 들어 말하였다.   ☐ 2 3 4 5 6 7 8
· 나의 의견을 다시 한번 말하면서 답변을 마무리하였다.   ☐ 2 3 4 5 6 7 8

▶ 체크되지 않은 항목이 있는 문제는 자신이 부족했던 부분에 유의하며 모범답변을 다시 여러 번 듣고 따라 말해보세요.

🎧 (Q11_유형) 08

Q11 의견 제시하기   **107**

Q1-2 / 03-4 / 05-7 / 08-10 / Q11 / 10일 만에 끝내는 해커스 토익스피킹 스타트

찬성/반대를 묻는 질문

미국식 발음

Do you agree or disagree with the following statement?
└→ 찬성/반대를 묻는 질문

The number of people who want to work abroad will continue to increase.
└→ 해외에서 일하고자 하는 사람의 수가 계속 증가할 것인지 묻고 있음

Give specific reasons and examples to support your opinion.

다음의 진술에 찬성하시나요, 반대하시나요?

해외에서 일하기를 원하는 사람들의 수는 계속해서 증가할 것이다.

당신의 의견을 뒷받침하기 위해 구체적인 이유와 예를 제시하세요.

나의 의견	해외에서 일하기를 원하는 사람들의 수가 계속해서 증가할 것이라는 점에 찬성한다.
이유 1	a great way to develop one's career 경력을 발전시키는 좋은 방법임
근거	employers are impressed with people who have worked overseas 고용주는 해외에서 일했던 사람들에게 깊은 인상을 받음
이유 2	can have exciting experiences overseas 해외에서 신나는 경험을 할 수 있음
근거	worked in Vietnam, I visited tourist sites and met lots of interesting people 베트남에서 일했을 때, 관광지를 방문하고 여러 흥미로운 사람들을 만남

나의 의견	🎤 I agree that the number of people who want to work abroad will continue to increase for several reasons.	저는 몇 가지 이유로 해외에서 일하기를 원하는 사람들의 수가 계속해서 증가할 것이라는 점에 찬성합니다.
이유 1 + 근거	🎤 First of all, working abroad is a great way to develop one's career. To be specific, employers are impressed with people who have worked overseas. This is because they were able to adapt to a different culture.	첫째로, 해외에서 일하는 것은 경력을 발전시키는 좋은 방법입니다. 구체적으로 말하면, 고용주는 해외에서 일했던 사람들에게 깊은 인상을 받습니다. 이는 그들이 다른 문화에 적응할 수 있었기 때문입니다.
이유 2 + 근거	🎤 Second, people can have exciting experiences overseas. For example, when I worked in Vietnam, I visited tourist sites and met lots of interesting people. It was a great opportunity, and I think people want to have experiences like this.	둘째로, 사람들은 해외에서 신나는 경험을 할 수 있습니다. 예를 들어, 제가 베트남에서 일했을 때, 저는 관광지들을 방문하고 여러 흥미로운 사람들을 만났습니다. 이것은 좋은 기회였고, 저는 사람들이 이러한 경험을 하고 싶어 한다고 생각합니다.
마무리	🎤 Therefore, I think the number of people who want to work abroad will continue to increase.	그러므로, 저는 해외에서 일하기를 원하는 사람들의 수가 계속 증가할 것이라고 생각합니다.

어휘 abroad[əbrɔ́ːd] 해외에서, 해외로 impress[imprés] 깊은 인상을 주다, 감명을 주다 adapt[ədǽpt] 적응하다 tourist site 관광지

체크포인트 자신이 녹음한 답변을 다시 들으며 아래의 체크포인트를 통해 자신의 답변을 점검해 보세요.

· 찬성/반대, 선택 사항, 장·단점 등에 대한 나의 의견을 말하였다. ☐
· 두 가지 정도의 이유를 구체적인 설명과 예시를 들어 말하였다. ☐
· 나의 의견을 다시 한번 말하면서 답변을 마무리하였다. ☐

▣ 체크되지 않은 항목이 있으면 자신이 부족했던 부분에 유의하며 모범답변을 다시 여러 번 듣고 따라 말해보세요.

🎧 (Q11_리뷰테스트) 09

Actual Test

Actual Test 1

p.246 🎧 (AT1) 01

Actual Test 1

Actual Test 2

Actual Test 3

10일 만에 끝내는 해커스 토익스피킹 스타트

Q1 광고

만약 당신의 진공청소기가 당신이 원하는 만큼 공간을 깨끗하게 하지 못한다면, 신상품인 TC 370으로 교환할 때입니다. 이것의 간결한 디자인, 뛰어난 성능, 그리고 효율적인 에너지 사용은 어느 집에나 큰 보탬이 될 것입니다. 저희는 처음 50명의 고객들에게 특가 상품을 제공하고 있습니다. 오늘 오셔서 당신의 것을 구매하세요!

어휘 **vacuum cleaner** 진공청소기 **spotless**[spátlis] 깨끗한, 티끌 한 점 없는 **trade**[treid] 교환하다 **brand-new**[brændnjú] 신상품인 **efficient**[ifíʃənt] 효율적인 **addition**[ədíʃən] 보탬, 추가 **special deal** 특가 상품

▶ 위에 표시된 주의해야 할 발음, 강세, 억양에 맞춰 지문을 읽으세요. 광고 지문이므로 TC 370라는 상품 이름, 간결한 디자인, 뛰어난 성능, 효율적인 에너지 사용, 처음 50명의 고객에게 특가 상품을 제공한다는 장점 및 혜택을 강조해 읽습니다.

Q2 자동 응답 메시지

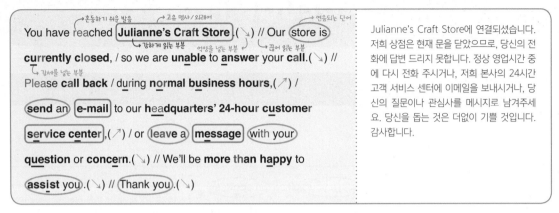

You have reached **Julianne's Craft Store**.(↘) // Our store is **currently closed**, / so we are **unable** to **answer** your call.(↘) // Please **call back** / during **normal business hours**,(↗) / **send an** **e-mail** to our **headquarters'** 24-hour **customer** **service center**,(↗) / or **leave a** **message** with your **question** or **concern**.(↘) // We'll be **more than happy** to **assist** you.(↘) // Thank you.(↘)

Julianne's Craft Store에 연결되셨습니다. 저희 상점은 현재 문을 닫았으므로, 당신의 전화에 답변 드리지 못합니다. 정상 영업시간 중에 다시 전화 주시거나, 저희 본사의 24시간 고객 서비스 센터에 이메일을 보내시거나, 당신의 질문이나 관심사를 메시지로 남겨주세요. 당신을 돕는 것은 더없이 기쁠 것입니다. 감사합니다.

어휘   currently[kɔ́ːrəntli] 현재의   unable[ʌnéibl] ~하지 못하는   business hours 영업시간   headquarters[hédkwɔ̀rtərz] 본사, 본부
       leave[liːv] 남기다   concern[kənsɔ́ːrn] 관심사, 우려   assist[əsíst] 돕다, 지원하다

▶ 위에 표시된 주의해야 할 발음, 강세, 억양에 맞춰 지문을 읽으세요. 자동 응답 메시지 지문이므로 정상 영업시간에 다시 전화하거나, 본사의 고객 서비스 센터에 이메일을 보내거나, 질문이나 관심사를 메시지로 남겨달라는 안내 내용을 강조해 읽습니다.

체크포인트 자신이 녹음한 답변을 다시 들으며 아래의 체크포인트를 통해 자신의 답변을 점검해 보세요.

· 혼동하기 쉬운 자음/모음, 연음되는 단어, 고유명사/외래어를 정확히 발음하였다.   1 2
· 한 단어 내의 강세와, 한 문장 내의 강약을 살려 읽었다.   1 2
· 상황에 따라 억양을 내리거나 올려 읽었다.   1 2
· 의미 덩어리가 나뉘는 부분을 끊어 읽었다.   1 2

☑ 체크되지 않은 항목이 있는 문제는 자신이 부족했던 부분에 유의하며 모범답변을 다시 여러 번 듣고 따라 말해보세요.

Q3 소수의 사람들이 중심인 사진

① 사진이 찍힌 장소

- in a park 공원에서

④ 느낌 및 의견

- a summer day at the park
  공원에서의 여름날

② 가장 눈에 띄는 대상

- a man and a woman
  한 남자와 한 여자

공통점

- jogging on a path
  산책로에서 조깅하고 있는

개별 행동 및 복장

- the man, wearing a short-sleeve blue shirt
  남자, 짧은 소매의 파란색 셔츠를 입고 있는

③ 그 외에 보이는 것

- background, many people, riding their bikes or walking along the path
  배경, 많은 사람들, 자전거를 타고 있거나 산책로를 따라 걷고 있는
- some trees along the path 산책로를 따라 몇몇 나무들

- the woman, wearing a sleeveless red shirt
  여자, 민소매의 빨간색 셔츠를 입고 있는

사진이 찍힌 장소	🎤	This photo was taken in a park. ┈공통점	이 사진은 공원에서 찍혔습니다.
가장 눈에 띄는 대상	🎤	What I notice first is a man and a woman jogging on a path. The man is wearing a short-sleeve blue shirt, and the woman is wearing a sleeveless red shirt. ┈개별 행동 및 복장	처음에 보이는 것은 산책로에서 조깅하고 있는 한 남자와 한 여자입니다. 남자는 짧은 소매의 파란색 셔츠를 입고 있고, 여자는 민소매의 빨간색 셔츠를 입고 있습니다.
그 외에 보이는 것	🎤	In the background of the picture, many people are riding their bikes or walking along the path. I can also see some trees along the path.	사진의 배경에는, 많은 사람들이 자전거를 타고 있거나 산책로를 따라 걷고 있습니다. 산책로를 따라 몇몇 나무들도 보입니다.
느낌 및 의견	🎤	Generally, it seems like a summer day at the park.	전반적으로, 공원에서의 여름날인 것 같습니다.

어휘 jog[dʒɑɡ] 조깅하다, 느리게 달리다 path[pæθ] 산책로, 길 sleeveless[slíːvlis] 민소매의 along[əlɔ́ːŋ] ~을 따라

Q4 소수의 사람들이 중심인 사진

① 사진이 찍힌 장소
- in a study room 자습실에서

④ 느낌 및 의견
- three people, discussing something
  세 사람, 무엇인가를 논의하고 있는

③ 그 외에 보이는 것
- background, people, sitting at tables, studying or doing homework
  배경, 사람들, 책상에 앉아 있는, 공부하거나 숙제를 하고 있는

② 가장 눈에 띄는 대상
- two men 두 남자

개별 행동 및 복장
- one, typing on a laptop
  한 명, 노트북에 타이핑을 하고 있는
- the other, holding a tablet computer
  다른 한 명, 태블릿 컴퓨터를 들고 있는

공통점
- looking at a woman sitting in front of them
  그들 앞에 앉아 있는 한 여자를 보고 있는

사진이 찍힌 장소	🎤 This photo was taken in a study room.	이 사진은 자습실에서 찍었습니다.
가장 눈에 띄는 대상	🎤 The first thing I see is two men. One is typing on a laptop, and the other is holding a tablet computer. They are looking at a woman sitting in front of them.	처음에 보이는 것은 두 남자입니다. 한 명은 노트북에 타이핑을 하고 있고, 다른 한 명은 태블릿 컴퓨터를 들고 있습니다. 그들은 그들 앞에 앉아 있는 한 여자를 보고 있습니다.
그 외에 보이는 것	🎤 In the background, there are people sitting at tables. They seem to be studying or doing homework.	배경에는, 책상에 앉아 있는 사람들이 있습니다. 그들은 공부하거나 숙제를 하고 있는 것처럼 보입니다.
느낌 및 의견	🎤 Generally, it seems like the three people are discussing something.	전반적으로, 세 사람이 무엇인가를 논의하고 있는 것처럼 보입니다.

개별 행동 및 복장
공통점

어휘 study room 자습실 discuss[dískʌs] 논의하다

체크포인트 자신이 녹음한 답변을 다시 들으며 아래의 체크포인트를 통해 자신의 답변을 점검해 보세요.

· 사진이 찍힌 장소를 첫 문장에서 말하였다. ☐
· 가장 눈에 띄는 대상의 행동, 복장, 상태 등을 묘사하였다. ☐
· 그 외에 보이는 사람이나 사물의 위치, 동작, 상태 등을 묘사하였다. ☐
· 사진에 대한 전반적인 느낌 및 의견을 말하였다. ☐

▶ 체크되지 않은 항목이 있으면 자신이 부족했던 부분에 유의하며 모범답변을 다시 여러 번 듣고 따라 말해보세요.

Q5-7 지인과 통화: 영화

Imagine that a friend is talking to you on the telephone. You are having a conversation about <u>movies</u>.↱ 질문 토픽: 영화	한 친구가 당신과 통화를 하고 있다고 가정해 봅시다. 당신은 영화에 대한 대화를 하고 있습니다.

▶ 전화 통화의 주제인 movies(영화)에 대해 얼마나 자주/한 달에 한 번, 언제/지난 주말, 무엇을/코미디를, 어떻게/평가를 읽고, 왜(과거보다 영화관에 자주 가지 않는 이유)/다운로드가 쉽고 영화표가 비싸서와 같이 질문과 응답을 예상해봅니다.

Question 5

↱ 가장 좋아하는 영화 장르를 묻고 있음

🎧 Q: What movie genre **do** you like the most?
영국식 발음

🎙 A: [핵심 응답] The movie genre I like the most is comedy. [이유] This is because I don't like to think about serious things during my free time.

어휘 serious[síəriəs] 진지한, 심각한 free time 여가 시간

Q: 어떤 영화 장르를 가장 좋아하니?

A: 내가 가장 좋아하는 영화 장르는 코미디야. 나는 여가 시간 동안 진지한 것들에 대해 생각하는 것을 좋아하지 않기 때문이야.

Question 6

↱ 영화관에 혼자 가는지 아니면 함께 가는지 묻고 있음

🎧 Q: **Do** you usually go to a movie theater **alone or** with somebody else? Why?
영국식 발음

🎙 A: [핵심 응답] I usually go to a movie theater with somebody else because I like to talk about the movie afterward. [추가 핵심 응답] It's also nice to sit next to someone I know.

어휘 movie theater 영화관 afterward[ǽftərwərd] 나중에, 그 후에

Q: 영화관에 보통 혼자 가니 아니면 누군가와 함께 가니? 이유는 무엇이니?

A: 나는 나중에 그 영화에 대해 이야기하는 것을 좋아하기 때문에 보통 누군가와 함께 영화관에 가. 내가 아는 누군가의 옆에 앉는 것도 좋아.

Question 7

↱ 사람들이 과거보다 영화를 영화관에서 더 자주 본다고 생각하는지 묻고 있음

🎧 Q: **Do** you think that people watch movies at movie theaters more often **than** they did in the past? Why or why not?
영국식 발음

🎙 A: [핵심 응답] I don't think that people watch movies at movie theaters more often nowadays. [근거 1] First, it's easy to download movies on a computer. This is a very convenient way to watch movies. [근거 2] Second, movie tickets are more expensive nowadays, and people want to spend their money in other ways. [마무리] So, I think that people watch movies at movie theaters less often now.

어휘 nowadays[náuədèiz] 요즘에 convenient[kənvíːnjənt] 편리한

Q: 과거에 그랬던 것보다 사람들이 영화를 영화관에서 더 자주 본다고 생각하니? 그 이유는 무엇이니?

A: 나는 요즘에 사람들이 영화를 영화관에서 더 자주 본다고 생각하지 않아. 첫째로, 컴퓨터에 영화를 다운로드 하는 것이 쉬워. 이것은 영화를 보는 매우 편리한 방법이야. 둘째로, 요즘에 영화표 가격이 더 비싸고, 사람들은 다른 방식으로 그들의 돈을 쓰고 싶어해. 그래서, 나는 요즘 사람들이 영화를 영화관에서 덜 자주 본다고 생각해.

체크포인트 자신이 녹음한 답변을 다시 들으며 아래의 체크포인트를 통해 자신의 답변을 점검해 보세요.

· 세 개의 질문 모두에서 묻는 내용에 맞게 답변하였다. ☐
· Question 5, 6에서 두 가지를 묻는 경우에는 각각에 대해 차례대로 답변하고,
  한 가지를 묻는 경우에는 핵심 응답에 관련된 내용을 덧붙여 말하였다. ☐
· Question 7에서 핵심 응답에 대한 적절한 근거를 제시하였다. ☐
▶ 체크되지 않은 항목이 있으면 자신이 부족했던 부분에 유의하며 모범답변을 다시 여러 번 듣고 따라 말해보세요.

Q8-10 회계부장 지원자 이력서

윗부분

Jamie Reynolds
Apt. 302, 2345 Field Street, Durham, NC
(243) 555-6537
jreynolds@freemail.com

→ 지원자의 이름, 주소, 연락처

중간
부분

Position Applied For
Midway Department Store, Accounting Manager

→ 지원 직무

Education
[8]Bachelor of Arts (Finance) – Kentucky Business College

→ 학력
→ 이력

Work History
[9]2017-Present: Head Accountant – Sportswear Incorporated
2013-2017: Investment Consultant – Carolina Brokerage
2011-2013: Marketing Assistant – GT Online Market

Certification
[10]Public Accountant Certificate (2015)
[10]Accounting Software Certificate (2014)
[10]Financial Advisor Certificate (2012)

→ 자격증

Jamie Reynolds
302호, Field가 2345번지, Durham시, 노스캐롤라이나
(243) 555-6537
jreynolds@freemail.com

| 지원 직무 |
| Midway 백화점, 회계부장 |

| 학력 |
| [8]학사 학위 (재정학) – Kentucky 경영 대학교 |

| 이력 |
| [9]2017-현재: 수석 회계사
– Sportswear Incorporated
2013-2017: 투자 상담가
– Carolina Brokerage
2011-2013: 마케팅 담당 직원
– GT Online Market |

| 자격증 |
| [10]공인 회계사 자격증 (2015)
[10]회계 소프트웨어 자격증 (2014)
[10]재정 자문가 자격증 (2012) |

미국식 발음

My name is Carl Baker, and I'm the manager of Midway Department Store. I'm going to interview Jamie Reynolds this afternoon, but I forgot to bring his résumé. As I'm out of the office, can I ask you several questions regarding his résumé?

제 이름은 Carl Baker이며, 저는 Midway 백화점의 관리자입니다. 오늘 오후 Jamie Reynolds와 면접을 볼 예정인데, 그의 이력서를 들고 오는 것을 잊어버렸어요. 제가 사무실 밖에 있어서, 그의 이력서에 관한 몇 가지 질문을 해도 될까요?

어휘 **accounting**[əkáuntiŋ] 회계 **finance**[fáinæns] 재정학 **head**[hed] 수석 **investment**[invéstmənt] 투자 **consultant**[kənsʌ́ltənt] 상담가
certification[sə̀ːrtəfikéiʃən] 자격증 **advisor**[ædváizər] 자문가, 고문

Question 8

🎧 Q: What was his major, and which university did he attend?
미국식 발음

↗ 전공과 출신 대학교에 대해 묻고 있음

🎤 A: His major was finance, and he attended Kentucky Business College.

어휘   attend [əténd] 다니다

Q: 그의 전공은 무엇이고, 어느 대학교를 다녔나요?

A: 그의 전공은 재정학이며, Kentucky 경영 대학교를 다녔습니다.

Question 9

🎧 Q: Does he have experience of working as an accountant?
미국식 발음

↗ 회계사로서 일한 경험이 있는지 묻고 있음

🎤 A: Yes, he does. Since 2017, he has been working at Sportswear Incorporated as the head accountant.

Q: 그는 회계사로서 일한 경험이 있나요?

A: 네, 있습니다. 2017년 이후로, 그는 Sportswear Incorporated에서 수석 회계사로 일해왔습니다.

Question 10

🎧 Q: Could you tell me about the certificates he has?
미국식 발음

↗ 보유한 자격증에 대해 묻고 있음

🎤 A: Sure. 도입 He has three certificates. 첫 번째 항목 The first is a Public Accountant Certificate, which he received in 2015. 두 번째 항목 Also, he has an Accounting Software Certificate that he got in 2014. 마지막 항목 Finally, he was issued a Financial Advisor Certificate in 2012.

어휘   receive [risíːv] 받다, 얻다   issue [íʃuː] 발급하다, 발행하다

Q: 그가 가지고 있는 자격증에 대해 말해주시겠어요?

A: 물론이죠. 그는 세 개의 자격증을 가지고 있습니다. 첫 번째는 공인 회계사 자격증인데, 그가 2015년에 받았습니다. 또한, 그는 2014년에 취득한 회계 소프트웨어 자격증이 있습니다. 마지막으로, 그는 2012년에 재정 자문가 자격증을 발급받았습니다.

체크포인트   자신이 녹음한 답변을 다시 들으며 아래의 체크포인트를 통해 자신의 답변을 점검해 보세요.

· 세 개의 질문 모두에서 묻는 내용에 맞게 답변하였다.   ☐
· Question 8, 9에서 질문에서 사용된 표현, 또는 질문의 내용이 표와 다르거나 같다고 알려주는
  표현을 사용하여 답변하였다.   ☐
· Question 10에서 답변 템플릿에 맞추어 답변하였다.   ☐
▣ 체크되지 않은 항목이 있으면 자신이 부족했던 부분에 유의하며 모범답변을 다시 여러 번 듣고 따라 말해보세요.

Q11 장·단점을 묻는 질문

미국식 발음

What are the **advantages** of the government regulating the number of cars in a crowded city?

↳ 장점을 묻는 질문
↳ 정부가 혼잡한 도시의 차량 수를 규제하는 것에 대해 묻고 있음

Use specific reasons and examples to support your opinion.

정부가 혼잡한 도시에서 차량의 수를 규제하는 것의 장점은 무엇인가요?

당신의 의견을 뒷받침하기 위해 구체적인 이유와 예를 사용하세요.

나의 의견	정부가 혼잡한 도시에서 차량의 수를 규제하는 것에 몇 가지 장점이 있다.
장점 1	can reduce the traffic level 교통량을 줄일 수 있음
근거	traffic during rush hour is usually very slow because there are too many cars 너무 많은 차가 있기 때문에 혼잡 시간대의 교통은 보통 매우 느림
장점 2	can improve air quality 공기 질을 향상시킬 수 있음
근거	many types of cars cause air pollution by burning fuel 많은 종류의 차량들이 연료를 태우면서 공기 오염을 초래함

나의 의견	🎤 I believe that there are some advantages of the government regulating the number of cars in a crowded city.	저는 정부가 혼잡한 도시에서 차량의 수를 규제하는 것에 몇 가지 장점이 있다고 믿습니다.
장점 1 + 근거	🎤 First of all, regulating the number of cars can reduce the traffic level. To be specific, traffic during rush hour is usually very slow because there are too many cars. Regulating the number of cars can improve the situation.	첫째로, 차량의 수를 규제하는 것은 교통량을 줄일 수 있습니다. 구체적으로 말하면, 너무 많은 차가 있기 때문에 혼잡 시간대의 교통은 보통 매우 느립니다. 차량의 수를 규제하는 것은 이 상황을 개선할 수 있습니다.
장점 2 + 근거	🎤 Second, regulating the number of cars can improve air quality. To be specific, many types of cars cause air pollution by burning fuel, so reducing their number is good for the environment.	둘째로, 차량의 수를 규제하는 것은 공기 질을 향상시킬 수 있습니다. 구체적으로 말하면, 많은 종류의 차량들이 연료를 태우면서 공기 오염을 초래하므로, 수를 줄이는 것은 환경에 좋습니다.
마무리	🎤 Therefore, I think these are some advantages of regulating the number of cars in a crowded city.	따라서, 저는 이것들이 혼잡한 도시에서 차량의 수를 규제하는 것의 몇 가지 장점이라고 생각합니다.

어휘　regulate [régjulèit] 규제하다, 통제하다　crowded [kráudid] 혼잡한, 붐비는　traffic level 교통량　rush hour (출퇴근) 혼잡 시간대
improve [imprúːv] 개선하다, 향상시키다　air pollution 공기 오염　burn [bəːrn] (연료를) 태우다, 쓰다　fuel [fjúːəl] 연료

체크포인트　자신이 녹음한 답변을 다시 들으며 아래의 체크포인트를 통해 자신의 답변을 점검해 보세요.

· 찬성/반대, 선택 사항, 장·단점 등에 대한 나의 의견을 말하였다.　☐
· 두 가지 정도의 이유를 구체적인 설명과 예시를 들어 말하였다.　☐
· 나의 의견을 다시 한번 말하면서 답변을 마무리하였다.　☐

🔁 체크되지 않은 항목이 있으면 자신이 부족했던 부분에 유의하며 모범답변을 다시 여러 번 듣고 따라 말해보세요.

Q1 보도

저는 최신 날씨 정보를 전해드리는 Jackie Jacobson입니다. 마침내 기온이 떨어지고 있어서, 야외 활동에 쾌적한 주말을 예상합니다. 하지만, 월요일에는 기온, 습도와 폭풍우의 가능성이 모두 문제가 될 수 있으니, 이번 주말의 날씨를 즐기시기 바랍니다. 저희는 곧 더 많은 최신 정보를 가지고 돌아오겠습니다.

어휘 update[ʌ́pdeit] 최신 정보 temperature[témpərətʃər] 기온, 온도 drop[drɑp] 떨어지다, 내리다 pleasant[plézənt] 쾌적한, 좋은 humidity[hjuːmídəti] 습도 chance[tʃæns] 가능성 thunderstorm[θʌ́ndərstɔ̀ːrm] 폭풍우

▶ 위에 표시된 주의해야 할 발음, 강세, 억양에 맞춰 지문을 읽으세요. 보도 지문이므로 기온이 내려가고 있고, 야외 활동에 쾌적한 주말을 예상하지만, 월요일에는 기온, 습도, 폭풍우의 가능성이 모두 문제가 될 수 있다는 주요 전달 내용을 강조해 읽습니다.

Actual Test 1

Actual Test 2

Actual Test 3

10일 만에 끝내는 해커스 토익스피킹 스타트

Q2 공지

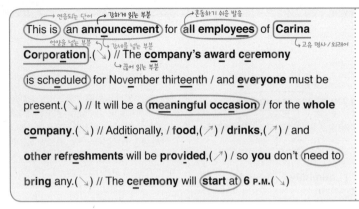

이것은 Carina Corporation의 모든 직원을 위한 공지입니다. 회사의 시상식이 11월 13일에 열릴 예정이며 모두가 참석해야 합니다. 이것은 회사 전체에 의미 있는 행사가 될 것입니다. 게다가, 음식, 음료, 다른 다과가 제공될 것이므로, 아무것도 가져오실 필요가 없습니다. 시상식은 오후 6시에 시작할 것입니다.

어휘 announcement[ənáunsmənt] 공지, 안내 employee[implɔ́ii:] 직원 award ceremony 시상식 present[préznt] 참석한
meaningful[mí:niŋfəl] 의미 있는 occasion[əkéiʒən] 행사 refreshment[rifréʃmənt] 다과, 가벼운 음식

▶ 위에 표시된 주의해야 할 발음, 강세, 억양에 맞춰 지문을 읽으세요. 공지 지문이므로 11월 13일 오후 6시에 회사 시상식이 열리며 모든 직원이 참석해야 하고, 음식, 음료, 다른 다과가 제공될 것이라는 안내 사항을 강조해 읽습니다.

체크포인트 자신이 녹음한 답변을 다시 들으며 아래의 체크포인트를 통해 자신의 답변을 점검해 보세요.

· 혼동하기 쉬운 자음/모음, 연음되는 단어, 고유명사/외래어를 정확히 발음하였다.　　　　　　　1 2
· 한 단어 내의 강세와, 한 문장 내의 강약을 살려 읽었다.　　　　　　　　　　　　　　　　　1 2
· 상황에 따라 억양을 내리거나 올려 읽었다.　　　　　　　　　　　　　　　　　　　　　　　1 2
· 의미 덩어리가 나뉘는 부분을 끊어 읽었다.　　　　　　　　　　　　　　　　　　　　　　　1 2
　▣ 체크되지 않은 항목이 있는 문제는 자신이 부족했던 부분에 유의하며 모범답변을 다시 여러 번 듣고 따라 말해보세요.

Q3 여러 사람이 중심인 사진

① 사진이 찍힌 장소 ·········

· in an office 사무실에서

④ 느낌 및 의견 ·········

· a typical office environment
전형적인 사무실 환경

③ 그 외에 보이는 것 ·········

· foreground, a cup, a laptop computer, some documents on the table
전방, 책상 위에 컵, 노트북 컴퓨터, 몇몇 서류들

② 가장 눈에 띄는 대상

· four people 네 명의 사람들

공통점

· gathered near a table
탁자 주변에 모여 있는

눈에 띄는 행동 및 복장

· a man, sitting on a chair, wearing a blue jacket
한 남자, 의자에 앉아있는, 파란 자켓을 입고 있는

· next to him, another man and two women, standing
그의 옆, 다른 남자와 두 여자, 서 있는

· one of the women, talking on a phone
여자들 중 한 명, 전화로 이야기를 하고 있는

사진이 찍힌 장소	🎤	This photo was taken in an office. →공통점	이 사진은 사무실에서 찍었습니다.
가장 눈에 띄는 대상	🎤	What I notice first is four people gathered near a table. A man sitting on a chair is wearing a blue jacket. Next to him, another man and two women are standing. One of the women is talking on the phone. └눈에 띄는 행동 및 복장	처음에 보이는 것은 탁자 주변에 모여 있는 네 명의 사람들입니다. 의자에 앉아있는 한 남자는 파란 자켓을 입고 있습니다. 그의 옆에는, 다른 남자와 두 여자가 서 있습니다. 여자들 중 한 명은 전화로 이야기를 하고 있습니다.
그 외에 보이는 것	🎤	In the foreground of the picture, I can see a cup, a laptop computer, and some documents on the table.	사진의 전방에는, 책상 위에 컵, 노트북 컴퓨터, 그리고 몇몇 서류들이 보입니다.
느낌 및 의견	🎤	Overall, it seems like a typical office environment.	전반적으로, 전형적인 사무실 환경인 것 같습니다.

어휘　gather[ɡǽðər] 모이다　laptop computer 노트북 컴퓨터　document[dάkjumənt] 서류

Q4 소수의 사람들이 중심인 사진

① 사진이 찍힌 장소
- on a street 거리에서

④ 느낌 및 의견
- they, going on a trip
  그들, 여행을 가는

③ 그 외에 보이는 것
- background, a taxi station, some parked bicycles
  배경, 택시 정류장, 주차된 자전거들

② 가장 눈에 띄는 대상
- a couple 한 커플

공통점
- loading luggage in the trunk of a car
  자동차 트렁크에 짐을 싣고 있는

개별 행동 및 복장
- a man, in a black jacket, holding some luggage
  남자, 검은색 재킷을 입은, 짐을 들고 있는
- on his left, a woman, wearing jeans and boots, tidying up the trunk
  그의 왼쪽, 여자, 청바지를 입고 부츠를 신은, 트렁크를 정리하고 있는

사진이 찍힌 장소	🎤	This picture was taken on a street. └ 공통점	이 사진은 거리에서 찍혔습니다.
가장 눈에 띄는 대상	🎤	What I see first is a couple loading luggage in the trunk of a car. A man in a black jacket is holding some luggage. On his left, a woman wearing jeans and boots is tidying up the trunk. └ 개별 행동 및 복장	처음에 보이는 것은 자동차 트렁크에 짐을 싣고 있는 한 커플입니다. 검은색 재킷을 입은 남자는 짐을 들고 있습니다. 그의 왼쪽에는, 청바지를 입고 부츠를 신은 여자가 트렁크를 정리하고 있습니다.
그 외에 보이는 것	🎤	In the background, I can see a taxi station and some parked bicycles.	배경에는 택시 정류장과 주차된 자전거들이 보입니다.
느낌 및 의견	🎤	Basically, it seems like they are going on a trip.	전반적으로, 그들은 여행을 가는 것처럼 보입니다.

어휘 load [loud] 싣다 luggage [lʌ́gidʒ] (여행용) 짐, 여행 가방 tidy up 정리하다 station [stéiʃən] 정류장 go on a trip 여행을 가다

체크포인트 자신이 녹음한 답변을 다시 들으며 아래의 체크포인트를 통해 자신의 답변을 점검해 보세요.

- 사진이 찍힌 장소를 첫 문장에서 말하였다. ☐
- 가장 눈에 띄는 대상의 행동, 복장, 상태 등을 묘사하였다. ☐
- 그 외에 보이는 사람이나 사물의 위치, 동작, 상태 등을 묘사하였다. ☐
- 사진에 대한 전반적인 느낌 및 의견을 말하였다. ☐

➡ 체크되지 않은 항목이 있으면 자신이 부족했던 부분에 유의하며 모범답변을 다시 여러 번 듣고 따라 말해보세요.

Q5-7 전화 설문: 휴식 취하기

Imagine that a marketing firm is doing research in your country. You have agreed to participate in a telephone interview about taking breaks. ↳ 질문 토픽: 휴식 취하기	한 마케팅 회사가 당신의 나라에서 조사를 하고 있다고 가정해 봅시다. 당신은 휴식을 취하는 것에 대한 전화 인터뷰에 참여하기로 동의했습니다.

▶ 설문 조사의 주제인 taking breaks(휴식 취하기)에 대해 얼마나 자주/두 시간에 한 번씩, 언제/오후에, 어디에서/직장에서, 무엇을/수다를, 왜(짧은 휴식을 선호하는 이유)/긴 휴식은 집중을 잃고 휴식 횟수가 줄어들어서와 같이 질문과 답변을 예상해봅니다.

Question 5

↱ 얼마나 자주 휴식을 취하는지 묻고 있음

🎧 Q: (미국식 발음) **How often do** you take a break at work **or school?**

🎙 A: I usually take a break at work once every two hours. But when I am busy, I only take two breaks a day.

어휘 take a break 휴식을 취하다

Q: 직장이나 학교에서 얼마나 자주 휴식을 취하나요?

A: 저는 주로 직장에서 두 시간에 한 번씩 휴식을 취합니다. 하지만 바쁠 때는, 하루에 두 번의 휴식만 취합니다.

Question 6

↱ 휴식을 취할 때 보통 무엇을 하는지 묻고 있음

🎧 Q: (미국식 발음) **What do** you normally do while taking a break at your workplace **or school?**

🎙 A: [핵심 응답] I normally chat with my coworkers while taking a break at my workplace. [추가 핵심 응답] We usually talk about our favorite TV shows, restaurants, and so on.

어휘 chat[tʃæt] 수다를 떨다 and so on 등(등)

Q: 당신의 직장이나 학교에서 휴식을 취할 때 보통 무엇을 하나요?

A: 저는 직장에서 휴식을 취할 때 보통 동료들과 함께 수다를 떨어요. 우리는 주로 가장 좋아하는 TV 프로그램, 식당 등에 대해서 이야기해요.

Question 7

↱ 긴 휴식 또는 짧은 휴식 중 어느 것을 선호하는지 묻고 있음

🎧 Q: (미국식 발음) **Do** you prefer to take **longer breaks or shorter breaks** while at work **or school?**

🎙 A: [핵심 응답] I prefer to take shorter breaks while at work. [근거1] First, I lose my concentration if I go for a long break. It takes some time to focus on work again after a long break. [근거2] Second, I get fewer breaks when they are longer. It's nice to have more chances to rest. [마무리] So, I prefer taking shorter breaks during the day.

어휘 concentration[kànsəntréiʃən] 집중 focus[fóukəs] 집중하다

Q: 당신은 직장이나 학교에 있는 동안 더 긴 휴식을 취하는 것을 선호하나요 아니면 더 짧은 휴식을 취하는 것을 선호하나요?

A: 저는 직장에서 더 짧은 휴식을 취하는 것을 선호합니다. 첫째로, 저는 긴 휴식을 가지면 집중을 잃습니다. 긴 휴식 이후에는 일에 다시 집중하는 데 어느 정도의 시간이 걸립니다. 둘째로, 휴식이 더 길면 휴식의 횟수가 줄어듭니다. 쉴 기회를 더 많이 갖는 것이 좋습니다. 그래서, 저는 하루 동안 더 짧은 휴식을 취하는 것을 선호합니다.

체크포인트 자신이 녹음한 답변을 다시 들으며 아래의 체크포인트를 통해 자신의 답변을 점검해 보세요.

· 세 개의 질문 모두에서 묻는 내용에 맞게 답변하였다. ☐
· Question 5, 6에서 두 가지를 묻는 경우에는 각각에 대해 차례대로 답변하고,
  한 가지를 묻는 경우에는 핵심 응답에 관련된 내용을 덧붙여 말하였다. ☐
· Question 7에서 핵심 응답에 대한 적절한 근거를 제시하였다. ☐
▶ 체크되지 않은 항목이 있으면 자신이 부족했던 부분에 유의하며 모범답변을 다시 여러 번 듣고 따라 말해보세요.

Q8-10 연극 티켓 예약표

윗부분

Ticket Wizard Booking Service
www.ticketwizard.com → 연극 티켓 예약 서비스

Theater ticket availability for May

→ 날짜, 시간, 장소

중간부분

Play Name	Date	Time	Venue
[10]The Ice Queen	[10]May 1	[10]4:00 P.M.	[10]Cole Harbor Theater
A Man Alone	May 11	9:00 P.M.	Central Arts Center
[9]A Perfect Love	May 16	8:00 P.M.	[9]Main Street Theater
[10]Fate	[10]May 20	[10]3:00 P.M.	[10]Belle Theater
A Surprise Visitor	May 31	7:00 P.M.	DLC Performing Arts Center

→ 연극명

아랫부분

[8]Receive a 10 percent discount when you purchase three or more tickets for the same performance.

→ 할인 안내

Ticket Wizard 예약 서비스
www.ticketwizard.com

5월에 예약 가능한 연극 티켓

연극명	날짜	시간	장소
[10]얼음 여왕	[10]5월 1일	[10]오후 4시	[10]Cole Harbor 극장
외로운 남자	5월 11일	오후 9시	Central 예술 센터
[9]완벽한 사랑	5월 16일	오후 8시	[9]Main Street 극장
[10]운명	[10]5월 20일	[10]오후 3시	[10]Belle 극장
뜻밖의 방문객	5월 31일	오후 7시	DLC 공연 예술 센터

[8]같은 공연의 티켓을 3장 이상 구매하실 때 10퍼센트 할인을 받으세요.

호주식 발음

Hello. My name is Jeff Walker and I'm interested in purchasing tickets for a play this month. I was hoping you could give me some information.

안녕하세요. 제 이름은 Jeff Walker이고 이번 달 연극 티켓 구매에 관심이 있습니다. 저에게 몇 가지 정보를 주시길 바랍니다.

어휘   booking[búkiŋ] 예약, 예매   theater[θíːətər] 연극, 극장   fate[feit] 운명   receive[risíːv] 받다   purchase[pə́ːrtʃəs] 구매하다
performance[pərfɔ́ːrməns] 공연

Question 8

↱ 단체 할인을 제공하는지 묻고 있음

🎧 Q: I am planning to watch a play with several friends. Do you
호주식 발음   provide a group discount?

🎙 A: Yes. We provide a 10 percent discount when you purchase
three or more tickets for the same performance.

어휘   provide[prəváid] 제공하다

Q: 몇몇 친구들과 함께 연극을 볼 계획입니다.
단체 할인을 제공하시나요?

A: 네. 저희는 같은 공연의 티켓을 3장 이상
구매하실 때 10퍼센트 할인을 제공합니다.

Question 9

↱ '완벽한 사랑'이 Central 예술 센터에서 공연 중인지 확인하고 있음

🎧 Q: I heard that *A Perfect Love* is playing at the Central Arts
호주식 발음   Center. Is this correct?

🎙 A: I'm sorry, but you're mistaken. *A Perfect Love* is playing at
the Main Street Theater.

Q: '완벽한 사랑'이 Central 예술 센터에서 공
연 중이라고 들었어요. 맞나요?

A: 죄송하지만, 잘못 알고 계시네요. '완벽한
사랑'은 Main Street 극장에서 공연 중입
니다.

Question 10

↱ 오후 6시 이전에 시작하는 연극에 대해 묻고 있음

🎧 Q: I don't want to go home late. Could you tell me about the plays
호주식 발음   that begin before 6:00 P.M.?

🎙 A: 도입 There are two plays that begin before 6:00 P.M. 첫 번째 항목
The first is *The Ice Queen*. This play starts at 4:00 P.M. on
May 1 at the Cole Harbor Theater. 두 번째 항목 The second is
Fate. It will be performed at the Belle Theater at 3:00 P.M.
on May 20.

Q: 저는 늦게 귀가하고 싶지 않습니다. 오후 6
시 이전에 시작하는 연극에 대해 말씀해주
실 수 있어요?

A: 오후 6시 이전에 시작하는 연극이 2개 있습
니다. 첫 번째는 '얼음 여왕'입니다. 이 연극
은 Cole Harbor 극장에서 5월 1일 오후 4
시에 시작합니다. 두 번째는 '운명'입니다.
이것은 5월 20일 오후 3시에 Belle 극장에
서 공연될 것입니다.

체크포인트 자신이 녹음한 답변을 다시 들으며 아래의 체크포인트를 통해 자신의 답변을 점검해 보세요.

· 세 개의 질문 모두에서 묻는 내용에 맞게 답변하였다. ☐
· Question 8, 9에서 질문에서 사용된 표현, 또는 질문의 내용이 표와 다르거나 같다고
알려주는 표현을 사용하여 답변하였다. ☐
· Question 10에서 답변 템플릿에 맞추어 답변하였다. ☐

▶ 체크되지 않은 항목이 있으면 자신이 부족했던 부분에 유의하며 모범답변을 다시 여러 번 듣고 따라 말해보세요.

Q11 선택 사항을 묻는 질문

<table>
<tr><td>미국식 발음</td><td></td></tr>
</table>

선택 사항을 묻는 질문 →

If you have a conflict with a coworker, do you prefer to resolve it by speaking with the coworker directly or by speaking with your supervisor?

↳ 한 동료와 갈등이 있다면, 그 동료와 직접 해결하는 것 혹은 관리자와 이야기하는 것 중 어느 것을 선호하는지 묻고 있음

Give specific reasons and examples to support your opinion.

만약 당신이 한 동료와 갈등이 있다면, 그 동료와 직접 이야기함으로써 해결하는 것을 더 선호하시나요, 당신의 관리자와 이야기함으로써 해결하는 것을 선호하시나요?

당신의 의견을 뒷받침하기 위해 구체적인 이유와 예를 제시하세요.

나의 의견	동료와 직접 갈등을 해결하는 것을 더 선호한다.
이유 1	can resolve the conflict quickly 갈등을 빠르게 해결할 수 있음
근거	takes time to explain a situation to someone else 다른 누군가에게 상황을 설명하는 데 시간이 걸림
이유 2	want to avoid any additional problems 어떤 추가적인 문제도 방지하고 싶음
근거	told my manager about it; made my coworker more upset, and the situation got worse 이것에 대해 관리자에게 이야기함. 동료를 더 속상하게 했고 상황은 악화됨

나의 의견	🎙 If I have a conflict with a coworker, I prefer to resolve it by speaking with the coworker directly for several reasons.	만약 제가 한 동료와 갈등이 있다면, 저는 몇 가지 이유로 그 동료와 직접 이야기함으로써 그것을 해결하는 것을 더 선호합니다.
이유 1 + 근거	🎙 First of all, if I speak to the coworker, I can resolve the conflict quickly. To be specific, it takes time to explain a situation to someone else. It's more efficient to deal with the issue directly.	첫째로, 제가 동료에게 말하면, 갈등을 빠르게 해결할 수 있습니다. 구체적으로 말하면, 다른 누군가에게 상황을 설명하는 것은 시간이 걸립니다. 문제를 직접 다루는 것이 더 효율적입니다.
이유 2 + 근거	🎙 Secondly, I want to avoid any additional problems. For example, when I was an intern, I had some trouble with a coworker. I told my manager about it. But this made my coworker more upset, and the situation got worse.	둘째로, 어떤 추가적인 문제도 방지하고 싶습니다. 예를 들어, 제가 인턴이었을 때, 동료와 조금 갈등이 있었습니다. 저는 이것에 대해 관리자에게 이야기했습니다. 하지만 이것이 동료를 더 속상하게 했고, 상황은 악화되었습니다.
마무리	🎙 For these reasons, I think it's better to resolve conflicts directly with my coworkers.	이러한 이유로, 저는 동료와 직접 갈등을 해결하는 것이 더 낫다고 생각합니다.

어휘　conflict[kɑːnflíkt] 갈등, 충돌　resolve[rizálv] 해결하다　directly[diréktli] 직접, 직접적으로　efficient[ifíʃənt] 효율적인　deal with ~을 다루다
upset[ʌpsét] 속상한, 당황한

체크포인트　자신이 녹음한 답변을 다시 들으며 아래의 체크포인트를 통해 자신의 답변을 점검해 보세요.

· 찬성/반대, 선택 사항, 장·단점 등에 대한 나의 의견을 말하였다.	☐
· 두 가지 정도의 이유를 구체적인 설명과 예시를 들어 말하였다.	☐
· 나의 의견을 다시 한번 말하면서 답변을 마무리하였다.	☐

▶ 체크되지 않은 항목이 있으면 자신이 부족했던 부분에 유의하며 모범답변을 다시 여러 번 듣고 따라 말해보세요.

Actual Test 3

Q1 공지

> 연음되는 단어 / 고유 명사/외래어 / 강하게 읽는 부분
> 혼동하기 쉬운 발음 / 강세를 넣는 부분 / 끊어 읽는 부분
> 억양을 넣는 부분

Dear visitors of Sydney's Transport Museum, / please listen to the following announcement.(↘) // We are holding a special exhibit in our outdoor venue / and it is only open until Friday.(↘) // The exhibit features a rare steam train / that has never been displayed to the public before.(↘) // You can learn about its history,(↗) / design,(↗) / and what it was used for.(↘)

시드니 교통 박물관의 방문객 여러분, 다음 공지를 잘 들어주시기 바랍니다. 저희는 야외 장소에서 특별 전시를 개최하고 있으며, 이는 금요일까지만 열립니다. 전시는 이전에 대중에 전시된 적이 없는 희귀한 증기 기관차를 특징으로 합니다. 여러분께서는 증기 기관차의 역사, 디자인, 그리고 그것이 무엇에 사용되었는지에 대해 배우실 수 있습니다.

어휘 transport[trænspɔ́ːrt] 교통(수단) following[fálouiŋ] 다음의 announcement[ənáunsmənt] 공지 exhibit[igzíbit] 전시
venue[vénjuː] 장소 feature[fíːtʃər] ~을 특징으로 하다 rare[rɛər] 희귀한, 드문 display[displéi] 전시하다, 보여주다
public[pʌ́blik] 대중

▶ 위에 표시된 주의해야 할 발음, 강세, 억양에 맞춰 지문을 읽으세요. 공지 지문이므로 금요일까지만 야외 장소에서 특별 전시가 개최되며, 희귀한 증기 기관차의 역사, 디자인, 사용 용도에 대해 배울 수 있다는 안내 사항을 강조해 읽습니다.

Q2 소개

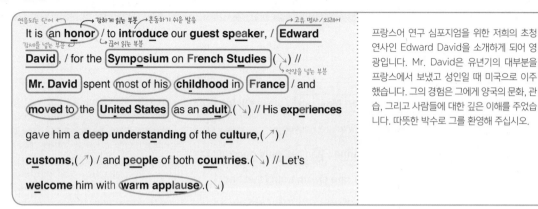

프랑스어 연구 심포지엄을 위한 저희의 초청 연사인 Edward David을 소개하게 되어 영광입니다. Mr. David은 유년기의 대부분을 프랑스에서 보냈고 성인일 때 미국으로 이주했습니다. 그의 경험은 그에게 양국의 문화, 관습, 그리고 사람들에 대한 깊은 이해를 주었습니다. 따뜻한 박수로 그를 환영해 주십시오.

어휘 honor[ánər] 영광, 명예 symposium[simpóuziəm] 심포지엄, 토론회 childhood[tʃáildhùd] 유년기 custom[kʌ́stəm] 관습
applause[əplɔ́ːz] 박수

▶ 위에 표시된 주의해야 할 발음, 강세, 억양에 맞춰 지문을 읽으세요. 소개 지문이므로 Edward David이라는 인물의 이름과 그가 프랑스와 미국 양국의 문화, 관습, 사람들에 대한 깊은 이해를 가지고 있음을 강조해 읽습니다.

체크포인트 자신이 녹음한 답변을 다시 들으며 아래의 체크포인트를 통해 자신의 답변을 점검해 보세요.

· 혼동하기 쉬운 자음/모음, 연음되는 단어, 고유명사/외래어를 정확히 발음하였다.　　　　　　　1️⃣ 2️⃣
· 한 단어 내의 강세와, 한 문장 내의 강약을 살려 읽었다.　　　　　　　　　　　　　　　　1️⃣ 2️⃣
· 상황에 따라 억양을 내리거나 올려 읽었다.　　　　　　　　　　　　　　　　　　　　　　1️⃣ 2️⃣
· 의미 덩어리가 나뉘는 부분을 끊어 읽었다.　　　　　　　　　　　　　　　　　　　　　　1️⃣ 2️⃣

➡ 체크되지 않은 항목이 있는 문제는 자신이 부족했던 부분에 유의하며 모범답변을 다시 여러 번 듣고 따라 말해보세요.

Q3 여러 사람이 중심인 사진

□ ① 사진이 찍힌 장소
- outdoors 야외에서

⌐ ⌐ ④ 느낌 및 의견
- a city street, during the day
  도시 거리, 낮 시간대

ﻌﻌﻌ ③ 그 외에 보이는 것
- background, many vehicles, a big bus, with a yellow side
  배경, 많은 차량들, 큰 버스, 노란색 표면의

ﻌﻌﻌ ② 가장 눈에 띄는 대상
- many people 많은 사람들

공통점
- on a street 거리에 있는

눈에 띄는 행동 및 복장
- foreground, people, wearing helmets, riding motorcycles
  전방, 사람들, 헬멧을 쓴, 오토바이를 타고 있는
- a person, pushing a cart
  한 사람, 수레를 밀고 있는

사진이 찍힌 장소	🎤	This photo was taken outdoors.	이 사진은 야외에서 찍혔습니다.
가장 눈에 띄는 대상	🎤	What I notice first is many people on a street. 〔공통점〕 In the foreground, people wearing helmets are riding motorcycles. Also, I can see a person pushing a cart. ↳눈에 띄는 행동 및 복장	처음에 보이는 것은 거리에 있는 많은 사람들입니다. 전방에, 헬멧을 쓴 사람들이 오토바이를 타고 있습니다. 또한, 수레를 밀고 있는 한 사람이 보입니다.
그 외에 보이는 것	🎤	In the background of the picture, many vehicles can be seen on the street. Among them, I see a big bus with a yellow side.	사진의 배경에는, 거리에 많은 차량들이 보입니다. 그것들 사이에는, 노란색 표면의 큰 버스가 보입니다.
느낌 및 의견	🎤	Generally, it looks like a city street during the day.	전반적으로, 낮 시간대 도시 거리인 것 같습니다.

어휘 motorcycle[móutərsàikl] 오토바이 vehicle[víːikl] 차량, 탈 것 side[said] 표면

Q4 한 사람이 중심인 사진

① 사진이 찍힌 장소
- at a road construction site
  도로 건설 현장에서

④ 느낌 및 의견
- a road, being built in a suburban area
  도로, 교외 지역에서 건설되고 있는

③ 그 외에 보이는 것
- left, empty wheelbarrow and a big sign 왼쪽, 빈 외바퀴 손수레와 큰 표지판
- another man, checking one of the safety signs lined along the road
  다른 남자, 도로를 따라 있는 안전 표지판 중 하나를 점검하고 있는

② 가장 눈에 띄는 대상
- a man 한 남자

복장 및 헤어스타일
- wearing an orange vest and pants
  주황색 조끼와 바지를 입고 있는

행동
- digging with a small shovel
  작은 삽으로 땅을 파고 있는

사진이 찍힌 장소	🎤	This photo was taken at a road construction site.	이 사진은 도로 건설 현장에서 찍혔습니다.
가장 눈에 띄는 대상	🎤	The first thing I see is a man wearing an orange vest and pants. He is digging with a small shovel.	처음에 보이는 것은 주황색 조끼와 바지를 입고 있는 한 남자입니다. 그는 작은 삽으로 땅을 파고 있습니다.
그 외에 보이는 것	🎤	On his left, there is an empty wheelbarrow and a big sign. In the distance, another man is checking one of the safety signs lined along the road.	그의 왼쪽에는, 빈 외바퀴 손수레와 큰 표지판이 있습니다. 멀리에, 다른 남자가 도로를 따라 있는 안전 표지판 중 하나를 점검하고 있습니다.
느낌 및 의견	🎤	Overall, it seems like a road is being built in a suburban area.	전반적으로, 교외 지역에서 도로가 건설되고 있는 것 같습니다.

복장 및 헤어스타일 / 행동

어휘 construction[kənstrʌ́kʃn] 건설 site[saɪt] 현장 vest[vest] 조끼 shovel[ʃʌ́vl] 삽 wheelbarrow[wílbəròu] 외바퀴 손수레
suburban[səbə́ːrbən] 교외의

체크포인트 자신이 녹음한 답변을 다시 들으며 아래의 체크포인트를 통해 자신의 답변을 점검해 보세요.

- 사진이 찍힌 장소를 첫 문장에서 말하였다. ☐
- 가장 눈에 띄는 대상의 행동, 복장, 상태 등을 묘사하였다. ☐
- 그 외에 보이는 사람이나 사물의 위치, 동작, 상태 등을 묘사하였다. ☐
- 사진에 대한 전반적인 느낌 및 의견을 말하였다. ☐

➡ 체크되지 않은 항목이 있으면 자신이 부족했던 부분에 유의하며 모범답변을 다시 여러 번 듣고 따라 말해보세요.

Q5-7 전화 설문: 호텔

Imagine that a Canadian marketing firm is doing research in your country. You have agreed to participate in a telephone interview about hotels. → 질문 토픽: 호텔	캐나다의 한 마케팅 회사가 당신의 나라에서 조사를 하고 있다고 가정해 봅시다. 당신은 호텔에 대한 전화 인터뷰에 참여하기로 동의했습니다.

▶ 설문 조사의 주제인 **hotels**(호텔)에 대해 얼마나 자주/일 년에 세네 번, 언제/3개월 전에, 어디서/휴가지에서, 무엇을/식당과 수영장을, 왜(인터넷 호텔 예약을 선호하는 이유)/더 나은 가격을 찾을 수 있고 손님들의 후기를 읽을 수 있어서와 같이 질문과 응답을 예상해봅니다.

Question 5

↗ 마지막으로 호텔에 숙박한 게 언제고, 왜 거기서 숙박했는지 묻고 있음

🎧 Q: When was the last time you stayed at a hotel, **and why did you stay there?**
미국식 발음

🎤 A: The last time I stayed at a hotel was three months ago, **and I stayed there for my vacation.** 각 질문에 대한 답변을 and로 연결

어휘 **stay**[stei] 숙박하다, 묵다 **vacation**[veikéiʃən] 휴가

Q: 마지막으로 호텔에 숙박한 게 언제였나요, 그리고 왜 거기서 숙박했나요?

A: 제가 마지막으로 호텔에 숙박한 것은 3개월 전이었고, 휴가를 위해 그곳에서 묵었습니다.

Question 6

↗ 가장 중요한 호텔 내 시설이 무엇인지 묻고 있음

🎧 Q: What facilities in a hotel are the most important to you?
미국식 발음

🎤 A: [핵심 응답] The facilities in a hotel that are the most important to me are good restaurants and a nice swimming pool. [이유] That's because I don't like to go to another location to eat or get some exercise.

어휘 **facility**[fəsíləti] 시설 **location**[loukéiʃən] 곳, 장소

Q: 당신에게 가장 중요한 호텔 내 시설은 무엇인가요?

A: 제게 가장 중요한 호텔 내 시설은 좋은 식당과 수영장입니다. 저는 식사를 하거나 운동하기 위해 다른 곳으로 이동하는 것을 좋아하지 않기 때문이에요.

Question 7

↗ 여행을 계획할 때, 호텔 예약을 인터넷과 여행사 중 어떤 것을 통해 하는 것을 선호하는지 묻고 있음

🎧 Q: When you plan a trip, **do you prefer making hotel reservations on the Internet or through a travel agency?** Why?
미국식 발음

🎤 A: [핵심 응답] When I plan a trip, I prefer making hotel reservations on the Internet rather than through a travel agency. [근거1] First of all, I can find better prices for hotel rooms on the Internet. [근거2] Secondly, I can read guest reviews online and choose the best hotels. [마무리] Therefore, I prefer booking a hotel online rather than through a travel agency.

어휘 **reservation**[rèzərvéiʃən] 예약 **review**[rivjú:] 후기

Q: 여행을 계획할 때, 호텔 예약을 인터넷에서 하는 것을 선호하나요, 아니면 여행사를 통하는 것을 선호하나요? 이유는 무엇인가요?

A: 여행을 계획할 때, 저는 여행사를 통하는 것보다 인터넷에서 호텔 예약을 하는 것을 선호합니다. 첫째로, 저는 인터넷에서 더 나은 가격의 호텔 방을 찾을 수 있습니다. 둘째로, 저는 온라인으로 손님들의 후기를 읽고 최고의 호텔들을 선택할 수 있어요. 따라서, 저는 여행사를 통하는 것보다 온라인으로 호텔을 예약하는 것을 선호해요.

체크포인트 자신이 녹음한 답변을 다시 들으며 아래의 체크포인트를 통해 자신의 답변을 점검해 보세요.

· 세 개의 질문 모두에서 묻는 내용에 맞게 답변하였다. ☐

· Question 5, 6에서 두 가지를 묻는 경우에는 각각에 대해 차례대로 답변하고,
  한 가지를 묻는 경우에는 핵심 응답에 관련된 내용을 덧붙여 말하였다. ☐

· Question 7에서 핵심 응답에 대한 적절한 근거를 제시하였다. ☐

▣ 체크되지 않은 항목이 있으면 자신이 부족했던 부분에 유의하며 모범답변을 다시 여러 번 듣고 따라 말해보세요.

윗부분

중간
부분

아랫
부분

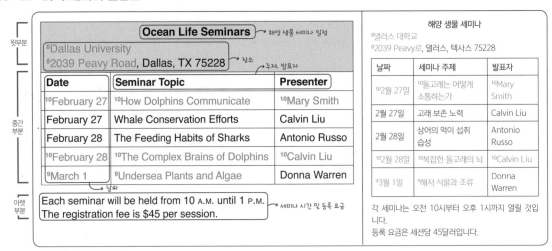

Ocean Life Seminars → 해양 생물 세미나 일정

[8]Dallas University
[8]2039 Peavy Road, Dallas, TX 75228 → 장소
→ 주제, 발표자

Date	Seminar Topic	Presenter
[10]February 27	[10]How Dolphins Communicate	[10]Mary Smith
February 27	Whale Conservation Efforts	Calvin Liu
February 28	The Feeding Habits of Sharks	Antonio Russo
[10]February 28	[10]The Complex Brains of Dolphins	[10]Calvin Liu
[9]March 1	[9]Undersea Plants and Algae	Donna Warren

→ 날짜

Each seminar will be held from 10 A.M. until 1 P.M.
The registration fee is $45 per session. → 세미나 시간 및 등록 요금

해양 생물 세미나

[8]댈러스 대학교
[8]2039 Peavy로, 댈러스, 텍사스 75228

날짜	세미나 주제	발표자
[10]2월 27일	[10]돌고래는 어떻게 소통하는가	[10]Mary Smith
2월 27일	고래 보존 노력	Calvin Liu
2월 28일	상어의 먹이 섭취 습성	Antonio Russo
[10]2월 28일	[10]복잡한 돌고래의 뇌	[10]Calvin Liu
[9]3월 1일	[9]해저 식물과 조류	Donna Warren

각 세미나는 오전 10시부터 오후 1시까지 열릴 것입니다.
등록 요금은 세션당 45달러입니다.

미국식 발음

Good afternoon, my name is Joanne, and I plan to attend this year's Ocean Life Seminars. Could you please let me know some details?

안녕하세요, 제 이름은 Joanne이고, 이번 년도 해양 생물 세미나에 참석할 예정입니다. 저에게 몇 가지 세부 사항을 알려주실 수 있으신가요?

어휘　ocean [óuʃən] 해양　communicate [kəmjúːnəkèit] 소통하다　conservation [kànsərvéiʃən] 보존　effort [éfərt] 노력
feeding [fíːdiŋ] 먹이 섭취　complex [kəmpléks] 복잡한　undersea [ʌ́ndərsiː] 해저의　algae [ǽldʒiː] 조류
registration [rèdʒistréiʃən] 등록

Question 8

→ 세미나가 개최되는 장소를 묻고 있음

🎧 Q: Where will the seminars be held?

미국식 발음

🎤 A: The seminars will be held at Dallas University. It's at 2039 Peavy Road.

Q: 세미나는 어디서 개최되나요?

A: 세미나는 댈러스 대학교에서 개최될 것입니다. 2039 Peavy로에 있습니다.

Question 9

→ 모든 세미나가 2월에 개최되는지 확인하고 있음

🎧 Q: I heard that all the seminars will be held in February. Is that correct?

미국식 발음

🎤 A: I'm sorry, but you're mistaken. The final seminar, "Undersea Plants and Algae," will be held on March 1.

Q: 모든 세미나가 2월에 개최될 것이라고 들었어요. 맞나요?

A: 죄송하지만, 잘못 알고 계시네요. 마지막 세미나인, "해저 식물과 조류"는 3월 1일에 개최될 것입니다.

Question 10

→ 돌고래 관련 세미나에 대해 묻고 있음

🎧 Q: Could you please tell me about the seminars related to dolphins?

미국식 발음

🎤 A: Sure. 도입 There are two seminars related to dolphins. 첫 번째 항목 The first one is called "How Dolphins Communicate," and it will be presented by Mary Smith on February 27. 두 번째 항목 The other seminar is "The Complex Brains of Dolphins," and it will be presented by Calvin Liu on February 28.

Q: 돌고래와 관련된 세미나에 대해 말해주실 수 있으신가요?

A: 당연하죠. 돌고래와 관련된 두 개의 세미나가 있습니다. 첫 번째는 "돌고래는 어떻게 소통하는가"라는 것이고, 이것은 2월 27일에 Mary Smith에 의해 발표될 것입니다. 또 다른 세미나는 "복잡한 돌고래의 뇌"이고, 이것은 2월 28일에 Calvin Liu에 의해 발표될 것입니다.

어휘 present[préznt] 발표하다

체크포인트 자신이 녹음한 답변을 다시 들으며 아래의 체크포인트를 통해 자신의 답변을 점검해 보세요.

· 세 개의 질문 모두에서 묻는 내용에 맞게 답변하였다. ☐

· Question 8, 9에서 질문에서 사용된 표현, 또는 질문의 내용이 표와 다르거나 같다고 알려주는
  표현을 사용하여 답변하였다. ☐

· Question 10에서 답변 템플릿에 맞추어 답변하였다. ☐

▶ 체크되지 않은 항목이 있으면 자신이 부족했던 부분에 유의하며 모범답변을 다시 여러 번 듣고 따라 말해보세요.

Q11 선택 사항을 묻는 질문

영국식 발음 → 선택 사항을 묻는 질문

Which of the following is the best way for university students to gain experience for their future careers?

↳ 대학생들이 미래 직업을 위한 경험을 얻는 가장 좋은 방법에 대해 묻고 있음

· Studying abroad as an exchange student
· Working as an assistant for a professor
· Doing an internship

Choose ONE of the options, and use specific reasons and examples to support your opinion.

다음 중 대학교 학생들이 미래 직업을 위한 경험을 얻는 가장 좋은 방법은 무엇인가요?

· 교환 학생으로 해외에서 공부하기
· 교수의 조수로 일하기
· 인턴직 하기

보기 중 하나를 선택하고, 당신의 의견을 뒷받침하기 위해 구체적인 이유와 예를 사용하세요.

나의 의견	대학교 학생들이 미래 직업을 위한 경험을 얻는 가장 좋은 방법은 인턴직을 하는 것이다.
이유 1	can learn basic office skills 기본적인 사무 기술을 배울 수 있음
근거	learned how to write reports properly 보고서를 적절하게 작성하는 법을 배웠음
이유 2	can build their résumés 이력서를 만들 수 있음
근거	employers prefer applicants with some previous work experience 고용주들은 어느 정도의 이전 업무 경력을 가진 지원자들을 선호함

나의 의견	🎤 I think doing an internship is the best way for university students to gain experience for their future careers for several reasons.	저는 몇 가지 이유로 대학교 학생들이 미래 직업을 위한 경험을 얻는 가장 좋은 방법은 인턴직을 하는 것이라고 생각합니다.
이유 1 + 근거	🎤 First, students can learn basic office skills by doing an internship. For example, when I was doing an internship, I learned how to write reports properly. I use that skill often in my job at a financial firm.	첫째로, 학생들은 인턴직을 함으로써 기본 사무 기술을 배울 수 있습니다. 예를 들어, 인턴으로 근무할 때, 저는 보고서를 적절하게 작성하는 법을 배웠습니다. 저는 금융 회사에서 일하면서 그 기술을 자주 사용합니다.
이유 2 + 근거	🎤 Secondly, students can build their résumés by doing an internship. To be specific, employers prefer applicants with some previous work experience. Candidates with internship experience on their résumés are more likely to get hired.	둘째로, 학생들은 인턴직을 함으로써 이력서를 만들 수 있습니다. 구체적으로 말하면, 고용주들은 어느 정도의 이전 업무 경력을 가진 지원자들을 선호합니다. 이력서에 인턴직 경험이 있는 지원자들은 고용될 가능성이 더 많습니다.
마무리	🎤 For these reasons, I think doing an internship is the best for university students.	이러한 이유로, 저는 인턴직을 하는 것이 대학교 학생들에게 가장 좋다고 생각합니다.

어휘 internship [íntəːrnʃip] 인턴직 properly [prάpərli] 적절하게 financial [fainǽnʃəl] 금융의 firm [fəːrm] 회사 applicant [ǽpikənt] 지원자

체크포인트 자신이 녹음한 답변을 다시 들으며 아래의 체크포인트를 통해 자신의 답변을 점검해 보세요.

· 찬성/반대, 선택 사항, 장·단점 등에 대한 나의 의견을 말하였다. ☐
· 두 가지 정도의 이유를 구체적인 설명과 예시를 들어 말하였다. ☐
· 나의 의견을 다시 한번 말하면서 답변을 마무리하였다. ☐

▶ 체크되지 않은 항목이 있으면 자신이 부족했던 부분에 유의하며 모범답변을 다시 여러 번 듣고 따라 말해보세요.